BLUE BOOK

2016–2017 安徽文化发展蓝皮书

曾凡银　邢　军◎主编

时代出版传媒股份有限公司
安 徽 文 艺 出 版 社

图书在版编目（CIP）数据

2016-2017安徽文化发展蓝皮书/曾凡银，邢军主编.—合肥：安徽文艺出版社，2018.2
ISBN 978-7-5396-6317-3

Ⅰ.①2… Ⅱ.①曾… ②邢… Ⅲ.①地方文化—文化发展—研究报告—安徽—2016-2017 Ⅳ.①G127.54

中国版本图书馆CIP数据核字(2017)第326821号

出 版 人：朱寒冬
责任编辑：宋潇婧　曾柱柱　　装帧设计：张诚鑫

出版发行：时代出版传媒股份有限公司　www.press-mart.com
安徽文艺出版社　www.awpub.com
地　　址：合肥市翡翠路1118号　邮政编码：230071
营 销 部：(0551)63533889
印　　制：合肥创新印务有限公司　(0551)64456946

开本：787×1092　1/16　印张：25.75　字数：460千字
版次：2018年2月第1版　2018年2月第1次印刷
定价：52.00元

编　委　会

主编简介

曾凡银，安徽省社会科学院党组书记、院长、教授，安徽省社会科学院学术委员会主任，安徽省区域现代化研究院院长。先后主持国家哲学社会科学规划项目、国家自然科学基金项目、安徽省哲学社会科学规划课题、安徽省软科学基金项目、中国博士后科学基金资助项目等10余项，主编学术著作10多部，在《财贸经济》《数量经济与技术经济研究》《经济学家》《自然辩证法研究》等刊物上发表30余篇学术论文。

邢　军，安徽省社会科学院当代安徽研究所所长、党支部书记、研究员，安徽文化产业发展研究会副会长兼秘书长，安徽民俗学会副会长，安徽省区域现代化研究院现代化评价中心副主任。先后主持国家哲学社会科学规划重大项目、安徽省哲学社会科学规划项目、安徽省软科学基金项目等各类课题8项，参编著作20多部，发表论文50余篇。

目　　录

专题报告

区域报告

个案研究

大事记

重要言论

从治国理政的高度认识文化自信

虞爱华

文运同国运相牵，文脉同国脉相连。习近平总书记多次强调，“文化自信，是更基础、更广泛、更深厚的自信，是更基本、更深沉、更持久的力量”。这一重要论述，深刻阐述了文化自信的战略意义，我们需要从治国理政的高度，充分认识和准确把握。

文化自信是强国之基。在“五位一体”总体布局中，文化建设是重要组成部分。在“四个全面”战略布局中，文化具有重要基础作用。建设富强民主文明和谐美丽的社会主义现代化国家，文化不可或缺、不可替代。文化总以“润物细无声”的方式，融入经济、政治、社会和生态文明之中，成为经济发展的“助推器”、政治文明的“基因库”、社会和谐的“黏合剂”、生态文明的“导航仪”。在“四个自信”中，文化自信是基础。文化自信为道路自信提供扎根与发展的土壤，为理论自信提供与时俱进的思想文化资源，为制度自信注入创新创造的活力。缺乏文化自信，道路自信、理论自信、制度自信就很难支撑起来。正如习近平总书记所强调：“坚定中国特色社会主义道路自信、理论自信、制度自信，说到底是要坚定文化自信。”

文化自信是复兴之力。当前，文化已经成为综合国力竞争的重要因素，文化软实力已经成为争夺发展制高点、道义制高点的关键所在。一个国家如果硬实力不行，可能一打就垮；而没有软实力的话，则可能不打自垮。当今世界出现了“中国之治”与“西方之乱”的鲜明对照，中国道路、中国制度、中国方案越来越为世界所瞩目，无不彰显了中国文化软实力的显著提升。现在我们比历史上任何一个时期都更加接近民族复兴的伟大目标，比历史上任何时候都更有信心、有能力实现这个目标。正如习近平总书记指出的，“一个国家、一个民族的强盛，总是以文化兴盛为支撑的，中华民族伟大复兴需要以中华文化发展繁荣为条件”“没有文明的继承和发展，没有文化的弘扬和繁荣，就没有中国梦的实现”。

文化自信是民族之魂。文化是民族的血脉，是人民的精神家园，其内核是价值追求。对一个民族、一个国家来说，最持久、最深层的力量是全社会共同认可的核心价值观。没有价值观念的国家和民族，在世界上是立不住，也行不远的。中华文化蕴含着中华民族的价值追求，辨明真伪、评判是非的道德观念深深镌刻在民族意识里，潜移默化地影响着国人的思维方式和行为方式。这是凝聚全体中华儿女智慧和力量的基本要素，也是涵养社会主义核心价值观的重要源泉。现在，国内社会转型加快与外部环境变化加剧相互交织，人们价值观念和思想活动的独立性、选择性、多变性、差异性明显增强，维护意识形态安全、形成最大公约数，关键要靠社会主义核心价值观来立根铸魂、靠文化自信来聚气凝魂。

文化自信是发展之源。文化引领时代风气，起着精气神、原动力、调节器的作用。“人类社会每一次跃进，人类文明每一次升华，无不伴随着文化的历史性进步。”文以载道，汇则兴邦。近一个世纪以来，我国之所以能够从半殖民地半封建社会，发展成为世界第二大经济体，先进文化的引领至关重要。从五四新文化运动到我们党领导的民族的、科学的、大众的反帝反封建的新民主主义文化兴起，从真理标准问题大讨论引发的新时期思想解放到社会主义文化强国建设，每一次文化的觉醒和繁荣总是引领社会向更高水平发展。站在新的历史起点上，文化引领发展、引领风尚、引领未来，日益成为民族凝聚力和创造力的重要源泉，成为经济社会发展的重要支撑。

文化自信是治理之道。习近平总书记深刻指出：“一个国家的治理体系和治理能力是与这个国家的历史传承和文化传统密切相关的。解决中国的问题只能在中国大地上探寻适合自己的道路和办法。”历史是最好的教科书、营养剂和清醒剂，中国历代都讲求治理，积累了大量国家治理的智慧和经验。历史文化是我们党治国理政思想的重要来源。党的十八大以来，习近平总书记系列重要讲话和治国理政新理念新思想新战略，根和源来自中华五千多年文明史，来自我们党 90 多年苦难与辉煌的革命史，来自对我国 60 多年社会主义革命建设的经验教训和近 40 年改革开放实践的精确归纳、科学总结和深化升华，既有历史的源流、文化的传承，又有对未来坚定的信仰、必胜的信念。

文化自信是兴党之要。文化是政党的精神旗帜，反映着政党的理想追求。我们党从成立之日起，就重视运用先进文化的力量建党兴党、治党强党。从马克思主义的传入并写入党的指导思想，到与时俱进推进马克思主义中国化，从党的信仰、宗旨、作风建设到“补钙”、党内政治文化建设，从“两个务必”“赶考”到“不忘初心”“打铁还需自身硬”，这些充分反映了我们党对执政环境深切的文化反思和自省，对党的建设规律深层的把握和驾驭。进行伟大斗争、建设伟大工程、推进伟大事业、实现伟大梦想，我们党面临“四大危险”“四种考验”，尤其需要运用先进的党内政治文化引领前进方向、凝聚奋进力量，保持党的先进性纯洁性，提高党的创造力凝聚力战斗力。党内政治文化，无疑是兴党强党更基本、更深沉、更持久的力量。

理论清醒是行动自觉的前提。坚定文化自信，增强文化自觉，实现文化自强，就要不忘本来、吸收外来、面向未来，更好地建设社会主义先进文化。

（作者系中共安徽省委常委、宣传部部长。本文原载于《光明日报》2017 年 8 月 4 日 11 版）

总报告

坚定文化自信　建设创新型文化强省

安徽省社会科学院课题组[①]

党的十八大以来，安徽全省坚持文化自信，积极贯彻创新、协调、绿色、开放、共享的发展理念，大力实施文化强省战略，不断深化文化体制改革，加快推进文化事业、产业繁荣发展，各项工作取得系统性进展和显著成效，创造出文化强省建设的安徽样板。

一、创新型文化强省建设进展情况

党的十八大以来，在省委、省政府坚强领导下，全省宣传文化领域全面贯彻党的十八大和十八届三中、四中、五中、六中全会和党的十九大精神，认真贯彻习近平总书记系列重要讲话特别是视察安徽重要讲话精神，按照中央全面深化文化体制改革的总体部署，高举改革创新旗帜、聚焦“四梁八柱”、锐意攻坚克难，取得一批开拓性、引领性、标志性的制度创新成果，文化强省建设取得重大成就，特别是在基本公共文化服务、文明城市创建、省属文化企业“双效”业绩考核、文化市场培育、文化科技融合、文化“走出去”等方面，探索出独具特色的“安徽模式”。

（一）深入贯彻中央决策部署，多措并举推进文化改革发展。

省委、省政府对深化文化体制改革工作高度重视，制定出台一系列政策文件，支持文化改革创新，加快文化强省建设。一是强化深化改革意识。省委、省政府明确要求，全省上下要切实增强大局意识、责任意识，准确把握全面深化改革在“四个全面”中的关键地位和重要作用，积极主动推进各领域改革。强调要坚持问题导向，从群众最期盼的领域改起，从制约经济社会发展最突出的问题改起，不断增强经济社会发展的整体活力。二是制定出台系列举措。认真贯彻中央关于文化发展改革文件精神，紧密结

① 课题组组长：曾凡银。课题组成员：邢军、康福升、王芳、曹多胜、吴树新、凌宏彬、范丽娟、沈昕、陈恩虎、王磊。执笔：邢军、范丽娟。

合安徽实际，制定实施深化文化体制改革方案、繁荣发展社会主义文艺、媒体融合发展、智库建设、现代公共文化服务体系建设、“两个效益”相统一、文化市场综合执法、加强文化领域行业组织建设等一批“四梁八柱”型改革举措，明确改革方向、路径、任务，对文化体制改革作出安排部署。三是建立健全工作机制。成立省委全面深化改革领导小组文化体制改革专项小组，调整充实省文化体制改革和发展工作领导小组成员，完善省市县文化体制改革领导体制和工作机制，认真做好研究谋划、统筹协调、督促落实、宣传引导等各项工作。建立全省文化体制改革工作定期报告通报制度、改革“三察三单”制度，实行“台账销号”制度，开展重点改革任务督察调研，完善信息报送机制，引导各级各方面共同为文化体制改革出招发力。

（二）全面推进体制机制创新，不断激发全社会的文化创新创造活力

全省紧紧围绕一个核心目标，着力抓住两个关键环节，加快构建五个体系。“一个核心目标”，即培育和弘扬社会主义核心价值观、建设社会主义文化强国；“两个关键环节”，即完善文化管理体制、深化国有文化单位改革；“五个体系”，即构建现代公共文化服务体系、现代文化市场体系、优秀传统文化传承体系、对外文化传播和对外话语体系、文化政策法规体系。一是深化文化管理体制改革。按照政企分开、政事分开原则，推动政府部门由办文化向管文化转变。整合省级广电、新闻出版部门机构和职能，成立省新闻出版广电局。推进“放管服”改革，落实国务院“取消和下放行政审批事项”部署要求，省级文化部门精减行政审批事项超过60%。探索建立党委政府有机结合、宣传部门有效主导的国有文化资产管理体制，推进深化国有文化企业分类改革，在全国率先建立文化企业综合业绩考核指标体系。目前，正在开展演艺集团社会效益考核评价全国试点。二是推动国有文化企业建立有文化特色的现代企业制度。落实《国有文化企业进一步健全法人治理结构的若干规定》，健全完善省属文化企业法人治理结构，全面实现党委会成员与董事会、监事会、高管层交叉任职，出版集团、演艺集团、广电传媒产业集团、新媒体集团等从事内容创作生产的企业，分别设立了总编辑、艺术总监等岗位，负责内容的审核把关，确保正确导向。安徽新华发行集团职业经理人制度改革试点取得阶段性成果。三是稳妥推进文化事业单位改革。加强对公益性文化事业单位改革的指导，探索文化馆、博物馆、图书馆建立理事会试点，全省图书馆总分馆制全面推开，文化馆总分馆制稳步推进。加大新闻媒体资源整合力度，推动传统媒体与新媒体融合发展，组建安徽新媒体集团，安徽日报社、安徽广播电视台等省级主要新闻媒体融合发展正加速建设。

（三）探索推进标准化均等化，积极构建现代公共文化服务体系

坚持面向基层、服务群众，统筹构建普惠性、保基本、均等化、可持续的全省五级公共文化服务体系。一是探索推进公共文化服务标准化。按照“反弹琵琶”的思路，以综合文化服务中心（农民文化乐园）为主要载体，在文化设施最薄弱的村级、经济基础最薄弱的贫困地区和革命老区，率先开展了农村基层公共文化服务标准化均等化的探索。截至2017年11月，建成乡镇、村级综合文化服务中心（农民文化乐园）540个，成为立足乡村、实实在在的宣传思想文化阵地。文化部领导调研后认为，“农民文化乐园建设试点工作为全国提供了宝贵经验”。我省承担的“国家基层综合性文化服务中心”和马鞍山市承担的“基本公共文化服务标准化建设”两项试点通过文化部验收，从全国试点升级为全国示范。二是加快实施重大文化项目。规划建设省级滨湖文化中心，省美术馆、创新馆、科技馆新馆主体已建成，“百戏城”正在加紧施工，博物馆新馆、文化馆新馆等已列入规划，市“三馆一院”、县“两馆一场”加速达标升级，9个国家级公共文化服务示范区和示范项目通过验收。三是大力实施文化民生工程。省委、省政府将文化惠民项目纳入民生工程，全省图书馆、文化馆、博物馆全部免费开放，广播电视村村通工程全部完成，农家书屋在全覆盖基础上正在由“建书屋”向“管书屋”转变，农村电影放映工程每年提前完成目标任务，应急广播工程已启动建设，全民阅读工程扎实开展，全民阅读网正式上线。数字图书馆、文化馆、博物馆、农家书屋建设初见成效。四是积极推进公共文化社会化服务。省属文化企业与黄山等市进行战略合作，结对共建古村落、传承弘扬徽文化，取得显著成效。安徽新华发行集团与铜陵市合作共建图书馆，成为全国创新范例。大力推进文化设施管理机制创新，制定考核评价制度和群众需求反馈机制，通过采取第三方参与管理、“菜单式”服务等方式，不断满足基层群众的文化需求。

（四）着眼转型提质增效，切实增强文化产业整体实力和竞争力

紧紧围绕把文化产业培育成为国民经济支柱性产业目标，加快推进现代文化产业体系和文化市场体系建设，2016年我省文化产业增加值预计达到976亿元，占GDP比重约为4.04%，对经济贡献率接近6%。一是着力培育骨干文化企业。2016年，省属文化企业实现营业收入485.56亿元，利润总额20.88亿元，资产总额达602.81亿元，较2012年底分别增长2.9倍、1.7倍、2.6倍。发行集团成为全国唯一入选中国企业500强的出版发行企业，发行集团、出版集团先后8次，科大讯飞2次入选全国文化企业30强。2012年至2016年，全省文化企业法人单位数由1.6万家增加到5万多家，增长超过 3 倍；规模以上文化产业企业 2280 家，实现主营业务收入 2416.3 亿元，分别比上年增长 19.6% 和 15.3%。从产业看，全省规模以上文化制造业、批零业、服务业企业分别为 1089 家、452 家和 739 家，各占 47.8%、19.8% 和 32.4%；实现主营业务收入 1559.1 亿元、504.7 亿元和 352.5 亿元，占 64.5%、20.9% 和 14.6%。二是积极推进文化市场建设。按照“非禁即入”原则，引导社会资本投资文化产业，民营文化企业呈现迅猛发展势头，百强民营文化企业营业收入、利润较 2012 年分别增长 62%、58%，一批企业成为细分行业龙头。积极推动符合条件的文化企业上市融资，上市（挂牌）文化企业达到 45 家。2016 年，全省文化产业固定资产投资 1455.3 亿元，比上年增长 24.2%，比全社会固定资产投资增幅高 12.5 个百分点；占全社会固定资产投资的 5.4%，比上年提高 0.5 个百分点。其中，文化休闲娱乐服务、文化用品的生产、文化产品生产的辅助生产以及文化创意和设计服务业投资体量较大且增长较快，投资额分别为 407.6 亿元、311.6 亿元、249.8 亿元和 189.5 亿元，增长 33.4%、21.9%、21.7% 和 33.2%；占全省文化产业固定资产投资的 28%、21.4%、17.2% 和 13%，合计占 79.6%。安徽新华发行集团可交换债券项目、REITs 项目开全国文化领域先河，实现资产证券化的新突破。2016 年，全省第三届文化惠民消费季期间，通过将财政资金直接补贴给看书、看报、看戏、看电影、看电视“五看”消费者，累计吸引文化消费人数 8736.6 万人次，消费总额 167.6 亿元，比上届分别增长 15.8% 和 19.5%。文化惠民消费季活动对全省文化消费的引导力不断增强。2016 年，全省居民人均教育文化娱乐支出 1559 元，比上年增长 16.4%；占人均消费总支出的 10.6%，比上年提高 0.2 个百分点。三是大力推进文化与相关领域融合发展。牢固树立互联网思维和协同攻关理念，做好“文化 +”“互联网 +”文章，推动省属文化企业与中科大、科大讯飞等签订合作协议，共建新媒体研究院，打造数字教育、翻译产业、广电网络运营与应用创新等项目。将合肥包河区创意文化产业基地纳入省级战略性新兴产业集聚发展基地，大力发展文化科技、数字出版、广播影视科技、文化旅游等新兴业态，计划到 2020 年实现主营收入 1150 亿元。下一代广播电视网、数字创意（智能语音、科学可视化、智能钢琴、可穿戴设备）等技术已取得重大进展，在国内外居领先地位。2016 年，全省获授权文化产业专利 5998 件，比上年增长 6.4%。其中，获授权代表核心知识产权的发明专利 1173 件，增长 30.8%；占授权专利的 19.6%，比上年提高 3.6 个百分点。四是扎实推进文化走出去。积极响应国家“一带一路”战略，支持建设全球图书版权交流和版贸合作交易平台，开办东南亚最大简体中文网上商城——来买网。全省 26 家企业、10 个项目入选 2015—2016 年度国家文化出口重点企业目录，居全国第三、中部第一；文化产品服务出口168个国家和地区，出版集团在北京国际图书博览会上输出版权连续8年居全国第一。

（五）大力实施文艺精品战略，不断提升安徽文化影响力

深入学习贯彻习近平总书记在文艺工作座谈会上的重要讲话精神，繁荣文化产品创作生产。在全国率先开展“千名文艺家下基层采风”活动，1500多名文艺家深入基层、深入生活，扎根人民群众“采、创、送、种”，创作生产了一大批文艺原创成果。以打造重点文化品牌为抓手，确立动态管理、滚动开发、梯次推进、持续打造思路，每年集中力量支持一批演艺、影视等文艺精品力作，先后推出黄梅戏《小乔初嫁》、徽剧《徽班进京》、京剧《抗倭将军戚继光》、话剧《徽商传奇》、杂技剧《雪豹王子》、舞剧《大禹》、电影《邓小平登黄山》、电视剧《杨善洲》、纪录片《大黄山》等一大批优秀作品。在第十三届全国精神文明建设“五个一工程”奖评选中，我省有8部作品获奖，排名由第16位跃升到第3位。

同时也要看到，我省文化建设还面临一系列困难和问题，如公民素质和社会文明程度有待提高，思想理论建设实效性需要加强，媒体传播能力亟须提升，文艺创作生产有高原缺高峰，公共文化服务体系尚不完备，文化产业转型升级压力较大，基层基础工作总体薄弱，文化发展环境还需进一步优化。必须牢牢把握发展机遇，积极应对困难挑战，全面推进文化发展改革，补齐老短板、争创新优势，不断推动创新型文化强省建设迈上新台阶。

二、创新型文化强省建设面临的主要问题

（一）完成目标任务有一定压力

“十二五”规划提出：“全省文化产业增加值占生产总值的比重达到5%以上，整体实力和竞争力显著提升，成为国民经济支柱产业”。“十二五”时期，安徽文化产业总量规模不断扩大，文化产业已跃居全省增速最快的产业。2016年，全省文化产业增加值976亿元，占GDP比重达4.04%（表1）。文化产业年均增长率超过同期经济增长率，显示出强劲的增长潜力。但从统计数据看，要完成5%的指标任务，仍面临一定的压力。

表 1：2010—2016 年安徽省文化及相关产业增加值

指　标	2010	2011	2012	2013	2014	2015	2016
文化及相关产业增加值(亿元)	457.64	590.55	714.43	844.95	724.8	833.7	976
文化及相关产业增加值占 GDP 比重(%)	3.70	3.86	4.15	4.44	3.48	3.79	4.04
比上年增长(%)	37.8	29.0	21.0	18.3	—	15	17

数据来源:安徽省统计局,按照《文化及相关产业分类(2012)》行业标准进行统计。

注:2014—2016 年的文化产业增加值依据国家统计局发布的最新方法核算。

(二)公共文化服务供给能力不足

目前,我省人均文化事业费投入、人均占有公共文化设施面积、人均拥有公共图书馆藏书量等指标,均在全国靠后,部分县区公共文化场馆建设不达标。既有全省特别是基层公共文化设施数量不足、功能不完善问题,也有布点不均、资源配置不尽合理的问题,皖北、皖西地区文化设施尤为滞后。乡镇文化站建好后的运行和管理的体制机制问题亟待解决。另外,从中期评估看,受资金投入供需缺口或现实客观条件变化的影响,县及县以下农村数字影院建设、有线电视用户数等指标要实现预期目标存在一定难度。

(三)文化产业发展质量效益普遍较低

首先,行业地区间发展不平衡。部分行业增长乏力,发展不充分。规模以上文化企业中,新闻出版发行业主营业务收入 199.6 亿元,下降 5%;工艺美术品生产和文化专用设备生产主营业务收入 287.2 亿元和 99.3 亿元,仅增长 1.9% 和 3.2%。全省地区间发展不平衡。全省 10 市规模以上文化企业主营业务收入保持增长,最高的铜陵增长 1.29 倍,但淮北、安庆、六安、马鞍山、宣城和池州 6 市主营业务收入负增长,分别下降 28.3%、25.1%、19.4%、17.4%、13.7% 和 0.1%。其次,文化企业亏损面较高。在全省 2280 家规模以上文化企业中,有 323 家亏损,比上年净增 38 家,亏损面为 14.2%。其中,规模以上文化制造业亏损企业 71 家,比上年减少 7 家,亏损面为6.5%。限额以上文化批零业、规模以上文化服务业亏损企业分别为 59 家和 193 家,净增 5 家和 40 家,亏损面为 13.1% 和 26.1%。总体来看,规模以上文化企业亏损面仍然较高。再次,文化进出口低迷。文化进出口全面下滑。2016 年,全省文化产品进出口额 9.2 亿美元,比上年下降 9%,降幅比全省外贸进出口总额高 1.8 个百分点。其中,进口 2203 万美元,下降4.7%;出口 9 亿美元,下降9.1%。出口产品相对单一。全省文化产品出口中，有九成以上的产品为工艺美术品、玩具和游戏器材及娱乐用品，这三类产品出口额8.4亿美元，占全省文化产品出口额的比重达92.6%。复次，文化消费整体水平低。2016年，全省居民人均教育文化娱乐支出比全国平均少356元，仅相当于全国平均的81.4%；占人均消费总支出比重为10.6%，比全国平均低0.6个百分点。农村文化消费启动缓慢，全省农村居民人均教育文化娱乐支出比全省和城镇居民分别少609.9元和1284.2元，差距比上年扩大105.3元和205.3元；农村居民人均教育文化娱乐支出占人均消费总支出比重比城镇低2.2个百分点。

（四）文化发展的体制机制改革动力不足

转企改制的文化企业法人治理结构和现代企业制度需要健全和完善，公益性文化事业单位改革需进一步深化，文化市场综合执法队伍亟待加强。文化要素市场有待进一步完善，中小文化企业融资难题尚未真正破解。文化领域立法相对滞后，文化投入缺乏刚性约束指标和制度安排。

（五）文化精品和品牌建设相对滞后

文化创作创新能力较弱，全省新创作演艺、影视等作品数量较多，但与全国一流水平相比还有不小差距，尚没有比较成熟的文化产业品牌战略，主题鲜明、内涵深厚且有市场前景的精品力作还不够多，缺少具有较强竞争力的文化产业精品，尤其是在国内外站得住脚的文化产业品牌。对我省一些丰厚的历史文化资源和元素，还缺少深入的发掘。文化精品创作生产的扶持机制需要进一步完善。文化产业与科技创新的融合度不高，文化产业企业创意、研发、制作水平较低，且不同文化产业之间的互相渗透不足。

（六）安徽文化“走出去”渠道不畅

在经济全球化与互联网技术的双重驱动下，文化产业对经济增长的贡献不断加大。文化产品与服务的国际贸易不仅带动相关商品的出口，而且可以极大地提升安徽形象与软实力。而在这方面，安徽的文化的开放度不够，宣传、推广不足，对接“大运河文化带”和国家“一带一路”文化带不够，文化产品和服务“走出去”还有很大的提升空间（表2）。必须在充分发展和壮大安徽文化产业的基础上，竭力推动文化产品和服务“走出去”，通过文化产品和服务的对外贸易特别是出口贸易，带动产业结构优化升级和可持续发展。

表 2：2010—2016 年安徽省文化及相关产品进出口情况

单位：万美元、%

年份	出口额	进口额	进出口额合计	贸易差额	出口增长	进口增长	进出口增长
2010	40447	2329	42776	38118	67.8	109.5	69.6
2011	49915	2691	52606	47224	23.4	15.5	22.9
2012	195607	3083	198690	192524	291.8	14.6	277.6
2013	128499	5166	133665	123333	-34.3	67.5	-32.7
2014	94934	5194	100128	89740	-26.1	0.5	-25.1
2015	102821	2327	105148	100494	8.3	-55.1	5.0
2016	89638	2203	91841	87435	-9.1	-4.7	9.0

数据来源：安徽省统计局，按照《我国文化进出口统计目录(2015 修订)》进行统计。

三、坚定文化自信，推动社会主义文化繁荣兴盛

一个国家、一个民族的强盛，总是以文化兴盛为支撑的。习近平总书记在党的十九大报告中提出要“坚定文化自信，推动社会主义文化繁荣兴盛”，强调“没有高度的文化自信，没有文化的繁荣兴盛，就没有中华民族伟大复兴。要坚持中国特色社会主义文化发展道路，激发全民族文化创新创造活力，建设社会主义文化强国”。推动新时代社会主义文化繁荣兴盛，必须以习近平新时代中国特色社会主义思想为指导，坚定文化自信，着力构建文化建设“五大体系”，提高文化供给体系质量，建设现代化创新型文化强省。

坚持社会主义核心价值体系。习近平总书记在十九大报告中指出，“社会主义核心价值观是当代中国精神的集中体现，凝结着全体人民共同的价值追求”。要加强理论武装，推动习近平新时代中国特色社会主义思想深入人心。培育和践行社会主义核心价值观，牢牢掌握意识形态领域的领导权、主导权和话语权。弘扬和培育以爱国主义为核心的民族精神和以改革创新为核心的时代精神，推进诚信建设和志愿服务制度化，让讲道德、尊道德、守道德成为人们的自觉追求和行为规范。推动中华优秀传统文化创造性转化、创新性发展，继承革命文化，发展社会主义先进文化，不忘本来、吸收外来、面向未来，更好构筑中国精神、中国价值、中国力量，为人民提供精神指引。

建立现代化的文化治理体系。习近平总书记指出，国家治理体系和治理能力是一个国家制度和制度执行能力的集中体现。我国现有文化管理体系存在着区域分割、行业分割、条块分割、多头管理、权责不明等现象，我们应针对新时代社会主要矛盾发生重大变化的实际，按照政府职能转变的要求，加快构建科学、系统、规范、协调的文化治理体系。探索尊重文化发展规律，准确把握文化的两重属性、两种形态，围绕两个市场、两个效益，以激发全民族文化创造活力为中心环节。按照党政分开、政企分开、政事分开的原则，建立完善一整套具有科学性、系统性、协同性的法律法规和体制机制。全面深化文化体制改革，围绕文化企业建立现代企业制度、文化事业单位建立理事会制度，进一步简政放权，尝试率先实施文化产业负面清单制度，降低市场准入门槛，使民营企业与其他所有制企业享受一视同仁的审批管理政策。建立健全党委领导、政府主管、文化部门分工负责、企事业单位和社会组织积极参与的文化治理体系，让各种治理主体通过文化治理的制度体系全面提升国家文化软实力。

完善现代公共文化服务体系。习近平总书记在十九大报告中指出，“完善公共文化服务体系，深入实施文化惠民工程，丰富群众性文化活动”。贯彻落实《关于加快构建现代公共文化服务体系的意见》和《公共文化服务保障法》，区别不同文化事业单位职责定位，建立完善法人治理结构，推动公共图书馆、博物馆、文化馆及科技馆等组建理事会。实施文化惠民工程，推动文化安民乐民富民，重点打造安徽农民文化乐园品牌，健全覆盖城乡的公共文化服务网络，补齐短板，打通公共文化服务“最后一公里”。运用大数据技术，建造公共文化云，推出数字化文化新产品。推进流动服务、数字服务，提高公共文化服务效能。加强对文化产品创作生产的引导，牢固树立以人民为中心的工作导向，推出思想精深、艺术精湛、制作精良相统一的艺术精品，提供高品质多样化的精神食粮，丰富群众性文化活动，优化城乡文化生态，保障包括农民工在内的特殊群体文化权益，以人民文化需求为导向，开启我国公共文化服务体系建设的新时代，促进基本公共文化服务标准化、均等化、便利化，让更多的人民群众分享文化改革发展所带来的成果，满足人民群众对精神文化美好生活的需要。科学制定文化企事业单位的考评标准，坚持把社会效益放在首位，统筹社会效益与经济效益、导向要求与利润指标，推动建立有利于出精品、出人才、出效益的体制机制，努力实现社会效益最大化和经济效益最优化。

健全现代文化产业体系和市场体系。习近平总书记在十九大报告中指出，“健全现代文化产业体系和市场体系，创新生产经营机制，完善文化经济政策，培育新型文化业态”。建设统一开放、竞争有序的现代文化市场体系，要明确划定政府和市场的边界，坚持以消极干预为主、积极干预为辅、无限干预为特例的原则，破除实际存在的“行政文化市场”，保障企业能够自主经营、公平竞争，消费者能够自由选择、自主消费，商品和要素能够自由流动、平等交换。抓好合格“文化市场主体”的培育，做到“顶天立地”。继续推进国有经营性文化单位转企改制，尽快建立现代企业制度，培育企业家精神，推动文化资源和要素向优质文化企业、优势文化产业集聚。加快培育小微文化企业，培育一批“独角兽企业”，促进文化小企业快速成长，支持各种形式的小微文化企业成长壮大。融合正成为文化产业发展新常态，文化产业与相关产业融合，不仅有利于自身做大做强，还可提升国民经济运行质量。着眼文化供给侧改革，推动文化创意和设计服务与相关产业深度融合，发展新型文化业态和数字文化产业，引导上网服务营业场所、游戏游艺场所、歌舞娱乐等行业转型升级。加速文化产业转型升级，提高文化产业发展的质量和效益，推动文化产业成为国民经济支柱性产业。实施“文化 + 金融”，加快建设文化投融资体系，创新文化金融产品和服务，打通文化金融中间环节，完善文化金融供给体系。积极鼓励文化金融业态发展，引导民间资金投入文化产业。建立统一的文化产权交易制度和监管制度，完善文化产权交易规范和规则，并制定相关促进政策，全面提升政银、银企合作水平。探索以“众筹模式”为代表的文化产业融资模式，鼓励金融资本、社会资本与文化资源对接，支持符合条件的文化企业上市或挂牌交易。健全完善以文化产品市场、文化要素市场、文化服务市场、文化人才市场为主导的分类文化市场体系，鼓励金融资本、社会资本与文化资源对接。建立扩大和引导文化消费的长效机制，以文化产品生产引导文化消费，释放城乡居民文化消费潜力，培育大众性文化消费市场。结合特色小镇和乡村振兴战略，开拓农村文化市场，扩大提升文化市场容量，改变安徽区域间文化消费不平衡、城乡间文化消费不平衡、社会阶层文化消费不平衡现象。

形成中华优秀文化传承体系。习近平总书记在十九大报告中指出，“深入挖掘中华优秀传统文化蕴含的思想观念、人文精神、道德规范，结合时代要求继承创新，让中华文化展现出永久魅力和时代风采”。要科学对待文化传统，在去粗取精、去伪存真的基础上，坚持古为今用、推陈出新，有鉴别地加以对待，有扬弃地予以继承。要系统梳理安徽中华优秀传统文化资源，让收藏在禁宫里的文物、陈列在大地上的遗产、书写在书籍里的文字都活起来。要深入贯彻《关于实施中华优秀传统文化传承发展工程的意见》，抓住传承和发展中华民族优秀传统文化这个核心，倡导中华文化“和合共生”的世界观和中华文化“和而不同”的价值观，使中华民族最基本的文化基因与当代文化相适应、与现代社会相协调，以人们喜闻乐见、具有广泛参与度的方式推广开来，把跨越时空、超越国度、富有永恒魅力、具有当代价值的文化精神弘扬起来，把继承优秀传统文化又弘扬时代精神、立足本国又面向世界的当代中国文化创新成果传播出去，推动安徽优秀中华文化走出去，展示新时代中国形象，提升安徽文化软实力。

专家论坛

以生态文明理念引领示范区文化旅游业发展

万以学①

习近平总书记指出："我们既要绿水青山，也要金山银山。宁要绿水青山，不要金山银山，而且绿水青山就是金山银山。"习总书记的重要讲话为生态文明建设提供了理论指导和行动指南。旅游业是公认的环境友好型绿色产业、幸福产业，是生态文明建设的重要组成部分，是绿水青山的守望者与建设者，也是绿水青山成为金山银山的承载者与转换者。安徽省设立皖南国际文化旅游示范区，就是贯彻落实习总书记重要讲话和党的十八大及十八届三中全会精神所做出的积极探索。总结示范区建设三年来的实践，对加强生态文明建设、促进文化旅游业健康与可持续发展具有重要意义。

一、皖南国际文化旅游示范区建设取得的成效

皖南国际文化旅游示范区包括黄山、池州、安庆、宣城、铜陵、马鞍山、芜湖等7市，共47个县(市、区)，国土面积5.7万平方千米，其中黄山市、池州市、安庆市和宣城市为核心区。这里区位条件优越、垄断性旅游资源高度聚集、传统文化底蕴深厚，与皖江城市带承接产业转移示范区等多个国家战略平台重叠。2014年2月，国家发改委批复《皖南国际文化旅游示范区建设发展规划纲要》。该纲要明确提出要将示范区"打造成为美丽中国建设先行区、世界一流旅游目的地、中国优秀传统文化传承创新区"。三年来，示范区建设取得显著成效：

(一)生态建设与经济建设实现共赢

从2016年年终数据看，示范区各项生态指标持续优化，PM平均浓度比2014年下降23.88%，空气质量优良率达79.92%，城镇污水集中处理率、城市生活垃圾无害化处理率、森林覆盖率等都进一步提升。与此同时，区内各项经济指标保持向好，GDP达

① 作者系安徽省旅游局局长。

8905.3 亿元、财政收入 1557.95 亿元，分别增长6.5%、7.47%；以旅游业为龙头的服务业增加值为 3569.1 亿元，占生产总值比重达40.08%，比 2014 年增加 7.9 个百分点。

（二）旅游战略性支柱产业地位确立

黄山市、池州市将文化旅游业作为主导产业，其他市将其作为重要支柱产业。2016 年，皖南示范区实现旅游总收入 2594 亿元、入境游客 398.3 万人次、国内游客 2.63 亿人次，同比分别增长 18.8%、10.3% 和 17%，分别占全省总量的 52.6%、82.1% 和 50.4%。全省旅游产业增加值达 1519 亿元，占生产总值和服务业的比重分别为 6.3%、15.4%，贡献率分别达 10%、12.6%。

（三）完成一批生态环境保护工程

开展森林城市、森林城镇、森林村庄和森林长廊创建，在新安江、青弋江、秋浦河、皖江等源头实施水源涵养林和水土保持林建设工程。对太平湖、升金湖、花亭湖、南漪湖等进行生态修复，推进黄山、九华山、天柱山、敬亭山等景区核心区原住民转移搬迁。建立一批低碳景区景点和绿色环保宾馆饭店。1500 多个美丽乡村为全域旅游发展提供了坚实基础。黄山市、宣城市获批全国首批生态文明先行示范区，铜陵市列入全国第五批餐厨废弃物资源化利用和无害化处理试点城市，潜山县跻身全国生态文明示范工程试点县，宣城市、宁国市和芜湖县成功创建国家园林城市（县城）。

（四）绿色制度建设和创新力度不断加强

省政府为黄山市“松绑”，取消了 GDP 等指标考核。新安江流域开展首个跨省流域横向生态补偿试点。大黄山国家公园创建大力推进。实施“百村千幢”古民居保护利用提升工程。同时，示范区各地加强了重点景区景点的生态红线控制、战略环评、区域或行业限批、主体功能区划分、服务业集聚区建设等制度的实施，形成了一批可复制成果。

（五）文化旅游业发展增进了民生福祉

作为全省六大产业精准扶贫区域之一，皖南地区以高水平建设示范区为契机，发展全域旅游，推动农旅融合，重点培育高山蔬菜、休闲农业和乡村旅游等特色主导产业，带动贫困人口脱贫致富。2016 年，全省乡村旅游实现总收入 2120 亿元，直接和间接就业人数 269.1 万人。“十二五”期间，全省通过发展乡村旅游减少贫困人口 45 万人，约占全省同期脱贫人口的 12%。

二、皖南国际文化旅游示范区建设存在的问题

皖南国际文化旅游示范区建设取得一定成效，但还存在一些薄弱环节：一是思想认识还不够坚定。还存在“发展就是经济增长”的落后理念；在项目选择时还有走“先污染后治理”老路的冲动；对文化旅游产业带动经济社会发展信心不足。二是产业还不够强。示范区旅游总收入占据全省的“半壁江山”，占地区生产总值和服务业的比重也高于全省平均水平，但在全国总体竞争力还较弱。三是体制机制还不够完善。示范区的制度建设还有一些空白点，特别是在防控旅游的过度开发与过度消费方面，还需要建立和完善体制机制。四是群众生活水平还不够高。旅游发展与百姓生活融入不够，与江浙等发达地区相比，居民生活水平还有差距，个别地区还存在守着绿水青山过苦日子的现象。

三、皖南国际文化旅游示范区建设的几点启示

（一）牢固树立“绿水青山就是金山银山”的理念

示范区建设的实践表明，旅游业在统筹经济发展与生态保护方面具有比较优势。它具有的内生创新性、协调带动性、开放互动性、环境友好性、共建共享性，与生态文明理念高度契合，在形成节约资源和保护环境的空间格局、产业结构、生产方式和生活方式方面起联结与转换作用。因此，要自觉将加快旅游业发展纳入生态文明建设中，在加强生态文明建设中发展壮大旅游业。

（二）积极将旅游业培育成战略性主导产业

示范区建设印证了“生态产品的供给也是发展”的理念。发展旅游业资源消耗小、环境代价低、关联度高、辐射范围广、拉动性大，能促使生态与经济协调共进。因此，要保持战略定力与政策定力，坚定不移地把旅游业做大做强，不能因为旅游业投资大、周期长、见效慢、对环境要求高而导致反复与摇摆。

（三）大力发展全域旅游

全域旅游是推进绿色发展的有效载体。发展全域旅游，有助于打破地域分割、行政分割，促进区域内外各种要素的开放整合；有助于推进“多规合一”，促进旅游发展规划与土地利用总体规划、城乡规划、环境保护规划以及自然资源、人文资源保护利用等

规划的衔接协调；有助于推动旅游与现代农业融合发展，促进公共服务向农村延伸。

（四）加强项目建设

项目建设是生态保护和修复、促进生态与旅游协调发展的重要载体和抓手。因此，要抓好项目的谋划储备，重视项目选资，强化高层调度，将重要旅游项目纳入环境保护、新农村建设、扶贫开发等支持范围。要特别重视项目的组织实施，防止在生态修复名义下造成二次伤害，在景点打造名义下制造环境垃圾。

（五）鼓励实践创新

示范区内的新安江生态补偿试点、“百村千幢”古民居古村落保护利用提升工程、大黄山国家公园创建、方特度假村建设及营销模式、旅游综合执法等，都是基层较为成功的实践创新。因此，落实绿色发展理念，转变旅游发展方式，必须坚持创新引领，推动旅游业在规划、管理、市场、模式、企业、产品等方面的实践创新。

演艺产业的管理与创新

张居淮[①]

世界公认的七大艺术门类是:文学、戏剧、舞蹈、音乐、美术、建筑、影视。其中舞蹈、戏剧、音乐三大门类属于演艺业。

演艺的历史最早可以追溯到原始社会“诗乐舞”天人合一的宗教祭祀活动时期。歌唱和舞蹈是人类天然的表现和抒情方式,从原始的祭祀仪式到花样百出的市井杂耍,从民间诙谐即兴的说唱到登堂入室的高雅戏剧,从乡村到大都会,从早期的草台班子到流光溢彩的现代剧场,从莎士比亚时代的环球剧院到引领娱乐新潮流的好莱坞,演艺在给世界带来惊喜的同时,也给人们带来无数的娱乐、震撼和教益。演艺业实质上是数千年来人类展示自我、证明自我的历史。它具有民族风格鲜明、人文内涵丰富、历史传统厚重、表现形式独特和艺术感染力强烈的特点。

好的演艺作品能够给人们带来美好的享受和回忆,可以常演不衰。就拿我国来说,20 世纪五六十年代的大型音乐舞蹈史诗《东方红》,歌剧《江姐》《洪湖赤卫队》《小二黑结婚》《红珊瑚》,话剧《霓虹灯下的哨兵》《年青一代》等作品,影响、激励了几代人。

从世界范围看,也有许多成功的案例,如美国的百老汇就是一个特别成功的案例。作为一个百年剧院,百老汇在 20 世纪的每个时期都可以找到自己鲜明的坐标,那一部部琳琅满目的经典名剧像一尊尊坐标,将百老汇划分为具有个性、带有时代烙印的不同时代。如 20 世纪 30 年代有《万事皆空》,40 年代有《俄克拉荷马》,60 年代有《芝加哥》,80 年代有《猫》,90 年代有《为你疯狂》。而进入新世纪以来,代表 21 世纪百老汇艺术风范的则是一部享誉全球的音乐剧《妈妈咪呀》。音乐剧《妈妈咪呀》目前已在全球 240 个城市、用 13 种语言演唱,观看人数已超过 4200 万,票房已超过 150 亿元。这部音乐剧的中国版在我国演出已超过 200 场,收入过亿元。

---

① 作者系安徽演艺集团原党委书记、董事长。

繁荣发展演艺业，不仅有助于建立人民的共同文化认同，促进社会的和谐稳定与可持续发展，对提升国家文化的软实力、提高公民的综合素质、丰富民族文化的多样性、提高人类的创造力，都有着极其重要的意义。

下面，我从四个方面，谈谈自己对演艺产业的认识和理解。

一、文化产业与演出产业

（一）文化产业

“文化产业”概念最早的提出可以追溯到 20 世纪三四十年代，德国法兰克福学派提出的“文化工业”（Culture Industry）理论。目前，联合国教科文组织把文化产业定义为“按照工业标准生产，再生产，储存及分配文化产品和服务的一系列活动”。

一般认为，“文化产业”是指随着大众传播技术和商品经济的发展，文化产品像工业产品一样，按照工业生产程序与原则大批量产出，作为商品进入市场交换的现象。其基本内涵是指在社会高度工业化、技术化和商品化条件下，文化领域中出现的使文化产品具有鲜明的技术性、复制性、批量性、商品性的文化产出方式。

基于文化产业带来的经济、文化、政治利益，越来越多的国家把文化和文化产业发展提升到国家战略层面，力图通过发展文化产业获得新的比较优势。如日本、韩国实施“文化立国”战略，新加坡把发展文化创意产业作为举国战略。目前，美、英、日等国文化产业增加值占国内生产总值比重都超过 15%，成为国家国民经济支柱产业。

我国文化产业发展起步较晚，理论研究更是滞后。1992 年，时任国务院秘书长的罗干在《重大战略决策——加强发展第三产业》中首次提出“文化产业”一词。1998 年，文化部文化产业司成立，标志着中国政府把发展文化产业纳入政府工作体系。2000 年，“文化产业”首次在中央文件（十五届五中全会《中共中央关于制定国民经济和社会发展第十个五年计划的建议》）中提出。2002 年，党的十六大报告里首次把“文化事业”与“文化产业”区分开来。

（二）演艺产业

“演艺”的概念，通俗讲就是表演艺术，它指的是通过人体动作、表情或演唱、演奏方式来塑造形象、传达情绪、表达情感的艺术表现形式，具体形态包括戏剧、音乐、舞蹈、曲艺、杂技等。

作为文化产业的重要组成部分，演艺产业是指把文艺表演产品和服务作为商品，按照工业标准进行生产、流通、消费、再生产。与其他产业一样，演艺产业遵循着本产业共同的基本发展规律，它也有自己的一套生产链条和运作机制。

根据演出产品或服务的实施要素划分，我们可以大体把演艺产业分为三大产业环节——演出团体、演出经纪和演出场所。演出团体是演艺产品和服务的直接生产者，戏曲表演团体、歌舞院团、乐团、杂技团、话剧团等等。生产的演出产品种类主要有戏剧、音乐、舞蹈、杂技、曲艺等舞台类表演等。演出经纪是演艺产品和服务的生产者与消费者之间的桥梁和中介，如演出公司、文化传媒经纪公司。演艺场所是供演艺产品和服务消费过程实施的时空平台，简言之，就是剧场、会展中心等等。

二、我国及我省演艺业发展历程

（一）公私合营阶段

演艺院团全部由私营转为公办，纳入事业编制，实行国有化管理。

中华人民共和国成立初期，即20世纪50年至60年代，在部队文工团的基础上，加上国家和地方各级人民政府通过公私合营或私营公助的方式对私营剧团和家族社班进行改组整合，在全国范围内成立2100多个剧团，从业人员达23万人。其后，学习和借鉴苏联模式，按行政级别、区域划分分层设置和管理剧团，把县级以上的文艺院团全部编入国家事业体制，从业人员纳入国家干部身份管理，所需经费由政府直接拨付，国有文艺院团被赋予党和政府的“喉舌”地位，起到了宣传人民、鼓舞人民、服务人民的作用。

安徽的省级文艺院团大多成立于这个阶段：1953年安徽省话剧团成立，1954年安徽省黄梅戏剧团成立，1956年安徽省徽剧团、安徽省京剧团、安徽省歌舞团、安徽省杂技团成立。

（二）探索改革阶段

积极扩大国有院团经营自主权，实行承包经营责任制和双轨制。

1978年改革开放以来至2002年，国有文艺院团获得了很大的发展，演艺业也不断发展壮大。但随着社会经济形势的变化，人民群众不断变化着审美需求，国有事业体制的文艺院团逐渐失去活力，文艺演出日益边缘化，影响力每况愈下，针对这一现状，国家开始着手对其进行改革。当时，根据农村改革大包干的经验，国家开始探索对演艺院团进行以承包经营责任制为主要形式的院团改革。同时，在“双轨制”政策的指引下,社会上也产生了一批民间业余剧团和乡镇村办院团。

从 20 世纪 80 年代中期开始,我省直属文艺院团试行“承包制”、倡导“双轨制”、推行“全员考评聘任制”“目标责任制”等方式,探索改革和完善院团运营机制,结果是拼光了设备,流失了演员,也未创造生产出有影响力的剧目和作品,收效甚微。国有文艺院团的体制和运行机制问题已经成为这一时期阻碍演艺产业繁荣发展的瓶颈。

(三)全面放开阶段

推动国有文艺院团转企改制,放开演艺市场主体所有制限制。

党的十六大以来,国有文艺院团迎来改革发展的历史机遇。2003 年,全国文艺院团体制机制改革在全国先由试点单位和试点地区启动。其后,国有文艺院团体制改革在经历了由试点先行、稳步推进到攻坚克难、全面推进的过程。到 2012 年年底,在全国 2102 家国有文艺院团中,61% 的文艺院团转企改制,成为经营性文化市场主体,20% 的国有文艺院团被撤销,19% 的国有文艺院团划转成公益性事业单位,全国国有文艺院团现在形成以企业为主体、事业为补充,面向市场、面向群众的新格局。

同时,2005 年,文化部颁发的《关于鼓励发展民营文艺表演团体的意见》,从根本上赋予民营表演团体享有与国有文艺院团平等竞争的地位,推动民营表演团体蓬勃发展。国务院颁布新修订的《营业性演出管理条例》,取消了演出经纪机构涉外与非涉外的资格区分,为外国演出商在华投资敞开了大门。

这一阶段,我省的演艺院团改革在省委宣传部的坚强领导下,推进得也非常迅速,省属院团仅用半年时间就完成了集团组建工作。2010 年 2 月 22 日,安徽省委、省政府顺应改革大势,加速推进全省国有文艺院团转企改制,在整合省级直属文艺院团和文化机构的基础上正式组建安徽演艺集团。

全省 93 家国有文艺院团中,17 家被撤销、75 家转企改制,仅安徽省徽京剧院保留事业性质,加上新组建的安徽乐团,全省共有两个事业性质的文艺院团。

三、我国及我省演艺产业发展情况

(一)“三大”演出市场主体及典型代表

一是“千帆竞发、你追我赶”的国有文艺院团。据文化部统计数据显示,2013 年全国国有文艺表演团体有 1422 家,其中转企国有文艺表演团体 1283 家,未改制的保留事业编制院团 139 家;全国组建了演艺集团 60 余家,演艺资源得到了进一步整合,集约化程度进一步提高。

从目前我国演艺集团的发展情况来看，大多数演艺集团通过改制减轻了历史包袱、整合了优质资源、增添了设备，正不断尝试探索市场化发展道路。代表性单位有中国东方演艺集团、北京演艺集团、江苏演艺集团等；据近两年各单位公布的数据，在同层次的23家省级兄弟演艺集团中，安徽演艺集团名列第一方阵之中，演出场次与经营收入分别排名第4位和第5位。从各省演艺集团的创作剧目获奖数目比较来看，安徽演艺集团综合排名处于第一位，这次国家艺术基金申报，我们有8个项目入围。

二是异军突起的民营文艺院团。2009年6月，文化部出台《关于促进民营文艺表演团体发展的若干意见》，推动民营表演团体蓬勃发展。据不完全统计，当前全国民营院团已超过6800家，涌现了以河南宝丰、浙江嵊州、福建莆田等典型地区和河南"小皇后"豫剧团、"开心麻花"文化有限公司等为代表的优秀民营文艺表演团体。

文旅演艺发展好的代表性单位有深圳华强文化科技集团、杭州宋城股份、华侨城控股股份有限公司、辽宁民间艺术团有限公司。

安徽省民间文艺表演亦十分活跃。据2011年年底统计数据显示，安徽省注册登记的民营演艺院团和民间社班约1600多个，常年活跃在基层，年演出40多万场次。

三是纷至沓来的境外文艺表演团体。2005年，国务院颁布新修订的《营业性演出管理条例》，为外国演出商在华投资敞开了大门。据文化部统计，2011年我国引进国外演出项目1056项，比2010年增加17%，中国成为一些国际品牌演出项目首演站点。有的演出商竟用了"国外大牌明星排着队要来中国演出"这样的广告语。

（二）"五大"典型演出市场及其特点

1.以专业剧场为主要阵地的传统演出市场

这个市场以国有文艺院团为主力军。新体制催生新机制，新机制焕发新活力。国有文艺院团转体制、换机制、养精兵、出精品，实现华丽转身，在以专业剧场为主要阵地的传统演出市场上取得了不俗成绩。

据中国演出行业协会统计，2014年，专业剧场演出8.20万场，票房收入66.09亿元；其特点是专业剧场演出以精品经典剧目为主。名作、名导、名角剧目是这类市场的主要特征。专业剧场演出市场区域发展不平衡。除北京、上海、广州、深圳等一线城市之外，二、三线城市的剧场闲置和"空巢"现象严重。对政府资源依赖较大，易受政策冲击。如，五部委限制奢华演出的文件下发后，各级政府不再办节庆了，各级电视台也不再办综艺晚会了，企业也不再为演出包场了，导致演出市场又进入一个新的调整期。

但是像北京的“开心麻花”团队、国话的田沁鑫团队、台湾的赖声川团队均未受到影响。

2. 以农民群众为主要对象的农村演出市场

农村演出市场以民间剧团演出和艺术表演团体下乡演出为主，其中河南“小皇后”豫剧团是突出代表。

河南“小皇后”豫剧团 20 年来，长年扎根农村演出，足迹遍布豫、晋、冀、鲁、皖、苏、粤等省的广大农村和基层工矿，巡回演出 7000 多场，平均每年演出 400 场，观众达 300 多万人次，每年演出 90% 坚持在农村，他们的戏做到了又叫好又叫座。1967 年出生的团长王红丽兼当家花旦，她推出的豫剧《风雨行宫》和《铡刀下的红梅》既获国家大奖，又深受群众的喜爱。

据中国演出行业协会统计，2014 年农村演出收入 20.54 亿元。其中，送戏下乡演出 6.88 万场，惠民演出补贴 3.29 亿元；农村商业性演出 100.40 万场，演出收入 17.25 亿元。

其特点：中国 8 亿多农村人口，农村演出市场蕴含着巨大潜力和空间；农民群众花钱看戏的习惯尚未形成，农村演出市场依然处于艰难培育中。农村演出市场以戏曲为主要演出类别。戏曲演出退守农村市场，演出场次 90% 在农村。受经济条件和演出条件的限制，目前农村演出节目质量还不是很高。

3. 以旅游人群为主要受众的文化旅游演出市场

伴随国内旅游业的扩大发展和持续升温，市场对旅游演艺产品的需求也迅猛增长。近年来，旅游景区实景演出、旅游驻场演出、主题公园演出等旅游演出，如雨后春笋，蓬勃发展；在北京、天津、上海、杭州、青岛、大理等旅游城市的大型文旅演艺项目就多达四十台。其中，《宋城千古情》《印象 · 刘三姐》最具代表性。

如《印象 · 刘三姐》每年接待游客上百万人次，10 年共演出 3700 多场次，总票房超过 7 亿元人民币。《印象 · 刘三姐》还被国家工商总局认定为中国驰名商标。

据中国演出行业协会统计，2014 年全国旅游演出场次 6.02 万场，票房收入 38.37 亿元。

其特点：旅游演出市场快速崛起。旅游演出的地点从早期的一线旅游景点延伸到全国各地的各个景区。民营资本或社会资本争相涌入，特别是文旅演艺项目等一些新兴市场。这方面在快速发展的同时，又出现许多问题，如旅游演出产品制作趋同化，如印象系列，除“刘三姐”外，其他印象系列作品有机械化复制现象，缺乏消费吸引力，如《印象 · 海南岛》，经营时间很短就结束了。加之旅游演艺产品高额运作，成功性高，但风险也大。如万达集团 2011 年在海南投资 6000 万元请外籍导演参与制作的《海棠秀》惨淡经营三年，最终关闭。

4. 以都市白领为消费对象的小剧场话剧演出市场

小话剧演出市场异军突起，风靡北、上、广、深，其中运作比较成功的案例是“开心麻花”团队和孟京辉、田沁鑫团队。

“开心麻花”2003 年首创了“贺岁舞台剧”的概念，并在多年的舞台剧创作中自成体系，逐步形成了独有的风格特征。十几年来，其创作的 21 部作品，从北京出发，走遍了上海、深圳、广州、天津、武汉、沈阳、南京、杭州、南昌、哈尔滨、西安、郑州、海口等 40 多个城市，超过 2000 场大剧场演出，几乎场场爆满。2010 年推出的贺岁剧《索马里海盗》和 2011 年推出的《乌龙山伯爵》，不到一年时间均演出了 160 场，非常受市场热捧。演出场次、观众人数、票房收入三个指标在同行业内全面领先。

小话剧市场的主要特点：主打特色牌，形成独有的风格。喜剧风格是该类演出的个性标签。创作上关注市场，营销上紧跟市场，拥有了相当一部分忠实的观众群体。就全国来看，原创小剧场话剧虽然较有市场，但剧目创作良莠不齐，质量不一。陈佩斯和朱时茂的《阳台》就没打响，但赖声川的《如梦之梦》在保利剧院的票已售完，田沁馨和刘晓庄合作的《风华绝代》票也售完。2015 年 1 月推出的《冬之旅》未上演，在北京保利的一周票已告罄。但是有一些作品为博取廉价掌声和票房已陷入庸俗、低俗、媚俗之列，所以市场并不看好。

5. 以休闲娱乐为主的音乐类演出市场

2014 年国内音乐类演出总场次 1.90 万场，票房总收入达 30.29 亿元。其中在专业剧场内举办的音乐类演出共 1.90 万场，票房总收入 10.90 亿元，大型户外演唱会 1200 余场，票房总收入 19.39 亿元，大型音乐会约 200 场，呈井喷式发展态势。如浙江卫视推出的《中国好声音》栏目，1 亿投入 3 亿回收，预计边际效益高达 20 亿元。

其特点是：音乐演出市场发展迅猛，成为人民生活中不可或缺的一部分。音乐类演出市场从大众到小众细分。随着经济的发展，社会越来越多元，人们的审美差异化现象越来越明显。

四、我国及我省演艺产业发展面临的主要问题

当前，演艺产业发展也受到诸多制约，特别是区域不平衡、城乡不平衡的难题尤为

突出。

（一）优质演艺产品相当稀缺

尽管新创剧目日益增多，但思想性、艺术性、观赏性、市场性俱佳且真正为广大人民群众喜闻乐见的普及性演艺作品还比较少。

（二）演艺院团尚未摆脱困境

尽管体制改革在不同程度上增强了国有院团的活力，但多数表演艺术团体的核心竞争力弱，优势剧目少，市场占有率低，面对市场生存和发展能力非常薄弱。如果终止国家财政供给，特别是市县一级的绝大部分院团可能无法生存。

（三）演出场馆有效供给不足

上海是中国演艺最为成熟的城市，但在市区 45 家演出场所中，配套设施比较完善，能够满足大中型剧目演出需要，年度演出在 180 场以上的剧场，仅有上海大剧院、上海美琪大剧院、逸夫剧院、东方艺术中心、艺海大剧院等 10 家。

（四）表演艺术消费尚未形成习惯

民众的消费观念直接影响着文艺演出市场的健康发展，有什么样的观众就有什么样的演出产品。在西方国家，观看芭蕾舞演出、欣赏交响乐会被当作日常生活中的一项重要内容，是一件非常时尚的事。在维也纳，人均一年听音乐会 3—5 场，一个城市一年消费音乐会 800 多万场。2000 年，对纽约 18 岁以上的成年人调查显示，49% 的人看过音乐表演，43% 的人看过艺术表演，36% 的人去过剧院看戏。但在我国，进剧场看戏的还很少，新中国成立后的几代人进剧场看戏基本上是在免费看戏的环境下成长起来的，现在突然要买票了，大家很不习惯。即使是市场成熟的上海也不行。上海人艺前几年演话剧《商鞅》，台上演职员 100 多人，台下观众 100 多人。眼下，欣赏艺术还远未能成为人民大众的经常性选择，需政府加大力度培育，让人民大众养成买票看戏之习惯。

（五）农村演艺市场面临诸多困难

农村演出市场虽然红火，主要是一些经营大户掏钱办红白喜事，让老少爷们乐一乐，演几场戏。由于演出主体多是个体经营的家族式的小民间艺术社团，难以解决农村群众普遍存在的看戏难、享受艺术难等问题。我们去年去金寨县南溪镇演出的时候，和当地农民群众座谈，他们说那里已有十年多没看过戏了。我们省委宣传部和省文化厅推出的去农村农民文化乐园演出，就是一个非常好的举措，一桥搭两头，一边是剧团有了用武之地，一边农民看到了想看的文艺节目，满足了他们的精神文化需求。

五、推动“十三五”演艺产业发展的几点想法

改革是发展的动力，创新是企业的灵魂。随着文化赖以发展的物质基础、社会环境、传播条件发生深刻的变化，演艺市场竞争日趋激烈。如何适应当代演艺市场要求，突出自身优势，适应时代变化，已成为发展演艺业的关键。我想应该从艺术生产、市场培育、资源整合、资金支持、制度构建等方面深化改革创新，推动演艺产业的繁荣发展。

（一）艺术生产

习总书记强调，社会主义文艺从本质上讲，就是人民的文艺。文艺创作方法有一百条、一千条，但最根本、最关键、最牢靠的办法是扎根人民、扎根生活。文艺要反映好人民心声，就要坚持为人民服务，为社会主义服务这个根本方向。因此，发展和繁荣演艺产业绝不能在“为谁服务”的问题上出现偏差。

一是要坚持以人民为中心的创作导向，扎根人民、深入生活，努力打造更多弘扬中国精神、凝聚中国力量、彰显安徽气派，具有“国家级一流艺术水准”精品的“高原”之作、“高峰”之作。

精品之所以“精”，就在于其思想精深、艺术精湛、制作精良。关键还要讲好中国故事。故事不精彩，就形成不了精品，没有精品就不可能形成品牌，没有品牌也就不会有像样的产业。所以，要发展演艺产业必须树立精品意识，主创团队要忧患着人民的忧患，欢乐着人民的欢乐，以做人民孺子牛的精神去潜心创作，方能创作出为人民大众所喜闻乐见的文艺作品。因而，我们要带着真情实感去充分挖掘安徽地域文化元素，讲好安徽故事，下大力气打造一批富有浓郁安徽特色，具备思想性、知识性、艺术性、观赏性，接地气，能够经常演出并得到广大群众和社会市场认可的精品力作。这一次，在省委宣传部、省文明办的指导下，省话剧院创作的系列话剧《好人安徽大舞台》喜获金狮奖新剧目奖和三项个人金狮奖，实现了社会效益和经济效益的统一。

近期，安徽演艺集团在省委宣传部的坚强领导下，紧紧围绕“实现中国梦”这一主题，要“精彩讲好中国故事、全面展示安徽形象”，以省十大重点演艺品牌项目为抓手，全力做好徽剧《徽班进京》、花鼓灯歌舞剧《风雨淮河岸》、黄梅戏《我的离骚》、音乐剧《新青年》、京剧《戚继光》等重点剧目的创排工作。同时，继续精心打磨近年来创作排演已有好影响的黄梅戏《小乔初嫁》、话剧《徽商传奇》、舞剧《徽班》、徽剧《惊魂记》、歌舞乐《风情安徽》等一批原创精品力作，并全力推动这批剧目走向更广阔的市场，为更

多的基层群众服务，取得其应有的社会效益和经济效益。

二是要精心创作一批传播正能量、弘扬主旋律、基层群众喜闻乐见的精品力作。

文艺是时代前进的号角，最能代表一个时代的风貌，最能引领一个时代的风气。演艺文化丰富多彩、活泼生动、现场感强，在引领和带动人民群众践行社会主义核心价值观、共圆“中国梦”方面发挥着难以替代的作用。

演艺产业要有针对性地建设，满足不同年龄观众的不同需求，演艺样式要分别承载不同功能和任务，创作生产更多更好的演艺节目，进入市场，服务大众。通过生动形象的故事和群众喜闻乐见绘声绘色的演出样式，让群众在潜移默化中接受教育，快乐审美，将社会主义核心价值观内化于心、外化于行。这一点我们要像苏州滑稽剧团学习，“文革”前他们有《满意不满意》，“文革”后他们有《小小得月楼》，新时期他们又有《一、二、三齐步走》等剧，均演出上千场。

三是要精心整理推出几部适应国际文化市场消费需求、兼具艺术水准和商业价值的品牌演艺产品。

鼓励我省演艺院团着力打造演艺产业链前端，把支持的重点放在原创作品的开发阶段，创建具有中华民族文化特色和国际影响力的演艺产品和品牌，挖掘整理一批具有安徽艺术特色，体现中国当代核心价值观的精品力作。同时，针对欧美、中东、中亚受众，编创几台具有自主知识产权的品牌输出剧目。

（二）市场营销

习近平总书记强调，一部好的作品，应该是把社会效益放在首位，同时也应该是社会效益和经济效益相统一的作品。文艺不能当市场的奴隶，不要沾染了铜臭气。优秀的文艺作品，最好是既能在思想上、艺术上取得成功，又能在市场上受到欢迎。因此，发展和繁荣演艺产业必须面向市场、面向大众，坚持把社会效益放在首位，坚持社会效益和经济效益相统一。

1. 立足安徽，加快建立覆盖全省城乡的、结构合理的、发展均衡的、运行有效的、惠及全民的公共服务演艺体系，促进区域性演出网络的形成

一是整合全省院团创作、演出经纪、演出剧场等演艺资源，构建产业链各环节上下联动、左右互动、深度聚合的市场体系，全面盘活和激发我省演艺市场活力。如，利用安徽演艺院线和安演票务平台，引进 OTO 电商营销的模式，以剧场为基点，精选若干家演出剧场进行深度开发，探索连锁化经营、多业化集成发展。汪峰的鸟巢演唱会就是这样运作的，效果很好。同时，通过项目巡演等运作形式，盘活和带动我省地市和县区

剧场资源。

二是统筹城乡演出市场资源,深度培育我省演出市场和消费市场。构建以需求为导向的农村公共演艺产品供给制度,做好、做细、做透公共文化服务工程,使“送戏下乡”“送欢乐下基层”活动在总量和结构上满足农村和基层需求,真正保障农民的公共文化权利。如,发挥集团的统领、整合带动和辐射作用,整合地市演艺院团资源,向北京“开心麻花”和河南“小皇后”豫剧团等民营院团学习,学习他们的经营理念和运作模式,全力开发针对基层群众市场需求的艺术创作和演出市场,千方百计在省委宣传部和省文化厅的领导、支持下激活全省演出市场。

2. 面向全国,瞄准“北、上、广、深”等一线演出市场,加快构建安徽演艺产品营销推广渠道

扶持建立以政府为主导、以企业为主体、以市场化运作为主要方式的运营机制,整合全省优势资源,以演出季、项目巡演等形式,组织我省原创经典精品剧目以集团军形式进军长三角和珠三角一线演出市场,扩大安徽影响,展示安徽形象,塑造安徽品牌。同时,加快支持我省有实力的演艺院团探索“北、上、广、深”演艺基地建设,由点带面开拓市场。

3. 走向海外,加强国际文化交流与合作,坚持“走出去”与“引进来”相结合,积极探索建立“走出去”的新机制、新模式

一是加强文化行政管理部门与文化企业和商会(协会)之间共同探索开拓海外演出市场的沟通及协作机制。支持演艺集团通过独资、合资、控股、参股或项目、产品合作等方式,重点扶持和推动黄梅戏、徽剧、花鼓灯、杂技、舞剧、安徽民乐走出国门,主动参与国际文化市场竞争。

二是支持演艺集团借力中国区域经济合作关系,借助中华文化的亲缘关系,积极探索在境外兴办实体、落地经营,加快推动文化产业走出去步伐。如,探索建立安徽杂技美国演出基地,与海外文化公司直接建立关系,进入海外华人市场,进军中亚和欧洲演出市场。同时,邀请一批国际知名演艺团体和知名艺术家来皖举办有特色的文艺演出。

(三)资源整合

演艺业作为文化产业的发展方向和发展重点,必须推动其集团化、规模化、专业化发展,立足演艺谋发展,跳出演艺求突破,坚持主业突出、多元发展,加快完善演艺产业链,积极推动演艺产业多元化、立体化发展。

一是横向上创新演艺业态，引导业态融合，学习和借鉴国外成熟的演艺产业经营模式，推动演艺与影视、旅游、会展、动漫、传媒、娱乐、科技等相结合，催生衍生产品不断涌现，促进演艺产业与其他新型业态的融合发展。

二是纵向上引导演艺机构完善和延长产业链，加强安徽演艺院线建设，拓展与中国演出行业协会的联系，鼓励演艺院团在整合相关领域或相关产业资源的基础上，进一步延伸演艺产品生产线，演出后产品的开发。如，支持安徽演艺集团建立覆盖全省、连锁经营的品牌艺术教育培训基地（中心），开发演艺衍生品和经营舞台道具业务，以拓宽演艺产业盈利模式，寻求多元化的利润增长点。

三是通过营造宽松的政策环境，前期启动经费的政府支持，借助地域优势，向上海和江浙学习，打造 1 至 2 个安徽演艺产业集聚区，以实现优势互补、资源共享，发挥集群效应。如，以安徽"百戏城"和安徽大剧院为基础，与其他地市合作，发挥省城集散地的效应，打造集表演、购物、体验、休闲、娱乐、体育、旅游等多种功能于一体的演艺产业园区。

（四）人才培养

人才资源是演艺产业的第一资源，必须创新人才管理和使用模式，培养和造就一批艺术精湛、结构合理的编创、指挥、表演、营销等专业人才队伍。

一是立足当前、着眼长远，把人才培养工作列入我省发展总体规划，坚持"引培并举，管评结合"，突出抓好人才的培养、引进、管理和评价、考核等环节，增加人才总量，优化人才结构，提高人才素质，发挥人才作用，培养一支艺术精湛、结构合理的德艺双馨的专业人才队伍。

二是实施"精英人才培养"和"明日之星"等专业技术人才培养计划，加大专业技术人才培养力度，积极与省内外艺术院校合作，通过"订单"培养，有计划、有目的地培养一批创作、编导、指挥、作曲、演出经纪人等方面的艺术人才。与高校深度合作，设立演艺文化创意中心或培训基地，分类、分批对现有人员进行短期轮训，力争分批培养业务骨干。

三是积极创新人才引进模式，"不求所有，但求所用"，打破常规，实行特殊政策，要有宽广的胸襟和配套的人才引进政策，使人才留得下，用得上，从国内外、系统外、体制外吸引、延揽、签约一批集团紧缺的编剧、导演、作曲、指挥、营销总监等高层次艺术人才、文化产业创意人才和文化产业管理营销人才，为安徽演艺集团跨越式发展提供强大的智力支撑和长效保障。

四是实施岗位管理，畅通进出渠道，形成人才合理流动、有利于优秀人才脱颖而出的体制机制，营造“引得进、留得住、用得好”的用人环境，做到“人尽其才，才尽其用，用当其时”。积极探索高管层、专业骨干和职工按贡献持有公司的股份和期权，充分激发各类人才的创业热情和创造活力。

（五）资金支持

习总书记特别强调，文化工作导向不能改，阵地不能丢！演艺文化是一种人类独特的审美的意识形式，代代相传，蕴含着中华民族优秀的文化基因。它理应被纳入党的工作的一项极其重要的范畴予以高度重视，而不能把它看成是赚钱的工具和可有可无的东西。

我省演艺业也应探索实行“政府扶持＋社会支持＋市场运作”的新型融资方式，主动寻求与企业合作、引入民间资本，为艺术生产注入新的活力，加大公共文化服务支持力度。

一是完善演艺产业投融资体系，推动各项政策性扶持资金及时足额到位。支持演艺院团用足用好支持文化体制改革和文化产业发展的有关经济政策。

二是鼓励和支持演艺院团充分利用资本的力量，加强资源整合力度，完善演出产品在创意设计、研发生产、营销推广、衍生品等方面的产业链建设。

三是加强演出场所的管理，明确政府投资兴建的演出场馆其公益性和社会服务性。在管理使用过程中，发挥其公益性和服务社会的功能，繁荣演出市场，服务社会需求。

（六）制度构建

文艺院团是演艺产业的组织细胞和机体，因此必须完善和健全演艺院团体制机制，继续推动院团深化改革，加强管理。

一是在财务管理上，对艺术产品和重大项目模拟市场成本核算，实施可控管理，加强产前、产中、产后跟踪管理，杜绝管理灰色地带和黑洞。

二是在绩效管理上，为集团各子公司分别制定明确的责任目标，完善追究问责制度，建立管控调整体系。

三是在企业管理上，坚持按照产权清晰、权责分明、政企分开、管理科学的现代企业制度要求，完善集团内部管理制度。

安徽省区域文化发展战略研究

沈　昕　凌宏彬[①]

本文从发展全局出发，以更高的站位、更宽的视野对我省区域文化发展进行顶层设计，探究和谋划"十三五"时期我省区域文化发展战略谋划的环境和形势依据、战略目标、战略选择、战略思路和战略实施保障等若干重要问题。

一、安徽区域文化的概念、内涵和特征

深化对安徽区域文化本体的认识，逐步准确把握安徽区域文化的概念、内涵和特征，是科学分析、谋深谋实"十三五"我省区域文化发展战略的前置条件。在比较分析国内外有关成果的基础上，提出以下看法。

（一）概念

可以从四个方面加以认识。从中国文化发展全局看，安徽是历史文化积淀深厚的省域，安徽地域文化是中国文化的有机组成部分。一方面，安徽区域文化与中国文化具有共性，体现着中国文化发展的主流、方向和要求，负有提升国家文化软实力、增强国家综合实力和核心竞争力的责任。另一方面，由历史上皖籍学人与客居安徽的外地学者以及世世代代生活在安徽这片热土上的人民创造的区域文化体系[②]，也具有鲜明的自身特色和人文特点。从安徽区域发展全局看，安徽区域文化概念是整个安徽区域概念的子概念，具有对安徽区域的从属性和被包容性。一方面，安徽区域发展对安徽区域文化发展至关重要，甚至在某种程度上或在某些领域、某些时期决定了安徽区域文化的走向、内容和层次水准。另一方面，安徽区域文化在安徽区域构成体系中的地

① 沈昕系安徽大学社会与政治学院教授、博导、博士；凌宏彬系安徽省政府发展研究中心综合经济研究处处长、博士。

② 罗本琦，方国根．科学家社会责任的文化价值[J]．探索与争鸣，2008(10)：70.

位举足轻重，是安徽“五位一体”发展中的一“位”，不仅自身的发展价值巨大，而且对全省区域综合实力和核心竞争力的提升具有强大的统领和支撑功能。从文化变迁纵向坐标看，安徽区域文化概念具有开放和变化的特性，是一个承接过去、立足现实、趋向未来的概念，既要以历史的视域进行把握，又要突出特定时段予以现实考量，如本文就是主要从现实出发，瞄准“十三五”及今后一段时期这一特定时间节点来加以把握和认识的。从文化发展横向坐标看，安徽区域文化与我国其他区域文化在概念内涵上具有一定的包容、叠加特性，在发展上也具有互动、碰撞和竞合关系，既相对独立、摇曳多姿，又主脉相通、盘根错节，这一点在我省与相邻接省域文化的关系上体现得最为充分。综合以上分析，这里给安徽区域文化提供一个参考概念，即安徽区域文化是文化在安徽的区域分布，是主要在安徽自然区域和行政区划中逐渐形成、融合、衍变、传播并被广泛感知和认同的区域文化现象和体系，是中华文化的重要组成和典型标本，是历代安徽人民不断创造历史的意志体现、风貌展示和智慧结晶，是引领安徽崛起、创造民族未来的重要纽带和持久动力①。

（二）内涵

主要从四个维度加以分析。从安徽区域范围角度，强调安徽区域文化主要应框定在安徽省域范围内，否则就没有“边界”，谋划我省“十三五”区域文化发展也就缺乏基本的空间依托。同时，也应该充分看到我省文化发展的复杂性，比如婺源现虽属江西，但其文化不能与徽州文化割裂；黄梅戏虽发扬光大在安徽，但其肇始于湖北黄梅等地；桐城、枞阳两县市虽为桐城派代表人物家乡，但桐城文化的创造形成大不囿于历史桐城。这恰如一条大河，虽奔流在相对固定的河道里，却融汇百溪，甚而漫堤或改道。不能正确认识这一点，就无法理解我省文化发展需要“走出去”和“请进来”。从安徽历史和自然地理板块角度分析，一些学者基于长江、淮河的地理分界，自然地将安徽区域文

① 从完全意义的学术而言，安徽区域文化概念比较复杂，学术界一直没有一个权威、统一的表述，甚至有学者否定安徽区域文化概念存在的合理性，理由是在安徽区域内文化不存在一个统一的文化体系，也不具有相同的历史背景和文化特征。关于这方面的争论，可参阅欧远方的《弘扬皖文化遗产》（《安徽史学》，1995 年第 4 期）、朱来常的《“皖文化”概念质疑》（《安徽史学》，1996 年第 2 期）、郭因的《谈皖文化的概念能否成立》（《安徽史学》，1996 年第 2 期）、宛小平的《是文化决定论还是文化创造论——评朱来常先生〈“皖文化”概念质疑〉》（《安徽史学》，1996 年第 3 期）等文。另外对用“徽文化”来代替“安徽文化”，许多学者也持有否定意见。本研究无意于参与争论，所提概念主要是从服务安徽文化现实发展出发，给予一般性解释，以求在推动安徽文化现实发展上兼容并蓄、凝聚共识、形成合力。

化分为三个板块①。这种内涵界定方式影响较大,也比较容易与文化建设实践相呼应。目前,我省的文化典籍和政策中,一般都将安徽区域文化划分为徽州文化、皖江文化和淮河文化②。但也必须指出,徽州文化、皖江文化和淮河文化三个文化圈划分远不是全省上下,更不是海内外对我省区域文化达成的共识,这方面的探索一直就不曾停止过,如近年来有学者提出"环巢湖文化圈"概念。如此,我省区域文化就被划分为四个板块。从安徽行政区划角度,目前我省有 16 个省辖市、105 个县(市、区),这些相对独立的行政辖区都是我省区域文化发展的组成部分,构成了我省区域文化的行政层级体系,这一体系对我省"十三五"区域文化发展而言具有重要的组织推进和政策落实意义。从我省区域文化的内容角度, 关于这一点,仁者见仁,智者见智③,在综合分析的基础上,这里提出几个主要构成要素:核心价值体系,是我省区域文化的本质和灵魂,体现了国家根本利益和人民精神状态、意志品格及内在凝聚力,最根本的是以爱国主义为核心的民族精神和以改革创新为核心的时代精神,最突出的是"小岗精神""沈浩精神""包拯廉政孝亲精神""奇瑞精神""王家坝精神""大禹精神"等具有我省特色、时代特征的精神理念。地域文化资源,是构成区域文化的主体要素,丰富博大地体现民族精神、蕴含优秀道德精华、富于时代价值的地域文化资源是我省区域文化改革发展的历史依据、现实基础和未来依托。文化精品,是我省区域文化体系中的标志性、形象性要素,高水准地展现我省区域文化特色,提升我省区域文化在海内外的影响力、美誉度。文化产业,是我省区域文化中的关键因素,不断发展壮大的文化产业,始终是我省文化改革发展中最具活力、最具发展潜力、最富于创新冲动的力量。文化公益事业,是当前我省区域文化建设的出发点、落脚点和重点,尤其是公共文化服务体系,在全省区域文化体系中的位置正强力提升。文化发展环境,是我省区域文化体系中的引导和保

---

① 如欧远方认为,安徽由于历史原因和地形、地貌的特点 ,形成淮河文化、桐城文化、新安文化三大文化圈。见欧远方的《弘扬皖文化遗产》[J]. 安徽史学,1995(4):72 ~ 74.

② 如"重点组织开展了徽文化、皖江文化和淮河文化等三大地域文化的研究,出版了 5 集《安徽历史文化研究文库》"(马雷《建强新智库,聚力谋发展,努力开创我省社科事业繁荣发展新局面——在安徽省社科联第七次代表大会上的工作报告》,2014 年 12 月 29 日);"安徽地域文化可分为处于淮河流域的涡淮文化、处于长江流域的皖江文化和处于新安江流域的徽州文化等三个亚文化区域"(安徽省文史馆项目组,《中国地域文化通览・安徽卷》,2013 年版)。

③ 可参阅北京大学中国软实力课题组. 软实力在中国的实践之三——区域软实力. http://theory. people. com. cn,2008 - 03 - 07; 贾磊磊. 国家文化软实力的主要构成. 光明日报,2007 - 12 - 07;沈昕,凌宏彬. 提升区域文化软实力研究:概念、构成、路径[J]. 理论建设,2012(4).

障因素，重点是文化发展的政策法规体系。文化衍生裂变现象，是我省区域文化体系中的新动能因素，表现为文化对“互联网＋”的对接、对其他领域的融合、对行政区域的不“越界”，体现为我省区域文化内涵、外延的丰富、创新与延展。

（三）特征

关于安徽区域文化的特征，省内外学者有集中深入的研究①。总体来看，已有特征分析仍需深化完善。从对象看，已有特征分析主要集中于安徽区域文化资源，对区域文化体系中的其他要素关注不够；从纵向看，主要偏重于安徽区域文化历史沿革特征分析，对安徽区域文化的现实表现和未来态势特征研究不够；从横向看，更多以我省区域文化为核心，由内向外地予以考察，对我省区域文化在全国文化发展和我省发展全局中的位置特征研究不够。基于这种体会，本文认为安徽区域文化的特征：地位凸显，安徽区域文化自古以来就是中国文化的组成部分，在中华文明体系中的地位既长久相对稳定，又整体趋于巩固和提升，其中一些代表性的历史文化流派和当代文化实践的诸多方面具有领先位置、优势地位和中坚功能。内容通变，安徽区域文化在长期的发展和累积的过程中，既保持着承接和延续，又进行着选择和淘汰，在“扬弃”中强化特色，增强活力。结构变迁，因社会历史变迁、经济发展水平、地理风貌、民风习俗等方面的差异，我省区域文化“与时迁移，应物变化”②，在不同时期代表性的内容类别上有所变化，在主导性的板块区域上有所迁徙，具有鲜明的非均衡性。边界融合，无论是内容类别还是地理组成板块，安徽区域文化都呈现出边界趋于模糊的特点，特别是在互联网技术普

① 如陈瑞在《安徽历史文化资源的类型与特点》（《安徽日报》，2012年10月17日）中提出，“安徽历史文化资源产生和累积的过程，以及某些非物质文化资源的传承具有连续性。安徽历史文化资源，因社会历史变迁、经济发展水平、地理风貌、民风习俗等方面的差异，呈现出鲜明的地域不平衡性。安徽地处黄河、长江中下游地区几个大的文化圈的中间地带，中原文化、齐鲁文化、楚文化、吴越文化等各种类型文化的传播和碰撞都在这里留下了痕迹，这决定了安徽历史文化及与之相关的历史文化资源，既有自身特点，又有兼容性。安徽历史文化资源中的某些非物质文化资源，在其形成后及其演进的过程中，因其自身优势，拥有较强的影响力、扩张力和渗透力，从而对周边邻近地区乃至国内外一些地方的同类型文化资源具有较强的辐射性”。省文史馆项目组从发展趋势、发展路径、发展内因、学术取向、影响时空五个方面进行审察，反复推敲，认为安徽地域文化有如下五个特点：第一，三大亚文化区域之间差异和趋同共存；第二，在发展中呈现文化重心由北向南地迁移；第三，“通变”成为安徽文化长期延续的重要内在因素；第四，重视经世致用、讲求“天下和洽”的学术取向；第五，超越地域的文化现象广泛存在（《中国地域文化通览·安徽卷》，2013年版）。黄德宽认为，徽州文化具有丰富性、辉煌性、独特性、典型性和全国性等特征，这些特征也部分代表了安徽区域文化的特征。

② 《史记·太史公自序》。

遍运用背景下,你中有我,我中有你,一体化程度明显加深,跨越、超越地域的文化现象广泛存在,与海内外各区域文化间的相互影响、扩张和渗透程度日益加大。

二、"十三五"安徽区域文化发展战略谋划的环境和形势依据

准确把握环境和形势,是谋划发展、科学决策的重要前提,也是科学谋划"十三五"我省区域文化发展战略的基本依据。对于"十三五"我省区域文化发展面临的环境与形势,必须放到全国乃至全球文化发展的大格局中去分析,放到我省区域发展的总体战略布局中去分析,放到我省区域文化发展的历史纵深中去分析,放到我省区域文化发展的现实和趋向的客观规律中去分析,最终实现正确判断和准确把握。综合分析,我省"十三五"时期发展环境和形势总体向好,具备保持文化健康较快发展的诸多有利条件和机遇。

(一)成效显著,发展基础进一步夯实

经过多年积累,特别是近年来围绕落实《文化强省建设实施纲要》,文化建设取得重要进展和成效,区域文化发展已经站在一个新的起点上①。突出表现为:一是实力提升。"十二五"以来特别是近三年来,我省以文化建设主要方面的影响力、竞争力和整体实力进入全国十强乃至更高位次为标杆,做出了推进理论社科、思想道德、新闻出版、广播影视、网络舆论、文化演艺、文化产业、文化开放"八个强"建设的总体布局和具体安排,一些工作走在了全国前列,一些指标在全国位次前移幅度明显。其中,在培育践行社会主义核心价值观上,2011 年以来我省入选"中国好人榜"达 600 人,稳居全国榜首;在城乡文明创建上,我省文明城市总数达到 4 个,从原来的全国第 15 位跃居第 5 位,阔步进入第一方阵;在文艺精品创作上,我省入选第十三届中宣部精神文明建设"五个一工程"奖的作品有 8 部,比上届增加 2 部,排名由第 16 位跃升至第 3 位,形成了引人瞩目的"安徽文艺现象";在文化产业发展上,整体实力进一步增强,全省文化产业

① 关于我省区域文化建设成就,《关于文化强省建设推进情况的报告》(中共安徽省委宣传部《宣传工作》第 6 期,2015 年 4 月 12 日)概述为"团结奋斗的思想基础进一步巩固,社会主义核心价值观建设进一步深入,城乡文明程度进一步提升,意识形态领域总体态势进一步向好,安徽发展的舆论环境进一步优化,媒体融合发展步伐进一步加快,文艺精品创作进一步繁荣,文化民生进一步改善,文化产业整体实力进一步增强"等 9 个方面;《"十三五"规划文化改革发展专题报告》(安徽省委宣传部、省文化厅,2015 年 8 月 18 日)概括为"社会主义核心价值观建设进一步加强,文化发展体制机制进一步理顺,文化民生进一步改善,文化产业整体实力进一步增强,文艺精品创作进一步繁荣"等 5 个方面。

增加值由2010年的457.64亿元增加到949亿元，总量翻一番多，年均增速超过20%，占GDP比重由3.86%上升为4.55%，提前1年实现“十二五”目标①。二是活力释放。深化改革，顺利完成省广电、新闻出版部门职能整合，精简省级文化部门60%的行政审批事项，制定《社会效益与经济效益业绩考核及负责人薪酬管理办法》，将社会效益考核权重提高到50%。充分发挥省属五大文化集团主力军作用，出版集团营业收入、总资产市值双超200亿元，居全国第4位；发行集团营业收入超160亿元，总体经济规模跃居全国同行第1位，再次双双入选全国文化企业30强。百强民营文化企业快速发展，去年主营业务收入超亿元的有43家，超10亿元的有6家。成功举办以“五看”为重点的首届文化惠民消费季活动，以财政补贴、企业让利等方式，直接拉动文化消费25.6亿元。三是贡献力增强。“十二五”以来，我省区域文化改革发展对打造“三个强省”、建设美好安徽的贡献度不断提升，不仅为全省经济社会发展提供有力的思想保障、精神动力和文化支撑，而且成为全省产业发展的战略支撑和转型发展的引领力量，群众的获得感和幸福度也得到大幅度提升②。

（二）优势明显，发展潜力进一步积蓄

我省区域文化发展具有明显发展优势，突出表现在区位、经济基础、资源、环境等方面。从区位看，我省处于“一带一路”和长江经济带的重要节点，具备成为南北连通、东西衔接的综合交通枢纽的条件。高铁时代的到来，更加凸显我省沿江近海的区位优势，有利于拓展文化要素配置的空间和层级，促进文化对内对外开放的不断深入。从经济基础看，从发展趋势看，未来五年我省人均GDP由6000美元迈向10000美元，处于由上中等收入经济体向高收入经济体迈进的转型阶段，经济增速有望保持中高速增长，这将为我省“十三五”文化发展提供坚实的物质基础，这是我们确定全省发展目标

---

① 依据安徽省委宣传部、省统计局提供数据及《安徽文化及相关产业统计概览（2011—2014）》等核算。

② 其中，在文化民生改善方面的尝试如试点建成100个中心村农民文化乐园，启动30个乡镇综合文化服务中心整合试点、农村公共图书服务一体化试点等，初步形成了公共文化服务的“安徽模式”，被文化部誉为“整合农村文化资源的创举”。在经济发展新常态下逆势而上；大力推动文化“走出去”，文化产品服务出口168个国家和地区，核心文化产品出口金额3.2亿美元、年输出版权912项，分别是2011年的3.6倍和1.6倍，北京书博会版权输出连年位居全国第一，扩大了安徽文化在海外的影响；2014年共获国家社科基金立项111项，是2011年的1.4倍，获重点项目10项，是前五年的总和；成功举办以“五看”为重点的首届文化惠民消费季活动，以财政补贴、企业让利等方式，直接拉动文化消费25.6亿元（参见《关于文化强省建设推进情况的报告》《“十三五”规划文化改革发展专题报告》）。

的基本逻辑,也是谋划“十三五”文化发展战略的基本逻辑[①]。从文化资源看,安徽是中华文明的发祥地之一,悠久的历史和深厚的人文底蕴、灿烂的文化成就给安徽留下了丰富的历史文化资源。其中,文物资源丰沛,共有各类文物遗存1.76万处,世界文化遗产2处,中国历史文化名城5座,中国历史文化名街1条,全国重点文物保护单位56处,国家级非物质文化遗产43项,徽文化生态保护实验区是继闽南文化生态保护区之后的第二个国家级文化生态保护实验区。安徽名人荟萃,历史上产生过老子、庄子、曹操等诸多影响深远的名人;流派众多,孕育了老庄文化、建安文学、桐城派散文、徽文化等重要文化流派。艺术绚丽多姿,徽剧是京剧之源,博大精深;黄梅戏独树一帜;花鼓灯热烈奔放;傩戏神秘古朴。文化旅游资源丰厚,拥有的国家级风景名胜居全国第7位,A级旅游区占全国的6.1%[②]。丰富的历史文化资源和文化旅游资源,成为安徽区域文化发展的重要资源基础。从文化产业发展稳定性看,用变异系数来衡量,1995—2004年,我省经济增速变异系数为0.21,2005—2014年降低到0.13,下降了38%,表明近年来经济稳定性明显增强。这一现象在文化产业领域表现更为显著。经过多年发展,我省出版发行、影视制作、印刷复制、演艺娱乐、广告会展等传统产业优势扩大,文化创意、数字出版、绿色印刷、移动多媒体、动漫游戏等新兴产业加快发展,文化产业正由过去依赖单一传统行业向多元支撑的现代产业体系演变,产业发展回旋余地增大,抗击经济下行和市场波动的能力增强,这一态势在“十三五”时期将延续和强化。从保障要素看,“十二五”以来,我省从法规政策、资金投入、金融、人才、土地、项目等各方面提高对文化建设的保障支撑能力。如,在资金投入上,实现“保证公共财政对文化建设投入的增长幅度高于财政经常性收入增长幅度,提高文化支出占财政支出比例”[③];在用地上,“加大用地支持力度。文化产业重点项目用地应优先纳入各级土地利用总体

---

① “十一五”以来,我省经济年均增速高于全国2.6个百分点,“十二五”以来高于全国3.3个百分点,2014年经济总量跨过2万亿台阶,达到20849亿元。不考虑价格因素,已相当于江苏2006年、浙江2008年、上海2012年的规模。2014年我省人均GDP为34427元(折合5604美元),与江苏2007年、浙江2006年的水平相当。按照世界银行标准,已达到上中等收入经济体水平,为进入新的增长平台期奠定了基础。(参阅安徽省政府发展研究中心研究报告《关于我省“十三五”时期发展的思考与建议》,2015年10月19日)

② 据安徽省旅游局提供资料:我省现有A级以上景区499家,其中5A级景区9家,4A级景区151家,总量约占全国6.1%,5A级景区约占4.2%。安徽省国家级风景名胜区10家,数量居全国第7位(与湖南并列)。

③ 《安徽省“十二五”时期文化改革发展规划纲要》(皖办发〔2012〕22号),2012年4月26日。

规划和土地利用年度计划，优先保障项目用地计划指标。省直接调度的项目，各地在用地计划指标安排上予以重点支持”；在项目上，“继续推进‘861’行动计划文化产业项目库建设，在重点领域扶持一批成长性好、带动性强的文化产业项目，实施一批带有全局性、基础性、示范性的重大工程，规划建设一批文化产业园区、基地、特色产业群”①；在人才上，实施省“宣传文化人才培养工程”②，“分两批选拔了128名拔尖人才、90名青年英才，对一批优秀人才项目加大资助扶持”③。未来五年，我省区域文化建设的要素保障力度必将进一步加强，积极为文化繁荣发展厚植基础。

（三）机遇难得，发展动能进一步增强

“十三五”时期仍然是我省文化发展的重要战略机遇期，要以更高站位、跳出文化看文化的视野来看待和把握文化发展机遇。从国际大环境看，和平与发展的主题不会改变，新一轮科技革命和产业变革的趋势不会改变，全球范围的资源配置和生产力布局重新调整不会改变。在这一大趋势下，时和势对我省总体有利，当然也会对我省区域文化发展形成利好。从国内大趋势看，我国经济韧性好、潜力足、回旋空间大的基本特质没有变，“一带一路”和长江经济带建设等战略的实施、全面深化改革的推进、“互联网＋”行动计划的开展，不仅对我省全面发展产生深远影响，还必将进一步提升我省文化开发开放水平，实现在更大范围、更高水平、更深层次配置文化资源；进一步优化文化发展环境，激发文化市场活力，推动文化科技创新和文化体制机制创新，谋划和建设一批重大文化基础项目设施，促进我省文化转型升级发展。从改革红利看，“十三五”时期是国家和我省全面深化改革的攻坚阶段，也是全面深化文化体制改革的攻坚

① 《安徽建设文化强省实施纲要》（皖发〔2012〕23号），2013年5月31日。

② 具体内容是，“遵循宣传文化人才成长规律，加强高层次人才培养，着力造就宣传文化各领域各门类的拔尖人才和领军人物，造就既熟悉意识形态工作，又懂经营、善管理、精策划的创新型、复合型、外向型、科技型人才，建设宣传文化人才高地。切实加强新兴文化组织、民营文化机构人才的管理和服务，大力培养文化产业经营管理、高新技术、新媒体产业等领域急需人才。建立文化人才引进绿色通道，做好体制外人才的引进工作。进一步完善‘六个一批’人才培养政策措施，加大支持力度，用5—10年时间，重点选拔培养500名左右理论、新闻、出版、文艺、文化产业经营管理和现代传媒信息技术等六个领域的拔尖人才和青年拔尖人才”［《安徽省中长期人才发展规划纲要（2010—2020年）》（皖发〔2010〕21号）］。

③ 《关于文化强省建设推进情况的报告》（中共安徽省委宣传部《宣传工作》第6期，2015年4月12日）。

阶段，文化体制改革的每一项突破，都将为我省区域文化的繁荣发展带来红利和生机[①]。从消费驱动看，“十三五”时期，随着城乡居民收入的稳步攀升、新型城镇化的加速推进、文化民生改善的力度幅度进一步加大，我省乃至全国城乡居民文化消费的意愿必将更加强烈，能力更加强大，形式更加多元，水平更加提升，这反过来有力刺激和牵动我省文化产品服务和供给的转型升级，成为推进文化发展的持久的内生动能[②③]。从政策环境看，“十二五”以来，国家和我省出台了一系列推动文化繁荣发展的政策法规[④]，特别是我省《“十二五”时期文化改革发展规划纲要》《文化强省建设实施纲要》及《关于加快文化产业发展的若干政策意见》及配套文件等，为全省文化发展提供了政策机遇，这些政策法规的正面效应正持续释放，对文化发展的推动效应将进一步显现。可以预见，“十三五”时期，我省文化发展政策法规体系将更加完善，政策红利将进一步凸显。另外，需特别提出的是，我省在理论建设、文明创建、公共文化服务、文化产业、

① 综合《关于文化强省建设推进情况的报告》《关于深化文化体制改革进展情况的报告》《“十三五”规划文化改革发展专题报告》（安徽省委宣传部、省文化厅，2015 年 8 月 18 日）等材料，“十二五”以来，我省按照中央和省委要求，自主试点、强力推进，在全国率先完成文化体制改革重点任务，初步建立充满活力、富有效率、更加开放、有利于文化科学发展的宏观管理体制和微观运营机制，先后三次被评为“全国文化体制改革先进地区”，这一势头在“十三五”必将进一步延续和上扬。

② 据安徽省政府发展研究中心《关于我省“十三五”时期发展的思考与建议》《关于“十三五”规划编制工作的几点意见》等报告研究，“我省城镇居民人均可支配收入和农村居民人均可支配收入分别由 2010 年的 15788 元、5285 元增加到 2014 年的 24839 元、9916 元，年均增长 12.4% 和 14.5%。按此速度预测，2020 年，全省城镇居民人均可支配收入和农村居民人均可支配收入分别接近 4 万元和 2 万元，收入分配差距进一步缩小”；“消费对经济拉动作用稳步提高，2011—2014 年，全省社会消费品零售总额年均增速达 15.3%”；“新型城镇化加速推进是‘十三五’时期的发展趋势，2014 年我省城镇化率为 49.2%，比全国水平低 5.6 个百分点，发展潜力巨大。推进新型城镇化将为我省城市基础设施、公共服务设施带来巨大投资需求，同时还可以扩大城镇消费群体，提高城镇消费水平并带动农村居民消费，促进消费升级”。

③ 安徽省政府发展研究中心《提升文化消费水平　推进文化强省建设》（2013 年 12 月）提出，我省文化消费呈现文化消费需求持续增长、文化消费结构和文化消费方式呈现新变化、文化消费发展潜力巨大、文化消费水平不够均衡等特点；《安徽省促进文化消费总体方案（2014—2020）》（2014 年 4 月）提出，“全省城乡居民文化娱乐消费总量不断增长，文化消费支出占消费支出的比重整体呈上升趋势。2008—2012 年，我省城镇居民文教娱乐消费支出和占比均位居中部省份第一”，“我省正处于促进文化消费的历史机遇期，文化消费对经济社会发展的积极作用将进一步显现”。

④ 关于我省文化立法情况，可参阅凌宏彬《安徽省文化立法问题调研》（《安徽法制》，2013 年第 3 期）等研究报告。

文化消费、体制改革、文化资源保护与传承、文化旅游、文化“走出去”等文化建设的诸多领域被国家列为试点,凸显了我省在文化建设上的政策叠加优势。

同时,也要看到,我省“十三五”发展也面临不少困难和挑战。主要表现在:一是世界经济形势严峻复杂。世界经济仍将处于深度调整期,全球金融危机经历了7年的演变之后,对新兴经济体的影响逐步加深,世界贸易额增速已连续3年低于世界经济增速,总需求明显不足,包括我国在内的许多发展中国家长期积累的结构性矛盾开始显现,化解产能过剩将是一个相当长的过程。在这一过程中,我省区域文化特别是文化对外贸易发展不可能独善其身,充满着风险和挑战。二是结构调整升级任务艰巨。我国特别是全省经济正处于高速增长向中高速增长转换期,处于转型再平衡阶段,尚未找到中高速增长的均衡点,旧的发展动力逐步弱化,新的发展动能仍然不足,经济结构调整、发展动力接续和培育将贯穿“十三五”始终。在这一过程中,文化产业既拥有优势和机遇,也要承担结构调整升级带来的巨大压力。三是我省文化综合实力和核心竞争力还需进一步提升。全面对标全国十强,对照省委、省政府的新要求和人民群众的新期待,文化强省建设推进中还存在不少困难和问题。主要是文化体制机制尚需进一步理顺,文化生产力有待进一步释放;理论社科领域研究力量相对薄弱,思想引领和舆论引导水平有待进一步提高;人均文化事业费投入偏低,公共文化服务设施建设仍有不少欠账和缺项;文化民生工程建管用机制不完善,一些服务不能满足群众需要;原创能力不足、高端人才匮乏,文艺创作虽有“高原”但还缺“高峰”;文化产业核心竞争力不强,规模、质量、效益均需进一步提升,实现2016年增加值达到1500亿元的目标尚有一定难度①;城乡居民文化消费水平仍需大力提升等②。

三、“十三五”安徽区域文化发展的战略目标体系

关于“十三五”我省文化发展战略目标的谋划,必须要把握国际国内两个大局,立

---

① 参阅《关于文化强省建设推进情况的报告》《“十三五”规划文化改革发展专题报告》。

② 本人与丁胡送博士在《关于“中国文化消费指数”报告中我省排位的分析》中提出,“在中国人民大学发布的《中国文化消费指数(2013)》中,我省文化消费综合指数为73.4,居全国第16位,其中,文化消费能力指数为80.7,居全国第5位;文化消费水平指数为82.8,居全国第7位;文化消费环境指数为62,居全国第18位;文化消费意愿指数为55.1,居全国第29位;文化消费满意度指数为74.9,居全国第27位。总体上看,我省城乡居民文化消费能力较强、消费水平较高,但文化消费环境较差、消费意愿不强、消费满意度低,这说明我省的文化产品生产和服务供给与群众的文化消费需求和意愿之间差距还较大”。

足中央地方两种实际，体现富民强省两大目标，在这一基础上，立足于我省文化发展实际加以分析和把握。这里从三个层面提出一些观点和认识。

（一）愿景展望

"十三五"及延后一段时期（2025 年左右）我省区域文化发展的愿景是，通过安徽区域文化繁荣发展，切实提升我省文化综合实力和核心竞争力，使具有灿烂历史的安徽地域文化焕发出新的时代光彩，实现从历史的辉煌转为现实的辉煌；使安徽文化资源成为熔铸安徽人民昂扬向上、奋发有为的品格风貌的内在动力和重要支撑，实现安徽人民优良传统和现代开拓创新精神的发扬光大；激发文化创造、创新活力，热情讴歌安徽人民的新创举、新丰采，充分展现安徽跨越发展、奋力崛起的新业绩、新形象，实现全面文化小康与安徽构建和谐社会、全面建设小康社会的共融与互动；不断增强安徽文化的民族性、包容性、时代性、开放性和表现力，逐步形成一批具有明显优势和竞争力、富于鲜明安徽特色的文化形式和文化产品，使安徽文化在中华文化体系中成为体现先进文化发展态势和规律的标志性品牌，实现安徽文化对中华文化和世界文明发展的价值超越①。这一愿景虽不能在"十三五"乃至中长期全部完成，但毫无疑问，"十三五"是实现这一愿景的极为关键的阶段。

（二）目标描述

近期，围绕"十三五"我省文化发展目标，全省文化系统和专家学者皆有集中的研究②。在综合分析的基础上，对我省区域文化发展目标尝试描述如下：以邓小平理论、"三个代表"重要思想、科学发展观为指导，深入贯彻党的十八大，十八届三中、四中、五中全会和习近平总书记系列重要讲话精神，全面深化文化体制改革，扎实推进社会主义核心价值体系、现代公共文化服务体系、现代文化市场体系、传统文化传承创新体系建设，着力实现文化转型发展加快推进，文化发展质量和效益显著提高，文化民生切实保障和改善，确保如期建成充满活力的文化强省，全面实现文化小康。

（三）指标分析

衡量一个地区文化发展水平的指标体系包含的内容很多，涵盖文化建设的诸多方面。鉴于这一问题其他项目研究中有专门细致研究。这里，仅对其中的主要指标提出

---

① 可参阅课题组完成的安徽省社科规划项目《提升安徽文化软实力发展战略研究》结项报告（AHSKF07－08D50）。

② 如《"十三五"规划文化改革发展专题报告》《安徽省国民经济和社会发展第十三个五年规划纲要（初稿）》（省"十三五"规划纲要起草小组，2015 年 8 月）等都有比较深入的研究。

看法和预测。

一是在主要领域核心指标上继续保持在全国争先进位，力争到2020年，文化强省“八个强”统计监测核心指标全面进入全国前十，全省文化凝聚力和引领力、文化事业服务力和产业竞争力、文化发展保障力等显著增强。①

二是确保在一些相对落后的指标上赶超全国平均水平，如针对人均文化事业费投入偏低②、公共文化服务设施建设仍有不少欠账和缺项的情况，经过努力，补齐“短板”，确保这方面的衡量指标赶超中部和全国平均水平。

三是在质量效益指标上要有较大幅度提升。比如文化消费上，目前我省在一些主要指标上在全国排位还相对靠后③④，需大力提升，并以此带动文化产业、文化民生等其他指标的攀升；在文化民生指标上，不光要看工程兴建指标，还要强调管用指标，更要及时测定质量效益评估指标，确保文化民生改善；在文化活力激发方面，建议设置一些鼓励扶持大众文化创业、万众文化创新的硬性指标，推进我省在这方面高起点、快节奏地走在全国前列；在文化人才建设方面，所设指标也要既能体现总量，又能反映结构，特别是体现出高层次和紧缺的文化专业技术人才、经营管理人才情况。

四是突出谋划好我省文化产业的发展指标。首先是总量目标。有研究表明，到

---

① 关于我省文化强省“八个强”统计监测指标目前在全国的位次，居民人均教育文化娱乐消费支出、人均文化事业费等指标与全国前十位次差距较大。

② 据省文化厅提供数据，近年来，我省人均文化事业费基本情况是：2012—2014年，全省人均文化事业费分别为15.08元、18.43元、19.72元，分别居全国31位、29位、29位。

③ 本人与丁胡送博士在《关于“中国文化消费指数”报告中我省排位的分析》提出，“在中国人民大学发布的《中国文化消费指数(2013)》中，我省文化消费综合指数为73.4，居全国第16位，其中，文化消费环境指数为62，居全国第18位；文化消费意愿指数为55.1，居全国第29位；文化消费满意度指数为74.9，居全国第27位”。

④ “统计数据显示，2013年我省人均GDP 31683.9元(约为5160美元)，达到较高水平，但城镇居民人均文化娱乐支出仅为739.6元，占人均消费比重为4.5%；农村居民人均文化教育娱乐支出为376.7元，占人均消费支出比重为6.6%，并且低于人均GDP和人均消费支出增长速度。从统计数据及文化消费专题调研情况分析看，我省现有的文化产品和服务在数量、质量、品种、价格、便捷度等方面难以满足人们日益增长的精神文化需求，不少群众还缺乏良好的文化生活环境和文化消费习惯等诸多因素，影响城乡居民文化消费意愿，不愿花钱、没处花钱、花不起钱等情况比较普遍，致使文化消费占人均消费比重结构不相称，文化消费水平增长缓慢”——参见《关于首届安徽文化惠民消费季活动有关情况的报告(报文化部)》(省文化厅，2015年3月30日)。

2020 年我省经济总量可能冲刺到 4 万亿①。按照我省要把文化产业打造成为国民经济支柱性产业的既定目标②,我省文化及相关产业增加值占全省生产总值比重不能低于 5%,也就是说到 2020 年我省文化及相关产业增加值不能低于 2000 亿元③,这实为一个理论上设置不高其实实现具有一定难度的刚性指标,但又是一个可以力争实现的目标,只要抢抓好机遇,加大力度,完全可以实现。其次是质量效益指标,诸如文化产业结构、新兴文化创意产业发展、文化园区及产出效益、法人文化企业数及从业人员数、文化版权输出、核心文化产品服务出口、民营文化企业数及效益等,这些指标与总量一起,互证出我省文化产业综合实力和核心竞争力发展目标的实现程度。

四、"十三五"安徽区域文化发展的战略选择和基本思路

"十三五"时期是全面建成小康社会的决战阶段,也是协调推进"四个全面"战略布局的重要时期。就文化而言,"十三五"时期也是我省推进文化繁荣、全面实现文化小康的关键阶段。在经济发展进入新常态,我国发展的环境、条件、任务、要求等都发生了新的变化的大背景下,谋划我省"十三五"区域文化发展,必须要适应、把握和引领文化发展新常态,形成我省区域文化发展的新理念、新思路、新举措。

(一)关于战略选择

这方面的研究成果也比较集中丰富,围绕"十三五"安徽区域文化发展的战略选择,应注意把握以下几个原则:首先是贯彻好中央精神。要深刻理解习近平总书记治国理政、兴党为民思想的精神实质和深刻内涵,紧紧围绕"四个全面"战略布局,准确把握安徽发展的阶段性特征和历史方位,在中央文化发展精神与安徽文化发展实际紧密

---

① 据省政府发展研究中心《关于我省"十三五"时期发展的思考与建议》《关于"十三五"规划编制工作的几点意见》等报告研究:"基于'十一五'以来我省经济年均增速高于全国 2.6 个百分点左右,参照国家有关机构预测'十三五'时期我国经济增速 6.5% 上下,同时结合未来国内外环境变化和我省发展特征,预计未来五年我省经济年均增速可能保持在 8.5% 左右,经济总量再上新台阶,由现在的 2 万亿元向 4 万亿元冲刺,人均 GDP 达到 10000 美元。"

② 2012 年 4 月 26 日印发的《安徽省"十二五"时期文化改革发展规划纲要》就提出,到"十二五"末,全省文化产业增加值占生产总值的比重达到 5% 以上,整体实力和竞争力显著提升,成为国民经济支柱性产业。

③ 在《安徽省国民经济和社会发展第十三个五年规划纲要(汇报稿)》(省"十三五"规划纲要起草小组,2015 年 10 月)中也已经提出,"到 2020 年,文化产业增加值达到 2000 亿元,成为国民经济支柱性产业"。

结合上下功夫,努力走出一条质量更高、效益更好、结构更优、优势充分释放的文化发展新路。特别是要及时贯彻好十八届五中全会精神,与中央关于"十三五"规划的最新精神紧密对接,在战略谋划中体现出中央对今后文化发展的趋向和要求,这是最重要的原则。其次是要保持好科学战略。对于一些好的并被实践证明行之有效的发展战略和思路,我们应一以贯之坚持下去,做到在坚持中扬弃,在创新中继承,确保发展战略的连续性、稳定性。比如,《安徽省文化强省建设实施纲要》提出了改革创新、统筹推进、龙头带动、品牌提升、开放合作、人才兴文等战略,就需要大力承接和弘扬。第三是汲取众家所长。关键是,对于国家、省、市以及部门提出的发展战略要认真研究汲取和对接,对于专家学者的研究成果要认真消化吸收。结合经济新常态和安徽发展阶段性新特征,省委、省政府提出了创新驱动、改革攻坚、开放引领、区域统筹、绿色发展、改善民生"六个战略重点"和创新发展、协调发展、绿色发展、开放发展、共享发展"五个发展",充分体现了全局性、连续性和创新性的有机统一,为"十三五"安徽发展指明了方向,对此要进一步加大研究力度,在"十三五"时期我省区域文化发展战略的选择中进行充分的融会贯通和落实。省"十三五"规划纲要起草小组曾初步提出,"十三五"时期我省要实施制造强省、创新驱动、开放引领、城乡统筹、绿色发展五大战略①,有些战略对于"十三五"时期我省区域文化发展同样适用。省政府发展研究中心课题组认为,"十三五"时期我省要实施转型升级、创新驱动、"四化"融合、多元支撑、人才强省、绿色发展六大战略,对"十三五"时期我省区域文化发展战略选择不无启发②。笔者曾提出我省提升文化软实力的战略选择有体制创新战略、龙头带动战略、科技提升战略、外向拓展战略、联动发展战略、人才兴文战略等③,得到一些同仁认可。第四是要突出好战略创新。"十三五"是一个充满机遇、富有挑战的时期,如何推进战略创新、深化和完善战略思路,需要我们认真思考。比如文化消费新特征、"文化 + "跨界发展新业态、"文化 + 互联网"技术和服务发展新模式等,都对"十三五"时期我省战略选择提出更高的创新要求,需深刻把握,正确应对。第五是要遵循好文化发展规律。要摸清我省文化发展现状,研判分析文化发展不足、发展不优、发展不平衡这些我省文化发展最大的问

---

① 参阅《安徽省国民经济和社会发展第十三个五年规划纲要(汇报稿)》,省"十三五"规划纲要起草小组,2015 年 10 月。

② 《安徽省"十三五"规划总体思路研究》,省政府发展研究中心课题组,2014 年 9 月。

③ 凌宏彬. 提升安徽文化软实力发展战略研究. 安徽省社科规划项目,研究与咨询,2010(27).

题;坚持体现奋发有为的安徽特色,在“十三五”时期全力保持文化相对比较快的发展势头。按照这“五个好”的原则,“十三五”时期我省区域文化发展战略选择应当包括改革创新战略、转型升级战略、统筹协调战略、融合联动战略、开放带动战略、共享发展战略、绿色低碳战略、人才兴文战略等。

(二)关于基本思路

深刻把握党的十八届五中全会关于坚持创新发展、协调发展、开放发展、绿色发展、共享发展的新要求,把握全球化进程不断加快和经济文化日益融合的新趋势,适应经济社会发展对文化建设的新要求和人民群众对精神文化生活的新期待,充分发挥文化底蕴深厚的优势,认真落实党中央、国务院的决策部署,把文化建设放在更加突出的位置,协同推进文化建设与经济建设、政治建设、社会建设和生态文明建设。以改革创新为动力,以全面提升文化软实力、文化服务力和产业竞争力为重点,以构建现代公共文化服务体系、现代文化市场体系、现代文化走出去格局为途径,推动文化传承创新,走具有安徽特色的文化建设之路①。下面结合上文提出的战略选择,形成基本路径选择,尝试概括为“七个着力,七条路径”,具体如下:

一是着力深化文化体制机制改革,走区域文化改革发展之路。要按照党中央和习近平总书记要求,坚定不移地把深化文化体制机制改革作为培育和释放文化市场主体活力、推动文化持续健康发展的根本动力,全面深化文化改革,增强文化改革意识,提高文化改革行动能力,着力破解经济社会发展突出问题的体制机制障碍,激发全社会文化创造活力。完善制度体系,依法推进文化建设,把文化建设指标纳入经济社会发展评价体系并进一步提升其在考评分值中的比重。

二是着力转变文化发展方式,走区域文化转型升级发展之路。按照党的十八届五中全会提出的转变经济发展方式要求,积极回应调整经济结构、稳定经济增长的现实需求,率先探索和示范,实现文化具有更高质量、更有效率的发展。深入推进我省“加快调结构转方式促升级行动计划”,壮大传统文化优势产业,培育发展新兴文化创意产业,大力发展文化生产性和社会性服务业,加快构建结构合理、门类齐全、科技含量高、

① 参阅《安徽省国民经济和社会发展第十三个五年规划纲要(汇报稿)》,省“十三五”规划纲要起草小组,2015 年 10 月。

富有创意、竞争力的现代文化产业体系①；创新公共文化的管理体制和运行机制，提升公共文化服务的效益和保障能力。坚持品牌推进，充分发掘和开发安徽的历史和人文资源，打造既具有安徽地域特色又体现时代精神的文化精品；充分挖掘和开发具有自主知识产权的原创品牌，打造一批具有安徽气派、国内一流、国际影响的文化强势品牌。

三是着力推进文化全面创新，走区域文化创新驱动发展之路。牢牢把握全面创新改革试验区的机遇，把文化创新贯穿于文化发展的各个方面，以协同创新、开放创新为基本途径，以优化区域创新生态为根本举措，使文化在科技、产业、企业、市场、产品、业态和管理等领域全面推进创新，加快形成以创新为主要引领和支撑的文化发展体系和发展模式。

四是着力促进文化统筹兼顾，走区域文化协调发展之路。促进文化与经济、政治、社会、生态文明五位一体协调发展，使文化建设融入经济建设、政治建设、社会建设和生态文明建设的各方面和全过程，加快形成文化与经济、政治、社会和生态文明协调共进的战略发展格局；促进文化社会效益和经济效益协调发展，坚持社会效益放在首位、实现社会效益和经济效益相统一；促进文化区域协调发展，坚持文化空间布局重组与结构性调整相结合、非均衡发展与区域一体化相兼容，打造徽文化、皖江文化、淮河文化等区域文化高地，加快形成各区域文化多极支撑、竞相发展的战略空间布局；促进城乡文化协调发展，健全城乡文化发展一体化体制机制，推进文化基础设施、公共服务向农村延伸，实现城乡文化基本公共服务均等化，加快形成以城带乡、城乡互促的区域文化战略发展局面；促进文化与相关领域统筹融合发展，特别是推动文化与装备制造、教育、体育、信息、建筑、旅游、农业等相关产业对接融合，形成文化与其他领域融合互动的战略发展体系。

---

① 关于文化产业转型发展，曾提出“十大路径”：“在发展目标上从单向度衡量向多层次多维度转变；在发展格局上从文化企业‘国强民弱’向多元发展转变；在发展布局上从集中在少数地区向城乡并进、区域联动转变；在发展链条上从产业链短小、单向化经营向打造优质高效产业链转变；在扩张路径上从部门和区域分割向跨部门和跨区域合作转变；在主导要素上从物质资源和历史文化遗产驱动向投资、技术、文化创意驱动转变；在集群发展上从单一集聚模式向突出主导与注重互补的多样化集聚模式转变；在创新路径上从注重内容创新向内容、技术、业态、组织联动、制度等综合创新转变；在政府服务上从一般性服务向个性化服务转变；在人才建设上从控制使用型向激励开发型转变”——凌宏彬.“十二五”时期安徽文化产业转型发展研究[J]. 中宣部决策参考暨安徽日报，2012.

五是着力扩大对外文化贸易与交流，走区域文化开放引领发展之路。认真贯彻我国构建开放型经济新体制的总体部署，站在积极融入全球产业分工体系、全球资源配置体系、全球创新网络体系的高度，抢抓国家推进“一带一路”、长江经济带建设和长三角城市群一体化的历史性机遇，谋划我省文化开放发展格局，不断提高文化对外对内开放水平。深化省际协作，走区域文化传承创新发展之路，加快推进徽州文化生态保护区建设。

六是着力推动清洁低碳循环，走区域文化绿色生态发展之路。一般认为文化发展特别是文化产业发展具有清洁低碳循环的特点，但这并不意味着文化发展就完全和自然地可以做到低碳高效①，我省区域文化发展必须按照中央坚持绿色发展的要求，牢固树立加快推进生态文明建设、实现文化绿色发展的理念，把文化绿色发展摆在更加重要的位置，加快建设资源节约型、环境友好型社会，形成人与自然和谐发展现代化建设新格局，推进美好安徽建设。紧抓国家加快生态文明建设、推动绿色发展的战略机遇，构建科学合理的文化产业发展格局，推动建立绿色低碳循环的文化产业发展体系；推动低碳循环发展，建设清洁低碳、安全高效的现代能源体系；充分发挥皖南和大别山等地区的生态资源优势，大力推动文化旅游和文化传承保护，着力建设文化绿色发展的先行区和示范区；充分发挥宣传文化舆论保障作用，通过各种教育和宣传活动，不仅为文化本身发展，而且要为全省发展培育绿色发展理念，弘扬绿色生态文化，倡导绿色生活方式，形成崇尚推进生态文明建设和体制改革的良好氛围，尽快形成绿色发展的强大合力。

七是着力保障和改善文化民生，走区域文化共享发展之路。坚持以人民为中心的文化工作导向，把增进人民福祉、促进人的全面发展作为发展的出发点和落脚点，坚持社会效益优先，努力构建完善公共文化服务网络，丰富文化产品供给，传承弘扬优秀传统文化，切实提升群众的文化获得感和幸福度。促进城乡区域文化消费，提高群众文化消费的能力和水平。按照精准扶贫要求，采取超常举措，拿出过硬办法，用一套政策组合拳，做好做足文化扶贫大文章，确保在既定时间节点打赢文化扶贫开发攻坚战。

五、“十三五”安徽区域文化发展的战略保障

为保证上述发展目标的实现和重点任务的完成，必须坚持问题导向，抓住关键环

---

① 凌宏彬. 把文化产业培育成我省经济的重要增长点[J]. 江淮，2010(07).

节,通过重点突破带动整体推进,为各项工作的开展提供示范引领和保障作用。其中,需要特别关注以下几个问题。

(一)优化创新创业环境

抓环境就是抓发展,比发展就要比环境,要把营造良好发展环境作为提升我省区域文化发展竞争力的重要抓手。要充分发挥市场在资源配置中的决定性作用和更好地发挥政府作用。围绕厘清政府与市场的边界,继续深化行政审批制度改革;围绕厘清政府与社会的边界,充分发挥社会组织功能;围绕厘清政府的行为边界,规范政府决策行为,加快法治建设,努力构建推进文化发展的透明高效政务环境、公平有序的市场环境、和谐包容的宜居环境、诚实守信的信用环境,力争通过五年时间,将我省打造成为全国文化行政效能、文化兴业成本最低、人居环境最优的省份之一①。靠环境的不断优化激发各类文化市场主体的活力,形成文化大众创业、万众创新的强大合力,形成竞相比创业、比发展、比业绩的浓厚氛围。

(二)强化项目支撑

项目是发展的载体,是我省区域文化发展的重要支撑。关键是,坚持文化发展项目化、项目工作责任化,深入分析和研判当今世界和全国文化的发展趋势和主要动向,做到站位高、眼光远、落点实,谋划提出一批重点工程项目,切实提高规划的前瞻性和指导性。抓好转型升级重点文化项目库建设,补强短板、增强后劲,争取更多重点文化产业项目进入国家和省委省政府层面的规划。扎实推进省“861”行动计划文化产业项目建设,在重点领域谋划实施一批牵动性强、成长性好、附加值高的文化项目。围绕新建、续建、竣工、储备等关键环节,注重统筹、突出重点、创新机制、精准发力,建立“四督四保”(督新建保开工、督续建保竣工、督竣工保达产、督储备保转化)推进机制,着力提高文化项目开工率、竣工率、达产率和转化率。健全省和分层分级文化项目调度机制,完善项目服务保障机制②。

(三)完善政策法规体系

加快文化立法进程,研究出台《安徽省文化产业发展促进条例》和《安徽省公共文化服务保障条例》。加大政府投入力度,力争到2020年全省人均文化事业费达到全国

① 参阅《安徽省国民经济和社会发展第十三个五年规划纲要》(汇报稿),省“十三五”规划纲要起草小组,2015年10月。

② 参阅曹征海《在省“十三五”文化改革发展规划编制工作启动会上的讲话》(2015年6月9日)。

平均水平。完善转移支付体制，重点向大别山区、革命老区和皖北地区倾斜。创新文化建设投入方式，采取政府购买、项目补贴、定向资助、贷款贴息等政策措施，支持社会力量参与文化建设。创新贷款融资模式、信贷产品和服务方式，促进文化与资本市场有效对接。建设版权公共服务平台和版权交易平台，推动版权贸易常态化。加强文化法规的监督检查工作，保护知识产权，严厉打击文化侵权和非法出版活动①。争取国家支持，出台促进政策，推进国家促进文化消费试点省建设，加快发展丰富多彩、质优价廉、便捷高效的文化消费市场，引导积极健康的文化生活方式和消费习惯，形成健康的文化消费热点，更好地满足人民群众日益增长的精神文化需求②。

（四）提升要素保障能力

要素保障至关重要，事关发展的综合承载能力和持久动力。“十三五”时期，我省要切实提高文化发展的人才、资金、土地、能源等要素的保障能力，特别是重点抓好人才和金融两个保障。在人才方面，牢固树立文化人才是文化发展第一资源的思想，坚持人才资源优先开发、人才结构优先调整、人才投入优先保证、人才环境优先完善，加快建设文化人才高地，并以此建设文化创新高地、产业高地、发展高地。在“聚”字上求突破，等高对接江浙沪人才政策，推出力度更大的优惠政策，引进各类人才来皖创新、创业。在“育”字上求创新，坚持市场需求导向，精准培育与产业发展相匹配的各类高素质人才。继续实施各类文化人才工程，大力培养文化名家、文化拔尖人才和青年英才。在“用”字上求实效，突出市场评价人才的决定性作用，强化人才业绩导向，建立用好用活人才的灵活管理机制，打通人才流动、使用、发挥作用中的体制机制障碍，形成人尽其才、才尽其用的用人环境。在金融方面，牢固树立金融是现代经济发展的血脉理念。强化服务实体经济导向，疏通金融进入文化实体经济的管道，鼓励金融机构开发多样化金融产品，更多扶持实体企业尤其是中小微和成长性高新技术企业。强化多元金融支持，鼓励银行贷款更多投向成长性企业，抓住国家加快建设多层次资本市场

① 《“十三五”规划文化改革发展专题报告》（省委宣传部、省文化厅，2015 年 8 月 18 日）。

② 《关于首届安徽文化惠民消费季活动有关情况的报告》（省文化厅，2015 年 3 月 30 日）。

的机遇，支持文化企业进行股权和债权融资，有效运作文化产业发展基金[①]。强化金融自身创新发展，促进互联网等新兴金融业态健康发展，鼓励和支持互联网金融机构利用大数据、云计算等提高运营效率、创新产品和服务，鼓励众筹等融资平台发展。积极推广 PPP 模式，吸引更多社会资本参与文化基础设施和公共领域建设。健全现代文化市场体系，完善文化市场准入和退出机制，促进文化资源合理流动，加快培育产权、版权、技术、信息等要素市场。

（五）全面深化国有文化企业改革

按照习近平总书记关于国有企业改革“三个有利于”标准[②]和中央《关于深化国有企业改革的指导意见》等要求，立足于我省国有文化企业改革发展实际，认真谋划改革方案，推进国有文化企业分类改革。建立健全党委政府有机结合，宣传部门有效主导的国有文化资产管理体制，以管资本为主转变国有资产监管机构职能、改革国有资本授权经营体制、推动国有资本合理流动优化配置、推进经营性国有资产集中统一监管。大力发展混合所有制经济，重点是推进国有文化企业整体上市和兼并重组，推动骨干文化企业跨地区、跨行业、跨所有制兼并重组，提高文化产业规模化、集约化、专业化水平，提升国有文化企业的竞争力、影响力、控制力和抗风险能力。选择部分国有传媒企业，探索实行特殊管理股制度[③]。

---

① “进一步聚焦发展重点，突出目标导向，整合省财政支持产业发展专项资金，发挥好每年 20—30 亿元的战略性新兴产业集聚发展基地建设专项引导资金作用，设立总规模 800—1000 亿元的产业发展基金，支持新兴产业发展和传统产业改造提升。加快多层次资本市场建设，加大企业上市力度，扩大资本市场融资规模。深入推进‘4321’政银担风险分担机制，省财政每年安排 30 亿元左右的担保类资金，支持中小微企业加速成长。全面开展‘税融通’业务，引导银行扩大贷款规模，降低企业融资成本，切实缓解企业融资困难。进一步促进金融租赁和融资租赁业健康发展，创新金融服务，支持产业升级，拓宽中小微企业融资渠道。”——中共安徽省委、安徽省人民政府《加快调结构转方式促升级行动计划》。

② “推进国有企业改革，要有利于国有资本保值增值，有利于提高国有经济竞争力，有利于放大国有资本功能”——习近平总书记 7 月中旬在吉林省考察调研时的讲话。

③ 参阅《中共中央、国务院关于深化国有企业改革的指导意见》（中发〔2015〕22 号），《中共安徽省委、安徽省人民政府加快调结构转方式促升级行动计划》（皖发〔2015〕13 号）等。

安徽文化强省建设评估与问题分析

吴树新　范丽娟　李双全①

《安徽省"十二五"时期文化改革发展纲要》的实施已进入收官阶段,《安徽建设文化强省实施纲要》正在加快推进,成效显著。通过调研和评估,现将安徽省"十二五"时期文化改革发展纲要执行情况报告如下:

一、"十二五"时期文化改革发展纲要目标任务完成情况

"十二五"以来,我省按照中央和省委、省政府部署,坚持社会主义先进文化前进方向,不断深化文化体制改革,大力推进文化事业繁荣、文化产业发展,各项工作取得显著成效,规划指标基本完成,重要目标和任务正有序推进,文化发展主要指标处于中西部领先水平,部分行业和领域居全国前列。

(一)大力推进哲学社会科学繁荣发展

"十二五"期间,省委、省政府高度重视繁荣发展哲学社会科学,并以"理论社科强省"为哲学社会科学繁荣发展的目标,印发了《理论社科强省实施方案》,通过实施哲学社科创新工程、理论学习示范工程、宣传阵地拓展工程、资政服务引导工程、社科精品打造工程及人才队伍建设工程六大工程,在学习型党组织建设、理论宣讲、社科规划及学科阵地建设、人才队伍建设等方面均取得较大进展,基本实现"十二五"规划目标。

(二)加快建设覆盖全省的公共文化服务体系

我省首批国家公共文化服务体系示范区、示范项目创建工程,已通过国家验收。首批确定的省级公共文化服务体系示范区创建工作正在12个县(市)进行试点。创新开展省、市、县、乡、村五级公共文化服务体系建设,30个乡镇进行综合文化服务中心

---

① 吴树新系安徽省社会科学院社会学所副所长;范丽娟系安徽省社会科学院副研究员;李双全系安徽省社会科学院助理研究员。

试点建设，省级农民文化乐园试点增加至300个，同时启动1296个美好乡村示范村文化活动中心的规划和建设。全省139家博物馆纪念馆、107个公共图书馆、120个文化馆、14个美术馆、1437个乡镇综合文化站等公共文化场馆全部免费开放，提前三年实现行政村农家书屋全覆盖目标。文化信息资源共享工程已建成省级分中心1个、市级支中心9个、县级支中心105个、村级基层服务点27874个，实现村村通和全覆盖。公共文化服务体制机制不断创新，公共文化惠民活动全面开展。

（三）文化产业保持较快发展势头

“十二五”时期，安徽文化产业总量规模不断扩大，文化产业已跃居为全省增速最快的产业。2014年，全省文化产业增加值达到970亿元，占全省GDP的比重为4.65%，已接近5%的目标，显示出强劲的增长潜力。全省新闻出版、影视服务、动漫设计、文化旅游等产业逐步确立在全国的优势地位，相继涌现出一批较强影响力的龙头企业。出版、发行两集团的销售收入和资产总额双双突破百亿大关，多次入选“全国文化企业30强”，分别成为同行业全国第一家主业整体上市企业。民营文化企业活力涌现，全省规模以上民营文化企业达到1318家，科大讯飞、安徽儒林、经纶文化等一批企业逐步成为行业龙头。100强民营文化企业2013年主营业务收入达到161.1亿元。

（四）文化体制机制改革不断创新

文化体制改革由点到面、有序推开、逐步深化，在探索中前进、在创新中发展，在全国率先完成阶段性重点任务。全省出版、发行、电影、演艺、新闻网站、非时政类报刊等领域439家经营性文化单位完成转制，成为文化市场主体。文化行政部门转变职能，实现政企政事分开、管办分离，市、县全部成立文化市场综合执法机构。全省初步建立适应文化产业又好又快发展的文化宏观管理体制和微观运行机制，连续3次被评为“全国文化体制改革工作先进地区”，创造非试点省走在全国前列的“安徽现象”。

（五）安徽文化影响力全面提升

制定加快文化贸易发展的意见，统筹国际国内两个市场、两种资源，着力加强外向型文化企业培育，努力打造安徽文化出口竞争新优势。入围国家文化出口重点企业24家、重点项目7个，位居全国第六、中部第一。2013年，安徽省文化及相关产品出口额为197405万美元，全省核心文化产品出口额为6.1亿元，居全国第11位，文化产品和服务输出到168个国家和地区。安徽出版集团版权输出连续7年在北京国际图书博览会蝉联全国第一，在俄罗斯投资设立了印刷行业首家境外经营实体，在斯洛伐克建立电子文化传媒产业园基地，全资收购波兰时代马尔维克出版集团，在上海自贸区成立全国第一家出版传媒企业。安徽演艺集团创作编排的杂技剧《美丽的梦》在德国巡演200余场。

(六)文化人才队伍不断发展壮大

全省各级专兼职理论宣讲骨干1.1万人。省社科协会153个、会员6万多人。中级职称以上在职社科研究人员1.2万人,正高职称占9.4%,副高职称占33.3%。国务院特殊津贴社科专家168人,省政府特殊津贴社科专家202人。省哲学社会科学学科技术带头人50人、带头人后备人选91人。国家社科基金规划评审组专家14位,居全国省区市第一方阵。2012年11月启动实施拔尖人才和青年英才这两大培养工程,其中第一批58名拔尖人才、40名青年英才已于2013年8月命名确定。目前,已开始启动第二批全省宣传文化领域拔尖人才、青年英才推荐选拔工作。

二、"十二五"时期推进文化强省建设"八个强"的亮点

(一)理论社科强

一是创新理论学习宣传形式。以"经济大讲堂""宣传文化系统读书报告会""安徽人文讲坛"等高端讲堂为载体,结合理论下基层、形势政策教育、社科普及月等品牌活动广泛开展理论学习宣传活动。

二是服务党和政府决策的能力不断提升。坚持以应用对策研究为重点,以《学界兴皖咨议》《咨政》《决策》和"安徽发展报告""安徽发展蓝皮书"等系列丛书为载体,刊载重大现实问题调研报告、专家建言和政策建议。

三是基础理论研究和学科建设不断加强。以《安徽历史名人词典》《安徽通史》等具有安徽特色的标志性文化工程出版面世,以徽州文化、皖江文化和淮河文化等为代表的安徽地域文化研究体系初步形成。

四是省中国特色社会主义理论体系研究中心发表理论文章稳中有升,其中2013年有2篇入选全国马克思主义理论研究和建设工程项目,名列全国前茅。

五是哲学社会科学阵地建设不断加强。以徽学研究中心、中国诗学研究中心等为代表的国家和省级重点研究基地快速发展。全省哲学社会科学重点学科52个,其中国家级重点学科3个;重点研究机构45个,其中教育部重点研究基地3个。

六是社科项目立项数目和资助经费不断增多。"十二五"期间,全省国家社科基金项目立项数和资助金额均取得较大突破,在全国各省市排名中取得较快进步。

七是加大理论宣传强度。组织编写了《聚焦“十二五”》《美好安徽通俗读本》《为民 务实 清廉——党的群众路线教育实践活动学习读本》等理论通俗读物，有力推动社科理论知识下基层。

(二)思想道德强

一是深入推进社会主义核心价值观建设。省委、省政府坚持以培育和践行社会主义核心价值观为根本任务，制定并出台《关于培育和践行社会主义核心价值观的实施意见》，深入开展中国梦和中国特色社会主义宣传教育，扎实推进公民道德建设工程，广泛开展精神文明创建活动。

二是好人安徽建设取得新成效。“中国好人榜”安徽入榜人数连续7年位居榜首，全国道德模范人数位居全国前列，完成了《安徽好人志》编撰工作，形成了道德建设的安徽现象。建成开放全国首家省级好人馆，初步形成省有总馆、市有分馆、县有好人广场、乡镇社区有好人榜的宣传格局。建立健全道德模范嘉奖礼遇荣誉制度，道德信贷发放4500万元，帮扶道德模范893人次。

三是文明城市争创实现新突破。合肥、芜湖、铜陵三市入选为第四届全国文明城市，文明城市总数已有4个，全国文明城市数量排名跃居第5位，提前实现了文化强省在思想道德强方面进入全国前十的量化目标。推动安徽省文明城市等争创工作典型带动、全域覆盖，组织开展多批次测评和不定期暗访，推动各地查缺补漏。

四是“三线三边”治理开创农村创建新局面。坚持顶层设计和基层创造的双结合，带动区域生态建设和发展环境的整体提升，中央媒体多次重点报道，中宣部、中央文明办高度关注。“三线三边”治理有力解决了城乡环境脏乱差问题，推动群众思想观念、生活方式变革。

五是“讲文明树新风”活动丰富新载体。深化文明交通、文明旅游、文明餐桌行动，倡导好家风好家训。在全国率先开通文明单位网，加快安徽文明网群建设。组织开展“讲文明树新风”公益广告大赛，突出广泛性和群众性，推动公益广告融入百姓生活。

六是江淮志愿服务形成新机制。制定并出台《全省推进志愿服务制度化实施方案》和《社区志愿服务方案》，着眼制度化建设，成立81个中国好人领衔的志愿服务队、1200家省级文明单位志愿服务队，推出志愿服务广场、“五色帮客”、爱心银行等创新做法。

七是诚信建设制度化取得新进展。弘扬中华民族的传统诚信美德和徽商“重信守诺”的优良传统，积极推动20家省直和中央驻皖单位联合签署《“构建诚信 惩戒失信”

合作备忘录》，建立信用惩戒“黑名单”，发布产品质量“红黑榜”，完善资源共享“大平台”，推动诚信建设“大宣传”，构筑共防共治的信用体系。

（三）新闻出版强

一是新闻出版经济总量增长快。皖新传媒总市值在 26 家出版发行、印刷上市企业中排名第 4 位，时代出版流通市值在 15 家书报刊出版上市公司中排名第 9 位。出版集团在全国图书出版集团中综合排名第 5 位，跻身“双百亿”集团行列。发行集团在全国发行集团中综合排名第 2 位。报业集团在全国报刊集团中综合排名第 25 位。基本实现了重点指标和综合指标全面进入全国前十位的目标。

二是新闻出版产品规模大。2014 年年底，全省新闻出版广播影视产业单位已达约 1.05万家，2011—2014 年，全省共出版图书、报纸、期刊、音像制品和电子出版物 620377.42万册（份、盒、张），图书出版品种数达 36272 种，年均增长率为 15.93%。人均年拥有图书数量和每千人拥有出版物发行网点数达到全国平均水平。行业规模和总体实力有较大幅度提升，处于中西部领先水平。

三是“走出去”全国持续领先。“十二五”以来，出版外贸业务已发展到全球 50 多个国家，累计实现近 23 亿美元交易额，年均增长率为 80%。截止到 2014 年 8 月，安徽出版集团分别实现图书实物出口 810.7 万美元、数字出版产品出口 1440.7 万美元、印刷和服务出口 1301.9 万美元，文化及数字传媒产品出口 9.97 亿美元。安徽出版集团连续 4 年位居地方出版集团第一。2011—2014 年，我省版权输出 2883 项，年均增长率为10.5%，呈现明显上扬态势。安徽出版连续 7 年在北京国际图书博览会上的版权输出数量在全国拔得头筹。

四是新闻出版业转型升级加快推进。2014 年成立新媒体集团，着力打造以新闻网站、手机报、客户端、微博、微信为代表的新媒体，主动抢占互联网宣传舆论阵地，安徽手机报总用户数达到540 万。皖版图书内容数字化工程启动，印刷业向绿色印刷、先进制造服务业和数字印刷转型，全省已有 14 家企业通过国家绿色印刷认证。

五是主业突出、多元突破的发展格局初步形成。形成了以报业、出版、发行三大集团为龙头，各类骨干企业快速健康成长的产业格局。报业集团加快传统媒体与新兴媒体融合发展，由纸质媒体为主的传统报业集团向现代传媒集团的转型升级取得重要突破。安徽出版集团经营领域已涉及出版传媒、报刊媒体、文化旅游、文化置业、文化商贸流通、酒店经营、智慧城市、消防和公共安全、投资管理、非银行金融业务和证券参股等业务板块。发行集团提出“互联网 + 时代的战略选择”，进一步明确在两大战略举措、五大产业集群基础上，把集团从传统出版物发行企业向基于互联网平台企业转型。

（四）广电影视强

一是产业经营能力增强。截至2015年6月底，全省自然村广播电视村村通工程已经全部开工，成立了安徽广电无线传媒有限公司，全面整合安徽省无线广播电视发射资源，基本实现全省80%以上的地区地面数字电视覆盖。培育农村新型电影放映经营主体，普及数字化流动放映，并组建成立安徽公益电影传媒公司，全省已建县级城市数字影院79个，基本实现全覆盖，提前一年完成国家提出的建设目标任务，居中部省份前列。2011—2014年，全省广播影视经营总收入278.82亿元，年均增长率为17.14%。产业结构持续优化，市场主体持续增长，全省现共有广播电视节目制作经营机构300多家，其中民营占比约70 %以上。

二是集聚区建设持续加快。合肥、芜湖两大国家级动漫基地发展良好。合肥国家级动漫和服务外包基地各类动漫和服务外包企业达到300家以上，其中，国内外知名企业不少于10家，实现了年产值20亿元；芜湖市动漫产业基地也实现年产值5亿元，年税收5000万元，其动漫主题公园方特已成为我国第四代动漫主题公园的新标志。国家广播影视科技创新实验基地进展良好，已有13家国家重点广电企业登记注册、9家大型广电企业签订入驻协议。

三是精品创作生产能力进一步改善。2011—2014年，我省共生产创作电影52部，获国家级奖6部。制作发行电视剧28部918集，其中4部电视剧获“飞天奖”，3部获“金鹰奖”，2部获“五个一工程”奖。制作广播剧15部42集，其中6部获得全国类9种奖项。影视精品《邓小平在黄山》《母亲，母亲》《村支书金岚岚》《我的康乃馨》《太空熊猫总动员》等在国内外获奖。同时，院线建设持续加快，荧屏声频不断丰富。

四是监管力度进一步增强。加快建设安徽省广播影视综合监管平台，深入开展打击新闻敲诈和假新闻专项行动，加强对媒体和记者站及其从业人员的准入退出管理，开通全国首家“打击新闻敲诈”官方微博。集中开展清查整治非法电台电视台（点）、清理违规广播电视广告、整治非法卫星地面接收设施。目前三网融合监管平台工程进展顺利，农村电影放映监管平台建设基本完成，安全播出标准年活动从省市两级推向全省县级广播电视。

（五）网络舆论强

一是完善互联网管理体制和工作机制。面对互联网技术和应用飞速发展，特别是面对传播快、影响大、覆盖广、社会动员能力强的微博客、微信等社交网络和即时通信工具用户的快速增长，加强网络法制建设和舆论引导，确保网络信息传播秩序和国家安全、社会稳定，加快完善互联网管理领导体制。按照积极利用、科学发展、依法管理、确保安全的方针，安徽成立了省委网络安全和信息化领导小组，并建立了联络员制度。

二是整合网络平台。"十二五"以来，形成了以重点新闻网站为骨干、知名商业网站相配合、各类网站积极参与的良好局面。"安徽发布"于2012年11月27日在新浪网和腾讯网上开通，"安徽微博发布厅"于2013年1月17日上线，安徽目前共有政务微信152个。投资80余万元，改版升级"安徽广电网"(安徽新广网)。2014年7月成立的安徽新媒体集团拥有中安在线网站、安徽手机报、中安新闻客户端和安徽发布微博微信四大媒体。

三是讲好安徽故事。推动形成富有吸引力和感染力的安徽话语，讲好安徽故事、传播好安徽声音、阐释好安徽特色，为安徽文化强省建设营造浓厚的网络舆论氛围。2013年5月20日至25日，"网聚美好安徽"全国网络媒体安徽行大型采访活动成功举行，为全国网络媒体了解安徽、宣传安徽搭建了平台，织就了面向全国的一张"网"。2015年7月25日，"美丽中国瞰合肥"大型航拍采访活动启动暨新华网新闻无人机队安徽中队成立仪式隆重举行，以独特的视角，呈现出别具特色的安徽风采。

四是推进网络文明建设。为进一步推进网络治理能力建设，使全省网络空间更加清朗起来。2013年，新华网与合肥市网络宣传与管理办公室联合举办了"网络文明与城市形象(网德)论坛"。安徽网宣办把加强网络信息安全、弘扬网信精神、推进网络治理能力建设落实到网络宣传管理的具体工作上，努力唱响网上主旋律。

五是建立网络舆情服务平台。新媒体集团已建成一支较为专业的舆情分析队伍，拥有业内领先的舆情监测统计技术，提供代监测、出具舆情报告、舆情预警分析、培训、处置及网络形象修复等服务。目前，已与省公安厅、蚌埠市、交通银行安徽分行等10余个地方和单位开展合作，建设覆盖全省的社会化舆情服务平台。

(六)文化演艺强

一是艺术精品创作扎实推进。舞剧《徽班》、黄梅戏《风雨丽人行》入选国家舞台艺术精品工程重点资助剧目，省文化厅获组织工作奖。黄梅戏《雷雨》获文华优秀剧目奖等多个奖项，《徽州往事》获文华剧目奖；黄梅戏《天仙配》获第二届全国优秀保留剧目大奖。阜南县琴书《中国好人刘振帮》、禹会区皮影戏《金兜山》入选国家扶持的优秀剧(节)目。省黄梅戏剧院入选首批全国地方戏创作演出重点院团。制定地方戏和曲艺等艺术品种发展扶持政策，实施文旅演艺产品创作引领工程，创排大型文旅演艺项目

《太白皖韵》、花鼓灯歌舞剧《风雨淮河岸》等。创作完成"中国梦"主题原创歌曲。

二是文艺作品展演反响热烈。组织"红色历程　崛起江淮——庆祝建党90周年系列文化活动",激情唱响共产党好、社会主义好、改革开放好、伟大祖国好、各族人民好的主旋律。成功举办第六届中国(安庆)黄梅戏艺术节、第九届安徽花鼓灯会暨第四届中国(蚌埠)花鼓灯歌舞节会、第十届全国艺术院校"桃李杯"舞蹈比赛、第五届安徽省"金色晚霞"合唱节和第二届全省曲艺小品大赛等精彩节庆活动。《雷雨》《徽班》参加"讴歌伟大时代、艺术奉献人民"全国优秀剧目调演。怀宁县黄梅戏《独秀山下的女人》参加第十二届中国戏剧节,获优秀剧目奖。黄梅戏《榴花不开盼哥回》,是唯一由县级剧团(潜山县黄梅戏剧团)创排,进京参加第四届全国少数民族文艺会演的作品;黄梅戏《徽州往事》《惊天一兰》成功在国家大剧院公演。黄梅戏《小乔初嫁》进京参加庆祝中华人民共和国成立65周年优秀剧目展演。韩再芬、何云获中国戏剧"梅花奖",我省"梅花奖"总数已达14个。

三是演艺市场主体得以重塑。按照省文化体制改革领导小组的统一部署,安徽演艺集团全面完成转企改制任务,加快完善法人治理结构,搞活微观运营机制,打造合格文化市场主体,初步建成以观众为对象、以市场为导向,精简高效的经营管理体系。2010年至2014年期间,安徽演艺集团倾力推出新创剧节目268台,复排剧(节)目395台,先后荣获国家级、省部级重要文艺奖项近百个,艺术生产力得到极大释放,艺术创作焕发出勃勃生机。其中,荣获国家级重要奖项与改制前相比,5年间荣获中宣部"五个一工程"奖4个,是改制前八年的4倍;荣获国家舞台艺术精品工程4个,是改制前的4倍;荣获中国戏剧梅花奖3个,与改制前的十年荣获量持平;荣获中国文化艺术政府奖·文华奖12项,是改制前的12倍。五年来,安徽演艺集团共计演出10745场次,演出收入19570万元,经营收入24696万元。与改制前的五年数据对比,其中,演出场次同比增长67.9%,演出收入同比增长327.5%,经营收入同比增加439.5%。

四是文化演艺走向大众。"首届安徽文化惠民消费季·好戏大家看"系列活动精彩呈现。自2014年9月中旬开始至2015年1月,创新推出"大戏小戏看过瘾""我们精彩我们展示""群星璀璨耀江淮""美术走进生活"四大板块共58项、212场系列展演展示活动。搭建演艺平台,让国有、民营文艺院团和受邀省外优秀剧目集中展演展示;演出实行低票价,送戏进农村农民文化乐园、进城市社区、进学校;诚邀农民工、环卫工人、先进模范人物等进剧场看戏,突出惠民乐民,做到城乡联动、专业表演和群众文艺争妍、国有和民营剧团联合献艺、省内和省外剧团共襄盛举。群众文艺创作演出也呈良好势头，组织开展全省“群星奖”评选活动，成功组织开展全省小戏折子戏调演、全省“六一”少儿文艺调演和“校园大舞台——徽风皖韵进高校”等活动，极大地丰富了群众文化生活。

（七）文化产业强

一是文化产业总量规模不断扩大。“十二五”时期，文化产业已跃居为全省增速最快的产业。2014 年，全省文化产业增加值 970 亿元，占 GDP 比重达 4.65%，比上年增长 14.8%。2008—2014 年安徽文化产业年均增长率超过 20%，显示出强劲的增长潜力。

二是骨干文化企业优势显现。全省新闻出版、影视服务、动漫设计、文化旅游等产业逐步确立在全国的优势地位，相继涌现出一批有较强影响力的龙头企业。省属报业、出版、发行、演艺、广电五大集团资产规模由 2005 年不足 30 亿元增长到 301.18 亿元，扩大了 10 倍，2013 年实现营业收入 254.08 亿元、利润总额 14.92 亿元。出版、发行两集团的销售收入和资产总额双双突破百亿大关，多次入选“全国文化企业 30 强”，分别成为同行业全国第一家主业整体上市企业。

三是民营文化企业活力涌现。坚持以公有制为主体，积极推动社会资本投资文化产业，民营文化企业迅猛发展，全省文化产业呈现多元发展格局。2013 年，全省共有民营文化法人单位 17663 个，比 2010 年同期增长 26.36%，占全省文化产业法人单位总数的 89.6%。民营文化法人单位资产总计 810.2 亿元，主营收入 757.5 亿元，期末从业人员为 29.9 万人，分别占比 80.9%、75% 和 78.1%。全省规模以上民营文化企业达到 1318 家，科大讯飞、安徽儒林、经纶文化等一批企业逐步成为行业龙头。100 强民营文化企业 2013 年主营业务收入 161.1 亿元、税前利润 23.51 亿元、净资产 123.26 亿元。其中，主营业务收入过亿元企业 57 家，净资产过亿元企业 35 家，上市公司 2 家，拥有中国驰名商标的 2 家，安徽省著名商标 18 家。

四是现代文化市场体系初步确立。文化产品市场方面，图书、报刊、音像制品等物流体系初步建成，电影、广播电视节目交易市场日益繁荣，动漫、网络音乐、网络游戏等以网络为载体的新兴市场加快发展。2013 年，全省城镇居民平均文化消费支出 739.62 元，占消费性支出比重 4.54%；农村居民平均文化消费支出 376.7 元，占消费性支出比重 6.58%。文化要素市场方面，积极推动文化投融资体系建设，时代出版、皖新传媒、科大讯飞、黄山旅游、山鹰纸业 5 家文化企业实现上市，与福建并列全国第 7 位。组建文化产权交易所和版权交易中心，成立文化领域行业协会，提供文化中介服务，活跃文化市场。

（八）文化开放强

一是推进开发性金融合作。国家开发银行安徽省分行与安徽出版集团进行文化产业“走出去”战略合作，双方将把国开行整体金融服务优势、国际业务资源优势，与安徽出版集团的内容资源优势、产业和人才优势紧密结合起来，在“走出去”特别是“一带一路”背景下及在国开行“中非发展基金”框架内开展深度合作。根据协议，国开行将通过产业投资基金、海外并购、企业债券、保函、票据等方式，支持出版集团“走出去”，在版权贸易、国际经贸、旅游投资、文化教育、医药物流、智慧城市等板块业务上，推动出版集团进一步做大做强。今后5年，国开行将以优惠利率为出版集团提供综合授信，满足出版集团经营发展中对资金、结算、外汇等方面的需求，在重大项目评估、资金供给、优惠贷款、海外项目推进过程中提供强有力的金融支持。

二是推进广播影视“走出去”工程。围绕树立安徽形象，扩大安徽影响，先后在波兰、肯尼亚、墨西哥等国成功举办了“中国安徽电视周”，取得了积极的外宣效果。成功举办“2012 台湾·安徽电影周”，谱写了海峡两岸文化交流新篇章。扩大省广播电视台国际频道覆盖范围，实现在长城平台覆盖地域全面落地，国际频道覆盖北美洲、欧洲、澳洲和亚洲40多个国家，收视率位列全国省级国际频道前列。大型越洋直播节目《大洋两岸》2011年5月开播，这是安徽广播节目首次以直播形式在美国落地。

三是文化“走出去”成效显著。制定加快文化贸易发展的意见，统筹国际国内两个市场、两种资源，着力加强外向型文化企业培育，努力打造安徽文化出口竞争新优势。入围国家文化出口重点企业24家、重点项目7个，位居全国第六、中部第一。2013年，全省核心文化产品出口额为6.1亿元，居全国第11位，文化产品和服务输出到168个国家和地区。安徽出版集团版权输出连续7年在北京国际图书博览会蝉联全国第一，在俄罗斯投资设立了印刷行业首家境外经营实体，在斯洛伐克建立电子文化传媒产业园基地，全资收购波兰时代马尔维克出版集团，在上海自贸区成立全国第一家出版传媒企业。安徽演艺集团创作编排的杂技剧《美丽的梦》在德国巡演200余场。

四是进一步加强对外宣传和文化交流。成功组织了第七届中国国际徽商大会暨第十一届中国（合肥）自主创新要素对接会文化产业活动，第七、八、九届深圳文博会安徽文化产业活动，成功举办意大利“中国文化年·安徽周”、德国“中国文化年·安徽周”活动、中国台湾“安徽电影周”等重大活动，凸显了安徽文化大省形象，实现了服务文化产业活动与宣传展示文化产业的“双赢”效果。

三、文化改革发展面临的主要问题

（一）完成目标任务有一定压力

"十二五"规划提出"全省文化产业增加值占生产总值的比重达到5%以上，整体实力和竞争力显著提升，成为国民经济支柱产业"。"十二五"时期，虽然安徽文化产业总量规模不断扩大，文化产业已跃居为全省增速最快的产业。2014年，全省文化产业增加值940亿元，占GDP比重达4.46%（表1）。2010—2014年安徽文化产业年均增长率达到26.35%，显示出强劲的增长潜力。但从统计数据看，要完成5%的指标任务，仍面临一定的压力。

表1：2010—2014年安徽省文化及相关产业增加值

指　标	2010	2011	2012	2013	2014
文化及相关产业增加值（亿元）	457.64	590.55	714.43	844.95	970
文化及相关产业增加值占GDP比重（%）	3.70	3.86	4.15	4.44	4.65
比上年增长（%）	37.8	29.0	21.0	18.3	14.38

数据来源：安徽省统计局。按照《文化及相关产业分类（2012）》行业标准进行统计。

（二）公共文化服务能力有待提高

目前，我省人均文化事业费投入、人均占有公共文化设施面积、人均拥有公共图书馆藏书量等指标，均在全国靠后。既有全省特别是基层公共文化设施数量不足、功能不完善问题，也有布点不均，资源配置不尽合理的问题，皖北、皖西地区文化设施尤为滞后。乡镇文化站建好后的运行和管理的体制机制问题亟待解决。另外，从中期评估看，受资金投入供需缺口或现实客观条件变化的影响，县及县以下农村数字影院建设、有线电视用户数等指标要实现预期目标存在一定难度。

（三）文化产业发展质量效益均有待提升

我省文化产业虽然实现了较快发展，但整体上安徽文化企业相比国内一些省、市的文化企业仍有不小的差距。《世界媒体500强》显示，2014年入选的中国企业包括中央电视台、凤凰卫视控股有限公司、上海文广集团等传媒巨头。尽管安徽有2家文化企业入榜，但相比京、沪、广、江、浙等地仍有不小的差距，如江苏的凤凰出版集团、江苏广播电视总台都进入百强，排名分别为87和90。安徽文化产业规模不够大、实力不够强、结构不够优、效益不高的问题仍然比较突出，龙头文化企业不多，传统产业所占比重较大，科技含量、产业链延伸和附加值不高。文化产业项目低水平重复建设问题比较普遍，规模化、集约化、专业化、高效益发展水平亟待提升。

（四）文化发展的体制机制改革有待深化

转企改制的文化企业法人治理结构和现代企业制度需要健全和完善，公益性文化事业单位改革需进一步深化，文化市场综合执法队伍亟待加强。文化要素市场有待进一步完善，中小文化企业融资难题尚未真正破解。文化领域立法相对滞后，文化投入缺乏刚性约束指标和制度安排。

（五）安徽文化“走出去”提升空间很大

在经济全球化与互联网技术的双重驱动下，文化产业对经济增长的贡献不断加大。文化产品与服务的国际贸易不仅带动相关商品的出口，而且可以极大地提升安徽形象与软实力。而在这方面，安徽的文化的开放度不够，宣传、推广不足，文化产品和服务“走出去”还有很大的提升空间（表2），必须在充分发展和壮大安徽文化产业的基础上，竭力推动文化产品和服务“走出去”。通过文化产品和服务的对外贸易特别是出口贸易，带动产业结构优化升级和可持续发展。

表2：2010—2013年安徽省文化及相关产品进出口情况

单位：万美元、%

年份	出口额	进口额	进出口额合计	贸易差额	出口增长	进口增长	进出口增长
2010	72411	10162	82573	62249	29.2	198.1	38.9
2011	94147	5602	99750	88545	30	-44.8	20.8
2012	247361	6763	254124	240598	162.7	20.7	154.7
2013	197405	17082	214487	180323	-20.2	152.6	-15.6

数据来源：安徽省统计局。按照2014年1月试行的《安徽省文化及相关产品进出口统计商品目录》统计，以首次发布的2013年安徽省文化及相关产品进出口数据为基础数据。

环巢湖古村落文化遗产价值元素解读[①]

杨　帆　陈恩虎[②]

在传统的农业文明时代，村落是人类与自然实现物质与能量交换的基础、媒介和“加工厂”。它体现着人类在与自然的交往过程中，以怎样的心态与自然平等对话、和谐相处。中国先民认为，村落与住所建筑远不只是提供给人们躲避寒暑风雨以及动物侵害的藏身所，更主要是其“形而上”的意义：是人类精神的栖息地，是沟通天、地、人“三才”的凭借，是人类接收自然之“生气”的通道，古村落被赋予为传统文化的寄居地，具有重要的遗产价值。环巢湖文化圈处于楚汉之地，历史悠久，人杰地灵，古村落众多，形成了独具风格的建筑格调和文化传承，众多保存至今的传统村落是承载和体现皖中大地和巢湖流域传统文化的载体，蕴含着珍贵的传统文化遗产价值元素，主要体现在历史文化价值、科学研究价值、旅游审美价值和教育价值等几个方面。

一、历史文化价值

任何时代古村落的形成、发展和文化遗产的积淀，都是特定时代的人群，鉴于当时的政治、经济、军事、文化等特定情况，运用当时所能得到的材料和所掌握的技术创造出来的，是时代的产物，它能从不同侧面，反映当时的政治、经济、军事、科学技术、文化艺术、宗教信仰、风情习俗等时代特点。环巢湖古村落最为集中地反映了巢湖流域聚族而居的古文化和巢湖流域移民文化特色。

先民集聚生存、早期村落萌芽的历史在环巢湖古村落的考古发现中随处可见。成批量的蚌壳、鬲、器片、绳纹、附加堆纹、弦纹、印纹陶、螺蛳壳、鱼牙、红烧土建筑遗存、

---

① 本文为教育部 2015 年度人文社会科学研究青年基金项目《明清时期皖江流域农业开发和农民生活状况研究》（项目编号：15YJCZH104）的阶段性成果。

② 杨帆系巢湖学院旅游管理学院讲师；陈恩虎系巢湖学院旅游管理学院教授、博士。

灰坑的出土在环巢湖村落附近发现演绎了先民临水聚落而居的厚重历史。例如,肥西胡湾村的古埂遗址出土了房基遗迹、磨制石器、烧制陶器、蚌壳鹿角等,有鼎、豆、罐、壶、钵、杯等生活用品,陶纺轮、陶弹丸、陶网坠等生产工具,真实地反映了古村落居民们纺纱织布、打猎捕鱼的生活。2016 年,城子圩村的城圩遗址中出土的网坠、龟甲、灰坑、陶片证实了夏商周时代的夏阁河、柘皋河之间低洼地带的先民以聚居、渔猎为生,反映了宗族关系密切的小聚落集聚状况①。被称为“华夏第一国母故里”“中华第一帝王故里”“中国南音第一首情诗诞生地”的方涂巷村,大约宋代之后,涂山所在地的集镇村落就有了涂山保、涂山乡、涂山村、方涂村等系列性村落名称,这是环巢湖流域村落较早的记载。肥东的葛墩村、堰西大墩村、和县猿人遗址所在地的陶店村、银山猿人遗址所在地的银山村、凌家滩遗址所在地的凌家滩村、慕容城遗址所在地的陆岗村、大城墩遗址所在地的夏棚村、乔家庄遗址所在地的乔家庄、昭关古村落、古驿站祁门村、三国古战场遗址的锥山村、古国遗址的城池村、遗迹众多的岱山村等反映人类早期生活的村落遗址文化,这些千年古村落可谓记录环巢湖历史的活化石,也是巢国古文化的见证者。

环巢湖古村落也集中反映了巢湖流域移民的历史和文化。移民活动是对失衡的人类社会进行有效整合的重要手段。巢湖流域历经多次天灾人祸的摧毁与重建,人口流动性大,曾有过几次大规模的移民浪潮,影响最大的是南宋的徽州移民和明初的江西移民。移民通常以氏族为单位聚集而居,而移民的流动性造成了聚居地的普遍分散,渐渐形成了环巢湖古村落中移民村落分布“大分散、小聚集”的特点。现有的族谱、文牒资料验证了环巢湖古村落移民文化的印记。合肥义门王氏,宋元时本浙江杭州府仁和县太平乡第二十四都二图人氏,自明太祖兴吴元年王真仗义渡江投充庐州府守御所千户,遂家于庐阳②。肥西祖籍江南家谱 8 部。方岗村方小郢《许氏宗谱》:“自皖南徽州迁江苏句容。兴公为避乱,元至正年间,迁庐郡。”界河乡界河村《翟氏宗谱》:“元末明初,自江南泾县迁来合肥西乡。”花岗乡过岗村张楼房《张氏宗谱》:“原在江南,明洪武三年,诏迁合肥,居德胜门。历四世祖贞公复迁邑之西乡,楼房名始矣。”董岗乡胡

① 巢湖发现神秘遗址 出土大量商周时期的遗物. 2016 年 6 月. http://video. m. baidu. com/ platapi/videoindex? srcid = 100014&loc = http% 3A% 2F% 2Fwww. internal. video. baidu. com% 2F054edfb79284f5cc1c24e0d6ab6272c6. html.

② 中国国家图书馆编族姓史料汇编《王氏族姓史料类编》,《合肥义门王氏续修宗谱稿》,2000 年 10 月。

岗村槽坊郢《陈氏宗谱》:“元末,江淮之间频遭兵燹,庐凤两府地旷人稀,及明太祖问鼎金陵,下诏徙江南之民以实之。我陈氏始祖再兴公遂由句容迁合肥浮槎山之北麓戴集。大房恒法公裔迁居合肥南乡董家岗。”严店郑岗村《郑氏宗谱》:“明初册籍江浦。二世祖云霞公,自江浦迁龙舒。三世祖腾辉公复由舒迁肥南郑人桥”。董岗乡蛇形地村落的《吴氏宗谱》:“明中叶,来肥西巴山庙,或曰来自江阴,或曰来自凤阳。”高刘乡孔大村《康氏宗谱》:“原从凤阳迁居南京,后到歙县,一支到肥西烧脉岗”。柿树岗乡小河湾村《程氏宗谱》:“伯通公从歙县迁郡城之西大墩岗。”巢湖北岸的黄家疃:“黄氏始祖,由江西省南昌府丰城县迁居巢湖芦溪嘴。”①巢湖北岸军张村宗谱记载:“我族是南宋宰相张浚之后……寄居泰和县坝上。”②王家疃族谱也记载来自江西南昌地区。有些村庄族谱或无明确地名记载,以类似“瓦屑坝”的“瓦砾坝”或“瓦西坝”代之。张靖华收录了巢湖北岸的移民村落及其迁移地,集中反映了巢湖流域的移民文化,其如一个个细胞反映了中国移民文化(表1)。目前保存较完整的六家畈古民居群是江淮地区最大的古建筑群,也是侨乡历史文化的文脉所在,有着深厚的文化根基③。

表1:巢湖北岸部分村落名称及迁移地(黄麓镇、中庙镇、长临镇一带)

村庄迁移地	村庄名称	所占比例
江西移民村落	长源村、三分童、周郑村、三户梅、王嘴村、杨子岗、小周村、张家洼、管家疃、许家疃、张家疃、周黄疃、刘家疃、荆塘村、金家村、柳树棵、徐家疃、刘罗蔡、笏山臧、罗荣八、杨谢家、军张家、下杨家、靠山张、山李家、山杨家、山郑家	71.1%
徽州移民村落	清水塘(洪家疃)、山口凌、山门李、大蔡村、梅寿二、六家畈、吴兴益	18.4%
其　他	唐家疃、大小邵、军王家、长岗张	10.5%

资料来源:张靖华,郭华瑜.“九龙攒珠”与江西移民者的开拓——巢湖北岸移民村落考察报告[J].农业考古,2008,(4):92~96.

移民在新垦地定居下来的时候,为了方便生产及防止外部势力的侵入,往往会聚族而居,形成一个个大小不等的移民垦殖区④。这反映战争时代避难聚居自保的村落

① 见黄麓镇周黄疃村志《可爱的家乡》。

② 泰和县旧属吉安府,见黄麓镇军张村《张氏宗谱》。

③ 苏士衔.环巢湖名村[M].合肥:黄山书社,2016:156.

④ 傅筑夫.明清社会经济史论文集[M].北京:人民出版社,1982:80.

文化，具有很强的历史文化价值和科学研究价值。

环巢湖还以军事文化著称，在近现代军事史上也留下了浓墨重彩的一笔，这里有巢南抗日革命的策源地陈家山口村，有红色村庄“张什一”、渡江战役起航古城村、日寇屠村的温家套，有红绿相映海云村、一出生地两样景的松元村。环巢湖古村落也和中国大多数村庄一样，是中国历史发展的见证者和承受者。

二、科学研究价值

古村落文化遗产的科学研究价值还充分体现在它本身的物质载体，以及由物质载体所蕴含的文化、观念、意识等方面。环巢湖古村落建筑风貌兼具北方的淳朴敦实和南方的婉约精致，同时又受到江西移民的大屋文化和徽州木工技术影响。在民居建筑上，粗放而又不失轻盈，建筑格调更多偏向于南方，同时又与马头墙共同使用。但建筑空间要素的错综复杂也反映环巢湖地区特殊地理环境下的文化、技术交流状况。这在古村落选址的独特性、建筑布局、结构的特性、建筑物本身的结构及艺术等方面表现较为集中，也为建筑学、人类学、景观学、社会学、人文地理学等研究提供了实物对象。

（一）选址科学，重视风水堪舆

1. 选址科学，一般选择地势高的地方

村落兼顾回避不利的自然条件和风水要求，通常比四周稻田高一些，发水淹不到，生土墙也利于防水；其次方便生活与生产劳动，住宅一般距水田不远，干活方便，傍水近田，如六家畈、湖巢村、董家村、大王村、大丁村等。六家畈采取“自下而上”自组织生长模式，即先有单体建筑和院落，继而由单体建筑和院落的连续性边界界定出街巷空间。居民在最初的建设活动中出于趋利避害的目的，充分尊重和考量了周围的自然环境，街巷的走向在保证光照和交往基本功能的基础上，随河道及建筑方向变化而改变，呈T形结构，目前升级为现代水泥道路，但街道内原有文化肌理依然存在①。

2. 村落水系设计注重水体的来龙去脉

上游引水必须清澈净活，在村落中一概不得随意污浊水体，最后将水集聚于村头水口。水口是“保瑞避邪”的重要象征，而水体本身也担负着村中“人丁兴旺、财源广

① 林璐. 基于城市意象理论的环巢湖历史街区风貌特征研究［D］，合肥工业大学，2015：32.

进”的神圣使命。村民们的环保意识在此体现得尤为突出，注重建筑人文环境与自然环境所达到的“天人合一”的堪舆之学又一次显现出神秘的力量。如中庙三户梅古村落中部有一口半月形“门口塘”，周围建筑围绕门口塘而建，呈放射状，规划十分精妙。门口塘以南，有“铁耳塘”一口，形状、大小和门口塘同。这两口塘平时构成一个精妙的水系，门口塘收集落水，平时供浣洗，水满时，就汇入铁耳塘，供灌溉用。

3. 村落选址重视“龙”之象形意义

高庄村侧临龙骨山，背靠螺丝山，符合祖辈背靠大山，山神庇护的选龙脉宝地的风水习俗，高庄因为龙骨山上的青龙来巢湖喝水，睡在高庄的后山，给村庄增添了灵气。铭传乡境内的大潜山主峰海拔 289 米，绵延四五十里，形似巨龙，匍匐在刘老圩东面。当年刘铭传辞军回乡筑宅时就是依山选址，选在距离大潜山仅 4 里处建工，不仅三面环山，更是开门见龙，整体建筑坐西朝东，圩子开东大门、南大门及东北水师门，与大潜山相对，四周壕沟引金河活水，水流不断，东大门面朝外壕沟月牙塘，“面山而营、傍水而居”，是堪舆学中的宜居宝地。“回龙望月”的大丁村，其龙是自东蜿蜒的东边冈，冈是高高耸立的湖岸，仿佛是一条自八百里巢湖心里游上来的龙，游到村庄西头下端的灯岗头，扭脖深情回望村庄东端下首的神墩。这个神墩就是丁姓人为配合回龙望月挑筑而成的风水墩，形成了回龙望月的月。村庄整体规划布局依照该地地形和村民的群体心理理解进行建构。村庄东西各有一口青石井圈的古井，是龙的眼睛，土地庙建成龙耳，村庄地势东高西低，村前流自东边冈的水，绕神墩一周，再蜿蜒西流，形成了“西流水”的独特景观。

4. 极度尊重敬畏风水堪舆

环巢湖村民对风水的极度敬畏，也创造了一些特殊的村路布局。例如，毛家嘴村《柯氏宗谱》记载，“柯须畅，卒于光绪二十九年，合葬五大门向东有碑”，这里的柯家五大门老堂屋的设计，奠定了村庄百年基本格局。老堂屋是本支的香火堂，门向重要，于是重金聘请风水先生勘定。柯家紧锣密鼓地去江西采伐木料，请木匠师傅，赴散兵买青石条，置办砖瓦，万事俱备，只等风水先生定下门向，下墙角奠基。这天，有一个骑毛驴的先生来到村口施工工地，当时柯家四处繁忙，于是搬来太师椅让先生先坐，给了一个茶壶给先生喝水，喝完茶，先生将茶壶往椅子上一放，骑着毛驴走了。柯枚进了庄，发现太师椅子上有茶壶，断定有客人来过，猜测是风水先生，于是骑马紧追。果然，毛驴上坐的是风水先生，又问门向如何，先生说壶嘴方向便是。柯枚风风火火打马而回，可惜家人已经把椅子端回家中，谁又能记得茶嘴的方向呢？但是风水先生不走回头路，柯枚后悔不已，只有选定良辰吉日，别出心裁在东西南北中各开一门，以后无论哪家发财出人，他柯家都能对应，这也成了以后五个儿子家的门向和村落整体布局。

（二）规划布局科学

环巢湖古村落有较为明显的功能布局，形成了圩堡防御形、九龙攒珠形、船形地等功能明确、独具特色的村落群。

1. 圩堡防御形古村落

刘老圩建造时，注重通过壕沟引金河之水环绕四周。圩子内外共有两道壕沟，两道围墙，两处出口和两座吊桥，另有五处更楼和炮台分别布置在圩子的东南西北四个方向。靠外围的是外部防御系统，主要包括外壕沟、吊桥、外城墙及更楼、拴马场、内壕沟、内城墙、练兵场等。外壕沟是圩堡第一道防御，东大口吊桥和南口楼吊桥是唯一可以连通内外的入口通道。南口楼位于圩子的东南角，它的面阔、进深、面积等规格结构都和东大口楼一模一样，但功能有别，主要供下人及运送杂物等进出。外围墙和更楼炮台是第二道防御，内壕沟和内围墙分别是第三道和第四道防御①。加上特别的水圩形式，使得刘老圩成为研究堡寨聚落的重要依据。周老圩内壕沟规模宽大，据说当年仅壕沟就花费了将近3年完成，拥有超强防御功能。内设有地主武装团防局，圩子外面十几里内都设有哨所，远处制高点设有炮台。圩内大门内外，圩丁持枪林立，戒备森严②。相似的还有蟠龙墩圩、张新圩、张老圩、周老圩、唐老圩、鸽子笼村、小团山村、旱庄、启明村等，他们在晚清时代构成了一道不可攻克的防线，让不可一世的太平军望而生畏，世人认为“全皖皆于贼，而肥西一隅独保”。层层包围森严的军事防御系统使得圩堡建筑在晚清时局动荡、盗匪横行时期安然处于青山秀水之间。

2. 九龙攒珠形村落

最初，人们多以此词形容张家疃的形态。该村平面略呈椭圆形，中部有商业街横贯东西，将村庄分为南北两部。南部建筑年代较晚；北部结构严整紧凑，自东向西排列着10余条南北走向的巷道，与中部商业街垂直相交。民居分布在巷道间的狭长地块上，前后相连。巷道中修筑有排水明沟，与民居天井的排水管道连通。在村庄中部、商业街以南，有口略呈半月形的“门口塘”，民居排水通过巷道汇入此塘。《张家疃村志》中说：“如遇到大雨，有九条水沟，滚滚直入门口塘，看起来活像九条龙在戏水，群众评

① 欧红如. 肥西刘老圩文化遗产保护与利用研究［D］. 安徽大学，2016.

② 马骐. 肥西淮军人物［M］. 合肥：黄山书社，1992.

为‘九龙攒珠’。”2005 年后，根据最新的航拍显示在巢湖以北的村庄，集中在中庙、黄麓一带分布着大量和张家疃形态类似的村落，它们以水塘为中心，根据地形科学规划村庄排水系统、道路和居住区。按照巷道和水塘布置方式，形成了平行状排列的村庄整体布局，如张家疃、洪家疃、唐家疃等；以水塘为圆心的放射式排列布局（又称太极图排列），如三户梅村和西份刘村；以裤裆型排列布局，如山门李村①。除了平面的统一严整外，形成了中心塘—巷道—天井的综合排水体系，有大巷、正巷等功能不同的村中道路，有经济耐用，排列整体的单体建筑群，有城墙、壕沟、“闸门”、栅栏、前后相连的厢屋等外、内、中三层村庄防御体系。在排水、道路、居住和防御等方面规划严密，科学有序。

3. 船形地村落

在以船为中心的生活中，巢湖沿岸居民将对船的依赖、心理的认同、习俗与观念等运用于船形地村落的建构中。先民在营造自己生存立足的空间与场所时，除了满足生活的基本需要，还赋予了建筑的表征意义，塑造了船形屋空间与造型的可识别性特征，构成了场所感，形成了独具特色的建筑文化特征。国内保存较为完整的有海南白查村黎族船形屋②和贵州三门塘村③。近年来，学者在对巢湖流域古村落建筑文化挖掘中，发现船形地村落建筑格局是巢湖岸边神墩（村落所在地）的普遍特征④。丁汝昌的故乡丁家坎村，就在典型的船形地古墩上，进一步以船形地形象来规制村庄。规划布局是基于将村落意比为船的基础上进行建造：一是修复环村道路，使得船舷更加方便行走，站在船舷好撑船。二是构筑村庄水系，清理船舱，并依水生财，理顺村庄的文脉。该村自东向西有塘口 11 个，包括 3 个连环塘。除了后头塘外，其他塘荡均位于村庄西

---

① 张靖华，翟光逵.“九龙攒珠”——巢湖北岸移民村落规划与形成背景初探[J]. 安徽建筑，2008，(3)：18 ~ 19.

② 陈小慈. 黎族传统村落形态与住居形式研究[D]. 南京农业大学，2011.

刘彩云. 论海洋文化背景下的民居——以海草房与黎族船屋为例[J]. 设计，2016，(10)：32 ~ 33.

黄捷，王瑜. 船屋文化——海南黎族传统民居探源[J]. 新建筑，1997，(4)：32 ~ 35.

③ 钱晶晶. 村落空间与历史记忆——三门塘人的家族故事与船形隐喻[J]. 原生态民族文化学刊，2010，(6)：24 ~ 30.

钱晶晶. 历史人类学视角下的村落空间——三门塘人的谱系建构与姓氏空间[J]. 青海民族研究，2013，(4)：32 ~ 36.

④ 苏士洐. 环巢湖名村[M]. 合肥：黄山书社，2016：121.

张羽展. 长临河古镇罗洪村历史小考之管见[J]. 新闻世界，2013，(10)：349 ~ 350.

南边，对这些船舱进行清理淤泥，使得清舱后的塘口蓄水量大增，村庄中所有的雨水不再外流，而是四水归堂，财不外流。除了3个连环塘外，再将其余8口“井水不犯河水”的封闭塘口和南部新凿的滩田沟相连通，做到“为有源头活水来”，又起到疏通村庄下水道作用。这8口塘的连接形成了“七星攒月”的奇特天相，与天上北斗七星相映成趣。祠前月牙塘是月亮，而7口塘正是北斗七星。作为岗地村落，干旱经常困扰着这艘大船，为防止搁浅，丁汝昌带领家人在龙扑荡边建了3间龙王庙，内祭祀龙王菩萨，好让龙王托船，还凿了龙王井，形似船艇拨正航向的方向盘，不但使得船形地的村庄有了现代航运的象征意义，还解决了村中的干旱生活用水问题。三是梳理村庄肌理。在明代正统、景泰年间，丁氏第四代有五兄弟，老五房丁有信留居家乡，到了明后期，老五房又形成了新五房，子嗣庞大，于是在新分宅基地时，一字排开，在船形地上各房屋得一个船舱，说明了在明代丁家的村庄规划布局基本形成，而舱与舱之间的隔板就是房屋之间4个笔直的房分巷道。巷道自北向南，类似于六尺巷，可行走，又通风，还防火，以后历代新添屋舍只能在房分中所属的船舱中进行，无有僭越，使得船形地村落在大的布局上秩序井然，每个船舱俨然成了村庄中的小区，自成一体。四是添加船楼。丁氏族祠的修建，使得船形地更加富丽堂皇，类似登高远眺的船楼。在续修宗谱时，多次强调对拴船桩和船桅所在地的丁家老坟山、村西和村中的皂角树、黄栗树进行保护。五是修理村西黄泥坎的船艄处，这里有丁氏一世祖墓，拥有砖券墓道，石头供桌和石香炉等，稳定好船形地的舵，村庄才会稳定发展。六是重视船形地村落建构的“配村”。丁家坎地势东低西高，东边的船头前，昔日是巢湖的湖湾，随着巢湖滩上圈圩，成了圩地，没有了湖，船行不了。在清初期，丁家人收留了流落于此的苏、胡两姓人在船头居住，以此梳湖，船头前面的滩头，又被称为老胡滩。咸丰年间，苏、胡两家人逃亡他乡，村庄面临搁浅危险，丁汝昌对村中人说：“船头不是遗留有胡家大坟吗？有了胡家大坟说明了湖(胡)的存在，有了湖之衬托兜底，低下去的船头会再浮起来，要善待胡家大坟。”每年清明、冬至，丁氏人要顺担一担土来大坟，至今这个无主坟，依然高大巍峨；最后，注重补绿，滩田植柳，新庄种梅，意味着要有梅花品格，冰清玉洁，彰显家族文化。现在村中遗有的丁氏宗祠、月牙塘、龙王井，以及整个村庄形胜为典型的“船形地”，是巢湖流域村落规划布局中的代表。

这样的村落布局在长临河镇的罗洪村也有体现。从道家理论来审视，全村地形图如大船筏，筏泊湖岸，自然求稳防浪，而且越稳船筏上居住人家越平安。基于此，村中挖七井，井在风水学上讲起固定作用，也可视作钉子、木桩，更有抛锚妙用。由于筏呈不规则长形，筏边不齐，筏形过长，加之位居巢湖北岸，东南风劲吹风高浪急，土井是在不断完善中逐步挖成，意在固定船筏，四平八稳；村中有九碾之天机，先祖们不惜重金建有九碾，还是从风水角度考虑。碾之本身仅为一物，于风水上却有妙用。人们主要考虑，由于全村形似船筏，但筏上地形高低不一、土地疏松不均，所以建碾予以碾压，使筏上平实、坚固，经得起巢湖波浪冲击拍打，也是配平作砝码之用。筏中某处地形高低缺失过大，人工难以配平，通过建碾方式，好像加个砝码，让船筏平衡，使船筏边缘形不齐意齐；同时对村中船筏上建筑物、堆积物等起到一个总体平衡作用，犹如我们今天的货船，尽量让船上货物均衡其上，前后两边吃水均衡，便于航行；村中建东岳大帝庙，用于提升筏之灵气与霸气，也可联手湖神土地镇杀巢湖湖妖①。罗洪村也是基于“船筏形”意象进行村落布局，还有庐江县齐嘴村、毛嘴村中都有关于船舵、盘龙等与水相关的村落布局文化意旨。

环巢湖古村落虽然没有建筑师、规划师的整体设计和诸多原始记录，仔细观察，也会发现其在随意中有规律，在变化中求统一，布局既突出了街巷之间、房屋院落之间、民居与宗祠之间的尊卑等级，更在整体建筑和布局中突出了宗族的中心地位。整个村落的建筑和布局呈现出和谐、温馨、有序的状态，并充分体现了古代人所追求的天人合一的哲学观、人居环境和谐的秩序观、内涵丰富的风水生态伦理观。

三、旅游审美价值

（一）木雕、砖雕的审美技法和内容

含山祁门村，在村内古道东关闸刻有“紫气东来”古字，下面还有一个80厘米高石头刻成的葫芦，用于庇护后人。村中老宅中还能见到小瓦薄砖、镂空木雕门、披门格栅、照面坊，屋内还有保存完好带有花纹的、榫卯结合的斗拱，还有暗纹四枝花，在夜晚灯光照射下花纹清晰可见。木雕以梁托雀替、窗扇等雕刻装饰最具特色。砖雕多用以装饰门楼、门罩，无论大幅组图或单体小品，题材广泛，画面精美。雕刻内容丰富，有吉祥如意的花、鸟、虫、鱼以及戏文人物故事。这些雕刻除了具有审美价值外，还代表村民们对生活的美好憧憬。昂集村进士祠建于乾隆四十六年（1781），门前抱鼓石中镌刻的狮子既形似又神似，虎虎生气，栩栩如生，细节刻画粗犷古朴，透出神秘和沧桑之韵

① 张羽展. 长临河古镇罗洪村历史小考之管见[J]. 新闻世界，2013，(10)：349～350.

味。祠堂内有百座花纹柱基石，上有红椽青瓦，檐下有滴水瓦当，并有木雕、瓦雕、石雕。东西两边封火墙由铁巴子固定，大门内有内、外八字门，仿照北京新华门风格，正门外的郭门、长长的门槛、格扇门属于上等祠堂建造，108 扇隔扇门全是镂雕、透雕和浮雕，内容为古代人物故事和飞鸟走兽。祠堂内为砖木结构，红梁黑柱，榫卯结体，配以乾隆皇帝亲书的"承前启后"、翰林院赐赠的"奕叶蒙府"、庐州府赠的"义子进士"匾额，宏伟庄重。村中蜡梅、天竺、牡丹、桂花，移步换景，村落设计具有极高的艺术价值和美感。

（二）青山秀水歌咏诗词，具有珍贵的艺术价值和审美价值

庐江八景之一的金牛远眺，就在金牛山东边的山南村。每当夕阳衔山，霓虹四射，斯时若登山远眺，只见孤山隐隐，镶托天际落霞岚影，变幻莫测；若近看则是一旷平野，田间茅舍，云烟树影，参差错落，美不胜收。入夜时灯火一片，繁星点点，远近一片朦胧，充满诗情画意。清代著名学者卢云英游览金牛山题诗："荒城古刹建东吴，碑碣分明载赤乌。偶对斜阳闲眺望，落霞千丈挂浮屠。"邑人郭嗣泰以此作金牛晚眺诗两首，"荒唐遗迹杳难攀，画境诗情落照间。渡口惊看铺锦练，树头遥见拥云鬟"；"残塔倒射烟云霞，暮霭斜对寺外山。纵是五丁开蜀岭，只剩归牧笛声闲"。金牛远眺也成为庐江地域文化的骄傲和自豪。庐江县状元南唐伍乔曾与同乡秀才结伴游览沈桥湾村，即兴赋诗《晚秋同何秀才溪上》："闲步秋光思杳然，荷藜因共过林烟。期收野药寻幽路，欲采溪菱上小船。云土晚阴藏霁岫，柳含余霭咽残蝉。倒尊尽日忘归处，山磬数声敲暝天。"

（三）文化旅游资源与经济产业价值

正如国际旅游组织前总裁奥瑟豪洛特所说："我们的旅游业，就如同我们在舞台演戏一样，戏中有古代的明星，也有现代的明星，有古代文化，也有现代文化，绚丽的风景、建筑和历史遗迹等。换句话说，我们所拥有的资本，不只是金钱，更重要的是伟大的传统和人类历史最卓越的成就。"①环巢湖古村落中那些愈久弥香的传统建筑、别有情致的传统制造加工活动、传统服饰、传统家具、民间工艺品、宗庙、宗祠、礼仪等有形文化活动，以及世代相传的神话、民俗、民歌、民间舞蹈、口头传说以及宗教信仰等，都是不可多得的人文旅游资源。古村落也充分体现了美学的精神，它是千姿百态的聚落

① ［美］罗伯特·麦金托会. 旅游学［M］. 上海：上海文化出版社，1985：8.

的共性，需要从系列与整体、层次和分隔、线性空间等角度去亲身游走，去体验①。

淮军名将吴长庆的吴公庄园所在地胜岗村，西北环山，东南滨水，境内遗存星罗棋布，历史名人闻名遐迩，为观光览胜的理想选择，是不可多得的旅游资源，也是庐江八景“凤台秋月”“黄陂夏莲”所在地。胜岗村北部有5峰簇拥，中峰似有平台，传说凤凰集于此，山之东有凤台庵，每逢中秋，名流文人荟萃于此。中秋月夜，月涌黄陂，粼粼波光映着满月，湖水橙红，天上有月。湖中有月，时值重阳又是一番景致，山高月小，月至中天，月光透过参天古木，清风吹来，摇曳娉袅。清人宋元徵作：“凤台山色何茂葱，清晖千仞秋玲珑。回翔天门穿月窟，三台特耸青芙蓉。”胜岗村东边就是黄陂湖，夏生野莲，莲花盛开，鸥鸟翔集，罗敷翩翩，渔歌阵阵，一片“浪翻叶色千层碧，波映花光一片红”的莲花水国美景，现为国家级湿地生态名区，著名的水产之乡，黄陂湖大闸蟹成为国家地理标志产品。肥东的胡湾村与古埂公园融为一体，在发展乡村休闲旅游时，也以新石器时代的古埂遗址为出发点，以自然湖漾水景为特色，以生态绿化为主体，呈现“天地之大德曰生”，天人合一的生态和谐旅游景观。又如合肥市第二届文明村的城池村，东城门护城河前有水圩，西城有荷碧塘，城东有周家老院和白兔山，小烟墩和大烟墩烽火台依稀可见，北有陈埠街、大城畈、古埂和冷水关，既是在特定历史阶段发挥过重要军事和商业作用的村落，也是现代文明创建的先进村，建筑风格独特，环境优美，亦是环巢湖慢休闲的好去处。

还有很多隽秀美好的村落掩映在湖光山色之间，不管是被誉为“童话的村庄”的三岗、被誉为“香格里拉”的昂集村，还是紫荆花盛开的荆塘河村、古朴秀美的桥联村、神奇的高庄村、湖岛交错山水相映的黄龙村、优美宜人美好乡村示范点的海云村、全省十大魅力乡村之一和“红＋绿”特色旅游发展模式的松元村等都表达了环巢湖人民对美好生活的向往和热爱，也让普通民众体味到与都市截然不同的恬静和温馨，具有发展环巢湖全域旅游丰厚的资源禀赋，可以进一步拓展其泛旅游的经济产业价值。

四、教育价值

环巢湖古村落是中国历史文化遗产的重要组成部分。它为居民提供了重要的生

① 袁忠. 中国乡土聚落的空间审美文化系统论［J］. 华南理工大学学报（社会科学版），2008，（2）：52～56.

活场所，保留了原有的社会结构及其范式，是中国传统文化的感性再现，其所承载的历史文化信息能够教育社会公众，使得所在地居民从中得到归属感及文化认同感。

（一）重视血缘和家庭意识

关于家庭和睦、宗族团结、血缘亲情、宗教信仰等生活和思想感情孕育在古朴的村落里，充实着具有家园意识的后人。环巢湖许多村庄有祠堂，有子孙后辈祭祀祖先的地方，提倡礼制和推崇宗族意识。每逢佳节，子孙后辈都到这里来祭祀他们的祖先，村里的重要会议和活动都在这里举行，是村民日常生活的活动中心及政治、经济和精神中心。代表性的祠堂有唐嘴村的赵氏祠堂、锥山村的冯氏祠堂、关冲村的徐氏支祠、大丁村的丁家老祠、丁家坎村的丁氏宗祠、董家湾的董氏祠堂、刘墩村的刘氏宗祠、童旗杆村的童家祠堂、桥中村的万氏祠堂、昂集村的昂氏祠堂、荆塘村的缪氏宗祠等。还有许多庙宇，表达人民淳朴的祖先崇拜和宗教信仰，如方涂巷村的二郎庙、祁门村的东岳大庙、车王村的三官庙、柘塘村的泰山庙、长镇的白鹿寺、南岳庙和清真寺、牛寨村的牛寨寺、大朴树村的袁三庙、岱山村的南圣宫文庙、王庄村的雨坛庵、罗祝村的小丰禅寺等。

（二）"百善孝为先""万事和为贵"的儒风族训

"孝"与"和"，作为一种文化在环巢湖古村落生根发芽，滋润着人们的心灵。1744年，肥东完牌坊庄完氏第14世祖德凝大公因为酗酒致病去世，妻子肖孺人身怀有孕，德凝公临终前对妻子说："若是男孩，请你一定要告诫我的后代，都不许酗酒。"肖孺人恪守妇道，把自己锁在楼上，并对公婆发誓："生男则守，生女则殉。"后来生下15世祖完畅公，肖孺人一边抚育孩子，一边悉心照顾年老的奶婆郭老孺人，洗衣洗脚、煎药喂饭，孝心感人，官府将其事迹逐级上报，乾隆帝御批建牌坊旌表，极为赞赏村民的儒文尚雅，亲书节孝、竹节松荫墨宝赐赠。几个姓氏居一村的张家疃，民众和谐相处，融洽如一家，每年冬至，村里还要举办"吃老命"活动，60岁以上的老人都要集中到祠堂过一天，接受隆重款待，享受晚辈们的孝敬。童旗杆村的童家祠堂"渔樵耕读"门簪旁列着两块石碑，一个是烈女碑，上书清旌烈女士之碑，旌表一个女子在丈夫病故后，孝敬公婆，教子成才的事迹；一个是孝子碑，上书清旌孝子童炯之碑，旌表童姓男炯，为救出落水父亲献出生命的故事。东汉第一孝子毛义的家乡神墩村（今名大庙村），乡民感念他的孝心和仁德，将他隐居的山洞称毛公洞，还有毛公塘、毛公山，2000年来一直沿用至今，成为追念先贤和弘扬孝道的游览胜地，也是巢南敬老孝上的模范村，传统美德代代传。恪守孝道、重视学习的村落文化对于今天的美好乡村建设和品德修行具有教育意义。

有着600多年历史的荆塘河村名取自紫荆花，象征团结、高尚、和谐，把家业兴旺之美德和刚柔并济的水的特性糅合在一起，村里先辈还昭示后人"遍植紫荆，以固吾圉，且润景色"。南朝时，京兆尹田真与兄弟田庆、田广三人分家，当别的财产都已分置妥当时，最后才发现院子里还有一株花团锦簇的紫荆花树不好处理，兄弟三人商量将这株紫荆花树截为三段，每人分一段。第二天清早，兄弟三人前去砍树时发现，花树枝叶已全部枯萎，花朵全部凋落。田真见状不禁对两个兄弟感叹道："人不如木也。"后来，兄弟三人又把家合起来，并和睦相处。李白曾赋诗："田氏仓促骨肉分，青天白日摧紫荆。"用"分荆之义"告诫后人。用紫荆花命村名反映出缪氏祖先的良苦用心和高人一筹的智慧。唐嘴村原有的先民们与隔壁的大蒌村、小施村村民对后来的赵氏居民包容和睦相处，彰显了巢湖"和文化"的特质，虽然现在唐嘴村无一人姓唐，但是村名依然不改。有着600多年历史的齐嘴村，夏、吴两家以巷为界，秋毫无犯，和睦相处，在《夏氏宗谱》中记载："书生吴楚哲是清末民初吴姓人，也是吴姓的户长。他给居住在同村的盛六夏某人作序时曰：'君为族望，我忝为户主，两姓千余人，融洽如一家，行让路，耕让畔，相亲相爱其相知也'。"

（三）百年树人、重教兴文的文脉传承

环巢湖古村先民们极为重视并意在启迪今人教育后代。《巢湖好》民歌诞生地南湖方村文风昌盛，重教兴文是村中的村风和传统。荆塘村为了培养人才，族人在祠堂里办起了学校，民国政府授校名为"好义小学"，中华人民共和国成立后改为荆塘小学，这里曾走出过缪经田、缪思成、缪维信、缪义等众多的高级工程师、教授、高级管理人员，灿若群星；明清时期，唐嘴村重教兴文，到了近现代文风更加昌盛，直到抗战，巢县沦陷，县城和镇上私塾停办，他们来到唐嘴办学，最多时有6个私塾馆和1所完全小学，完全照正规化方式办学，尤其是赵介白在村中办高级补习班，肄业后可直接报考大学，这里曾走出大学生227人、大专生79人、研究生10人、博士7人。新中国成立前，村上便几乎没有文盲。刘老圩前厅中堂匾额上还有着"性秉刚方"四字，赞赏了刘铭传刚直方正的性格；中堂两边的抱柱联上书"名士无妨茅屋小，英雄总是布衣多"，意在启迪后人虽出身贫寒，勿忘胸怀大志。

（四）众多的村规家训让后世子孙获益良多

明末清初，桐城左氏来到丁家坎村西居住，占据了整个村庄的十分之二，和睦相处成了迫切需要解决的问题，丁汝昌将两族人召集在一起召开圆桌会议，村规相约在村庄族界处开挖贯穿南北的花水沟，便于从北边圩里提水抗旱，也使圩里界址分明，减少摩擦，体现了民间约定俗成的地方管理模式，这样的村规在环巢湖村落中广泛存在。唐嘴村原来的唐、施、赵、杨四姓居民在长期的生活中，遇到问题时通过村民自治协议的方式化解问题。罗洪村先后迁入殷、洪、罗、王、汪、胡等姓氏，亦是和睦相处，有问题依照村规和议解决。家训，是中国传统文化的重要组成部分，是无言的教育、无字的典籍、无声的力量。诸多族谱、语录、俚语中收录了本村本族人社会生活中的处世哲学，这对今天亦有教育意义。例如，“富贵是何人，劳心与劳身”“人有兄弟友爱当全”“儿女论婚不可攀富结贵”“钱财不可累积太多，累积太多则子孙不是骄横奢靡，就是懒散懈怠”“三代不念书，不如一窝猪”“读书不出劲，等于做田不上粪”“读书需用心，一字值千金”“富不丢猪，穷不丢书”等。

著名的古村落保护专家冯骥才说：“中国最大的非物质文化遗产是春节，最大的物质文化遗产是长城，那么，中国最大的物质和非物质文化遗产结合的产物就是传统村落。古村落是中国文化的根植所在，保护古村落就是保护中华民族的历史。”传统村落的保护与发展是中华文化传承中紧迫而重大的时代性任务。环巢湖古村落是环巢湖地域文化的符号、象征和标志，其作为一种形态语言反映了环巢湖“古文化”“移民文化”“红色文化”“和文化”“水文化”的深刻内涵。环巢湖古村落又是环巢湖文化由抽象价值向现实价值转化的文化载体，因其历史文化价值和科学研究价值，在经过复杂而又漫长的转化后，具有经济效益和社会效益，乃至成为今天的美好乡村示范点和价值不可估量的旅游产业资本，是环巢湖文化在今天得以以现代方式进行延续和发展的必不可少的文化场域。因而，守住环巢湖古村落就是守住环巢湖文化“最后的家底”。

试论革命时期安徽地区红色歌谣的当代价值

桂奕菲

红色歌谣，是指在第二次国内革命战争时期到新中国成立前流行而传唱的革命歌谣。红色歌谣来自基层，源自生活，是当时人民群众斗争、生产、生活的生动写照，也是特定时代历史倾向的群体表达。在《古谣谚·凡例》中，杜文澜曾“以时为标题”“以地为标题”“以人为标题”来划分民谣。本文拟对 1927 年 7 月至 1949 年 9 月期间安徽红色歌谣的历史背景和特色风格进行分析，力求探讨中国革命时期红色歌谣背后蕴藏的当代价值。

一、安徽地区的基本概况和背景简介

安徽位于我国东南部，地处长江下游，东连江苏，南邻浙江、江西，西靠湖北、河南，北接山东，承东启西，连南接北，通江达海。地横跨长江、淮河和新安江三大流域，形成了江南、江淮和淮北三大区域。地形地貌复杂多样，地势西南高、东北低，北绵淮北平原，东迤江淮丘陵，西卧大别山脉，中居沿江平原，南迭皖南群峰。历史积淀深厚，文化底蕴厚重，地域文化多元，是中国道家文化、北宋理学的发源地，建安文学、桐城文派、新安文学开启了中国文风之先，是徽文化、吴越文化、江淮文化（淮扬文化和淮右文化）和中原文化的汇聚地。

鸦片战争以来，安徽大地满目疮痍，民生凋敝，一批批安徽知识分子和有识之士像陈独秀、王家稼等革命先辈积极探索救国图存之路。受五四运动影响，1921 年安徽建立了第一个共青团组织，1923 年建立了第一个党组织。从此，安徽人民在党的领导下，前仆后继、积极踊跃地投身到轰轰烈烈的革命斗争的洪流，与全国人民一道，经历了大革命、土地革命、抗日战争和解放战争的伟大斗争，在这块红色的土地谱写了可歌可泣的壮丽诗篇。安徽人民在艰苦卓绝的革命斗争中，满腔热情地创作了大量经久传唱的红色歌谣，表现了安徽人民革命主义、民族主义和爱国主义大无畏的英雄气概，极大鼓舞和激发了无数安徽儿女不怕牺牲的昂扬斗志、不屈不挠的坚韧精神和勇往直前的胜利决心，不仅为今天的党史研究工作留下了大量珍贵的史料，而且将激发出安徽人民建设美好生活的不竭动力。

二、安徽革命时期红色歌谣的鲜明特征

（一）以时为标题，三大革命时期红色歌谣源自火热斗争、直抒胸臆

土地革命时期，在党的领导下，广大农民普遍觉醒，拿起武器参加到推倒三座大山的武装斗争洪流中，这一时期产生的大量红色歌谣无不真实反映了广大农民反帝反封建的革命豪情和翻身当家做主向往美好生活的精神面貌。在 1927 年至 1930 年风起云涌的农民暴动中，各种红色歌谣应运而生。金寨地区的著名歌谣《红军到金寨》唱道："红军到金寨，白匪退下来，陈小云队伍打垮台。打到两河口，推到老虎头，苏家埠劣绅跑到二六洲。打到六安州，四乡都要搜，搜到劣绅一个都不留。打到安庆省，推到合肥城，工农胜利就要你的命。"①1930 年 2 月，建立鄂豫皖革命根据地，苏区群众开展土地革命，分了田地，得了解放，翻身农奴把歌唱，歌唱《大别山》："大别山，真正好，南有长江流，北有淮河靠，西有平汉路，东有津浦道，纵横千余里，物产更丰饶。呀！这是什么地方？鄂豫皖苏区发展了！"②祝贺《新年好》："新年好，新年好，往年哪有今年妙，往年地主要租稻，今年田地回家了。农友们，扩大红军，大家永把政权保！"③诸如此类的还有《分粮歌》④《夫妻对唱》⑤《红四方面军东征胜利歌》⑥《共产党像太阳》⑦等。

抗日战争时期，在敌后战场，中国共产党领导的新四军坚持抗日，英勇善战，依靠群众建立政权，在安徽建立了淮北、淮南、皖江三块抗日根据地。这些根据地处在日伪顽夹击之中，敌我争夺十分激烈。它是中共发展武装力量，抗击日本侵略军，打击国民党顽固派进攻的重要区域，也是联系华北、华南的重要地带，为争取抗日战争的胜利做出了重要的贡献。⑧ 这一期间的红色歌谣，展现出了安徽人民顽强坚毅的斗争意志、保

---

① 安徽歌谣[M]. 北京：人民文学出版社，1959：182.
② 安徽歌谣[M]. 北京：人民文学出版社，1959：186.
③ 安徽歌谣[M]. 北京：人民文学出版社，1959：187.
④ 大别山区红色歌谣选集[M]. 合肥：安徽人民出版社，1958：37.
⑤ 大别山区红色歌谣选集[M]. 合肥：安徽人民出版社，1958：48.
⑥ 大别山区红色歌谣选集[M]. 合肥：安徽人民出版社，1958：63.
⑦ 亳州歌谣[M]. 亳州：亳州市民间文化集成编委会出版，1990：21.
⑧ 马晓静. 新四军和安徽抗日根据地的经济建设[D]. 1.

卫家园的家国情怀和可歌可泣的民族主义精神。比如在谭震林指挥的繁昌保卫战中，新四军创下了一比十的辉煌战绩，繁昌人民高唱《祝捷歌》，表达对谭震林的敬仰之情："谭师长，会打仗，占大山，占小岗。军号响，刺刀亮，俘虏鬼子兵，活捉小队长……"①《打东洋》中也唱道："一二三，到繁昌。繁昌到，擦枪炮。枪炮响，打东洋。打败东洋保家乡，老乡多热情，当差又送粮，谈谈笑笑叙家常。"②这不仅表明了人民群众对抗日军队的拥护、配合，还表明在抗日战争时期，安徽全省人民同仇敌忾，共同抗击日本侵略者。再如桐城人民创作的《牧童遥指新四军》："青天白日拉壮丁，鬼子进村鸡犬惊。借问自由何处有，牧童遥指新四军。"③不仅表露了对日本侵略者和国民党反动派的憎恨，还流露出对新四军的支持和赞扬。

解放战争时期，在党的领导下，安徽人民积极投身到打倒蒋介石解放全中国的革命斗争中。在千里跃进大别山、淮海战役、渡江战役等全国性大决战中，红色民谣更是如雨后春笋，反映出安徽人民艰苦奋斗不怕牺牲的革命品质和打倒国民党反动统治建立新中国的坚定决心。比如芜湖地区的歌谣《思友》："反动派，黑心狼，挑起内战动刀枪，砍山来清剿，猪鸡尽遭殃。我的夫，为了人民求解放，南征北战远离乡，战死多悲壮……参加妇女会，做鞋子，纳袜子，慰劳支前线，共把顽军早粉碎，解民恨，雪夫仇，大家齐称愿。"④大别山人民在《将军刘伯承》中对刘伯承的歌颂："将军刘伯承，善于打硬仗。人称一条龙，军中是英雄。"⑤再如安庆人民创作的歌谣《王月英喜解放》中对中国共产党解放安庆的称赞："王月英坐家中前思后想，想起了过去事好不心寒。穷苦人受大山狠心欺压，压得我累断腰泪水汪汪。自那年正月八桐城解放，国民党反动派个个逃亡，好一个解放军无人抵挡，解放了安庆城顺利过江。全中国大陆地完全解放，打恶霸分田地人人称赞。共产党来领导生活向上，毛主席指航向地久天长。"⑥

（二）以地为标题，三大江淮地域红色歌谣根植地方文化、各具特色

安徽地跨长江、淮河南北，形成了江南、江淮和淮北三大地域。江南地区，包含现在的芜湖、马鞍山、铜陵、黄山、池州、宣城等地，多为山区地貌。江南地区口音多为吴语、徽语，在地方传唱的红色歌谣中表现出浓烈的方言特色：白话押韵，婉约细致，朗朗

---

① 中国民间文学集成芜湖分卷[M]. 合肥：黄山书社，1993：3.
② 中国民间文学集成芜湖分卷[M]. 合肥：黄山书社，1993：5.
③ 桐城歌谣[M]. 合肥：安徽供销社，1992：50.
④ 中国民间文学集成 · 芜湖分卷[M]. 合肥：黄山书社，1993：15.
⑤ 亳州歌谣[M]. 亳州：亳州市民间文化集成编委会，1990：22.
⑥ 中国歌谣集成安徽卷[M]. 合肥：安徽供销社，1992：53.

上口。如《摸营》中:“站岗的,要小心,擦刺刀,出川兵,格老子的,去摸营。喃呢喃嗬嗨……鬼子兵,不小心,尝刺刀,命归阴,格老子,多开心!喃呢喃嗬咳……”[①]在众多脍炙人口的红色歌谣中,不仅有歌颂红军的《欢迎红军》,“红军到山村,人人都欢迎。茶饭请吃饱,军民一家人。团结向前进,大家一条心。打土豪,分田地,贪官污吏一扫平。穷人你都有,富人你别争。人人平等,世界大同。”[②]有称赞新四军的《吃菜要吃白菜心》:“吃菜要吃白菜心,当兵要当新四军。一天给你三顿饭,三顿给你二两荤。一条裤子两条缝,大五大十钱崭新,长官不压民拥护,都是工农子弟兵。”[③]还有关于男女平等问题的《妇女解放歌》,“自古到如今,男女配婚姻。男想讨个好老婆,女想嫁个好老公,两相情愿多称心。旧社会家教紧,爹娘专主瞎操心。算命做卦排八字,听天由命不由人。共产党,解放军。打破包办旧婚姻,自己做主定终身”。[④]这些极具地方特色的红色歌谣,不仅让我们深刻感受到了当时的江南群众对侵略者和反动派的深恶痛绝,还使得这些红色口传档案的可信度更高。

淮北地区,指现在的亳州、阜阳、淮北、淮南、蚌埠、宿州等地,属平原地区。由于淮河地域特殊的地理位置和人文环境,各种不同文化在此碰撞交流,形成了融中原文化、江淮文化为特色的淮河文化。[⑤] 淮北地区创作的红色歌谣,不同于吴侬软语式的表达,具有北方地区特有的高亢、嘹亮、豪放的气势和韵味。比如在《哪个胜利》中,民众对国民党反动政府的愤怒:“胜利胜利,哪个胜利?撵走了老虎,赶走了狐狸。早要征粮,晚要捐税。笑的是蒋介石,哭的是老百姓。”[⑥]在《小姐越看心越恼》中,幽默诙谐的句子饱含对反动派、外来侵略者的讽刺:“把鞋穿到脚上头。小姐穿鞋不要紧,可苦了赶会的那些猴。斜四角踩死四台戏,还踩死骑马带玩猴,还踩死几百牛经理,还踩死几百土匪头。日本美国都踩死,乖乖都在鞋后篓,若知绣鞋有多大?脚后跟还在山西地,脚尖一抹到寿州。”[⑦]在《全家齐动员》中:“妮啦妮,等啦等,山又高,路不平,为娘小脚扭生疼。大儿参军扛枪杆,小儿参加儿童团,闺女参加姊妹队,媳妇参加妇联会。老头参加

① 中国民间文学集成芜湖分卷[M].合肥:黄山书社,1993:12.

② 根据徽州地区口传记录,民间供稿。

③ 根据池州地区口唱记录,民间供稿。

④ 休宁地方志编纂委员会.休宁县志[M].合肥:安徽教育出版社,559.

⑤ 安徽广播电视大学.安徽地域文化[M].121.

⑥ 安徽歌谣[M].北京:人民文学出版社,1959:242.

⑦ 应连飞.界首民间歌谣集[M].北京:中国人文艺术出版社,2012.

勤生产，老妈参加纺棉线，全家齐动员。”①在当时的淮北地区，群众投身革命运动的积极性很高，自觉发挥个人的作用，汇聚集体的能量，推动了革命继续向前发展。这些红色歌谣真实反映了淮北地区人民为革命斗争所做出的巨大贡献，也展现了中国共产党密切联系群众，深得群众拥护和支持的历史事实。

江淮地区，包括现今的合肥、安庆、六安、巢湖、滁州等地，多为丘陵地貌，地形复杂。其中，作为抗日大后方之一的大别山区，建立有著名的鄂豫皖区革命根据地。大别山区的红色歌谣风格细腻、感情饱满、寓意深刻。如《红军胜利歌》唱道：“红军出南溪，工农（政府）成立了，遍地红旗扯将起来。红军到金寨，白色退下来，陈调元军队怕打擂台。活捉杨宗山，弟兄新发展，长枪缴得成百成千杆。陈清打劫队，后跟‘反共队’，西得湾红军来打包围。退得独山街，红军追下来，‘反共队’跑反不敢回来。到了两河口，退到老虎头，一下子跑到了六安州。去打六安州，白色在里头，豪绅地主急得搔头。打开六安州，四面都要搜，搜到豪绅一个不留！占领安庆省，攻开霍邱城，白色军队一打干净。白色没两个，红军无其数，老蒋听说心中难过。你莫能，你莫能，共产成功了要你命！”②细细品读这首歌谣，不难发现其与上文提过的《红军到金寨》有许多相似之处，但内容有了更多的增添，这表明红色歌谣也是在口口传唱中不断发展的，其内容会随着革命实践的深入而变得更加丰富。抗战时期，新四军在江淮地区抗击日寇，战果累累，赢得民众的拥护支持，老百姓又创作出了满怀气势的《誓把鬼子一扫尽》：“新四军，赛孔明，布阵埋伏出奇兵，抗日威震棋盘岭。打死鬼子尸一层，打伤鬼子吓掉魂。军民齐欢庆，齐欢庆，誓把鬼子一扫尽。”③岳西人民在其创作的《相隔千里心连心》中也表达了对新四军的热爱：“山中松柏绿青青，大别山中有支新四军。他在西，我在东，相隔千里心连心。”④这些歌谣都是民众心底最真实的声音，表达了他们革命的决心，也推动了扩红运动、武装斗争及土地革命继续向前发展。

（三）以人为标题，不同群体红色歌谣来源个性表达、风格各异

近代以来，安徽劳动人民一直保持着创作和歌唱歌谣的优良传统，不同群体对革命都有其不同的感受和诉求。安徽各地区的工人阶级长期遭受资产阶级的压榨，革命性最强，是安徽革命的领导力量。工人们在《工人歌》中表达愤怒：“工人，想起真伤心，

---

① 亳州歌谣[M]. 亳州：亳州市民间文学集成编委会，1990：17.

② 大别山区红色歌谣选集[M]. 合肥：安徽人民出版社，1958：60.

③ 桐城歌谣[M]. 合肥：安徽省供销社，1992：51.

④ 安徽歌谣[M]. 北京：人民文学出版社，1959：201.

清早就出门，到晚未回程，终日里，做生活，脚手不稍停。工作要加紧，工资还减轻，每日的工资，不够米和薪。资产阶级丧心病狂剥削又欺凌。白发我老娘，黄口我儿孙，指望我，卖力气，养活一家人。血汗被榨尽，手中无分文，资本主义者，豺狼一般心。叫声工友要想解放把他除干净！”①在《工人苦歌》中呼吁大家站起来革命：“……要出头，除非是革命，寄生虫不容他生存，若不这样难翻身。不然呀，难翻身。工友们，快团结起来，齐暴动打倒反动派，斗争呀，苏维埃！”②

在广大农村地区，农民们也深受土豪劣绅的地主阶级欺压，做牛做马，生活穷苦，食不果腹，“进了财主门，饭汤一大盆。勺子搅三搅，浪头打死人。窝窝长了翅，饼子生了鳞。使的碗不刷，筷子拉嘴唇。一天忙到晚，三餐吃不饱。夏天没小褂，冬天没棉袄”。③ 桐城农民也通过歌声来表达革命的心声：“鸳鸯腿上劈精肉，粗糠里面榨出油。地主老财好狠毒，专和穷人做对头。做对头，总有一天要报仇。”④芜湖农民创作的抗日红色歌谣《上前线》，描述了一幅男子上前线，妇女搞生产的和谐画面：“男子英勇上前线，妇女生产在后方。你在前方打日寇，我在后方多打粮。前方后方一齐干，早日打垮小东洋。胜利花开回家转，又割麦子又栽秧。”⑤军民齐心抗击日寇的景象，仿佛就在我们眼前呈现。质朴而接地气的语言，浓烈而真诚的情感，使得这一首首红色歌谣得以传唱至今。

在安徽红色歌谣中，还存在相当数量的歌颂妇女解放、男女平等的歌谣。土地革命战争时期，苏区推行妇女解放运动，颁布《中华苏维埃共和国婚姻条例》等，将“实现男女平等，让妇女真正拥有政治地位”作为其工作目标⑥。一首《童养媳歌》反映了广大农村妇女们的心路历程：“……二月里来杏放苞，旧礼教真是杀人刀，生下男孩心欢喜，十个女孩九个抛。三月里来桃花红，身锁房中学女工，包办婚姻真可恶，还有四德和三从……八月里来是中秋，童养媳何日能出头？翁姑压迫如狼虎，礼教束缚不自由……十月里来蜡梅飘，共产革命高涨了，推翻封建恶社会，打破杀人旧礼教。十一月里来水仙花开，工农兵士联合起来，建立苏维埃政府，无产阶级来做主。十二月里来大

① 大别山区红色歌谣选集[M]．合肥：安徽人民出版社，1958：11.
② 大别山区红色歌谣选集[M]．合肥：安徽人民出版社，1958：12.
③ 亳州歌谣[M]．亳州：亳州市民间文学集成编委会，1990：15.
④ 桐城歌谣[M]．合肥：安徽省供销社，1992：64.
⑤ 中国民间文学集成芜湖分卷[M]．合肥：黄山书社，1993：6.
⑥ 张珊．《论苏区红色歌谣的口传史料价值》[J]．郑州大学学报，2014：168～171.

雪飞，努力建设新社会，政治经济教育都平等，妇女解放万万岁。”[①]在《妇女歌》中她们又唱：“无产女子革命坚，抱定主义来宣传，受打击宁死不变。共产主义一实现，打破黑暗见青天，一切事男女平权。”[②]这些歌谣中反复提到“平等”一词，表明穷人妇女们深受封建礼教的束缚和“三纲五常”的压迫，终于得到了自由和解放。少年、儿童们也在革命中发挥了自己的力量，唱起了他们的《少年先锋队歌》：“走上前去呀，曙光在前，同志们奋斗，我们用刺刀和枪炮开自己的路，勇敢向前，稳着脚步，要高举少年先锋旗帜，我们是工人和农民的少年先锋队。”[③]

还有许多在军队中传唱的红色歌谣，如《红军三大任务歌》《操练歌》等。其中，《红军三大任务歌》提到红军的三大任务是“打倒帝国主义，铲除封建势力，实行土地革命。重新建立无产政权，各尽所能各取所需”。[④] 将红军的任务、纪律编成朗朗上口的歌谣，既能鼓舞士气，让军人们牢记自己的任务，又有利于塑造和对外宣传红军的正面形象，密切红军与群众的血肉联系。而《操练歌》则是由军队日常训练的口令汇聚创作而成，如“立正时，向右看齐，预备向前看。排队报数，报数：一二三四五。向右转，四路纵队，托枪开步走。左后转弯，步步步，对着目标行。向左转，二路纵队，前面有敌人……”[⑤]，这生动地再现了红军操练的真实原貌，是红军生活的实录。

三、革命时期红色歌谣凸现的当代价值

在那个山河湖海都为之震颤的伟大时代，这些红色歌谣代表着人民大众的心声和信念，汇聚成一种强大的精神力量，支撑着工农群众和革命战士的斗争运动。习近平总书记曾多次提出要坚定中国特色社会主义的道路自信、理论自信、制度自信、文化自信。其中，文化自信是最基础、最深沉、最持久的力量。我们要大力发扬中国优秀传统文化、革命文化和社会主义先进文化，推进文化自觉、文化自信、文化自强。红色歌谣作为革命文化重要组成部分，有其特殊的历史价值。因此，我们研究安徽革命时期的红色歌谣，最重要的是挖掘这一时期红色歌谣的当代价值，为增强文化自信，推动文化

① 红色歌谣选[M].合肥：安徽人民出版社，1959：31.
② 大别山区红色歌谣选集[M].合肥：安徽人民出版社，1958：96.
③ 根据柯村乡胡门村方春木口唱记录，黟县党史办供稿。
④ 大别山区红色歌谣选集[M].合肥：安徽人民出版社，1958：52.
⑤ 大别山区红色歌谣选集[M].合肥：安徽人民出版社，1958：56.

大繁荣大发展，实现中华民族伟大复兴的中国梦提供道德滋养、文化熏陶和精神动力。

（一）发挥红色歌谣的史料价值

红色歌谣无不体现了当时的革命背景，是人民群众真切感受的自然流露，更是研究我党革命历史的丰富的原始素材。以史为镜，可知兴替，通过对原汁原味红色歌谣的深入研究，我们会从中找到我们党取得胜利的革命真理和历史规律，丰富党对共产党执政规律、社会主义建设规律、人类社会发展规律的认识。

（二）发挥红色歌谣的文学价值

红色歌谣来源于伟大时代，来源于火热生活，来源于文化根基，有着极高的文学价值。只有深入生活、扎根群众，文学作品才有强大的生命力。红色歌谣就是广大群众真实的感情流露，它蕴含丰富的生活气息、多彩的表达方式、独特的艺术风格，滋养了人们的情操，净化了人们的心灵，鼓舞了人们的斗志。其高度的文学性，也是现今文学创作可汲取的源泉。

（三）发挥红色歌谣的教育价值

红色歌谣是宝贵的革命资源，也是中华民族优秀的精神资源。① 习近平同志曾说，“历史是最好的教科书”，“学习党史，国史，是坚持和发展中国特色社会主义，把党和国家各项事业继续推向前进的必修课”。② 作为党史的重要组成部分，红色歌谣凝结了中国人民的智慧，超越了一些革命文件、革命口号所产生的教育意义，是我们学习革命文化鲜活而生动的教材。

（四）发挥红色歌谣的经济价值

红色歌谣是宝贵的精神财富和历史文化资产，应采取保护和开发并重的方式，把红色歌谣作为发展红色旅游的产品之一，围绕红色歌谣的历史背景和表现形式，开发建设红色歌谣的物质和非物质的项目，组织形式多样的主题性旅游活动，将其宣传教育功能与旅游经济功能高度融合，更好地满足人们多样化、多层次、多形式的精神文化需求。

我们要百倍珍惜红色歌谣的宝贵财富和当代价值，在推动社会主义先进文化和革命文化建设中，充分发挥教育人、鼓舞人、滋养人的感化作用，为中华民族优秀文化增添新的活力。

---

① 田有煌，《红色歌谣与党史教育》[J]. 文化教育，2016，(3).

② 习近平，中共中央政治局专门会议讲话，2013 年 6 月 22 日至 25 日。

浅析非物质文化遗产保护的“四个关系”

胡 迟[1]

自2005年非物质文化遗产保护运动在我国轰轰烈烈开展至今，关于非遗项目的认知、关于非遗保护的具体途径与方法一直是非遗学界争论不休的问题。理论上的种种分歧，让执行层面陷入了重重迷雾。政策法规的制定、扶持资金的有效使用、保护规划的编制与实施，乃至非物质文化遗产保护的终极目的都在各种悖论的博弈中指向模糊。本文尝试从解析四个关系入手，谈一谈目前非遗保护存在的共性问题，力图破中有立，摸索出一些解决之道。

一、保存与保护

在这几年的非遗申报热中，出现了两种倾向。一是王文章部长曾指出的“泛文化遗产现象”，由于利益驱动，由于部分地方政府求功心切，许多不属于非物质文化遗产的项目也被纳入保护体系，造成公众对遗产认知上的混乱，对非遗保护产生了负面作用。这种只重视申报而忽视保护的现象背离了建立名录的初衷，也不符合“保护为主、抢救第一”的方针。有的地方和单位保护工作仅仅停留在建立名录的阶段，未能承担相应的保护义务和责任，未能采取有效手段，落实具体的保护措施。所以，我们应当通过强化项目论证，定期评估保护规划实施等措施，引导各地区将工作重点从申报转移到保护。二是时代局限价值观所导致的“狭隘精华论”，面对传统文化资源，我们是全盘继承，还是择优录取？毋庸置疑，非物质文化遗产的定义和范围，表明了我们保护的非物质文化遗产并不包括消极、负面的文化内容。但民俗和民间信仰中的消极因素是个非常复杂的问题，对于某些文化事象的本质内容，我们的认知是随着时代的变化而变化的。所以，我们要杜绝一味使用“精英裁判权”，轻易地给一切事物贴优劣标签。

① 作者系安徽省非遗保护中心研究部主任、研究馆员。

并用优胜劣汰的自然法则处理文化问题。在我们的价值观不可避免地受到时代局限的情况下，对于一些主流价值观暂时无法认同，但被某一民族和某一地域民众认同并承载着其民族情感记忆的习俗，我们要尊重当地民众的意愿，顺其自然；对于一些游离主流价值观，随着时代发展也逐渐被当地人摒弃乃至消亡的非物质文化遗产，我们也不要弃之如敝屣，而要通过影像资料、书面资料作为历史的记忆保存下来，供后人研究。

蔡武部长在一篇讲话中提到“保存与保护”的关系，他说，目前出台的《非物质文化遗产法》分为“保存”和“保护”两个层面，是考虑到在我国语境中“保护”更具有积极的意义，不能完全照搬联合国教科文组织的提法。同时，我国非物质文化遗产种类繁多、性质各异，由于历史的原因，有的民俗和民间信仰活动或多或少含有一些与时代发展不相符合的因素，需要在认真甄别的基础上，针对不同的情况采取相应措施。

对于非遗项目的保存与保护，我觉得目前全面保存、重点保护应是较为稳妥之途。既防止非遗项目成为政绩之枪，劳民伤财；也能避免因时代认知局限导致的遗珠之憾。比如说我省各市县 2006 年—2010 年普查成果已汇编了 839 册，普查的项目有 10016 项。这些项目价值究竟如何？我们短时间内难以辨别。所以在此基础上我们还需要开展二度普查与深度普查，进一步拓展普查的广度与深度，进一步论证。在二度普查中，一方面，我们会将所有普查项目采录的文字与影像档案一一整理归档，全面保存，力求为后人留下全面真实的历史文化档案。另一方面，我们要将挖掘出来的重点项目纳入名录保护体系，对于这些项目，就不能仅仅停留在档案保存的层级上，我们要设立各级研究课题，联合各方面专家进行深入研究，分门别类地制定非物质文化遗产项目保护标准和实施方案，进行传承、传播与发展。要按照《“十二五”非物质文化遗产保护事业发展规划》的有关要求，对列入各级名录的项目采取抢救性、生产性、整体性等多种方式进行科学规划与保护，有力推动这些优秀的非物质文化遗产尽快融入当代生活，成为当代人民群众精神文化生活的一部分。

二、传承与创新

一脉文心传万代，千古不绝是真魂。这“文脉”与“真魂”，就是非物质文化遗产的原真性，也是我们要守护、传承的核心内容。但同时，我们也要注意到，任何一种文化都不是静止不动的，非物质文化遗产也同样存在“流变性”。如何在流变中守护其真魂,如何在传承原真性的同时不将活态文化“标本化”,这是我们需要深入思考的问题。

首先来探讨“传承”这个词。传承是不是只需要成立一个机构,找一批人来接受老艺人培训辅导,然后再由这批人在某些固定场所进行展示、展演?如果果真如此,那么,传承下来的这个东西仍然是某一群人的东西,这种文化仍然无法达到“民有”“民享”,无法真正回到民众生活中成为“老树新花”,成为他们生活的一部分。非物质文化遗产保护工作中的传承,应该是最大范围的回归和培植,是一场争取大多数人体认的文化的普及与传递。因此,传承不应该是某个机构的事情,而是文化部门通过组织、协调,通过保护文化项目的代表人物,通过资助传承人,并为他们打造生存发展的空间,通过舆论导向使优秀的民间文化得以迅速普及并深入人心。

非物质文化遗产保护,说到底,是对“人”的关注与保护,这种关注与保护不仅要体现在对传承人资金资助与社会地位认同上,更要体现在社会文化观念的深层回归上。我们要传承的,不仅是“技”,更是“道”;我们要关注的,不仅是传承人是否能够将这个项目留存下来,更要关注民众是否愿意浸淫其中并享受其中。如何在传承中让“技”进于“道”,实现传统文化形与神的完整传承;如何在传承原真性的同时,不抽刀断水,人为中断其自然演变,使传承变成简单复制?其中的分寸拿捏,是决定传承持续性与深入性的有效支点。

再说创新。其实“传统”和“现代”一直是相对的概念,今天的“现代”就是明天的“传统”。离开了“传统”,文化像无根之树,开不出真正意义上的“现代之花”,而若一直停留在“传统”,文化就是一根停止生长的老树桩。因此,保护“非物质文化遗产”,就是留住根,但留住根的目的是让它发新芽、抽新枝、开新花。如果说传承要更注重原真性的话,那么创新应当是开放式的,是流动不居的。传统在那里,至于如何提取传统文化中的一些元素和现代元素有效结合,培育新品种,可以百花齐放,这些花的生命力如何,要交给时间、交给民众去检验。也就是说,传统是个母本,创造的“子本”是否推陈出新,全凭创造者的悟性。好的“子本”能激活“母本”,而失败的“子本”也无损于“母本”,它只是自己把自己淘汰了而已。真正的创新,不是哗众取宠,不是拔苗助长,而是掌握其自然演变规律,将时代性与个人的颖悟渗入其中,激活传统文化内在生命力,并将其提升到与当代社会文明相适应的文化范畴中来。

关于传承与创新,其实就是传统的“存”与“续”的问题。我觉得,目前不妨尝试实施双轨并行、功能分隔的思路。即项目一旦进入名录保护体系,审核认定的项目保护单位要着重于传统资源原真性的守护与传播,着力于“存”,而其他专业艺术表演团体、社会团体和个人不妨活用传统，打开思路，大胆创新，着力于“续”。双轨并行，相辅相成，这样就既守得住“真”，也变得出“新”了。

三、活态与生态

非物质文化遗产保护的核心是活态传承，但我们要清醒地看到，随着自然环境的改变，随着经济生活模式的改变和人们审美消费观的改变，曾经占据人们主要文化生活的传统项目渐渐边缘化了，淡出视野，也淡出心灵。无人喝彩的舞台注定是荒芜的。一些民间传统艺术甚至出现有人教，无人学的局面。存续空间的受限必然导致活态传承受阻，因此，要保障活态传承，首先要孕育适合其生长发展的文化生态环境。什么是文化生态？文化生态就是在一定历史和地域条件下形成的文化空间，以及人们在长期发展中逐步形成的生产生活方式、风俗习惯和艺术表现形式。这个生态环境包括自然环境、经济环境与社会环境。

目前，我省活态传承较好的项目如文房四宝的传承发展依赖于书画市场的繁荣与民间收藏热；柳编制品的传承发展依赖于活跃的家居市场及新兴的田园生活情调；花鼓灯的传承发展依赖于演出市场的繁荣与各级专业艺术院校与表演团体的推崇认可；而徽州古民居的修复活动使徽州古民居建筑技艺与徽州三雕的工艺得到了一次深度回归……从这个意义上来说，我省的徽州文化生态保护区从生态修复着手，是为活态传承提供了最坚实的着陆点。

而从长远考虑，要孕育适合非物质文化遗产可持续性发展的生态，我们还必须从教育入手。乡土教育在20世纪30年代曾风行一时，那是以文明启蒙为发端；今天的乡土教育，要以传统回归为旨归。针对青少年，我们可以组织专家学者为他们编写系列乡土教材，培育他们的乡土情怀；开设书院式讲学研讨，定期请地方专家学者来和他们交流探讨，培养他们的乡土意识；组建青少年社团，分层次地参与地域文化的调研与建设，培植他们的乡土责任。十年树木，百年树人，假以时日，我们一定会孕育出适合非物质文化遗产生长发展的优质土壤。

四、主导与主体

我国的非物质文化遗产保护开创了中国模式，这种模式最典型的特征是政府主导,专家推动,社会参与。按照公约规定,保护非物质文化遗产的主体要有三种类型:①国家;②国际组织;③社群(communities),群体(groups),个人(individuals),非政府组织(non-governmental organizations)。我国非遗保护初期,主要是由以下四股力量构成保护主体:政府部门(行政管理机构,如非遗司、非遗处)、文化部门(业务指导部门,如各级非遗中心)、传承人和专家。这四股力量的功能分别是:政府部门——出资金、出政策、出法规。文化业务部门——组织、协调、普查记录,建立分级名录、建立档案和数据库出版研究成果,培训专业队伍。传承人——传承、展示、传播。专家——项目认证、学术把关、学科研究,并负有业务咨询与指导以及监督保护计划的实际操作。

虽说非遗保护伊始就一直强调民众才是保护主体,但从这几年的工作运行模式来看,政府的职能几乎统率涵盖了保护工作的方方面面,成为保护主体中的决定性力量。专家是舆论推动者,而文化业务部门和传承人是执行层,至于广大民众,则被无意识地排除于主体之外,只是作为普及与传播的对象存在,以至于有人质疑,政府过度主导,是否会使民俗变成官俗?应该说,在现行体制下,保护初期也只有政府主导才能形成如此巨大的助推力,才能在最短时间内集合所有资源完成非遗的抢救保护程序,但时至今日,如果我们的非遗保护一直依靠,或仅仅依赖于政府推动,是行之不远的。

现在,是我们应该进行角色转移的时候了,是应该将保护的主动权交到最广大的民众手里的时候了。因为只有民众才懂得自己需要什么样的生活,只有民众最懂得什么样的文化才有可能在自己的生活中起作用。他们必须先拥有文化的自主,才能有文化的自觉。而只有他们真正自觉参与其中,非遗保护才有可能扎根,并且持续。

那么,如何进行角色移交呢?我觉得,在未来的非遗保护中,我们要适时淡化官方色彩,致力于提升民间力量。政府部门必须从管文化、办文化兼于一身归位于一个纯粹管理与服务型的角色,通过制定可操作性的财政、税收以及各种激励文化保护的政策条例,鼓励各种民间团体与个人加盟其中,积极参与传统文化的保护、利用和创新,逐渐形成保护资金多渠道,保护方式多类型,保护队伍多层次的非遗保护局面,当自上而下的政府行为与自下而上的民间行为合二为一,当全民参与、多元共存、平等互动的良好机制建立健全时,我们才能够说,非遗保护进入了我们预期的轨道。

《非遗法》颁布实施后,非遗保护工作正面临着一个艰难转型的过程。如何保护,如何让这些优秀的非物质文化遗产在我们当代乃至未来的生活中枝繁叶茂地绵延,已成为目前非遗保护工作的重中之重。在这个时期,对于非遗保护这四个关系做一些梳理,权当抛砖引玉,希望能引发非遗同仁们更多更深的思考。

挖掘地域文化资源　打造蚌埠城市品牌

崔北军①

一、蚌埠地域文化资源特征

蚌埠是一座自然风光优美、文化底蕴深厚的城市，有着独特而优越的地理环境。地域文化资源积淀深厚，时间跨度长，资源分布广且类型多样，具有鲜明的地域特色。

（一）沿淮河条状分布，拥淮河发展

蚌埠地处淮河中游，淮河从西向东穿过蚌埠全境约150公里。不论是以山水为主体的自然文化资源还是以历史遗址为主的历史文化资源，大都分布在淮河两岸。淮河小“三峡”有两个在蚌埠（怀远的荆山峡、五河的浮山峡），大洪山、荆山、涂山、黑虎山、张公山、雪华山、曹山、锥子山、西芦山、东芦山、大巩山、浮山等自西向东分布在淮河岸边。天河、张公湖、龙子湖、沱湖、樵子涧等也与淮河紧密相连。全市7处国保文物，除了垓下遗址在淮河以北50公里外，其他6处都分布在淮河两岸。甚至连花鼓灯、五河民歌等无形文化资源也是流传在淮河边。可见，千里淮河养育了珠城人民，也孕育了灿烂的淮河文化。

（二）文脉清晰，时间跨度长

蚌埠历史文化资源时间跨度长，从7300年前新石器晚期的双墩遗址，到4000多年前龙山文化时期的禹墟遗址和垓下古城遗址，史前文化遗址十分丰富。从2600年前春秋时期的双墩一号墓，到2200年前的垓下古战场遗址，再到600年前散布蚌埠境内多处的明文化遗址，再到近现代遗址，历史文脉清晰。近十年的多次考古发掘，取得了重大成就，在2008年和2009年全国十大考古新发现评选中，双墩春秋一号墓和垓下龙山文化城址连续两年获此殊荣，这在全国是罕见的，再次证明了蚌埠地区具有深厚的历

① 作者系安徽省社科院蚌埠分院副教授。

史文化底蕴。就安徽文化而言，学界有了新的提法，即“明清文化看徽州，先秦文化看亳州，史前文化看蚌埠”之说。

（三）融通南北，刚柔相济

蚌埠地处我国南北分水岭，自然风光兼具南北特色，“塞北西风骏马”和“杏花春雨江南”的美景在这个城市都有。既有荆涂山的雄伟，又有东西芦山的秀美；既有淮河的宽阔浑厚，又有龙子湖的清幽明净。不论是花鼓灯、泗州戏，还是五河民歌，都具有浓郁的地域色彩，反映出淮河文化南北融合的特点，既具有北方的粗犷豪放，又具有南方的秀美柔和，这种特色在花鼓灯艺术中体现得最为明显。在饮食习惯中，南甜北咸、南米北面、南茶北酒在这个城市中普遍存在。考古出土的文物也证明蚌埠地处南北文化的过渡地带，是多元文化的交汇地。历史上，蚌埠处于楚头吴尾，与东北的齐鲁文化和西北的中原文化交汇，文化上呈现出过渡性和多元性的特征。

（四）移民集聚，开放包容

蚌埠是一个移民为主体的开放城市。1912 年元月，津浦铁路全线通车，蚌埠开埠，成为水运和现代铁路相连的交通枢纽，成千上万的人群涌向这个小渔村，不过十多年，就变成了拥有十多万人口的城市。火车拉来了城市，也吸引了周边地区的经商者纷至沓来，在商埠和码头逐渐形成了江苏帮、山东帮、河南帮、河北帮、浙江帮。人们来到同一座城市求生存、求发展，并且能和谐相处，共同发展，需要普遍具有较强的包容心态，使得蚌埠这座移民城市具有文化的包容性特征。在城市发展的过程中还不断有新的移民加入，也为其文化发展不断补充新的元素和养分。移民城市的文化也是因其开放性而充满活力，吐故纳新的文化，具有极强的生命力。移民城市的文化是一种创新性文化。移民前往新的城市，是为了获得更大的发展和成就，要实现自己的人生理想，就需要勇往直前的进取精神和百折不挠的意志。历史上，创新进取精神曾经让蚌埠这座城市在全省赢得较高的地位与辉煌。

二、蚌埠地域文化资源开发利用现状

尽管蚌埠地域文化资源丰富，特色鲜明，像“大禹会诸侯”“垓下之战”“霸王别姬”“花鼓灯”等文化符号在全国享有较高的知名度。但是留在地面上的历史文化遗址不多，可视性资源较少，一些远古文化遗址，或为断壁残垣、零砖碎瓦，或仅存于史料中，造成“有史可讲，无景可看”的尴尬处境。由于缺乏重大文化遗迹、重大历史事件和重要历史人物，再加上城市年轻没有积淀，很难受到公众的高度关注和认同，蚌埠地域文化在全国的影响力不大。总的来看，蚌埠的特色文化品牌和城市文化没有形成较强的影响力，品牌效应不高。

地域文化是一个城市的精神支撑和宝贵财富，我们有责任保护好和传承好，发挥它的教育功能和精神引领作用。同时，我们也要开发好和利用好，发挥文化对经济社会发展的动力支撑作用。

(一)地域文化资源开发利用处于初始阶段

随着社会、政府和专家对蚌埠地域文化资源优保护、传承、开发和利用的重视，一系列措施不断出台，淮河文化研究中心也应运而生，为深入研究蚌埠文化提供了理论平台。

一是政策支持。近几年来，蚌埠市连续出台了《关于加快推进文化强市建设的实施意见》《关于加快文化产业发展若干政策的意见》《关于弘扬先进思想文化推动蚌埠加快发展的意见》《关于培育和践行社会主义核心价值观的实施方案》《关于大禹文化产业园区发展意见》等一系列政策性文件，对促进地域文化资源的开发利用从财政、税收、土地、资金、人才等多方面进行引导和支持。

二是开发有序推进。目前，蚌埠比较重要的地域文化资源都不同程度地得到了保护和开发，有的结合旅游打造为景点，有的进行修缮保护，有的规划为遗址公园，有的借助文化元素建设文化产业。基本建成的项目主要有禹王宫、汤和墓古迹园、许慎文化公园、孙家圩子渡江战役总前委旧址、花鼓灯嘉年华主题公园、张公山景区、龙子湖景区等。正在兴建的项目有湖上升明月、大明文化产业园、白石山佛教文化园、白乳泉景区、谷阳城遗址公园、樵子涧景区等。拟开发的项目有垓下霸王城遗址公园、双墩文化遗址公园、长淮卫古镇开发项目等。经过多年的努力，从整体上看，蚌埠地域文化资源开发利用处于起步阶段，并取得了初步成效。

三是效益初显。经过前期论证规划和后期投入开发，一些自然文化资源风景区和历史文化资源项目初步建成，并取得了良好的社会效益和经济效益。位于市区的张公山景区和龙子湖风景区投入大批资金开发建设，现已建成为风景优美的国家4A级景区，每年吸引了大量游客来蚌埠观光。花鼓灯嘉年华主题公园借助国家级非物质文化遗产花鼓灯这一文化元素，结合现代高科技手段，使传统文化焕发出新的魅力。作为蚌埠地域文化集中展示的蚌埠博物馆新馆建成开放以来，短短半年时间已接待数万人次参观，扩大了蚌埠文化的影响力。

（二）开发深度不够，群众参与性不足

从蚌埠目前已经开发的地域文化资源项目来看，多数属于浅层次的开发，只做了一些景观，没有什么特色，开发的旅游产品单一，没有形成产业链，缺少创意和深度开发。如国家级文保单位汤和墓古迹园、垓下之战古战场等地地处偏僻，道路交通等旅游基础设施落后，景点分散，旅游服务、广告宣传不到位，游人数量稀少，影响力不大，社会效益不高。还有些地域文化景观为静态的陈列和展览，少有现代化的设施和互动型的项目，慕名而来的游客很难亲身参与、互动体验地域文化，这无疑大大缩短了游客逗留的时间，同时弱化了地域文化与游客沟通、寓教于乐的功能。

（三）招商引资困难，资金投入不足，精品项目不多

利用地域文化资源开发文化旅游项目，是前景辉煌的朝阳产业，但是开发此类项目也存在着投入大、见效慢、回报周期长等风险。因此，文化旅游项目招商引资难度很大。双墩遗址公园、垓下霸王城遗址公园、涂山大禹文化园等项目在多年前就已经规划，但是由于投资规模太大，前景收益难以确定，招商引资一直无法落地。2014 年底，蚌埠大禹文化产业园成功跻身全国文化产业示范园区，由于园区内重大文化项目和精品项目不多，新项目招商引资难，挖掘地域文化资源的深度和整合资源广度不够，完成目标任重道远。再加上宏观经济影响，经济下行压力大，融资越来越难，造成资金投入不足、项目建设缓慢等突出问题。总体来看，蚌埠地域文化资源开发利用存在建设档次不高、服务设施滞后、吸引力不强等短板。

（四）对无形文化资源保护开发重视不够

在保护开发地域文化资源实践中，往往重视有形的地域文化，而对无形的地域文化重视不够。由于历史和社会发展的原因，一些民间技艺正在消亡，一些民俗礼仪也逐渐被人们淡忘，有的已经从人们的生活中消失。同时，蚌埠非物质文化遗产还面临着传承困难，后继乏人的突出问题。在全市 6 个国家级传承人中，5 人已故。通过对蚌埠市 16 项省级以上的非物质文化遗产的生存状况进行综合分析，有的项目正处于濒危状态，如省级非物质文化遗产端公腔，目前只有 1 名传承人。卫调花鼓戏是极具特色的省级非物质文化遗产，现在能演唱的只有寥寥几人，最年轻的也有 50 多岁了。作为国家级非物质文化遗产花鼓灯、泗州戏、五河民歌，保护与传承工作取得一定成效，但是，如何利用其经济价值，对其进行开发性保护，还需要进一步探索。

三、挖掘地域文化资源，打造城市品牌的路径选择

任何一座文化强市必定拥有特色鲜明的城市品牌，而地域文化资源则是城市品牌的核心与灵魂。通过对蚌埠地域文化资源整合梳理，找寻特色和亮点，挖掘其潜力和价值，对扩大地域文化的影响力，提升蚌埠城市形象，打造城市文化品牌，推动文化强市建设具有重大现实意义。

（一）提炼地域文化符号，明确城市品牌定位

淮河流域是中华文明重要发祥地之一，千里淮河孕育了灿烂辉煌的淮河文化。淮河文化源于7000年前的新石器晚期的双墩文化，兴于4000年前的涂山大禹文化，盛于先秦老庄文化。蚌埠处于淮河流域的中心，是淮河文化的发源地，拥有"双墩""大禹""垓下""花鼓灯"等一系列特色鲜明的地域文化符号。因此，打造蚌埠城市品牌的路径选择应明确为"淮河文化品牌"。

明确城市品牌定位后，还需要推出城市形象宣传标语。从国内其他省市成功打造地域品牌经验看，形象宣传标语具有极强的标识功能。如山东省推出了高度概括山东文化的"好客山东"标识。在这一主题下，衍生出了"奥帆之都，魅力青岛""走遍四海，还是威海""登泰山，保平安"（泰安）"孔子故里，东方圣城"（曲阜）等宣传标语。另外还有"晋善晋美""七彩云南""多彩贵州""神奇宁夏""浪漫之都，中国大连""常来常熟"等耳熟能详的宣传口号。可见，一个地区形象宣传标语既要体现独具特色的地域文化，还需要用关键信息撞击受众的视听感觉，进而产生心理诉求。结合蚌埠淮河文化特征，提炼重要地域文化符号，可以把"大禹故里，花鼓之乡，珠城蚌埠欢迎您"作为城市形象宣传标语。

明确了淮河文化的城市品牌之后，在"大禹故里，花鼓之乡，珠城蚌埠"城市形象标语之下，三县城市形象标语要体现"一县一品"，结合地域文化，在"美"字上做文章。山环水抱的怀远着力打造"皖北最美县城"，楚风汉韵的固镇着力打造"大美古镇"，河湖密布的五河着力打造"皖北最美水乡"。

建设淮河文化城市品牌，非一日之功，要以此为抓手，充分挖掘地域文化资源，着力打造文化名城、生态绿城、休闲怡城、创新之城、运动新城，提升城市品位和文化魅力。

（二）挖掘历史文化资源，打造文化名城

1. 以大禹文化为核心，发展文化产业和文化旅游业。发展文化产业，是优化产业

结构，推动经济发展，提高城市形象的重要抓手。文化产业的核心是文化，要借助地域文化优势资源，加大文化与产业、科技、金融等融合力度，形成特色鲜明的文化产业。因此，要以蚌埠大禹文化产业园跻身国家级示范园区的大好机遇，利用“双墩”“大禹”“垓下”等具有淮河文化特色的历史文化品牌，丰富文化产业项目库，创新招商引资方式方法，以重大项目为带动，以大禹文化为核心，进行深度开发，打造特色鲜明的文化产业。

发展文化旅游业，要以文化为灵魂，以重要景点做支撑。在蚌埠众多的历史文化资源中，大禹文化资源十分丰富，既有涂山禹王宫、望夫石、禹墟等有形文化资源，也有大禹史料、大禹故事等许多无形文化资源。要把大禹文化中有形资源与无形资源相融合，自然文化资源与历史文化资源相融合，高标准规划建设以禹王宫为核心景点的“涂山大禹文化园”项目，要按照“修旧如旧”原则对禹王宫规划扩建，提升禹王宫的建筑规模和档次。要增强望夫石、圣泉、灵泉、卧仙石等景点的可看性，增设“涂山日出”观景台。完善旅游服务设施，在山顶建造宾馆供香客游人住宿。在涂山南麓建造大禹文化广场，塑造大禹像，建造大禹文化博物馆、大禹故事模拟场景等。在天河岸边的“禹墟”建造“大禹民俗文化村”，展示古涂山氏国生活场景。

利用蚌埠考古文化遗址众多的优势，积极编制申报国家大遗址保护公园项目。近年来蚌埠考古成就辉煌，有影响全国的“春秋双墩一号墓”“垓下龙山文化古城址”“禹墟”等。在全市层面，要专门成立申报国家大遗址保护公园项目领导小组，统筹规划，抓住机遇，努力争取，如果申报成功，每年可以获得国家拨付的大量财政资金。有了资金支持，对于保护重大文化资源，提高蚌埠文化旅游知名度和文化品牌影响力，将起到重要保障作用。

2. 以花鼓灯艺术为龙头，发展民俗文化旅游。要充分利用花鼓灯在全国的知名度，打造淮河民俗文化旅游产品。花鼓灯原生态保护区位于景色优美的天河湖畔，这里背靠巍峨的涂山，水域开阔，水质优良。要把花鼓灯艺术与优美的天河湖自然风光结合起来，建好“中国花鼓灯第一村”，成为集花鼓灯保护、旅游观光为一体的民俗文化旅游景点。要把花鼓灯与大禹治水的传说结合起来，建好民俗文化村。大禹治水成功，人民安居乐业，在淮河岸边敲锣打鼓、载歌载舞喜庆丰收，产生了淮河文化艺术奇葩——花鼓灯。要把天河风景区建成皖北民俗文化旅游示范区，进一步打造成为全国民俗文化旅游目的地。要把民俗文化与旅游结合起来，在中华古民居、大明文化园、花鼓灯嘉年华等文化旅游项目中增加花鼓灯、泗州戏、五河民歌、卫调花鼓、淮河琴书等民俗文化元素,提高游客的参与性和体验性。

3. 利用宗教文化资源,发展朝圣旅游。利用宗教文化资源,发展朝圣旅游,是近年来逐渐兴起的旅游新模式。蚌埠现存宗教文化遗址多处,比较著名的有道教文化遗址涂山禹王宫,佛教文化遗址栖岩寺。蚌埠是个移民城市,宗教信仰多元,市区内回民众多,有天桥清真寺、南山路清真寺、黄庄清真寺、马村清真寺等多处。从宗教文化资源布局看,城东有佛教锥子山栖岩寺,城西有道教涂山禹王宫,城中有多处清真寺。另外,投资1亿元白石山佛教文化园建设进展顺利,该园区以栖岩寺为核心,建筑规模宏大,气势非凡,建成后将成为皖北最大的佛教主题园区。丰富多元的宗教文化资源,为蚌埠发展朝圣旅游提供了良好基础。

4. 整合革命遗址资源,发展红色旅游。发展红色旅游,对于加强革命传统教育,增强全国人民特别是青少年的爱国情感,弘扬和培育民族精神,具有重要的现实意义和深远的历史意义。蚌埠市是具有优秀革命传统的城市,红色资源丰富,革命遗址众多。蚌埠革命烈士陵园、渡江战役总前委旧址、新四军淮上办事处旧址等多处革命遗址已经成为爱国主义教育基地,成为广大市民凭吊先烈、继承革命精神的最好去处。要加大投入,整合革命遗址,充分发挥红色文化在提升市民素质,弘扬先进文化中的积极作用。

(三)利用自然文化资源,打造生态绿城

蚌埠自然文化资源丰富,是一座生态良好的山水园林城市。水是城市明亮的眼睛,充满灵性。市区内,千里淮河贯穿东西,8平方公里的龙子湖环抱城东,与城西浩渺的天河瑶瑶相望,张公湖、珠园是镶嵌在城市中的两块碧玉。双山双水绕双城的怀远城美不胜收;淮、浍、漴、潼、沱汇聚而形成的水上五河城赛过江南水乡;水城倒映的大美固镇清新明丽。沱湖、天井湖、香涧湖、四方湖、茨河湖等像一颗颗璀璨的明珠镶嵌在淮河这条绿色项链上。淮河闸水利风景区、三叉河湿地公园、樵子涧水库、大巩山森林公园生态优良,景色优美。龙子湖山水相依,张公山绿树成荫,淮河景观带美景初现,一座古老而又年轻的生态绿城逐渐呈现在世人面前。要以创建全国园林城市为契机,老城区的棚户区拆迁后,尽量原地建成绿地和广场,扩大公园绿地面积。

(四)开发城市文化资源,打造休闲怡城

随着旅游业深入发展,休闲旅游将成为主导产业,蚌埠拥有优越的区位、良好的生态、深厚的文化、繁荣的商贸和完善的城市功能,打造休闲城市具有先天的条件。

蚌埠是南北文化的融合地,饮食文化发达,并逐渐形成了南北兼具的特色。烧饼夹里脊鲜辣可口，具有北方的风味；雪圆四色汤圆酸甜香浓，又是典型的南方美食。此外还有湖沟烧饼、生炸圆子、小龙虾、老淮滨小吃等传统美食。要规划建设传统美食街区，集中蚌埠特色饮食，打造“吃在蚌埠”美食品牌。注意对以淮河路商圈为核心的“老蚌埠记忆”恢复重建工作。借鉴上海等地经验，对蚌埠知名老街进行标注，设立标注牌，并附有老图片和历史沿革介绍。要加强对宝兴面粉厂、健康路老建筑等为数不多的老建筑的保护。

充分利用自然生态资源，以中华古民居、大明文化园、花鼓灯嘉年华等重要景点为依托，形成以养老、温泉养生、古民居体验、游乐等为内容的龙子湖生态休闲度假旅游区。要不断丰富“吃、住、行、游、购、娱”旅游六要素内容，突出城市地域文化，用创新的理念、创新的手段与休闲元素结合，打造休闲怡城，满足市民和游客的心理体验和精神需求。

（五）传承城市精神，打造创新之城

文化是城市的根脉，创新则是文化的灵魂。创新是蚌埠地域文化中的精髓，大禹治水变堵为疏，关键就在于创新。在蚌埠城市精神和先进思想文化中，创新进取是一种时代精神。在计划经济年代，让蚌埠人津津乐道、引以为豪的“五大机”就是蚌埠创新精神的最好证明。2008 年“合芜蚌自主创新综合配套改革试验区”设立，创新精神再次成为新时期蚌埠经济社会发展的不竭动力。在中央提出的五大发展理念中，创新是引领发展的第一动力。作为从来都不缺乏创新的城市，蚌埠必须把创新摆在社会发展全局的核心位置，不断推进理论创新、制度创新、科技创新、文化创新等各方面创新，让创新在全社会蔚然成风，建成一座现代化的创新之城。

（六）弘扬传统武术，打造运动新城

蚌埠开埠之初，淮河码头的装卸工人，为了抢码头、争活计，经常会发生打斗，码头上便出现了习武之风，增添了这个城市的威武豪爽性格。新中国成立后，武术成为市民健身强体的传统体育项目。改革开放以来，全民健身活动又为这座城市增添了勃勃生机。这里是安徽的“足球之乡”，又是淮河两岸的武林高手荟萃之地。长期以来，除了专业竞技项目外，校园体育、社会体育十分活跃，蚌埠人以热情豪放的性格、挺拔矫健的身躯，展现了活力之城的风采。以 2018 省运会在蚌埠举行为契机，要加快体育场馆和全民体育设施建设，再次兴起全民健身的新高潮，打造充满活力的运动新城。

参考文献：

1. 邬旭东. 打造淮河文化品牌　提升蚌埠文化软实力[J]. 蚌埠党校学报,2011(1).

2. 俞香云,丁春生. 蚌埠市历史文化资源开发利用现状与对策分析[J]. 蚌埠学院学报. 2014(1).

3. 罗先奎. 安徽地域文化的内涵[J]. 芜湖职业技术学院学报,2015(1).

4. 钟 艳. 安徽地域文化资源整合与集群化发展的初步构想[J]. 安徽行政学院学报,2014(5).

5. 俞思念. 当代中国地域文化与城市文化建设[J]. 学习论坛,2010(9).

6. 曹天生,朱光耀 . 淮河文化导论[M]. 合肥工业大学出版社,2011.

7. 邢军等. 文化转型与大湖名城[M]. 安徽教育出版社,2015.

8. 文化蚌埠编委会. 文化蚌埠[M]. 安徽文艺出版社,2009.

9. 孙建伟. 打造地域文化品牌　增强城市影响力[J]. 奋斗,2011(1)

10. 白秀. 打造地域文化品牌　推动强市名城建设[N]. 张家口日报. 2012 -5 -5(3).

11. 隋 琳. 地域文化建设与地方经济发展[J]. 中国石油大学学报(社会科学版),2006(6).

12. 郑晓星. 发挥地域品牌优势　推动文化发展繁荣[N]. 三明日报. 2012 -2 -16(A03).

13. 吴兆民. 科学处理地域文化关系　推动安徽文化强省建设[J]. 黄山学院学报,2009(6).

14. 卞利. 略谈安徽地域文化的流变和形成[N]. 安徽日报. 2016 -1 -25(007).

提升皖南国际文化旅游示范区核心竞争力问题研究

吴凯之①

自《皖南国际文化旅游示范区规划纲要》(下称《规划纲要》)批复实施以来,省委省政府按照“两个坚持”“六个示范”要求,以“1+5”行动计划为抓手,加速推进示范区建设。示范区的区域影响不断扩大、综合实力明显增强。

一、示范区核心竞争力建设评估

在省委省政府运筹谋划下,示范区经过两年多的不懈努力,服务功能更加强化,结构调整逐步深入,核心竞争力明显增强。2016 年前三季度,在经济下行压力加大背景下,示范区实现旅游总收入 1892.3 亿元,同比增长 17.6% ,接待入境游客 289.8 万人次,同比增长 11.2%,接待国内游客 1.95 亿人次,同比增长 15.7% 。示范区已经成为国内游客最青睐,国外入境游客分流最多的旅游目的地。

(一)生态文明意识日益强烈

改革开放以来,虽然资源透支性的发展方式深刻地影响着皖南各地的开发行为,示范区面临着环境污染和生态系统退化等问题,但相对全国而言,示范区各市生态环境依然总体优良。这得益于区域文化的浸润。《规划纲要》批准实施以来,示范区建设对标战略定位,着力以人为本,保护生态,创造生态文明先行示范区意识更加浓烈。

(二)旅游服务功能更加完善

两年来,示范区内各市、县,着力从基础设施改善、生态环境保护和公共服务体系建设三个方面,强化旅游目的地服务功能。区内基础设施更加完善,合福高铁、宁安城际铁路已开通,示范区内基本形成了高速公路畅通到所有县域,长江岸线五城市港口吞吐量已占全省大头。金融支撑发展规范用力且作用日益明显;区内资本要素加速集

---

① 作者系安徽行政学院教授。

聚。旅游公共服务体系逐渐优化，启动实施“旅游厕所革命”，开展旅游标识牌建设，咨询服务中心及智慧旅游平台建设取得实效，游客集中场所无线宽带网络覆盖基本实现。配电网、旅游设施建设不断加速，公共文化服务体系建设取得长足进步，公共服务水平、游客承载量明显上升，服务质量显著提高。

（三）产业结构调整逐步深入

区内各地聚焦“4105”行动计划，加速产业结构调整，坚持“三重一创”建设思路，推进战略性新兴产业集聚发展，黄山文化旅游产业集聚基地建设全面启动。聚焦文化旅游目的地功能，示范区不断丰富旅游服务的产品体系，在提升景区级别、丰富景区体系上不遗余力：古徽州文化旅游区成功荣膺国家5A级景区，九华天池景区被评为国家级生态旅游示范区，芜湖方特景区通过5A级景区景观价值评审；皖南世界遗产之旅、九华山朝圣之旅、天柱山生态养生之旅已成国际消费市场的热门，新安江山水画廊游、古徽州文化体验游、黄山非物质文化遗产节庆等文化旅游产品日益丰富；众多的乡村旅游产品和新业态产品不断呈现，示范区旅游产品由点成线、由线成面的格局逐步形成。

（四）区域品牌影响继续扩大

示范区抢抓合福高铁开通机遇，出台优惠政策并多渠道开展营销活动，发起组建了中国山岳旅游联盟，进一步明确了黄山作为中国现代旅游发源地的形象和地位，“中国旅游从黄山再出发”已产生效用，旅游富民工程持续推进，区域归属感明显增强。“美丽中国”“幸福皖南”“示范区建设”“全域旅游”“生态保护”成为区内各级政府频密使用的热词。随着区域旅游一体化的推进，示范区的整体形象更加优化。

（五）全域旅游格局初具形态

示范区“产业围绕旅游转、产品围绕旅游造、结构围绕旅游调、功能围绕旅游配、民生围绕旅游兴”的全域旅游发展格局初具形态。全域畅通公交工程着手启动，推进游憩场所设施建设有新进展，集散和引导体系建设有现实基础，“两山一湖”绿色之旅、世界遗产之旅、名城—名湖—名山之旅等享誉世界的旅游精品线路进一步整合；传统村落保护得到加强；长江岸线生态修复工作正在加速推进，非核心区积极呼应示范区建设，发挥资源优势，大力推进美好乡村、美好乡镇、生态示范区建设；打造黄山、芜湖等示范区旅游中心城市，推进旅游小城镇建设和乡村旅游发展，基本形成以三山一湖为重点、沿三江四河为主干、以7个市区为集散基地、向全域扩展的旅游网状分布、协调互补发展的新格局。

二、示范区核心竞争力存在的问题

（一）对战略价值认识不足，示范区建设战略所拥有的价值和势能，没得到充分释放，区域融合发展、实现全域旅游仍在路上。

一是对示范区建设的战略价值认识不足。课题组一次主要针对有关县处级干部的抽样问卷、访谈了解到，有接近 50% 的被访者认为，示范区建设战略定位高，但政策含金量少；还有至少 50% 的被访问者，虽然熟悉《规划纲要》和三个战略定位，但却不清楚将示范区打造成“国家民族的圣地、风景名胜与生态保护的重地、健康旅游与养生休闲的福地”，更不要说把握其深意了。这说明区内至少有部分同志、特别是领导干部对示范区建设的战略意义把握不透，影响了战略势能的释放。二是区域融合发展、一体发展还需补缺补差。国家及区域发展战略已重复叠加覆盖我省全域，示范区域内各市在主体功能区定位上三区即禁止开发区、限制开发区、重点开发区交错，因此，推进示范区一体化建设和全域旅游，必须融合区域战略，尤其要按照《生态文明体制改革方案》要求，走低碳发展、循环发展、绿色发展之路。

（二）资源管理碎片化严重，导致示范区的比较优势没有得到充分发挥，大胆先行先试，推进包括行政体制改革在内的资源管理体制改革迫在眉睫。

一是自然资源管理碎片化严重。一方面，示范区规划的 7 市 47 个县各有各的资源管理方式，难以整合；另一方面，不同的保护区有不同的职权机关司掌管理职权，导致自然资源管理无序。究其原因主要是保护区资源的产权权能构成复杂，产权、承包权、经营权或分离，或统一，多头管理严重；资源管理涉及住建、发改、环保、旅游、水利、工商等十几个部门，利益矛盾交织；政府、企业、社区、居民等各有利益点；随着旅游富民政策的红利激发，管理碎片化越演越烈。

二是文化资源管理政出多门。示范区文化遗产管理体制设置受体制约束，大致情况是文物局负责文物的发掘、认定与管理，文化厅非物质文化遗产处负责非物质文化遗产的认定、登录与管理，住建厅、农业厅、林业厅、民政厅则分别牵头负责历史文化名城（镇、村、街区）、传统古村落、古民居、农业文化遗产、湿地遗产、地名遗产等的认定与管理。管理资源、职权职责分散，导致体制性地割裂了物质和非物质文化遗产的内涵，不利于对各类文化遗产整体、原真性保护与传承；同时也导致体制运行效率的耗减，增加了行政管理成本，弱化了各类文化遗产综合利用、活态传承的效用。

（三）发展不均衡现象突出，基础设施、服务体系建设投入与区域旅游一体化发展不协调，导致区内各地各唱各调，难以聚合服务能力。

一是区内各市县发展的历史基础不一致，受到的政策支持不一样。原本经济社会发展就各有优劣，而今产业结构、发展战略也各有侧重，在供给侧结构性改革推动下，各地调转促拟出的方案也不同，比如沿江的安庆、铜陵、马鞍山等市，其战略性新兴产业集聚发展的重点仍属于传统产业衍生的新兴产业，培育旅游文化产业，实现集聚发展仍然存在不足。二是政府基础设施建设投入不能均衡用力，加重了域内各地发展的不均衡，导致区内各地各唱各调，不利于形成示范区发展大格局，影响了全域旅游一体化发展。

（四）创新要素的集聚仍然不足，重要创新平台建设还很不够，高端文化旅游人才紧缺，已成示范区核心竞争力持续增强的短板。

示范区历史文化积淀深厚，教育科技发达，从区内各地走出的莘莘学子遍及世界，但人才回流并不明显。“十二五”以来，在创新驱动战略引导下，区内各市的创新能力有了很大提高，目前我省 24 家战略性新兴产业集聚发展基地，有 11 家分布在示范区各市。但分析其产业结构发现，除黄山市现代服务业产业园的文化旅游产业、芜湖市新芜经济开发区通用航空产业（试验基地）、芜湖鸠江经开区机器人产业与示范区发展定位比较一致以外，其他产业均与区域资源优势和主体功能定位存在一定的不协调性。《关于加强皖南国际文化旅游示范区文化旅游人才队伍建设的若干意见》出台以后，示范区加速人才队伍建设，创新人才体制机制，人才问题有所缓解，但高端人才仍然缺乏，究其原因是重要创新平台建设还很不够，适应未来示范区发展需要的重大产业专项少，资金、人才等关键要素集聚仍然缺少支撑。这已成影响示范区创新能力的明显短板。

三、加快提升示范区核心竞争力的对策建议

为加快提升示范区核心竞争力，努力将示范区建成“国家与民族的圣地，风景名胜与生态保护的重地、旅游与休闲的福地”，建议：

（一）强化思想认识，统筹规划引领，融合区域发展战略，最大限度地释放示范区建设的战略势能；加速推进区内供给侧结构性改革，深化区域产业结构调整，引导区域低碳发展、循环发展、绿色发展迈向新水平。

一是切实贯彻新发展理念，强化生态文明建设重要性和示范区建设重大战略价值的认识。加大宣传力度，提高示范区建设战略知晓率，营造舆论氛围，形成美丽中国建设先行先试区干事创业的大环境。二是要统筹规划引领，处理好已叠加覆盖区域的各种战略关系，特别要引导区内各地的党政领导，切实转变发展观念，引领新发展方式，谋划区内各地的经济社会发展。三是要加速推进区域供给侧结构性改革，深化产业结构调整，围绕战略性新兴产业集聚发展，培育适应示范区发展战略需要的现代创意、生态环保、养生休闲、科学普及等新产业，对已有的战略性新兴产业加大调整力度，聚焦生态文明建设的产业支撑工程，谋划美丽中国建设的重大生产生活改革工程，推进示范区成为中国低碳发展、循环发展、绿色发展的示范榜样。

（二）加强资源保护，改革管理体制，尽快编列资源保护清单，理清自然资源产权，加速启动大黄山国家公园建设；强化文化遗产保护，推进大部制改革，建议成立安徽文化遗产及国家公园管理局，以统筹管理自然文化资源。

坚持“人民主体、国家主导、因地制宜”原则，尽快启动大黄山国家公园建设。一是建议大黄山国家公园建设应依据示范区建设的实际需要和战略取向，着眼国家民族的长远利益和美丽中国的目标，用李锦斌书记的“三地”论来谋划大黄山国家公园建设，统筹自然与文化资源保护，真正将示范区打造成“国家与民族的圣地，风景名胜与生态保护的重地、旅游与休闲的福地”。二是建议省里考虑将大黄山国家公园的空间范围二级试点区域覆盖到传统皖南地域的宣州、池州市所属的示范区核心区，将三级试点空间范围扩展到示范区全域。三是推进大部制改革，建议整合安徽文物管理局、文化厅非物质文化遗产管理处和各类保护地资源，成立安徽文化遗产及国家公园管理局，统筹管理我省国家公园和各类自然文化资源。

（三）统筹全域旅游，推进一体建设，均衡配置公共资源，形成复合型、协作性共享发展大格局，强化全域服务能力；融合推进“三重一创”和“五个一”工程，优化产业结构，丰富旅游业态，扩大示范区国际影响。

一是要在区域一体化发展上下功夫，统筹全域旅游发展，做实全域旅游概念。目前发展全域旅游在区内一些基础较薄弱的县区仍然动能不强，必须切实改变这一现状，其根本途径在于“五个一”工程的培育和引导。一些县区本有良好生态资源，特别是一些非核心区各县，属于农业功能区或限制开发区，但在这次“五个一”工程项目的遴选中却没有包含其中。建议省旅游局和发改委考虑编列专门针对这些县区发展旅游的“五个一”工程培育项目清单，以引导支持其发展。

二是要均衡配置公共资源，按照“共享”发展理念，对基础设施薄弱的县区，要加大基础设施投入力度，多策略引导社会资金和其他要素向这些县区集聚，尽快形成示范区内点一轴一网一全域的复合型、协作性旅游发展大格局，强化全域服务能力。三是要融合推进“三重一创”和“五个一”工程建设，在深化战略性新兴产业集聚发展上做文章，引导各地谋划培育一批资源优势明显，生态、文化、旅游融合，有重要发展前景的产业，实施一批以生态环保、文物修复、旅游服务、文化创意、大数据、农业观光、养生休闲、健康养老及其他“互联网+”的产业专项，进一步优化区内产业结构、丰富产业业态，发挥比较优势，强化核心竞争力。

（四）搭建创新平台，集聚创新要素，融通全球产、学、研、资资源，推进全区域、全产业的创新、拓展市场空间；融合双创战略，激发社会活力，引导区内各个主体、社会公众共同营造信用旅游、美好皖南的大品牌。

根据世界旅游组织发布的数据分析，2015 年，法国以吸引 8370 万名的外国游客数，位居最受外国游客欢迎旅游目的国家第一宝座。美国、西班牙、中国、意大利、土耳其、德国等国家紧随其后。这说明全球旅游需求趋旺，而国内旅游供给存有不足，示范区在旅游目的地市场的竞争优势仍然有限，必须加大推进旅游供给侧改革步伐，树立创新创业意识，推进示范区建设取得突破。其一，建议省里参照战略性新兴产业集聚发展基地建设做法，在示范区域内 7 个市和旅游中转枢纽县设立旅游文化产业集聚发展创新平台，集聚全省、全国乃至全球产、学、研、资资源。其二，加快构建示范区传播软实力。尤其要推进市场营销模式创新，拓展市场空间，建议考虑在区内设立统一的文化产业投资引导基金，重点支持双创型文化传播类产业发展，加强品牌策划、统一对外营销、构建传播实力。其三，融合双创战略，大力发展农家乐、民俗文化、农业观光、休闲垂钓等产业，激发社会活力、增加社会就业。其四，建议省里考虑在干部挂职、村干部选派上侧重向文化旅游人才倾斜，加大县、镇、村双创人才培训培养。其五，培育新杠杆，引入天使等创投基金，推进农村合作金融创新。其六，美化区域形象话语体系，增强区域归属感、自豪感；加强信用皖南建设，营造大美皖南的世界级大品牌。

推动皖南国际文化旅游示范区协同发展研究

姚国荣①

《皖南国际文化旅游示范区发展规划纲要》作为全国唯一以文化旅游为主题的区域规划，特色十分鲜明，内涵十分丰富。示范区建设担起了国家战略所赋予的使命，展现了珍惜机遇、加快发展的积极作为，正在成为推动全省经济增长和转型发展的重要力量。但是，示范区建设还存在一些问题，主要是发展不足、发展不够优的矛盾依然突出，文化品牌不够响、协同不够强的问题依然存在。因此，加快发展、转型发展的任务仍然十分艰巨。

一、示范区资源优势分析

（一）资源分析

1. 示范区旅游资源得天独厚，富集度高。据调研，示范区旅游资源分属 8 大主类（表 1），将全国旅游资源的主类全覆盖，拥有率为 100%；有 25 个亚类，拥有率达 80.6%；有 81 个基本类型，拥有率为 52.26%。其富集度不仅在我省首屈一指，在全国旅游板块中也极为罕见。旅游资源品位高，皖南具有高品质的自然和人文旅游资源。以黄山、西递、宏村、九华山、天柱山等为代表的世界遗产、世界地质公园、国家重点风景名胜区和 5A 级旅游景区等，均是代表中国水准、具有国际影响的品牌性资源，形成了高知名度的旅游吸引物集群。示范区旅游资源组合度好，旅游文化资源呈现类型丰富、数量众多、互补性强的特点。皖江沿线城市池州、芜湖、铜陵、马鞍山、安庆等纳入示范区，是长三角和川渝鄂赣的中枢区段。安庆、池州、芜湖、铜陵、马鞍山等在历史上就是重要码头，有深厚的商贸和码头文化积淀，徽文化和桐城文化明显，与长江上下游城市具有较强的互补性。

---

① 作者系安徽师范大学教授。

表1:示范区旅游资源拥有率

旅游资源	拥有率(%)
8大主类	100
5个亚类	80.6
81个基本类型	52.26

2.生态环境优势显著。皖南地区山地连绵,气候温暖湿润,森林覆盖率高,生态系统保存良好,生物多样性集中,环境质量优良。示范区拥有国家级风景名胜区8处、5A级景区6家、4A级景区80家(表2)。另外,示范区还拥有世界遗产地3处、国家地质公园4处、国家森林公园14个。

表2:示范区旅游资源一览表

旅游资源类型	数　量	旅游资源类型	数　量
5A级景区	6家	国家风景名胜区	8处
4A级景区	80家	国家地质公园	4处
3A级景区	89家	国家森林公园	14处
2A级景区	74家	国家历史文化名城	3座
1A级景区	1家	国家历史文化名村	7座
世界遗产地	3处	国家历史文化街区	2处
世界地质公园	1处	国家重点文物保护单位	36处

3.皖南示范区文化底蕴深厚绵长。示范区既是中国史前文明的重要发祥地之一,又拥有非常丰富的多元文化,如徽州文化、桐城文化、黄梅文化、铜文化、钢铁文化、诗歌文化、佛教道教禅宗文化、红色文化等。目前,示范区内拥有安庆、歙县、绩溪3座国家历史文化名城,7座国家历史文化名村,2座国家历史文化街区,36处全国重点文物保护单位等。示范区艺术精湛、内涵丰富、博大精深,保存有徽剧、黄梅戏、目连戏、傩戏、皖南花鼓等珍贵的地方戏曲。歙县城古建筑、黟县明清古民居、九华山佛教建筑群等都是我国建筑流派的杰出代表。

(二)区位分析

1.经济腹地广阔。示范区紧邻苏、浙、沪发达地区,周围省份大多数是我国经济发达或经济有活力的区域,居民有较高的出游意愿和出游能力,对示范区的旅游发展有利。这些相邻或相近省份的旅游业也相对发达，对示范区的旅游发展带来极大机遇。京福高铁是皖南示范区跨区域旅游合作的一条核心交通线，分为京沪高铁、合蚌高铁与合福高铁三段。

2. 立体交通网已经建成，并正在进一步优化过程中。皖南区域已经拥有了发达的航空、铁路、公路、水运网络。航空方面有黄山机场和池州机场。铁路方面已有京福高铁、黄山至杭州高速铁路客运专线、皖赣铁路扩能新建双线、宁宣城际铁路、合芜杭客运专线等。公路方面有马鞍山—芜湖—大渡口沿江经济走廊高速公路通道，杭州—黄山—景德镇旅游公路通道，合肥—芜湖—宣州—杭州出海公路通道等。航运方面有长江、新安江、青弋江等水上通道。

3. 旅游配套服务体系日趋完善。逐步建立与市场需求相适应、具有区域特色的旅游饭店服务体系。五星级酒店、四星级酒店、三星级酒店取得快速发展，并在此基础上形成了绿色饭店、房车住宿、青年旅馆、乡村旅馆、特色文化主题饭店。示范区还扶持了一批旅游节事活动品牌，通过挖掘徽文化、动漫文化、诗词文化、美食文化等素材，融入现代元素，创作雅俗共赏的精品节庆活动。创新办好黄山国际旅游节暨徽文化节、池州中国国际地藏文化节、九华山庙会、宣城中国（宣城）文房四宝之乡文化旅游节、中国（芜湖）旅游博览会和中国（芜湖）国际动漫产业交易会、铜陵铜文化旅游节、马鞍山李白国际户外旅游节和黄梅戏文化节、天柱山登山节等品牌节庆活动，根据皖南地区一些新业态资源，培育一批集休闲、观光、文化、户外运动为一体的新兴旅游节庆品牌。

二、推动示范区协同发展路径分析

（一）工作机制协同一体化

协同发展就是要通过交通、市场等方面的一体化打破地区行政边界，实现共赢。建立示范区联席会议制度，推进重点工作，协调解决相关事宜，原则上 7 市轮值召开，每半年一次。

1. 规范联席会议。联席会议由示范区建设领导小组主持，由省政府分管领导任召集人，分管副秘书长和当值市长任副召集人，领导小组办公室负责召集、记录、印发会议纪要和资料归档，联席会议以会议纪要形式明确会议议定事项，会议纪要由领导小组办公室根据会议精神负责整理、印发、推进落实。

2. 专项工作小组。以皖南国际文化旅游示范区建设领导小组为主体，成立区域规划协调、旅游产品开发、旅游市场营销、旅游公共服务平台建设、文化旅游节庆活动、旅游应急处置、旅游统计体系、旅游督查考核等9个专项工作小组。

3. 各市成立专班。示范区内的各市应落实各市具体工作负责团队成员与职责分工，明确责任领导人和联络员、明确工作责任、明确各市具体规划实施方案，贯彻落实《皖南国际文化旅游示范区建设发展规划纲要》的实施方案。制定示范区建设年度工作计划，落实到规划实施进度、项目建设进度、基础设施建设进度等具体工作。

4. 创新合作一体化机制。在自愿的基础上建立平等参与机制，以“投出多少，享受多少”为原则，示范区7市应在规则体系共建、创新模式共推、市场监管共治、流通设施互联、区域信息互通、资源环境共护、项目工程共建、人才队伍共享八个方面加强区域合作，着力打破行政区划封锁，建设示范区一体化合作机制。

（二）规划编制协同一体化

示范区各地经济发展不均衡，编制一系列规划以摆脱开发建设依据不足的尴尬处境显得尤为重要。要准确把握皖南国际文化旅游示范区战略定位。突出协同发展，积极主动作为，站在全球视野和战略高度，把握好区域旅游自身发展与区域协同发展的关系，处理好各部门的关系。要坚持改革创新，要立足现状，把握当前与长远的关系，科学制定规划目标，突出规划的可操作性。推动将规划重点内容纳入国家相关规划，与地方总体规划以及各专项规划进行对接，高水准实现规划编制协同一体化。一体化的规划编制体系应将各种类型规划的核心部分予以整合，实现“一张图”管理模式。

1. 以《皖南国际旅游文化示范区规划纲要》为统领，详细制定示范区各市旅游发展总体规划，并与安徽省旅游规划对接，充分体现规划编制一体化的优势。

2.《皖南国际文化旅游示范区旅游发展规划》应充分把握示范区实际情况，统筹好与生态环境、流域治理、交通基础设施、环境保护、公共服务等方面的相互关系。

3. 规划编制一体化体系的建构。按照一体化模式处理原则和程序，解决规划成果之间的矛盾，使得规划成果协调统一，达到“一张图”的总体目标。“一张图”平台建设有利于各种类型规划之间的协调与衔接，有利于规划管理部门提高管理质量与效益。

（三）资源保护协同一体化

示范区应坚持绿水青山就是金山银山的理念，加强核心区生态环境治理及保护，协力边界沿线环境保护，对生态脆弱的重要旅游文化景区，统一实行游客容量控制和环境监测制度。

1. 源头生态环境保护。第一，强化核心区及大黄山区域的生态环境治理和保护。

依托大黄山国家公园体系建设工程的推进，不断完善大黄山区域相关环境基础设施，以“保护优先，全民利益优先”为原则，从加强区域内生态系统保护、加强区域内文化系统保护、强化生态修复、加强水土保持和地质灾害防护、加强污染综合防治、增加对保护的专项投入、增加对保护的科技投入、提升对保护的公众认知等 8 个方面入手，杜绝过度开发，保证资源的合理利用和国家公园的永续利用。第二，完善“三江三湖四河”等环保联防联控机制。探索建立河长制，建议由环保部牵头，各市参加的流域水环境保护领导小组或流域水环境保护联席会议，并完善日常联防联控机制，不断探索区域环境污染治理的协作机制。创新示范区地方政府的激励和考核机制，以统一污染排放标准为突破口，推进示范区协调机制。

2. 景区环境保护。第一，积极实施核心保护区战略，全面落实核心保护区规划，以保护区为核心，以景区观光区、休憩区、服务区为主题，共同构建开发与保护、游憩和安全并重的景区空间布局，适当增加生态用地，保护和扩大景区绿色生态环境。第二，加大区内沿江和沿湖湿地保护，完善湿地保护管理体系，实施湿地生态修复工程，并不断探索湿地合理利用新模式，开展湿地保护集中行动，加大湿地保护宣传力度。

3. 生态补偿机制。总结新安江流域生态补偿机制试点经验，延长新安江生态补偿机制试点期限，在不断摸索中逐步建立长效机制，完善生态补偿产权制度，进一步明晰补偿对象，并加大补偿额度，引入市场机制，积极拓宽补偿资金渠道和丰富补偿方式，在此基础上，拓宽生态补偿范围。推广新安江流域生态补偿机制，扩大生态补偿地域范围，推进示范区其他生态脆弱区保护。

（四）旅游线路协同一体化

示范区应全力推进“五个一”工程，即建设一批国际水准旅游精品景区、发展一批具有国际竞争力的特色旅游产品、打造一批融入国际大循环的旅游精品线路、创造一批紧跟世界潮流的旅游新兴业态、培育一批具有国际经营实力的领军企业。充分利用报纸、电视、广播等主流媒体资源，开展旅游整体形象宣传，以线路产品为纽带，到重点目标市场投放宣传广告；探索媒体资源互换机制，在主要景区、星级宾馆、交通枢纽等游客集散地投播宣传广告；围绕高铁旅游、入境旅游等市场开发，组团赴高铁枢纽城市、境外重点客源城市开展规模旅游促销活动；有选择地联合参加境内外大型旅游展会；对邀请的主要客源市场旅行商、媒体采风踩线活动，双方给予支持帮助；根据双方客源市场情况，围绕品牌线路、特色产品，编制“皖南国际文化旅游示范区”核心区精品线路折页、自驾游手册、自由行攻略等纸质和电子宣传品。建成一批精品路线。

（五）交通网络建设协同一体化

组织编制《皖南国际文化旅游示范区交通一体化规划》，努力使交通成为示范区建设发展的先行者，为示范区建设发展打下坚实的基础，推动示范区建设的一体化大发展（表3）。

表3：皖南示范区各地级市之间公路里程（单位：km）

城市	黄山	池州	安庆	宣城	铜陵	马鞍山	芜湖
黄山	0	133.6	185.4	129.4	107.7	226.6	183.3
池州	133.6	0	66.0	147.5	61.4	180.5	137.2
安庆	185.4	66.0	0	198.8	112.7	231.7	188.5
宣城	129.4	147.5	198.8	0	100.8	103.4	75.8
铜陵	107.7	61.4	112.7	100.8	0	133.7	91.0
马鞍山	226.6	180.5	231.7	103.4	133.7	0	56.5
芜湖	183.3	137.2	188.5	75.8	91.0	56.5	0

1. 完善示范区交通大网络体系，加快交通运输主通道、区域内综合交通网络建设。打通区域铁路、公路大通道，完善城市道路网络主骨架，大力发展公共交通，强化内外交通、多方式交通之间的有效衔接，形成内部快速通达、外部高速连接的综合交通大网络体系。

2. 构筑立体化旅游通达系统。加快空路、铁路、水路、公路等对外交通基础设施建设，形成“水陆空”三位一体的立体化旅游通达系统。加快建设“四纵三横”综合交通通道，“四纵”具体包括商丘—杭州（合肥—宣城—杭州）、北京—台北（合肥—黄山—福州）、济南—广州（六安—安庆—景德镇）、上海—成都（合肥—安庆—九江），“三横”则包括沿江通道、杭州—黄山—景德镇、南京—宣城。

3. 加快推进交通一体化进程。完善示范区交通网络布局，加快推进示范区各市县之间、交通站点之间、景区之间的快速通道，打通区际的断头路以及主干通道通往景区的连接通道，实现示范区三级轨道交通网络的“四通八达”。完善示范区综合交通出行信息服务，联合示范区 7 市交通部门推进交通信息平台共建，实现交通信息、客运售票、多式联运三大运输环节协调一致，客运形成 1 小时交通圈，提升示范区运输便利化水平。

（六）宣传营销协同一体化

1. 统一营销形象。形成体系化的皖南示范区旅游形象系统。塑造强化“山水皖南，文化徽州”整体旅游形象。联动开发观光、文化与度假组合型旅游产品，联手开拓国际国内旅游市场，打造一批重点旅游区，培育形成世界级黄金旅游带。开展旅游联合推介活动，加大旅游品牌宣传。创新营销手段。有效组合人员推销，实行全民推销的模式。网络营销方面，利用各大旅游网站进行宣传，在各大视频网站投放宣传广告，利用微博、微信加大宣传力度。

2. 构建营销联盟，建立联动营销机制。皖南旅游示范区内各部门共享各类旅游资源，整合旅游宣传资源，七市联合进行营销，相互为对方宣传旅游产品，对等互设广告，相互邀请记者考察访问，共同参加旅游展销会，共同组织旅游大篷车，实行套餐组合、捆绑销售战略，为旅游者量身定制旅游服务活动，最大限度地满足旅游者的需要。联合建立营销体系。媒体营销，在中央电视台、省市卫视频道、报纸、杂志、广播等媒介投放旅游广告，加大“山水皖南，文化徽州”旅游品牌宣传力度。举办节事活动，打造一批有影响力的区域联动发展的共享平台，探索建立皖南旅游电子商务平台，整合途马、佑途等安徽省旅游企业电子商务平台及其他有影响力的 OTA 电商平台，使旅游者完成一站式信息查询和产品预订流程，增强网站吸引力。举办国际性体育赛事活动。

（七）公共服务协同一体化

1. 建设服务体系。参照《旅游景区质量等级评定管理办法》和《旅游景区质量等级的划分与评定》标准，制订和实施覆盖皖南示范区的旅游文化产品、旅游服务、旅游功能完善及保护旅游消费者权益等旅游和文化方面的相关标准体系。

2. 建立服务平台。形成旅游公共信息服务体系，建立皖南示范区旅游公共信息网络、旅游咨询服务中心、旅游服务咨询热线、旅游资讯网站、示范区微博公共号、微信公众账号和皖南旅游示范区 App 等；形成旅游安全保障体系，建立皖南示范区旅游安全管理体系、旅游安全监控体系。

3. 建设智慧皖南系统。推进智慧旅游服务平台的建设。建立电子商务应用系统，以在线预订服务为切入点，开展电子商务应用，并通过在线支付，为客户提供快捷、安全、方便的订购服务。建立智慧售检票系统，通过与电子商务系统、一卡通系统结合，建设售检票系统。建立智慧导游导览系统，通过手机 App 导游导览的方式，实现皖南旅游示范区景区智能的导游导览。建立智慧旅游投诉服务平台，游客通过手机 App 及皖南示范区门户网站，事中及事后在投诉平台对景区不满进行投诉，并且跟踪投诉处理情况。加快实现景区等无线 WiFi 全覆盖,逐步实现皖南示范区所有景区无线 WiFi 全覆盖。

(八)市场监督协同一体化

1. 建立协调合作机制。加强《旅游法》等法规的宣传与落实,推进《安徽省旅游条例》的修订工作。联合开展文明旅游系列活动,营造良好的旅游环境。充分利用“两微一端”,开展文明旅游宣传,线上、线下活动结合,打造智慧旅游,开启文明旅游新模式。加强旅行社之间的合作交流,推进旅行服务集团化、网络化发展,打造旅行社集团,并不断地发展强大,在发展到一定程度时,可以挂牌上市。建立导游无障碍体系。取消区域内强制地陪制度,取消导游跨区域带团限制,允许外市旅行社组团、景点导游、接待一条龙服务。

2. 建立区域诚信体系。完善征信体系,建立诚信联盟。完善诚信执纪执法体系,建立诚信奖励和惩戒机制,整顿市场秩序,规范经营行为,提高服务质量,营造诚信旅游环境。通过旅游诚信体系建设,引导消费者树立正确的消费理念,理性消费,文明消费,健康消费,依法维权。建立旅游诚信系统和诚信披露制度。建立定期的诚信教育培训机制。建立区域旅游投诉处理一体化机制。

安徽新兴文化业态培育研究

朱铁军[①]

一、当前安徽新兴文化业态培育发展之瓶颈问题

(一)创新体系的不确定性

这里所指的是一个完整的创新体系,不仅指的是产品创意,更包括创新理念、创新机制、创新平台、创新技术等等。首先,当然文化产业核心之核心,在于自主创新,在于原始创意。当前,安徽文化产业创新创意的激发点和来源存在不确定性:一是未能深度挖掘安徽地域传统与现代文化内涵,有些虽为传统文化资源,但不具特色性、典型性和代表性或没有有效整合提炼;二是受外来文化或是创意文化影响较多,原创性比例较低;三是创新团队、研发人员水平参差不齐或是研发方向不够凝练等。其次,安徽文化产业创新理念和体制机制还较为落后,竞争力弱,经济效益低,如何能在较短的时间内实现文化产业与科技、旅游、工业、农业、建筑等产业的深度融合,如何实现真正的产业升级转型仍存有不确定性。再次,文化产业的发展同样也离不开技术与科技的不断创新,安徽全局式的文化产业技术创新服务平台和战略联盟的构建和完善直接关系到文化创意和文化成果的加速、转化和应用,目前其打造仍需时日。

(二)定位、规模、竞争与效应缺乏科学精准和深度联动

在当前文化产业发展日益蓬勃,竞争日趋激烈的新机遇和新挑战的境况下,安徽现代文化产业的发展必须实现高起点和战略性,要在精准定位、精心培育、精确引导上下足功夫,为未来发展历程中的软着陆做好充分铺垫,同时也能有效避免产业定位雷同化、建设同质化、文化地产化、方向缺失化、分散离心化等众多问题。

2015 年,安徽正式推出文化产业重点招商项目 330 个,投资总额 3308.09 亿元,计

① 作者系安徽工程大学副教授。

划引进资金2809.63亿元,与2014年相比各增长0.92%、11.83%和25.75%,然而省内能够在国际舞台上博弈和竞争的拳头企业和明星企业少之又少;虽然各地市及县区拥有一批根据自身文化资源发展的文化产业,但总体上定位仍然模糊,区域间发展极不平衡,仅合肥、黄山、芜湖、马鞍山等文化产业营业收入就占了全省总收入的半壁江山;产业规模和聚集效应不够,同质化和同构性现象明显,以铜陵为例,铜陵一直以来大力发展和深化铜文化,但其铜文化产业规模化、集约化程度较低,缺少具有自主知识产权、富有创意、附加值高、牵引力强、辐射力广的原创性产品,且行业整合度不高,尚未形成联合市场开发格局和品牌联动效应,缺乏对资源配置和产业发展的合理布局,产业集聚效应欠佳;政策指导、企业管理和服务不到位,能够展现"安徽创造""安徽视点"和"安徽神韵"的文化产品较为欠缺。

(三)风险控制与投资评估体系不健全

文化产业是一个高回报但同样也是高风险的资金密集型产业,因此,风险控制与投资评估体系的建立和完善是安徽现代文化产业发展与新兴业态定位与培育中的重大问题,其中主要包括风险投资机制的革新、风险资本的投入、营运和退出等运行机制的保障、投资主客体的评估、金融机构的支持力度等。当前,安徽文化产业在发展进程中,往往由于信息市场、新兴资本市场的滞后,有时甚至是缺失,以及投资体系和评估机制的不健全、资本形式和融资渠道的单一化,再加之一定的政策风险等,使得众多文化企业以及创业者缺乏对风险资本评定、风险控制的预判能力、洞察能力和适应能力;反之,对于风险投资者而言,同样由于缺少有效的风险控制与投资评估体系,使得风险投资家在对企业有形资产,尤其是无形资产价值评估中提高了评估成本,或是无法较为准确地预判文化产业创新领域和特色领域的增长潜值,进而无形中增强了投资的风险度,降低了投资意愿,进而阻碍了风险资本的进入。

一旦有效构建了完全针对安徽特色型文化产业的风险控制与投资评估体系,打破融资与风险运行的壁垒和瓶颈,一方面有利于促进安徽文化企业完善现代企业制度,增加企业融资的渠道与来源,完善金融手段,满足企业发展过程中的资本要求;另一方面也会积极促进产业新的增长点的不断涌现和有效培育,从而有力推动安徽现代文化产业持续、健康、快速发展。

(四)高端人才的缺乏

文化产业的竞争已从原来的文化资源竞争、技术竞争逐步深入到高端人才的竞争,文化产业是一个涵盖了文化、艺术、历史、创意设计、市场营销、产业运作、企业管理等方面的综合性高新领域，不仅需要各个领域的专业性人才，更需要高端复合型乃至国际化的专业人士以及各行业的领军人物和具有一定影响力的合作团队。从产业链层面分析，高端人才不仅能够开发出更多更优秀的原创内容，奠定产业链前端的创新度，在中端产业融合、产业聚集和规模化集约式生产上，其较高的知识技能和管理经验又能发挥出重要的作用，而位于产业链末端的文化产品包装、营销以及文化品牌的宣传推介更需要专业人士和专业团队。

我省在文化产业高端人才的培、引、育上近年来取得了一定的成绩，但人才总量仍显不足，人才规模不大，人才队伍培养速度、数量和质量远不能满足我省文化产业发展和建设文化强省的迫切需要。据数据显示，至 2013 年年底，全省文化从业人员共 84644 人，占全省人才总量约 1.23%，文化产业的人才队伍规模较小，更加令人担忧的是其在总人口比例中呈现下降趋势。另以上海作为对比，2014 年上海市文化创意产业就实现增加值 2820 亿元，占全市 GDP 的比重为 12% 左右，仅在上海 100 余家正式授牌的文化创意产业园区内，便聚集了研发设计、数字娱乐、工艺美术、博物展示、设计装潢、咨询策划、体验休闲等众多领域 4 万余名精英人才和复合型人才，强大的人才资源强力推动了上海市文化产业的持续快速发展。因此，文化产业人才缺乏，尤其是高端人才资源问题已成为制约安徽文化产业当前发展的一个重大瓶颈。

（五）文化消费水平偏低

2014 年，全国城镇居民人均文化消费 2142 元，农村居民人均文化消费 860 元，其中北京城市居民人均文化消费 4356 元，农村居民人均文化消费 4020 元，人均文化消费支出占人均消费性支出比重在 15% 左右。同年，安徽城镇居民人均消费支出 16107 元，而人均文化消费支出 1570 元，仅占人均消费性支出 9% 左右，在中部六省中，我省的文化消费水平也处于末流。由此可见，我省人民群众用于文化消费方面的支出明显偏低，并且滞后于其他方面的消费支出，文化消费水平的低位徘徊直接影响并在很大程度上限制了我省新兴文化业态的培育与勃发。

此外，数据显示，安徽省文化消费近年来总体呈现出以下七大特征：一是城镇家庭教育支出在文化消费支出中比重最大，二是文化服务性支出呈现快速增长态势，三是各地市居民文化消费支出不平衡现象愈发明显，四是总体上我省家庭文化消费支出处于逐年上升趋势，五是高中低收入家庭间的文化消费水平差距不断扩大，六是常住人口和流动人口的文化消费差异不断缩小，七是农村居民的教育文化娱乐服务消费在全年消费支出中关联度较低。

(六)文化产业跨界融合发展难以强力突破

跨界融合是文化产业未来发展的方向,也是新兴文化业态培育的关键,安徽对此顺应形势,近年来不断加速文化产业与其他产业的融合发展,以不断提升文化核心竞争力,其中不乏成功实例。如2014年合肥、芜湖国家级动漫、数字出版基地营业收入居全国第4位,再如芜湖大力弘扬传统文化,芜湖方特非遗文化游乐园等高科技文化主题公园呈现集群式发展,这即是建立在积极探索“文化+科技+旅游”的文化产业发展模式之上取得的倍增效应和成功经验。但相较文化产业发达省市,我省文化产业跨界融合发展在短期内难以强力突破,表现在:一是政策体制的限制,这不仅是某一区域行业全方位的政策体制的放开,更需要全省范围内在发展理念、统筹引导、运行模式、管理机制、实现路径、执行方案、保障措施等多个层面和方位的突破;二是资金投入的限制,文化产业的发展繁荣以及跨界融合需要大量的资本投入,但我省文化产业投资途径相对来说缺乏多元化,大型机构投资者投资我省的意愿相对不强,融资结构需要不断优化,投资总量和规模仍需大力提升;三是区域行业的限制,部分跨界融合受到行政区域和行业产业内部框架限制,而真正的跨界融合需要跨区域跨行业自由流动和整合配置,需要构建新的产业发展体系;四是跨界人才的限制,前文已述,我省总体上文化产业人才缺乏,而跨界复合型人才更是属于稀缺资源,这在很大程度上限制了文化产业跨界的深度融合。

二、安徽新兴文化产业培育路径分析与对策建议

(一)建立“三导三化”的驱动模式

安徽文化产业新兴业态培育和发展首先要建立切合我省发展实际的产业驱动模式,针对安徽建设文化强省和文化产业创新融合的目标,建议建立“三导三化”的驱动模式,即政府引导、社会倡导、市场主导和集约化、一体化、专业化。

1. 政府引导

新兴文化业态的谋划和布局必须要求政府部门拥有宽广的视野,能够进行科学的分析、精准的预判和积极的引导。因此,政府首先要把握好其与企业、市场的关系,要深化文化体制改革,理顺政事关系,坚持全省城乡和区域文化的协调发展,在文化产业定位和发展中起到积极的引导作用,以宏观意识、引擎意识、服务意识、前沿意识驱动和促进产业的良性发展。反之,新兴文化业态的培育和勃发也必须依托省级政府的统

筹布局和地方政府的穿针引线，在市场与企业间搭建桥梁，营造良好的法制环境、政策环境、创业环境、投资环境、市场环境，引领舆论导向，搭建公共服务平台，加快产业园区建设，整合产业资源，打造文化精品和知名文化品牌，培育和壮大龙头企业，着力推进中小企业转型。

2. 社会倡导

要积极营造我省全社会范围内的文化氛围、文化需求市场和文化消费环境，借助博物馆、艺术馆、文化馆、文化站、文化服务平台和各类社会媒介大力宣扬安徽传统和创新型特色文化和区域文化，传播和递生文化创意发展理念，通过多频率深入性地举办各类社会性会展、文化体验、节庆娱乐、艺术展演、文化知识竞赛、创意设计大赛等社会活动和系列活动以及不间断地推出系列文化优惠套餐，让民众从中了解安徽特色文化，零距离体验特色文化，深度感悟特色文化，从而喜欢和热爱特色文化。在提升群众文化素养和文化品位的同时，奠定坚实的群众文化基础，形成全社会倡导的文化氛围，进而在文化消费市场中形成强劲的社会导向和消费模式，在社会各界的齐力倡导中实现安徽文化产业的腾飞和知名文化品牌的树立。

3. 市场主导

无论是政府的引导，还是社会的倡导，最终检验文化产业实效的还是市场。此外，文化产业融合发展，继承创新的动力也是市场。因此，一定要紧紧围绕以市场为主导的原则，采用符合市场化运作的手段，一方面鼓励安徽文化企业以市场为导向提升核心创新能力和核心竞争力，自发地以市场为导向开展调研、设计和研发；另一方面紧盯市场风向，研判市场趋向，把握市场未来走向，因势利导，深入挖掘潜在文化消费群体和文化消费市场，超前培育文化消费热点，细致谋划，为顺应并积极抢占未来文化市场筑牢根基。

4. 集约化

现代文化产业，特别是新兴文化业态是建立在当前文化产业升级转型和跨界融合的背景和基础之上的，势必要以集约化作为产业发展的首要标准，做到合理规划和布局现有文化产业园区，在突出重点的同时，以前瞻化的引入机制、完善的园区管理模式和科学的资源配置方式打造实现资源集约利用的文化产业聚集区，提高集约效益；积极构建科学有效的现代文化产业链，在各环节密切配合、良性互动的状态下不断提升各环节的附加值，充分发挥和展现现代文化产业链的价值；加大自主创新力度，不断提高科技含量和创意推进力，实现“精、快、优、省”的发展目标。

5. 一体化

当今世界在多领域和多行业极力倡导一体化，一体化本身就代表着创新、变革和跃升。现代新兴文化业态就是通过科技创新和跨界融合实现一体化，因此在其培育和发展中需要全力构建全方位的一体化平台和模式，如产学研一体化、产运销一体化、一体化创意研发设计、一体化项目管理、工艺一体化、物流一体化、集约型一体化管理体系、一体化服务体系等，尽可能地将各个环节或方向凝练和融合为一个有机整体，从而形成协同效应，以高效实现发展目标和发展任务。

6. 专业化

现代文化产业是一个专业性较强的发展领域，需要多领域多行业的专业性人才和团队，开展专项的创新、研究、开发、设计与管理以及专门的操作与运营。专业化的发展路径不仅便于政府专项指导，制定指向明确的政策方案，也有利于企业实现专业化的分工和专业化的管理，节约资源，集中精力进行专项开发和集约发展，同时也将畅通发现和解决问题的机制，更有助于形成专业化的产业服务体系，有效立足于市场，并在市场中展现出独特的影响力和吸引力。

政府引导、社会倡导、市场主导互为作用，交叉影响，集约化、一体化、专业化相辅相成，连接紧密，“三导三化”的驱动模式势必有效推进我省现代文化产业的繁荣和新兴文化业态的培育与勃发。

（二）新兴文化业态培育谋划定位分析

1. 总体格局

我省近期文化产业发展目标提出，到2020年，我省文化发展主要指标位居全国前列，文化产业增加值占全省生产总值的比重有较大幅度增加，文化综合实力和竞争力显著提升，力争将我省建设成为我国连接东中西地区、联动南北地区、在全国有重要地位的文化资源聚集中心、文化创意中心、文化产品生产交易流通中心、新型文化业态培育中心和文化旅游休闲度假中心，初步建成富有独特魅力和创造活力的文化强省。

根据这一发展目标，结合当前安徽文化产业发展实际和各地市发展特色，建议打造“一带一道”和“五圈辉映”的未来安徽文化产业格局。

“一带”是指“新徽文化产业带”，安徽未来文化产业发展必须定位于新的起点和新的高度，运用创新理念培育新兴的文化业态，一切均要围绕“新”字做文章。因此，提出构建“新徽文化产业带”，在安徽传统文化产业的基础上，开拓创新，融合跨界，大力推进并着力实现文化体制、文化机制、文化观念、文化内容、文化形式、文化品牌、文化传播、文化业态、文化科技、文化服务等十个方面的创新提升，不断优化文化产业布局和结构，以新徽文化形成总体带动。

“一道”指“重走徽州古道”。徽州古道是古代徽州与外界往来沟通的经济要道，同时也是徽州文化输出的通途，重走徽州古道即以徽文化和古徽州为维系点，以多条徽州古道为纽带，在省内可联结包括黄山、安庆、宣城、芜湖、池州、铜陵、六安、马鞍山等城市在内的整个皖南区域，进而辐射文化产业核心城市合肥和皖北地区，在省外可勾连杭州、上饶、衢州乃至上海，充分利用禀赋各异的文化资源和沿线秀美旖旎的旅游资源，促进省内外文化、经济、科技等领域的深入外向性合作。建设“新徽文化产业带”的战略构想，让徽州古道焕发新的生机活力，传递新的文化气息，在实现多样文化各展风姿和兼容并蓄的基础上，促进我省文化产业新型发展、协同推进。

“五圈”即皖西北的中原文化圈、淮河流域安徽段的淮河文化圈、合肥地区的庐州文化圈、长江流域安徽段的皖江文化圈以及古徽州地域的徽州文化圈。地理环境、历史积淀和人文环境的差异，使得安徽五大区域文化特色鲜明。安徽文化产业的发展既要充分挖掘、利用和布局资源丰富、优势突出、功能明确的特色文化产业圈，又要强力凝聚安徽文化内在的精神与合力，进而整合各区域文化资源，统筹产业发展，形成相互错位、相互辉映的特色产业格局。

2. 各地市文化产业新兴业态互补联动式定位

合肥新兴文化业态定位：作为安徽龙头城市的合肥，已明确提出要深入推进工业立市战略，以培育壮大战略性新兴产业为引领，以改造提升优势传统产业为重点，以发展繁荣现代服务业为支撑，在文化产业上实现“抱团发展，走产业集群化道路”，主打数字动漫、休闲娱乐、工业设计、都市创意等“产业牌”，进而有效形成整体推进。

马鞍山新兴文化业态定位：马鞍山把新兴文化业态的发展作为重要内容，指出着力在文化创意、影视制作、演艺娱乐、文化会展、动漫等方面寻求机遇、谋求突破，建议重点打造数字娱乐动漫产业，通过各种规模、各种类型的文化产业园、影视基地等建设，吸纳和发展更多更好的文化企业。

铜陵新兴文化业态定位：建议继续在特色铜文化上做文章，并有效打造特色铜文化品牌，显著提升其知名度和影响力，以铜文化资源为支撑，策划、建设高端牵引型龙头项目，以及做大做强铜艺术品和铜雕塑产业，同时依据其地理与交通条件，积极融入“两山一湖”，以特色文化旅游为新亮点。

安庆新兴文化业态定位：安庆历史文化以及旅游资源极其丰富，应大力推动文化与旅游产业发展融合，重点建设一批文化旅游景区，加快实现安庆文化旅游“网络平台化和手机平台化”，促进文化旅游创意产业跨越发展。同时不断加强黄梅戏和演艺曲艺艺术展演基地建设，大力弘扬黄梅戏曲艺艺术，并有效融合影视动漫、数字媒体，赋予传统曲艺新内涵。

滁州新兴文化业态定位：依据其全力建设家电信息产业、化工产业、农副产品精深加工产业、装备制造产业和新能源产业的目标定位，建议未来滁州新兴文化业态应致力于壮大生产型文化产业，重点发展服务于五大产业转型升级的创意设计、软件、广告会展、研发外包等行业，通过区域产业协作不断深化，借助地区工业转型升级派生出的文化服务需求做大做强文化产业集群。

宣城新兴文化业态定位：宣城提出要倾力打造“文化宣城”，一方面应当继续大力发展宣城知名的宣纸、宣笔、徽墨等传统文化产业；另一方面培育和启动一批具有良好发展前景的文化产业项目，着力推进文化与旅游业、农业、体育、养生养老等产业的融合发展。

六安新兴文化业态定位：在文化产业方面，六安提出要加快文化产业园区和文化产业示范基地建设，不断培育新的文化业态，积极推进文化创意、动漫、节目制作等广播影视业发展。

芜湖新兴文化业态定位：注重借助产业链竞合发展，发挥产业集群的知识外溢、基础设施共享及品牌效应，推动文化与科技、文化与旅游融合发展，重点发展旅游休闲、工业品制造、广播影视、文化艺术、新闻出版、艺术品交易等特色文化产业，建设文化强市、打造欢乐芜湖。

池州新兴文化业态定位：池州提出要坚持文化与创意、旅游、金融、科技融合发展，提升文化创意产业竞争力和辐射力，打造区域性特色文化产业集群，加快动漫创意、演艺娱乐、影视传媒、广告服务、新闻出版等重点文化创意产业的发展，以此带动旅游、会展、体育等关联产业的发展。同时，池州还应充分挖掘佛文化、茶文化、诗文化、傩文化和江南民居文化等丰富内涵，加快建设国家级动漫游戏基地、国家级江南文化产业园及影视传媒基地、节庆会展基地、民俗文化基地以及各类创意产业集聚区。

黄山新兴文化业态定位：黄山旅游资源极其丰富，文化产业与旅游产业融合发展毋庸置疑，但在此基础上，应开展多层面交叉重组式科学规划布局，凭借黄山优质的自然景观和历史人文遗迹强调感悟型文化旅游；以地方丰富的民俗风情和人文活动打造体验型文化旅游；融合影视动漫和艺术创作谋划创意型文化旅游；结合山地农业和亲历农事等活动开发农业生态型文化旅游；以山乡探险和野外露营等活动催生极限式文化旅游运动等。

淮南新兴文化业态定位：新兴文化业态的定位对于资源型城市淮南的经济文化转型具有独特意义，淮南应重点谋划历史文化、特色文化和新兴文化的三位一体，依托淮南“五古一稀”为代表的文化遗产，全力培育主业突出、特色鲜明、多元创新、集约高效的新型文化企业，建议在动漫游戏、文化旅游、数字出版、网络广播影视、文化会展等新兴文化业态上做文章。

淮北新兴文化业态定位：淮北新近宣布将进军新媒体新业态，推进文化与旅游、科技、体育等领域的融合，加快发展新兴文化业态。建议以互联网、户外数字媒体、移动网络、数字电视、数字出版、数字娱乐等技术手段和技术形态全力激发文化产业发展活力，并通过完善文化服务体系在促进文化消费的同时，实现文化的外向性输出。

阜阳新兴文化业态定位：阜阳历史文化璀璨且影响较为深远，建议阜阳大力打造特色集聚型文化产业园区，以文化旅游、新媒体艺术、文化创意、动漫游戏等新兴产业为突破口，将深厚的传统文化通过新型的传播技术、创意设计和现代文化观念衍生和培育出既具有创造性又具有交互性和多样性的新的文化名片。

亳州新兴文化业态定位：亳州素以传统中药材、白酒产业而闻名，一方面建议亳州继续咬住“药文化”和“酒文化”，在传统中药材、白酒产业中不断注入文化含量，并结合旅游产业，设计、推广和策划药乡文化之旅和白酒品鉴之旅，乘势打造“药文化”和“酒文化”品牌，另一方面积极寻求新的文化增长极，如与农业、电商产业相融合，培育新兴文化业态，以实现文化产业的持续发展。

宿州新兴文化业态定位：宿州近年来积极引入数字影视、电子出版、网络软件、文化创意、动漫游戏等文化创新型和高新技术企业或项目，根据其中国书画之乡、马戏之乡、戏曲之乡、观赏石之乡等丰富的文化资源，建议充分开发利用，配合发展戏曲演艺、民间艺术、休闲娱乐、工艺品交易等文化业态，以形成联动互补的良性发展态势。

蚌埠新兴文化业态定位：蚌埠近年来不断探索引导文化与科技、旅游、农业、医疗、教育等业态融合创新之路，已取得了显著成绩，建议继续深化并做大做强，同时需要更加注重以高端文化产品的创新与制造、艺术品加工与交易、会展教育等为主导，注重新兴文化特色产业集聚区的建设与管理。

（三）安徽新兴文化业态培育对策建议

1. 营造良好的安徽新兴文化业态培育和发展环境

当前，安徽已经具备了优良的文化产业发展的土壤，但针对新兴的文化产业，还必须进一步营造良好的培育和发展环境，做到在通盘考量全省文化产业政策，积极融入安徽新兴产业发展规划的基础上，借鉴先行发展地区新兴文化业态培育和管理的成功经验，制订、配套和完善指向性明确的关于文化产业的方针政策和体制机制，有效避免政策的交叉性、滞后性和落后性，主要做法如下：一是切实发挥政府的引导作用，“政策的制定者应致力于特色性行业及其发展需求的更具广阔视域的政策考量”，为此，政府在整合行政管理力量的同时，需要实现综合性的文化产业管理责任主体，创新文化市场的管理机制和管理模式，并开展严格执法、统一执法和专项执法，积极营造文化产业市场环境；二是明确文化企业的主体地位和文化市场的主导作用，促进企业建立健全现代企业制度，鼓励企业以创意文化为核心，创新性的融合行业所触及的多个领域，在产业结构的优化配置中突破现有体制机制的局限和束缚，进而形成具有强大竞争力的文化创意集团；三是建立文化产业服务运行机制，在文化龙头企业培育和引入、中小企业的孵化、融投资渠道的拓展、重大文化成果研发、现代技术创新、人才引入及活用机制、文化产品市场推介、行业协会积极介入、知识产权保护等方面开展全方位点到点的服务，全力搭建文化产业公共服务平台；四是创新政策扶持体制，一方面革新招商引资机制，加强产业用地扶持，建立中小型文化创意企业的融资和担保机制，正确引导国内外风险投资，健全文化投融资体制，另一方面大幅提高文化企业重大项目和体制技术改革的奖励资助力度，设立产业发展专项资金，大力倡导和鼓励企业开展自主创新、技术革新、增资扩产、升级转型、并购重组以及创建品牌；五是加大宣传和配套性文化基础设施的投入力度，总结凝练传统文化的精华，在已有博物馆、文化馆、科技馆、美术馆、图书馆、创意产业园以及城市景观带中大量增设或开辟专栏介绍和反映传统文化和现代创意产品的文化信息和文化设施，同时加快推进国家级文化产业园的建设，组织开展形式多样、内容丰富的以文化为主题的各类活动和赛事，在全社会开展文化品牌的宣扬，为新兴文化业态培育造势。

2. 要用本土文化牵引产业灵魂，运用地方特色实现差异化发展

当前，国内各省市文化产业竞争激烈，各地均在大力培育具有地方特色的新兴文化业态，的确，要想在残酷的竞争中走出一条特色化发展之路，就必须打好地方本土文化的牌，让本土文化牵引产业灵魂，让本土文化渗入产业骨髓，运用地方特色实现差异化发展。一是深度发掘代表性文化资源，或以借助最新的考古发现和文化发现，比对分析，凝练总结，用当代的艺术文化理念和创新法则来融合重构现代文化产品的创意

元素和因子；用当代的审美意识和评价体系来诠释文化产品的精神内涵和文化品位；用产业化的视角和市场化的思路来定位文化创意产品的未来应用和去向。二是要花大力气保护好文化资源和文化遗产，要在引智培新的基础上，重视和保护安徽及安徽地域现有的老一辈的艺术家、非遗传承人、工艺美术大师，并充分调动和发挥其作用。三是一定要以文化创意为主线和基调，以“无止境创新，无限制创意”为核心理念，高度重视并深入审思创新与创意的互补关系和决定性作用，以地方特色性的文化元素和因子作为区域文化产业原始创新的源泉，再结合当代创意思想进行集成化创新，全新定义现代文化品牌，同时大力提升企业的产品开发能力、价值增长能力、经济效率和市场营销能力，通过集群化、集成化和集约化的发展，实现高附加值、高增长值、高经济效率，进而达到高文化艺术性、高科技、高价值、高品位的境界。

3. 以产业融合催生各类新型高端业态

产业融合将构筑我国文化产业未来的新构架，依据国际文化产业发展经验和趋势，未来几年内，文化产业与金融资本的融合，文化产业与制造业，特别是信息设备制造业、软件开发业与信息服务业之间的融合以及文化产业与旅游休闲娱乐业和现代农业间的融合等，都将彻底改变传统文化产业的门类与业态，进而催生出各类新型高端业态。

安徽近年来十分注重文化产业跨界融合，如 2014 年 11 月 26 日，安徽省人民政府办公厅下发的《安徽省推进文化创意和设计服务与相关产业融合发展行动计划》，计划到 2020 年我省文化创意和设计服务的先导产业作用更加凸显，与相关产业深入融合发展格局基本建立。依据我省发展目标和资源特色以及未来的发展趋势，本课题组建议在以下几个主要方面实现我省文化产业的跨界融合：

一是文化产业与制造业的跨界融合。当前我省第二产业所占比重仍然较高，安徽省工业增加值增幅近年来一直位于全国前列，各地市制造业发展也较为迅速，对此，文化产业与制造业的跨界融合，不仅能够实现安徽特色型的文化观念、文化形态和文化内涵融入并渗透到制造业的产品研发设计、生产销售、市场流通、品牌宣传等全过程以及经营管理的各个环节，进而提升工业产品的文化含量和文化品位，使工业产品从卖资源、卖工时和卖技术的低级状态过渡到讲品牌、论品位、重品质的高级状态，产品附加值显著提升，而且文化产业与制造业的融合还将直接促进工业产品的文化技术开发，使得具有软实力的文化因子根植于工业产品中，并赋予其独到的新徽文化属性，故而成为推动安徽产业结构调整和转变经济发展方式的重要力量。

二是文化产业与农业的跨界融合。现代农业需要注入丰富的文化内涵与创意，现代文化也需要农业的生产生活方式来激发创新，而我省是我国重要的农产品生产、能源、原材料和加工制造业基地，我省农耕文明历史悠久，农耕文化资源丰富，现代文化产业和现代农业也是风生水起，因此，二者融合水到渠成。建议我省挖掘和发挥地域农业资源禀赋的独特优势，结合休闲农业、创意农业、生态农业、品质农业、科技农业、农耕艺术、农事体验等培育特色型农业文化，通过农业、文化、科技以及旅游等的有机融合，催生出大量的农业文化新产品、文化产业新业态和新的增长方式，在彰显我省农耕文化和地域文化魅力的同时，注入文化创意内涵，打造创意型农业文化精品，也可并行引进高规格高品位的生态农业、艺术农业等知名品牌项目，将传统的耕作生产土地转变为高附加值的农业田园风格艺术文化展示基地，从而既有利于我省现代农业升级转型，也有助于激发文化资源的深层次的潜在价值，为现代农业和现代文化产业的未来发展另辟蹊径。

三是文化产业与旅游的跨界融合。文化产业的勃发离不开文化旅游的带动和促进提升，以文化旅游实现安徽文化品牌的创建与传播是为有效之举。建议一是增加现有景区中的文化、科技、创意元素，主要做到深入挖掘特色文化和精品旅游的契合点与衔接处，在文化旅游中有效融合安徽特有的民俗文化、历史文化、农业文化、工业文化、科技文化等，并提炼文化精髓，创新文化内涵，进而呈现旅游新亮点；二是建设一批富含地域文化特色的文化旅游项目，培育一批特色文化游、参与体验游等新业态。依托安徽现有的各类文化旅游世界级以及国家级名片，积极编制文化旅游发展规划，开展文化旅游基础设施建设，并融合现代科技建设智慧旅游公共服务中心，推行智慧旅游一卡通，打造全景虚拟景区和手机智能导游系统两大智慧旅游平台，以历史遗迹、文化遗产、民俗风情等文化积淀结合自然景观作为承载，开发自然风光、戏曲演艺、民俗风情、文物展示、创意品鉴等互为补充的文化旅游项目；三是实现安徽旅游品牌与文化品牌的和谐双生、比翼齐飞。采用安徽运作十分成熟有效的会展模式和文化旅游节的模式，开发并借助各类媒体网络、手机 App 旅游在线服务功能、旅游信息发布平台和交通枢纽中心等资源渠道，再辅以文化创意产品和旅游产品的宣传和营销，全方位打造和推介安徽文化旅游品牌。

四是文化产业与科技的跨界融合。科技是产业发展的基础，也是为产业发展服务的，伴随科技的永远是不断的创新，而创新是文化产业发展的灵魂。一方面推动文化建设携手科技进步，大力促进信息化、数字化、网络化以及网络、通讯、传媒等行业的发展，这些产业链高端的行业将极大地带动文化产业新兴业态的培育，同时提升文化产品的科技含量，为文化服务注入科技属性，实现文化传播的科技途径，展现文化发展的科技力量；另一方面以高新技术推陈出新，在用现代科技大力改造传统文化产业的同时，鼓励规划建设如合肥国家级文化和科技融合示范基地等的文化科技产业集中区或产业基地，汇聚大批一流的高新技术企业和研发机构，不断推动文化产业的现代化，加快现代技术在传统文化产品各层面的应用，从而赋予传统文化新的科技与时代感染力和表现力，拓展其覆盖面和影响力，进而实现跨越式发展。

五是文化产业与金融的跨界融合。众所周知，文化产业属于智力密集型、资金密集型和创意型的产业，也是高风险和高收益型的产业，因此，产业风险较难掌控和精准预测，而且文化产品的附加值、文化品牌的价值以及文化产权的价值都没有一个恒定的量化和评估标准，因此，文化产业缺乏规模化、稳定的多渠道的灵活的资金投入机制，这往往成为文化产业发展的短板，前文已经分析，这更是制约安徽文化产业跨越式发展的重大瓶颈问题。对此，我省应当全力助推文化产业与金融的融合，通过文化产业政策倾斜、文化产业集群化发展和优质特色文化产品、文化业态和文化品牌的培育创新来引导金融资本的注入，并积极设立省市级文化产业金融服务中心，为文化企业提供快速的审批渠道和优质的金融产品服务方案，倡导金融机构和文化企业实时对接，通力合作，促进全省文化产业持续快速发展。

诚然，“文化产业＋”或是“文化产业＋ ＋ …”的跨界模式理论上是可以无限畅想，只要是有利于文化产业和经济社会的和谐发展，便可以衍生诸多模式，但归根结底需要研判形势，符合实情，一时融合虽易，但取得实效、长远发展实难，文化产业的跨界融合必须借力给力，实现真正意义上的融合共生。

4. 战略性规划产业用地，优化产业空间布局

要着眼于未来发展，从战略性的高度来布局文化产业用地，优化产业布局，统筹产业发展，在产业建设用地指标上给予支持、倾斜，并制定优惠供应土地和土地使用的相关政策，同时鼓励和倡导利用存量土地和现有建筑，提高用地效率，在用地规划和用地审批上形成文化产业用地、配套性园区和互补性产业错位补充、联动发展的产业格局，并预留文化产业用地，做足产业未来发展的功课，为安徽建设多点纷呈的文化产业圈做好充分铺垫。

5. 坚持产业链、项目、园区三重融合

文化产业的做大做强离不开互为联动、紧密契合的完整的产业链条，离不开重大

和重点项目的支撑，离不开功能齐备、特色鲜明的产业园区。因此，安徽新兴文化业态的引领和勃发一定要形成具有明显竞争优势和区域辐射力的行业门类、产业项目、产业园区、产业集群、文化市场以及从前端到终端完整的产业链条。建议做到一是要在产业发展的各个阶段和相关环节设立和实施重点文化项目，进而以项目研发、项目建设和项目推进来明确和不断修正产业未来的发展方向，同时奠定产业的主体结构和主要形态，并实行重点项目的源源不断的滚动运作，来确保产业的可持续性发展，同时构建完整的文化产业价值链条。二是在文化产品和消费型文化服务领域，按照“全产业链”思路，在横向维度完善产品线，在纵向维度打造从源头到终端的产品链条；在生产型文化服务领域，按照“控制战略环节”思路，提高在所属行业价值链中的话语权，从而在更大范围、更广领域、更深层次参与产业链的分工与合作。把文化产业发展目标落实到具体项目上，形成“谋划、储备、建设、投产”等“四个一批”的项目滚动发展格局，增强项目带动和支撑作用。三是一方面整合现有产业园区人才、资金、信息、社会网络等资源，通过合作投资项目、参与产业区投资等方式，推动园区企业之间、企业与园区之间的深层次合作，引导园区企业共同打造创造财富的平台，达到共同发展的目的；另一方面还要不断推动有序积聚，以龙头企业、重大项目为核心，打造一批空间布局合理、产业关联度大、辐射带动能力强的特色文化产业示范园区、产业基地或产业集群。

6. 文化企业孵化、培育和扶持

文化企业是文化产业的主体和生力军，新兴文化业态的培育和发展需要文化企业这一基本平台，一方面应当大力孵化、培育中小型企业，同时鼓励创业，在产业聚集园区内部专门设立孵化区域或是专辟孵化园区，在科技、文化、创意领域进行重点培育，并通过政策和资金的扶持来引导企业，催生由点及面，以条成块的聚集式相互促进共生的新兴版块和新生力量，从而形成欣欣向荣的发展态势；另一方面，积极招商引入知名文化创意企业和行业领军企业，做大做强骨干企业，培育龙头企业，特别是具有系列自主创新产品和自主知识产权以及知名品牌或文化品牌的企业，来示范引领和带动产业园区和产业区域的勃发，进而促进综合实力和核心竞争力的整体提升。

7. 促进产业聚集，实现集约化发展

资料显示，集群式发展已成为世界各国文化产业，尤其是文化创意产业发展的主要形式。现代文化产业发展的实践证明，文化产业必须要走集群化和集约化发展，要抱团取暖、集中资源、集合要素、形成合力，不仅要在土地和园区上做到聚集和集约，更要在人才、资金、管理和经营上实现聚集和集约，具体做到一是聚合文化资源，在历史文脉、传统工艺、民俗文化、古代建筑等有形的和无形的历史人文资源上，在保护、挖掘、探析、移植、复制、遴选以及传承的路径上与现代文化艺术进行融合，并在研究、开发、创新、利用中聚合为具有原生态的新兴的地方特质文化资源；二是在政策制定和指导上进行集中规划和统筹，包括园区规划、招商政策、土地使用政策、基础设施政策、融投资政策、专项资金政策、税收政策、激励政策等，以政策为导向，促进产业聚集区和社会各界的资源融合和信息共享；三是形成完善的集合多种服务和功能的文化产业支撑平台体系，加大对文化产业公共技术、服务、信息平台建设的投入，引导与文化产业联系密切的各类支撑机构和专业化协会等在地理上集中，产生广泛的集聚经济效益，通过灵活专业化、社会网络、创新环境和合作竞争等产生强劲而持续的竞争优势；四是科学规划园区功能，强化园区承载能力，全力推进产业园区集聚化发展。文化产业聚集区要集文化创意设计区、企业孵化区、原料等仓储区、生产区、文化创意产品展示发布区、文化创意产品营销策划与销售区、教育培训区、园区管理部等区域为一体，彰显布局合理、功能齐全、关联度大、带动力强、辐射面宽的园区优势，在产业重大项目的带动下，利用不同类型的企业和机构形成分工合作、相互链接、立体交织的企业集群，建设节约化、产出高、成本低、价值高、效率高的文化产业链，打造产业园区、产业项目和产业链高度融合的文化产业集聚区或产业集群。

8. 加快文化品牌培育推广

文化产业中文化品牌的创建、培育、推广和确立是核心竞争力，新兴文化业态培育的根本和核心实际上就是培育文化精品和知名文化品牌。品牌本身就是一种文化，文化品牌不仅能有效提升文化产品的文化内涵和品位格调，更是具有高附加值和高经济效益的无形资产，在其引领、号召和影响下，能够快速促进产业腾飞，扩大产业影响力，增大辐射面。安徽拥有已具有很高社会知名度和影响力的传统文化资源，这是我省新兴业态培育和文化品牌创建的优势和基础。当前，基于这一有利因素，应该加快文化品牌的培育和推广，做到一是宣传造势，战略推广，在注重文化品牌的设计与包装的同时，以战略性的高度利用政府和社会资源来为文化品牌造势，一方面"文化产业通过文化娱乐活动向大众传播文化"，要借助各类现代传媒的资源和影响力进行宣传，同时在各市县内的各类文化阵地开辟文化专栏，提升民众的认知度、参与度和提升度，另一方面有效利用各类节庆活动、文化活动、社会活动，如积极开设相关赛事、论坛、研讨会、工艺品博览会、文化博览会等等，乃至政治经济活动来大力促进和配合文化品牌推广与宣扬；二是品牌聚合凝练，在充分凝练文化元素的基础上，结合定位线路品牌、策划项目品牌、引入创意设计大师品牌、开发商品品牌、培育集团品牌、打造园区品牌、创建节庆赛事活动品牌、推出服务品牌、完善环境品牌、强化管理品牌、提升区域形象品牌、借助城市品牌等一系列举措，建立多层互动的品牌体系；三是主动渗入融合旅游文化、现代传媒产业等共生性产业，形成完整的文化产业链和完整的品牌推介体系，在多管齐下联合促动中形成品牌示范放大效应；四是坚持“以创意为灵魂、以文化为骨肉、以科技为新鲜血液”孕育文化品牌巨人，提升文化品牌的科技含量、知识含量、文化品位、艺术格调和创新基调。

9. 人才导、培、引、觅相结合

人力资源的储备和创新能力的激发是文化产业能否快速科学健康发展的决定性要素，文化产业的发展关键就在于是否集聚了一大批善于创新创业、推动文化产业发展的领军人物，是否集聚了一大批灵感迸发、创意迭现、具有创造力的创意型人才，是否集聚了一大批通晓文化专业知识和市场经济运作的经营管理型人才。因此，聚合产业人才队伍，特别是国际化复合型创新性人才是产业当前及未来发展的重中之重，要启动导、培、引、觅相结合的产业人才队伍建设机制，一是通过扶持政策和激励机制，鼓励和倡导大学生和社会人才加入领域创业队伍；二是强化与安徽科研机构、培训机构、行业协会和高等院校的联系与交流，实行短、中、长期行业培训、专业人才培养以及设计、研发、创意、文化、管理、营销等领域交叉型人才培育相结合；三是大力引入国内外产业人才和团队，通过出台落户、住房、配偶子女等方面的优惠政策，并设立重大项目和专项资金，吸引和促进人才聚集；四是通过组织行业活动、开设文化作品展区、搭建各类交流平台，在吸引各行各业从业者的同时，开启人才发现计划，寻觅和挖掘潜在性人才，做到不错过每一位人才并珍惜每一位人才，同时为人才提供各项服务与保障措施，完善公平竞争和分配激励机制，营造优良的创业和生活环境，进而稳定人才队伍，充分激发人才的创造性和积极性。

10. 总体带动和融合渗透

文化产业并不是经济发展的驱动器，而是风向标，因此，文化产业的培育和发展一定要积极融入并有力支撑安徽乃至安徽的文化产业发展战略布局中，要着眼于全局和长远，在总体带动的步伐和基调下实现融合渗透和协调发展。做到一是以合肥为龙头，以沿江沿淮经济带为枢纽，以新徽文化产业带为重点，以重走徽州古道等为战略手段，以五大文化圈互为联动，以新兴文化业态和地方原创性特色文化品牌的培育为目标实施全盘融合渗透式良性发展；二是在产业内部同样要形成产业核心力量，聚集主体区域，以高成长企业和龙头企业设定总部企业，实现总体带动；三是要全力推进文化产业与文化业态的融合渗透，利用沿江沿淮城市带区域经济一体化加速形成的机遇，承接跨国公司和知名企业的文化环节的转移，引导本地具有发展潜力和竞争优势的文化企业扩大业务领域和辐射范围，同时加强与其他地市文化产业的合作，构筑产业发展大平台，促进区域产业融合，实现文化产业链与地方国民经济的共生性发展；四是推进产业内部各行业领域加速融合，一方面整合现有传统文化产业资源，另一方面，加速文化资源、科技资源、人力资源、市场资源、旅游资源、社会资源和创意资源与文化产业的融合，实现特定背景下、特定环境下、特定资源下、特定市场下文化产业的特定化差异化错位发展和业态融合化发展。

安徽文化产业转型升级研究

陶爱萍　张淑安[1]

一、安徽文化产业取得的成绩和存在的问题

(一)“十二五”时期安徽文化产业取得的成绩

1. 文化产业增长态势良好

“十二五”期间,安徽经济始终保持快速增长的势头,安徽省 GDP 由“十一五”末(2010 年)的 12359.3 亿元增加到“十二五”末(2015 年)的 22005.6 亿元,总量增加近 1 万亿元,五年平均增长 10.8%,增幅高于全国平均水平 3 个百分点。与此同时,安徽省文化产业也经历了一段快速发展时期,在经济中的地位和作用不断增强,文化产业已经成为推动安徽省经济增长的新引擎,文化产业增加值由 2011 年的 563 亿元增加到 2014 年的 970 亿元,年均增速超过 14%,占 GDP 比重由 3.73% 上升为 4.65%,提前一年实现“十二五”目标;2015 年安徽省文化产业的增加值及占 GDP 的比重分别为 833.71亿元和 3.79%,分别位居全国第 13 位和第 12 位。(表 1)

表 1:2011 年—2015 年文化产业增加值占 GDP 比重

年　份	文化产业增加值(亿元)	全省 GDP(亿元)	文化产业占 GDP 比重(%)
2011	563.00	15110.3	3.73
2012	713.57	17212.1	4.15
2013	845.00	19038.9	4.44
2014	970.00	20848.8	4.65
2015	833.71	22005.6	3.79

数据来源:安徽省国民经济与社会发展统计公报(2011—2015)及安徽统计网相关数据整理

① 作者系合肥工业大学教授。

此外,安徽省文化企业数量、招商规模和综合实力均实现了新的突破,现有文化企业 1 万多家。2014 年安徽首次进入全国文化产业发展综合指数“十强”,区域创新能力保持全国第 9 位;2015 年通过省级平台对外推出文化产业重点招商项目 330 个,投资总额 3308.09 亿元,计划引进资金 2809.63 亿元,截至年底,签约投资总额 1500 万元以上的文化产业合同项目累计达 168 个,投资总额 1024.27 亿元,协议引进资金 984.273亿元,同比分别增长 22.63%、32.27% 和 29.14%;同年,安徽出版集团、安徽新华发行集团和科大讯飞信息科技股份有限公司等企业入选第七届全国文化企业 30 强,安徽省入选企业数量与北京、浙江、江苏并列全国第一,全省百强民营文化企业主营业务收入和净资产分别达到 186.6 亿元和 154.8 亿元,同比分别增长 15.8% 和 25.6%。

2. 文化新业态不断涌现

“十二五”时期,安徽省注重运用现代科技发展的最新成果,着力发展文化创意、数字出版、动漫游戏等新兴业态,争取实现传统产业与新兴业态双轮驱动、两翼齐飞。安徽省传统文化企业正在主动融合互联网,加快产业调整布局,不断推出适应互联网消费的文化产品,如智慧书城 O2O、时光流影等文化项目;安徽新华传媒股份有限公司与淘宝商城合作,成立网络图书专营店——“华仑书店”,将文化产业与电子商务结合,实现低成本运营;安徽日报报业集团深度开发电子报、数字报、手机报、网络购物等新媒体业态,安徽移动手机报用户数量已突破百万;中安在线与科大讯飞合作,精心设计安徽语音报,目前正在推向农村市场。此外还有广电集团的智能家居,演艺集团的 3D 全息影像黄梅戏,新媒体集团的新娱互动产品,广播电视台的“蓝海豚·卡车之声”全媒体服务平台,宣城翰宣电子搭建的非遗产品展示与销售平台,宿州阿尔法开发的手机游戏等,“文化+互联网”为文化产业增添了新动力。到 2015 年,安徽省共有 33 家动漫企业通过国家认定,总数居全国第五,中部第一,推出大量动漫游戏作品并融入安徽独特的本土文化。近几年,安徽动漫产品层出不穷,如 2014 年原创动漫作品《淮南子传奇》获中国文化艺术政府奖第二届动漫奖———最佳动画电视奖。

3. 文化消费潜力持续释放

安徽文化产业的消费市场已经进入一个新的高速持续增长的时期。2015 年,安徽国内生产总值为 22005.6 亿元,同比增长 8.7%;城镇居民可支配收入为 26936 元,扣除价格因素,比上年实际增长 7%,人均消费性支出 17234 元,比上年增长 7%;农村居民人均纯收入为 10821 元,实际增长 7.7%,人均消费性支出为 8915 元,增长 12.5%。随着人均可支配收入的增加,安徽省城乡居民人均文教娱乐现金消费支出也不断上涨(表2)。2011年到2013年,城镇居民人均文教娱乐现金消费支出由1631.3元增加到1904.1元,农村居民人均文教娱乐现金消费支出由376.2元增加到376.4元。2014年、2015年连续两年开展"文化惠民消费季"系列活动,激发城乡居民文化消费热情,2014年,首届"文化惠民消费季"共吸引130.3万人次参与,文化消费额2.2亿元,超出100万人次参与和带动文化消费2亿元预期目标,其中,共有116.4万人次享受到1000万元财政资金的消费补贴,直接带动相关消费1.39亿元;2015年,第二届"文化惠民消费季"参与人数达7547.7万人次、消费总额140.3亿元,较首届分别增长227.6%和55.1%。

表2: 安徽省城乡居民人均文教娱乐现金消费支出

年份	城镇居民人均文教娱乐现金消费支出(元)	涨幅幅度(%)	农村居民人均文教娱乐现金消费支出(元)	涨幅幅度(%)
2011年	1631.3	10.2	376.2	3.4
2012年	1932.7	18.5	385.9	2.6
2013年	1904.1	-1.4	376.4	-2.5

数据来源:《中国文化及相关产业统计年鉴2014》

4. 文化开放程度稳步提升

近年来,安徽省对外文化交流日益增多。2013年,全省24家企业入围"2013—2014年度国家文化出口重点企业",居全国第五位,7个项目入围"2013~2014年度国家文化出口重点项目",居全国第四位,重点企业和重点项目数均居中部第一位。2014年,全省完成对外和对港澳台文化交流项目56批次,比上年增长33%,演出(参观)观众近27万人次,涵盖亚、欧、美、非等26个国家和地区;组织参加了泰国"欢乐春节"和香港"元宵彩灯会"等演出活动;圆满完成部省对口合作项目——乌兰巴托中国文化中心文化交流互访活动及纪念中蒙建交65周年演出活动;参与中俄"两江地区"交流活动,赴俄罗斯参加了第22届"俄罗斯之源"艺术节活动;圆满完成中韩省道文化交流活动;同时皖台交流成果丰硕,在安徽省成功举办了三项皖台文化交流活动,赴台湾开展了"亲情之旅、文化之旅"交流活动,彰显了两岸文化同心。2015年组织政府间文化交流项目198批次,引进境外优秀艺术团组1500批次,出访地涵盖亚、欧、美、非等五大洲和港、澳、台等43个国家和地区。对外贸易水平取得长足进步,从产品看,出口品种主要有两类：一类是文化用家电、玩具、文具用品等文化用品，另一类为雕塑工艺品、天然植物纤维编制工艺品、花画工艺品等工艺美术品，分别出口 11.7 亿美元、6 亿美元，占出口总额的64.6%和 33.1%；从地区看，美国、欧盟和东盟为我省主要出口市场，分别出口 5.1 亿、2.8 亿和 1.7 亿美元，占出口总额的 53%。此外，安徽出版集团芜湖方特欢乐世界项目整体输出到伊朗、南非、沙特、乌克兰等国，使我国成为继美国之后第二个大型主题公园出口国；民族新漫画《四大名著》向 10 个国家输出版权，创同类书籍新纪录；《黑脸大包公》《蘑菇村的故事》等皖版动漫精品也陆续在美国、加拿大、日本等国主流电视媒体播出。

5. 文化产业园区建设颇具成效

作为文化产业集聚的主要载体，安徽文化产业园区建设和发展已逐步形成规模。据中国文化创意产业网 2015 年统计数据显示，我国已建成各类文化产业园区共计 2505 个，其中安徽有 96 个，约占全国文化产业园区总数的 4%，与广东、上海、江苏、山东、北京一起列入第一梯队，安徽文化产业园区数量位居中部第一、全国第七。安徽省现有国家级文化产业示范基地达到 8 家，省级文化产业示范基地 102 家，覆盖 16 个省辖市，初步形成了产业空间集聚，较好地发挥了示范、辐射作用，带动了一批有较强实力、竞争力和自主创新能力的文化企业和企业集团迅速成长，培育了一批在全国居领先地位的文化产业集群和文化产业集团。同时，国家级动漫基地建设效果突出，目前有合肥、芜湖两个国家级动漫基地：省会城市合肥"大湖名城、创新高地"引来一些大项目纷纷落户周边，文化产业集聚发展；芜湖国家级动漫基地形成了以四个主题公园为基础，以芜湖文化创意产业园、芜湖文化创意产业孵化基地为平台，建设动漫、影视、生产、创业基地。此外，安徽还建立蚌埠、马鞍山、淮南、池州等省级动漫产业基地，动漫产业的集群发展渐成规模。

（二）"十二五"时期安徽文化产业存在的问题

"十二五"期间，安徽省文化产业发展虽然取得了一些不错的成绩，但也还存在一些不可忽视的问题。目前，安徽省文化产业发展中存在的主要问题如下：

1. 文化产业意识仍需增强

目前，安徽省尚有不少企业的文化意识保守有余、创新不足，对文化产业的特点和发展规律认识和把握不足。安徽文化资源非常丰富，但多数企业缺乏对非物质文化资源开发利用的意识，一些文化企业经营管理人员缺乏市场意识、创新意识和开拓精神，徽文化、黄梅戏等优质资源并没有得到充分利用和有效开发，进而转化为经济优势和文化产业优势。并且文化企业的精力主要集中在生产和营销上，对文化创意和设计服务业关注不够，缺乏把创意转化为多元产品、实现多次价值增值的意识；同时，一些文化部门过于强调文化的事业属性，忽视了文化的产业属性，对文化产业的性质、地位、特点、规律缺乏研究，用抓文化事业的传统方式和手段来抓文化产业，许多极有市场潜力的文化资源领域没有得到充分地开发利用。

2. 文化投入力度亟需加大

文化产业的快速发展，尤其在其发展初期离不开政府投入的支持。“十二五”期间，安徽省各级政府对文化的投入逐年加大，但从总体情况看，投入仍然不足。2014年，安徽省文化事业费为11.97亿元，位居全国第24位；就人均文化事业费来说，安徽省仅为19.72元，居全国第29位，远低于42.62元的全国平均水平。

同时，与不断增长的群众文化需求相比较，文化基础设施建设方面的投入也需进一步重点加强。截至2014年年底，以市级文化馆三级馆实际使用面积不少于2500平方米为标准，安徽省共有合肥、蚌埠、淮南、铜陵、安庆、阜阳等6个市级文化馆实际使用面积未达等级馆标准，六安、亳州两市甚至未建成文化馆。其他公共服务如运动场地、文化设施、公共广播娱乐场所等供给总量不足，质量不高，在广大农村地区，公共文化教育产品供给不足的情况更甚。

3. 文化产业市场占有率仍需提升

安徽省不仅在出版印刷、广播电视的市场份额明显比北京、广东、上海、浙江、江苏等发达地区低得多，而且在地区文化及相关产业法人单位数量上也与发达地区相差甚远（表3）。在中部六省中，安徽省除了艺术表演高于湖南省以及娱乐场所和地区文化及相关产业法人单位数略低于湖南省以外，其他各项指标与湖南省存在明显的差距，从文化产业的市场份额在中部六省的排名来看，安徽在出版业排名第3，在广播电视排名第2，在娱乐业排第4，动漫产业排第3。综合分析来看，目前安徽省文化产业在全国的竞争力不强，文化产业企业的市场占有率仍需提升。

表3：2013年安徽省与其他部分地区文化产业企业市场份额情况（单位：%）

	出版物印刷企业	广播电视企业	艺术表演	娱乐场所	动漫企业	法人单位数
安　徽	3.18	2.23	9.12	3.42	1.89	3.82
北　京	8.60	11.21	7.30	3.43	3.46	10.64
上　海	7.29	8.65	4.10	3.19	5.51	4.20

续表 3

	出版物印刷企业	广播电视企业	艺术表演	娱乐场所	动漫企业	法人单位数
广 东	12.87	6.33	3.66	6.95	46.06	11.36
江 苏	5.43	6.95	3.31	8.53	3.06	10.33
浙 江	8.84	8.15	16.02	6.70	1.80	9.33
湖 北	3.08	2.20	2.45	3.86	3.55	3.67
湖 南	6.66	5.08	2.94	3.59	3.93	3.92
江 西	1.94	1.42	1.65	3.39	1.69	1.74
河 南	3.99	1.70	2.66	2.98	0.31	3.82
山 西	1.29	0.95	2.00	11.55	0.08	1.55

数据来源:《中国文化及相关产业统计年鉴 2014》和《中国文化文物统计 2014》等整理所得

4. 科技文化融合度有待深化

虽然目前安徽的高新技术产业发展迅速,也出现了一些文化与科技融合的文化新业态(如动漫产业),但从总体来看,安徽文化与科技的融合度还比较低。陶庆先(2013)对 2010 年全国 27 个省(市)(除北京、河北、海南和西藏外)的文化产业与科技的融合度进行了测算,结果显示安徽省文化产业与科技的融合程度排在第 12 位。安徽文化企业以中小企业为主,缺乏题材、功能、材料、工艺等方面的创新开发,同时缺乏 3D 制作和图形处理等核心技术,缺乏内涵深刻、技术先进的精品和具有国际影响力的文化创意品牌,文化产业的总体技术含量不高。并且,目前安徽省文化与科技的融合发展还未推广到各个方面,从城市来看,文化与科技融合的项目和基地主要集中在合肥、芜湖等少数几个经济较发达地区;从文化产业业态来看,科技对文化产业的作用主要体现在为数不多的新兴文化业态上,却很少体现在对传统文化产业的改造上;从企业数量来看,文化科技融合企业数量少。

5. 文化产业链尚需完善

产业链是指在经济布局和组织中,不同地区、不同产业之间或相关联行业之间构成的、具有链条绞合能力的经济组织关系。安徽文化资源丰富,但对于文化资源的利用不足,文化企业资源整合力度有限,文化产业链不完整,尚未形成媒体传播影视剧拍摄、休闲娱乐、相关文化旅游和工艺美术产品研发与销售等纵横延伸的产业发展链条。安徽文化企业主要分布在产业链的中游,以加工制作为主,从事产品外包、书籍出版等环节,尽管近年来自主原创作品不断涌现,但价值链的上游仍缺乏大量优秀的、具有安徽特色的历史文化资源原创作品，价值链的下游缺少销售渠道、推广宣传平台以及科学的营销理念，从其组织结构看，从其上游的原创研发到下游的营销发行，某些环节出现了断裂或者缺位。比如淮北市联合拍摄的电视剧《大哥》《大姐》，由于未进行充分宣传，电视剧播放后，很多人并不知故事发生在淮北，其文化资源及地域精髓也没在剧中加以充分体现，旅游、书画艺术等文化产业因此没能被带动。即便是传播较好的黄山、徽州地区，虽产生了有较大影响的《新安家族》《徽州女人》《徽州往事》等剧，其旅游和以徽文化为表现内容的工艺品、徽墨、歙砚、宣纸等也已形成了初步产业链，但其平民化、日常化的文化休闲娱乐、低龄级别的动画片、方便操作的互动游戏等开发，都尚未涉及。

二、安徽文化产业转型升级的SWOT分析

（一）优势（Strength）

1. 文化资源丰富多样

安徽历朝历代都属于中原地带，不仅有壮美河山、秀丽景色，更有深厚的历史文化积淀。2014年有12个项目入选第四批国家级非物质文化遗产代表性项目名录，至此，安徽省共有国家级非遗项目72项，涉及项目保护单位89个，业已形成以徽州文化为主体的丰富多样的文化资源。

（1）历史、人文资源

安徽省作为我国文明的重要发源地之一，具有极为丰富的历史、人文资源，汇聚了徽文化、皖江文化、淮河文化、中原文化、明文化、楚文化，底蕴深厚。民间文学以建安文学和桐城派为代表，许多文学故事家喻户晓、流传深远，如六尺巷传说、孔雀东南飞传说；传统戏剧以黄梅戏和徽剧为代表，在国内戏剧中占有重要地位，具有浓重的历史、人文价值；传统手工技艺以徽派版画、徽州文房四宝制作技艺、徽州建筑传统技艺为代表，具有浓郁的地方特色和时代风格，形成了舒席工艺的独特风格，具有重要的艺术价值和研究价值，坐落在皖南的胡氏宗祠更是享有“木雕艺术博物馆”的美誉。

（2）宗教、民俗资源

安徽省宗教文化浓重，九华山是佛教名山，佛学、禅宗文化广泛流传；坐落于历史文化名城寿县的清真寺始建于明朝，时为华东地区最大的清真寺；产生于淮河流域的老庄道家学派是道教文化的根源，黄山市内的齐云山是道教四大名山之一，道教文化

源远流长；此外还有以管仲为代表的法家学派、以竹林七贤为代表的玄学学派等丰富的思想文化。安徽省民俗文化亦丰富多彩，传统舞蹈以棒鼓舞、秧歌灯为代表，古朴典雅、姿态优美、具有浓郁的民族风格；传统庙会以九华山庙会、徽州祠祭、抬阁为代表，是民俗文化内涵的外延与拓展，充分展现了传统文化的原始风貌与固有特色。

(3)红色资源

安徽拥有丰富的红色资源，泾县云岭新四军军部旧址是首批全国重点文物保护单位，被评为中国十大馆藏陈列之一，是全国保存最完整的革命旧址群之一，同时也是中国近现代八大重要史迹之一，馆内现存各种珍贵图片、文物、资料达 4000 余件；合肥瑶岗渡江战役总前委旧址纪念馆，已经成为合肥地区一个重要的爱国主义、革命传统教育基地；金寨县红军广场是全国重点烈士纪念建筑物保护单位、全国爱国主义教育示范基地、全国红色旅游经典景区。

(4)旅游资源

安徽省自然景色锦绣多姿、文化古迹繁多，是中国旅游资源最丰富的省份之一，截至 2016 年 6 月，全省旅游 A 级景区总计 560 家，其中 5A 级景区 9 家。黄山雄踞于风景秀丽的皖南山区，它以“三奇四绝”的奇异风采名冠于世，被誉为“五岳归来不看山，黄山归来不看岳”；西递、宏村明清建筑群，徽派气息浓厚，建筑格局优美，被列入世界文化遗产名录；天堂寨是大别山主峰之一，崇山峻岭、茂林修竹、龙潭飞瀑，有“华东最后一片原始森林、植物的王国、花的海洋”的美称；此外，安徽还拥有歙县、寿县、亳州、安庆和绩溪 5 座国家级历史文化名城，其中寿县是楚文化的故乡，寿县古城墙是全国七大古城墙中唯一保存完好的一座宋代城墙，有“地下博物馆”之称。

2. 文化产业基础比较厚实

经过“十二五”的快速发展，安徽省文化产业已经积累较为厚实的基础，发展前景较好。

一方面，文化产业增加值占 GDP 的比重逐年上升，文化产业体系初步形成。自 2005 年起，安徽省文化体制改革由点及面循序铺开，时至今日已取得显著成效。“十二五”期间，安徽省文化产业增加值年均增速超过 10%，文化产业增加值占 GDP 的比重不断上升；2015 年全省文化产业增加值达到 833.71 亿元，同比增长 15%，高出全国平均值 7.2 个百分点，占 GDP 的比重达到 3.8%；截至 2015 年年底，全省规模以上文化及相关法人单位 1907 个、主营业务收入 2094.9 亿元，分别比上年增长 20.32% 和 19.85%，规模以上法人单位数和主营业务收入分列全国第 9 和 11 位。现阶段安徽省文化产业初步形成包括新闻服务业、出版发行和版权服务业、广电服务业、文化艺术服务业、娱乐业、会展业、广告业、文化旅游业、电子信息业、文化产品和设备制造业等在内的比较齐全的文化产业体系，已经成长为安徽新的经济增长点和发展亮点，并且在全国文化产业发展中地位突出。

另一方面，文化产业示范基地建设快速发展。“十二五”期间，安徽省文化产业固定资产投资增加84%，年均增速超过15%；2015年，全省文化产业签订投资总额1024.27亿元，引进资金984.273亿元，同比分别增长32.27%和29.14%，签约项目中，总投资亿元以上项目117个，占签约总数的69.64%；2016年初设立第五批安徽省文化产业示范基地，共有80家文化产业企业入选，其中安徽省演出总公司、安徽演艺院线有限公司、安徽远锦文化艺术创意发展有限公司等文化企业发展迅猛。随着资金的投入、龙头企业的培育，安徽省文化产业示范基地逐渐扩大，文化产业集群效应日益显现。

此外，安徽文化创意和设计服务业发展较为迅速，在文化产业中的地位日趋突出，截至2015年年底，全省设计服务业法人单位约有1.3万家，居全国第7位；文化与科技融合步伐越来越快，“互联网+”文化创意逐步延伸至整个文化产业链，推动改造了传统文化产业、催生了新的文化业态、创造了文化传播新渠道。

3. 文化消费市场潜力巨大

“十二五”期间我国综合国力和经济发展水平大幅提升，已经成为世界第二大经济体，人均收入不断提高，基本实现小康，消费能力逐渐提升。后工业经济时代，人们对于文化消费需求将日益增加，加之我国人口众多，可以预见文化消费市场潜力巨大。从全国来看，“十二五”期间，国内生产总值增长率年均近8%，截至2015年年底达到676708亿元；人均GDP年均增长7.3%，截至2015年年底达到49351元；城镇居民人均可支配收入年均增长率超过10%，截至2015年年底达到31195元。从安徽省内来看，“十二五”期间，地区生产总值年均增长率超过10%；城镇居民人均可支配收入扣除价格因素后实际年均增长率达到8.8%，截至2015年年底达到26936元；城镇居民人均消费性支出年均增长10.8%，截至2015年年底达到17234元，其中文化相关消费年均增长11%。2015年全国城镇化率达到56.10%，安徽省城镇化率达到50.5%。国民经济的持续高速发展、城镇化的快速推进使消费群体不断扩大、消费能力不断提高、文化消费需求不断提升，安徽文化产业市场潜力巨大。

4. 文化政策环境不断优化

历届安徽省政府都十分重视文化产业的发展，持续推进文化强省战略建设，积极开展文化体制改革试点工作，不断完善文化产业政策、优化产业发展环境。2014 年，安徽深入贯彻党的十八届三中全会精神，紧紧围绕文化强省标杆，落实《文化强省建设实施纲要》，跳跃攀升、攻坚克难、争先进位；制定并下发《安徽省推进文化创意和设计服务与相关产业融合发展行动计划》，力求完善全省文化产业格局，凸显文化创意和设计服务的先导产业作用，推动文化产业与相关产业深入融合发展。2015 年文化部印发《2015 年扶持成长型小微文化企业工作方案》，支持小微企业进驻文化产业；文化部、财政部贯彻《关于深入推进文化金融合作的指导意见》的要求，在中央财政文化产业发展专项资金中继续实施“文化金融扶持计划”。近年来，国家及省市层面积极出台文化产业相关政策，支持文化产业发展、盘活文化产业链，为安徽省文化产业发展营造了良好的政策环境。

（二）劣势（Weakness）

1. 文化产业业态不够完善

目前，安徽文化产业在产业业态发展上存在两个问题：

一是新兴业态发展乏力。安徽文化产业内存在一定程度的文化产业壁垒，产业发展过于集中于传统文化产业，文艺演出、影视、图书报刊等传统文化产业比重较大，而以科技为支撑、发展势头迅猛的新兴文化业态体量不大，以互联网技术为依托的网络文化产业、信息技术与文化产业相结合产生的数字内容产业等发展能级受限、发展乏力，而且省内新兴文化产业业态的龙头企业严重缺乏，难以形成在全国具有较强竞争力的新兴文化产业链，产业业态不完备，新兴文化产业产值贡献低。

二是新商业模式缺乏。目前，安徽文化产业的商业模式多为传统商业模式，而与信息技术、移动互联、数字技术相关的新型商业模式严重缺乏，国外发展成熟的“创意 + 影视 + 游戏 + 图书 + 衍生产品”新兴商业模式在省内的应用不够，文化资源的共享转换模式仍处于探索阶段，移动增值服务模式还处于起步阶段，商业模式缺乏创新，较为严重地制约了安徽文化产业的国际化、高端化发展。

2. 文化消费水平相对偏低

虽然近年来安徽省经济发展速度较快，具有较大的文化产业消费潜力，但就经济存量而言，在全国范围内仍处于中下游水平，而且作为安徽文化产业消费主体的省内居民消费水平偏低。2015 年，安徽省人均 GDP 仅相当于全国的 73%，作为文化消费主力城镇居民的人均可支配收入相当于全国的 86%，城镇化率相当于全国的 90%，均低于全国平均水平；安徽省的GDP总量和人均GDP在全国的排名分别为第14位和第25位，在中部六省的排名分别为第4位和第5位，均处于全国及中部的中下游水平。居民的文化消费是拉动文化产业发展的动力，近年来，安徽城乡居民的文化消费一直呈上升的趋势，虽然在一定程度上促进了全省文化产业市场的发展，但总体上还处于一个较低的水平。2015年，安徽城乡居民的恩格尔系数分别为33.7%和35.8%，城镇居民家庭恩格尔系数比全国平均水平高4个百分点，农村居民家庭恩格尔系数比全国平均水平高3个百分点，在一定程度上反映出安徽城乡居民生活消费结构存在偏重现象，对文化产品或服务的消费观念不强、消费总量不够，城乡居民消费对文化产业的发展还未形成现实拉动力。

3. 文化产业高端人才短缺

文化产业人才主要包括以下三类：一是文化创意人才，是指有能力将抽象的文化、概念、创意转化为实际产品的人才，包括手工艺、设计、时尚、广告、电影、音乐、表演艺术、出版、软件，以及电视节目制作、广播节目制作等诸多部门的创作型人才；二是文化产业专业技术人才，是指满足于文化产业设备操作要求、设备改进创新要求的技术工人和技术专家，如印刷技术、影视工程技术、软件制作技术、摄影摄像技术等；三是文化产业经营管理人才。目前，虽然安徽省积极推进“六个一批”拔尖人才工程，大力培养和引进高端人才，文化产业从业人员逐年增加，但多为传统文化产业领域人才，更多的集中于出版、发行等产业门类，而文化创意人才、文化产业技术人才、文化产业管理人才仍比较缺乏，尤其是与现代科技融合度较高的新兴文化产业人才、文化产业营销人才相对匮乏。此外，省内文化类专业高校数量不足、政府扶持力度不大，导致一方面高端文化人才培养不够，另一方面优质高端人才外流，无法满足安徽蓬勃发展的文化产业对人才的实际需求和文化产业长远发展的需要。

4. 文化知名品牌匮乏

虽然经过多年的快速发展，安徽省的文化产业形成了一定规模，企业数量、从业人员均有较大增加，但具有较高影响力和传播力的文化产品品牌仍然较为短缺，除了芜湖方特欢乐世界在全国有些影响外，基本上难以找到更多在全国具有较高知名度的文化品牌，虽然黄梅戏知名度较高，但开发黄梅戏相关文化产品的企业品牌力不够，文化品牌效应较弱。目前，安徽省文化产品品牌“大而不强”“全而不专”，缺乏自主创新力较强的文化品牌和企业，没有涌现出类似腾讯、百度这样的大企业，更没有形成日本动漫、美国好莱坞、韩国电视剧等兼具规模和品牌效应的文化产业群。

（三）机遇（Opportunity）

1. 全球科技革命为文化产业发展提供新的科技动力

新一轮科技革命和产业变革的孕育兴起，智能化、信息化等技术加速融入文化产业，引起文化产品的生产和服务模式发生重大变革，新技术、新产业、新业态、新商业模式层出不穷，产业融合、智能化、绿色发展趋势日益明显，数字文化等新兴业态增势迅猛，尤其是互联网向经济社会各领域的广泛渗透，正在推动国际产业分工格局深度调整和产业价值链体系重塑，为安徽文化产业的转型发展提供了良好的国际环境和成功模式。随着第四次工业革命的推进，文化产业的转型将得到更多的智力支撑，文化产品的制造工艺更趋现代化、更具创新性，是安徽文化产业利用智能化和信息化技术，实现创新发展、进阶发展，以及推动产业向中高端方向进行转型升级的重大机遇。

2. 国家政策为文化产业创新发展提供新的利好

党的十八大提出推动文化事业全面繁荣、文化产业快速发展的新思路；十八届三中全会提出进一步深化文化体制改革，构建现代文化市场体系和公共文化服务体系的发展格局；十八届四中全会对文化立法提出了新的要求；十八届五中全会提出了推进基本公共文化服务标准化、均等化发展，推动文化产业成为国民经济支柱性产业的战略布局。2015 年，国内文化发展相关政策密集、系统出台，内容涵盖公共文化服务、“互联网 + ”、创业创新、文化企业扶持、双效统一等多个方面，这些政策与党的会议精神一脉相承，将战略部署转化为具体的文化产业政策，如：《关于加快构建现代公共文化服务体系的意见》《国务院关于大力推进大众创业万众创新若干政策措施的意见》《关于积极推进“互联网 + ”行动的指导意见》等，这些都是文化产业当前和未来的关键性指导政策，在很大程度上为我国文化产业的发展指引了新方向、带来了新机遇、指明了新思路。随着我国文化产业政策体系的不断完善，政策红利必将惠及安徽文化产业的转型发展，尤其是“互联网 + ”战略，将推动省内外各类文化要素资源聚集、开放和共享，引导和创新一批网络化、智能化、创意型、创作型的现代文化企业运营新模式，形成示范带动效应，构筑与科技深度融合的新兴文化产业业态，加快文化产业创新，促进安徽文化产业全面转型。

3. 安徽省“调转促”战略为文化产业转型升级指明方向

2015 年 9 月中共安徽省委、安徽省人民政府印发《加快调结构转方式促升级行动计划》（以下称《计划》），提出大力发展战略性新兴产业，加快调结构、转方式，推动产业转型升级。《计划》确立四大发展目标、实施十大重点工程、强化五大保障措施，以实现创新驱动发展转型为目标,以战略性新兴产业集聚发展基地建设为突破口,而文化创意产业、数字文化产业等作为新兴产业具有创新性和附加值高的特点,深度契合了“调转促”行动计划的宗旨。“调转促”行动计划在全省的深入实施必将提升文化产业在省内的发展地位,为文化产业吸引到更多资金,将在全省释放文化产业的发展潜能、提升发展能级,并加快安徽文化产业向科技端、创意端转型升级。

(四)威胁(Threat)

1.国外文化产业的冲击

从20世纪七八十年代我国改革开放开始,国外大量资本进入中国,而加入世贸之后,我国的文化产业市场也遭受到了国外文化企业的冲击。欧美以及日韩等发达国家在中国进行经济扩张的同时,也在进行文化产业的融入和渗透,经济全球化给安徽的文化产业发展带来了极大的挑战:首先,发达国家的文化产业具备资金、科技、人才以及项目、营销手段等多方面的优势,对文化产业还不够发达的安徽文化产业必将造成强烈的冲击;其次,国外大型跨国文化企业集团可能会对安徽文化资源进行“掠夺”,争夺文化产业的初次开发权,从而压缩省内企业对安徽本土文化资源的开发空间。相对来说,安徽省文化产业的竞争力较弱,具有核心竞争力的大型文化企业数量较少,对政府部门的支持较为依赖,因此在国际文化产业迅猛冲击下,安徽文化产业的转型发展面临着诸多不可控因素。

2.国内其他省市文化产业的挑战

近年来,全国较多省市开始重视文化产业的转型发展,制定了文化产业发展的基本发展战略和规划,也加大了政府对本省文化产业的扶持力度,其他省市文化产业与安徽文化产业在资金、人才、市场的争夺日趋激烈,安徽省文化产业的转型发展遭受到了较大的威胁。“中国省市文化产业发展指数(2015)”显示,东部省份文化产业发展优于中西部省份,而且不管是文化产业综合指数还是生产力指数、影响力指数、驱动力指数,安徽省均排在10名之外。上海、北京、江苏以及广东等地的文化建设处于我国文化产业发展的前列,已经形成了文化产业集聚效应,吸收了更多文化企业前去落户和投资,在与安徽争夺资金和人才的同时又吸引走了安徽本省的文化产业资金和高端人才,从而较为严重地压缩了安徽省文化产业的发展空间,拖慢了省内文化产业集聚效应的形成速度。

三、安徽省文化产业转型升级的总体战略

（一）安徽省文化产业转型升级的总体思路

安徽省促进文化产业转型升级应以"调转促"行动计划为契机，以五大发展理念为指导，以建设文化强省为目标，在深刻理解把握五大发展理念内涵的基础上，推动全省文化事业全面繁荣、文化产业快速转型升级。构建五大发展理念框架下的转型升级路径：创新发展，丰富文化产业业态，以文化科技融合为契合点驱动转型升级；协调发展，优化文化资源配置，以产业联动发展为着力点促进转型升级；绿色发展，规避文化高碳现象，以降耗减污为突破口推动转型升级；开放发展，拓展文化产业市场，以文化产品贸易为手段拉动转型升级；共享发展，深化省内文化合作，以合作平台构建为支撑点撬动转型升级。遵循结合省情、突出特色，统筹规划、错位发展，龙头引领、项目驱动，整合资源、合力推进，凝聚智慧、提升品牌的原则，鼓励发展特色文化，分阶段制定全省文化产业的发展规划，促进全省文化产业统筹协调发展。力争到 2020 年，文化产业运行质量和效益明显提高，文化创意能力显著增强，文化产业结构得到全面优化，文化产业市场占有率显著提高，科技与文化的融合进一步增强，文化品牌建设迈上新台阶。

（二）安徽省文化产业转型升级的基本原则

1. 结合省情，突出特色

立足安徽省省情，充分认识到安徽省已形成以徽州文化为主体的丰富多样的文化资源的现状，根据省内不同地区、不同城市的文化底蕴和特点，对于古建筑文化、民俗文化、戏曲文化、红色文化等特色明显的地区，应鼓励发展特色文化。

2. 统筹规划，错位发展

安徽省在推动文化产业转型升级时，应从战略高度制定全省不同时期文化产业发展规划，注重宏观指导，防止因盲目性导致文化产业发展单一化、模仿化和重复化，促进全省文化产业统筹协调发展。同时，各地市要立足自身的资源禀赋和产业基础，根据自身的资源优势和产业特点实现错位发展。

3. 龙头引领，项目驱动

安徽省文化产业转型升级离不开龙头地市及龙头企业的引领、带动作用，离不开重大项目的支持和驱动。合肥、芜湖、蚌埠科教资源、文化资源比较丰富，对于全省文化产业的发展具有很强的示范、引导和带动作用，在安徽省文化产业转型升级的过程

中，要以合芜蚌为龙头，推进企业集聚、发展集约和技术集成，推动文化产业转型上水平、上台阶。要打造一批竞争力强、行业领先的大型龙头企业，培育一批知名品牌，推动产业集聚，形成产业群体竞争优势和规模效应。各地市要以重大项目为抓手，做大做强文化产业，充分发挥重大项目集聚、带动效应强的优势，助推安徽省文化产业转型升级。

4. 整合资源，合力推进

基于安徽省情，充分认识到安徽省文化资源虽整体丰富，但存在文化资源整合度不高、利用效率较低等现实情况，在文化产业转型升级过程中，安徽省要统筹协调各方利益，积极整合各地市资源，建立资源共享合作机制，取长补短，互通有无，合力推进全省文化产业转型升级。

5. 凝聚智慧，提升品牌

黄梅戏、花鼓灯、庐剧、“文房四宝”、徽商文化、宗教文化等都是安徽传统的文化品牌，要在内涵提升、形象设计、品牌营销、新产品创造等方面做出新文章，让老品牌焕发新容颜，塑造新形象。农民歌会、主题公园、动漫创意等新品牌需要紧跟时代脉搏，不断提升其生命力、影响力，使之成为推动安徽经济发展的重要品牌和重要软实力。

（三）安徽省文化产业转型升级的主要目标

根据安徽省文化产业的现状和加速文化产业转型升级的总体要求，未来3—5年要力争实现以下主要目标：

1. 文化产业保持平稳较快增长。文化产业增加值年均增长30%，力争到2020年使文化产业增加值占GDP的比重达到8%以上，文化产业运行的质量和效益明显提高。

2. 文化创意能力明显增强。在突出和彰显安徽文化特色的基础上提高文化产业的创意水平，争取实现“三个十”的目标，即入选文化部国家舞台艺术精品工程的作品达到10部，文化部创新奖的项目达到10部，入选国家动漫品牌建设和保护计划的作品达到10部。

3. 文化产业结构得到全面优化。传统文化产业技术不断升级，新兴文化产业比重不断提高，文化产业体系进一步健全；文化产业集中度明显提高，培育发展一批具有国际竞争力的文化大企业或企业集团；中小文化创意企业和特色企业活力进一步增强。

4. 科技和文化产业融合水平显著提高。力争到2020年安徽省文化产业与科技的融合程度在全国各省市的排名上升到前8位，增加2—3个国家级文化和科技融合示范基地,3—5 个国家级文化和科技融合示范园区,提高文化与科技融合企业的数量,催生文化产业的新业态。

5. 文化品牌建设迈上新台阶。文化产业设计、开发能力和品牌创建能力明显增强,以文化影响力、竞争力和整体实力进入全国十强乃至更高位次为标杆,打造全国一流的文化品牌,创造条件打造国际文化品牌。

四、安徽文化产业转型升级的路径与切入点

(一)创新发展,丰富文化产业业态,以文化科技融合为契合点驱动转型升级

创新是文化产业发展壮大的生命力和竞争力所在,也是推动文化产业快速发展的根本途径。积极培植文化产业的创新理念,在创新理念指导下创新发展文化产业,丰富安徽省文化业态,以此构建文化产业快速发展的核心动能。推动政、产、学、研"协同创新",以科技创新为牵引,构筑文化产业在研发、生产、传播、消费等各个层面的科技特征,提高文化影响力、表现力、传播力,实现安徽文化产业的转型升级。

现代科技的快速发展,使文化和科技联系愈加密切,从世界范围看,信息技术、传播技术、自动化技术和激光技术等高科技已经广泛应用于文化产业,推动了新兴文化形态的崛起和传统文化形态的更新,加速了文化产业的飞速发展。因此以文化科技融合为契合点,驱动文化产业转型升级符合世界发展趋势。

文化科技融合给文化生产、文化传播、文化营销、文化消费等带来了革命性变化,科技对文化产业的转型升级具有内生的驱动力,将文化内容与信息技术、网络技术、数字技术对接,派生出文化新业态,为文化产品提供新的表现形式和传播渠道,推动传媒产业、展演产业、视觉艺术、文化遗产保护、公共文化服务等安徽文化产业的科技转型。一是充分发挥科技创新对文化发展的引擎作用,实施科技融合带动战略,积极培育文化产业新业态,与中国科学技术大学、合肥工业大学、安徽大学等高等院校深入合作,突破一批关键技术,增强自主创新能力,提高文化产业的技术装备水平和软硬件支撑能力,打造"文化科技化"与"科技文化化",深化科技与文化的融合度。二是将科技引入文化产品的生产和销售,促进文化新产品开发。通过科技创新牵引形成"科技型文化产品",通过文化创意驱动形成"文化型科技产品",创新文化产品形态。如将移动互联网与文化旅游相结合,形成新的旅游产品和经营形态,借助移动互联网打造徽文化旅游品牌,建立微信、微博等移动网络宣传推介平台;将黄梅戏、花鼓灯等安徽知名戏

剧与数字化传播技术相结合，搭建“数字戏台”。三是以科技创新丰富安徽文化产业的传播手段，创新文化产业营销模式，拓展文化产业销售渠道，创新利用新媒体等现代传播手段开拓文化产品的省内外市场，通过培育市场需求，带动文化产业的转型升级。

（二）协调发展，优化文化资源配置，以产业联动发展为着力点促进转型升级

产业的协调发展是新常态下经济增长的主要动力源之一。推进安徽文化产业协调发展，强化自主创新能力，不断探索产业协调发展的新模式。解决省内各地区文化产业同构问题，增强区域文化产业互补性，削弱内部竞争，逐步形成由省政府主导的区域利益协调机制，建立健全各地市文化产业部门的对话机制，建立健全各地市文化产业市场数据共享机制，通过省内各区域文化产业主体的产业协作和分工，优化文化资源配置，完善市场环境。积极促进省内整体产业的协调并进发展，深化文化产业与其他产业的合作开发，拓展产业链，强化各产业部门的互动机制，推进产业融合、互补发展，实现相互依存、共同进步、持续发展。

产业关联是指在经济活动中，各产业之间存在的广泛的、复杂的和密切的技术经济联系，产业关联效应对相关产业部门会产生直接和间接的影响，通过产业之间的联动发展能够促进相关产业的转型升级，提升产业的整体竞争力，因此以产业联动发展为着力点促进安徽文化产业转型升级具有理论依据。

对于安徽省内文化产业的联动发展：首先，从文化资源的整体性和网络关联性出发，编制安徽文化产业发展的总体规划，把各地区利益与区域大局利益统一起来，实现省内各城市文化产业的错位发展，皖北重点发展历史文化产业、中药文化产业等，皖南重点发展戏剧文化产业、徽文化产业等，优化地区文化资源配置，彰显地区文化资源优势和特色，增强文化产业整体竞争力；其次，建立区域文化产业联动发展协作机制，采用共同策划、合作创作、滚动开发等形式，集省内文化精英，联手创作一批新品，合力推出一批精品，同时，对皖南明清建筑、黄梅戏、小岗村精神等优秀文化作品进行衍生产品的联动开发，以及共同进行各类文化经营人才的培养和培训，形成文化人才相互流通、相互融合、合作互动的体系；再次，建立安徽各地市文化产业园区联盟，通过产业链对接、资源整合、市场分工以及合作机制，使安徽能够参与国际文化产业市场的竞争，加速产业国际布局，实现安徽文化产业的规模效应，推动文化产业转型升级。对于省内文化产业与其他产业的联动发展：首先，促进文化产业与机械装备、软件、通信等产业的科研合作，深化技术交流，提高文化产品所蕴含的科技元素及衍生品的开发力度，推动文化产业全方位的创新，如将文化产业创新融入智能交通创新；其次，实现产业链的对接，延伸和衍生文化产业链，推动文化产业与旅游、体育、信息、物流、建筑等产业融合发展，丰富文化产业的产品形式，拓宽文化产品的载体，充分利用诸如信息技术行业、软件行业和金融业等感应度系数、影响力系数较高的产业带动文化产业转型升级；再次，建立产业联动发展基金，打造国家级或省级多产业集聚园区，以文化产业为主导，形成产业集聚效应，构建安徽文化产业新的增长极。

（三）绿色发展，规避文化高碳现象，以降耗减污为突破口推动转型升级

文化产业是绿色产业体系的重要组成部分，推动文化产业绿色发展，是实现安徽省文化产业转型升级的必要途径。安徽省要大力发展绿色文化产业，积极培育文化创意产业，以增加"内容"产业和"渠道"产业为重心，构建绿色文化产业体系；在文化产业空间布局上坚持高端集聚和低端扩散并重，不断开拓文化产业绿色发展方向；建设绿色文化人才队伍，促进绿色科技创新，推动绿色科技融入文化产品；培养绿色文化企业，持续扩大绿色文化消费，避免文化"高碳"现象，推动安徽文化产业转型升级、持续发展。

绿色发展理念以人与自然和谐为价值取向，以绿色低碳循环为主要原则，是突破资源环境瓶颈制约，实现可持续发展的必然选择，绿色发展既是当今世界各国发展的大趋势，更是指导我国"十三五"规划的重要发展理念。文化产业的绿色发展理念与文化产业的绿色特征，是绿色发展的重要基础，而降耗减污，则是建设文化生态文明、推动文化产业绿色发展的关键一环，因此以降耗减污为突破口推动安徽文化产业转型升级契合实际需要。

推进安徽文化产业绿色发展：一是加大文化领域降耗减污技术的研发强度，加速文化资源节约和循环利用关键技术的科研攻关和成果转化，将最新清洁技术运用到文化产品的生产中，如通过工艺改造降低徽派版画、宣纸等文化产品的生产能耗及对水资源的污染；二是构建安徽特色绿色文化产业体系，重点发展绿色出版、绿色影视、绿色印刷、绿色广告、绿色演艺等传统文化产业，以及绿色文化创意、绿色数字出版、绿色移动多媒体、绿色动漫游戏等新兴文化产业，提升产业结构的绿色含量；三是根据不同文化产业的资源特征，推行差异化的降耗减污政策，对于以古遗址、文物、自然景观等不可再生文化资源为主的文化产业要以减污和保护为主；对于以创意、科技、信息等可再生资源为主的文化产业，在加速资源开发再利用的同时，尽力减少开发生产中的资源消耗。四是建立绿色考核评价机制，以降耗减污、规避文化高碳为目标，构建绿色考核评价机制，完善重点文化产业市场准入标准和重点耗能产品的能效标准，避免盲目开发大型文化产业项目导致的同质化竞争和大量资源浪费。

(四)开放发展,拓展文化产业市场,以文化产品贸易为手段拉动转型升级

开放是文化产业繁荣发展的必由之路。在推动安徽省文化产业转型期间,一方面,安徽省要跳出相对封闭的省域文化圈,加强国内区域合作,集聚整合文化资源,营造大开放、大交流的文化氛围;另一方面,要加强同跨国文化企业的合作,充分学习其在国际文化贸易方面的经验。在"引进来"的同时,积极实施"走出去"战略,努力弘扬和传播优秀徽文化,大力推进特色文化产品、文化服务对外交流,打造对外文化贸易平台,发展壮大文化出口重点企业,着力拓展对外文化贸易,加强国际国内交流与合作,建立全方位、多层次、宽领域、高水平的文化产业开放合作新格局。

文化产品的灵魂是文化内涵,具体而言是其蕴涵的深刻的价值内涵和情感内涵,优秀的文化产品可以以其独特的个性和风采,超越民族,超越国界,超越意识,使文化理念深入人心,吸引全世界人民共同向往、共同消费。优秀文化产品可以赋予品牌强大的生命力和非凡的扩张能力,利用产品的美誉度和知名度进行品牌延伸可以进一步提高文化品牌的号召力和竞争力。因此用文化产品彰显安徽传统文化魅力,着力打造面向海外具有国际影响的、以"徽风皖韵"为主题的文化品牌是极其重要的。

发展文化产品贸易是扩大安徽省文化产品和服务市场、推动文化产业转型升级的重要手段。要以全球化的视野推动文化产品贸易,不仅要借鉴周边省份的宝贵经验和成功运作模型,扩大安徽文化产业在国内的市场份额,更要紧紧抓住全球文化市场不断扩大的重大机遇,积极开拓国际市场,进一步推动安徽文化走出去。一是努力弘扬和传播优秀徽文化。坚持"徽文化"特色,继承徽商开拓开放、勇于创新的"徽骆驼精神",以"徽文化"为核心开发、生产相关产品和服务,把思想深刻、艺术性强的徽文化产品推向世界;二是强化龙头企业的带动作用,加速文化产业的国际化进程,充分发挥安徽出版集团、安徽广电传媒产业集团等国有或国有控股大型文化企业集团在创意研发、品牌培育、渠道建设、市场推广等方面的龙头作用,鼓励有条件的企业通过收购、控股、合作等方式,加快走出去的步伐,借鉴学习发达国家跨国文化集团的经营管理模式,在研发、生产、销售等方面提高国际化水平,参与全球文化资源和价值链整合;三是在开放中培育和提升文化产业的国际竞争力。进入国际市场不仅仅是技术和资本的竞争,更重要的是发展模式和文化内涵的竞争,为此,既要培育大型文化企业集团,发挥其规模经济效应,提高文化领域自主创新能力,深入挖掘"徽文化"的内涵;又要发挥中小企业的市场敏感性,激发文化领域创新活力,促进新创意、新产品、新贸易模式等的开发和利用。

（五）共享发展，深化省内文化合作，以合作平台构建为支撑点撬动转型升级

区域合作发展的高级阶段是区域范围内形成一种共享、合作的自觉性。它的经济意义在于区域之间通过优势互补、优势共享，把分散的经济活动有机的组织起来，把潜在的经济活力激发出来，通过合作共享获得的经济综合优势所产生的经济效益是分散条件下很难取得的。区域之间要加强文化产业合作，并且提供政策上的相互支持和开放措施，促进各种要素的自由流动互补，加强文化产业的整合与重组，实现地区之间的分工和协作，以达到发挥整体优势参与对外竞争的效果。

文化资源具有较强的地域特征，不同地区的文化资源禀赋各具特色，合作平台可以推动地区之间形成互利共赢的区域文化合作交流关系。因此，各市应积极搭建合作平台，强化文化产业合作平台对文化交流、产品贸易、产业互补、信息共享、人员往来、企业合作的支撑作用；健全信息资源共享机制，为文化产业合作平台建设提供信息支撑。借鉴国内外文化产业集群发展的成功经验，从空间上全面整合文化产业资源，发挥皖江和皖北的文化资源优势，深化省内文化合作，共同构建皖江特色文化产业合作平台和皖北特色文化产业合作平台，逐步形成核心带动、南北相融、东西呼应、特色互补的合作格局。

一是皖江特色文化产业合作平台。八百里皖江，历史文化资源密集，遗址文化、名士文化、人文艺术、民俗科技等，可谓名目繁杂、种类齐全、数量众多，品格醇厚。其中，安庆的古皖文化独占鳌头，池州的佛教文化传扬中外，铜陵的青铜文化古朴厚重，芜湖的商业文化历久弥新，马鞍山的诗歌文化世代传承，充分展示了皖江文化的开放、开明、包容、创新的文化气质。皖江地区可依托长江黄金水道和皖江城市带承接产业转移示范区的文化创新能力，发挥皖江各市文化产业特色互补的优势，立足动漫游戏、文化旅游、体育健身、休闲娱乐等产业形态，打造一条皖江文化产业带。通过鼓励区内城市间交流合作和错位发展，发挥合作平台的带动作用，相互支持举办各类文化博览会、展览会等会展活动，积极组织各市木雕、书画、陶瓷等工艺美术产业合作，促进各市文化企业和项目对接，推动文化资源交流，协助推动招商引资活动，将其建成安徽省乃至全国独具特色的文化产业发展示范区。二是皖北特色文化产业合作平台。纵向看，皖北各市文化资源较为丰富，且各具特色：六安的红色资源、阜阳的柳编工艺品、亳州的历史人文资源、宿州的马戏杂技、淮南的花鼓灯和淮北的运河文化等，无不具有丰厚的历史文化底蕴；横向看，《中原经济区规划》将皖北六市纳入其中，用足用好相关政策，大力发展特色文化。为此，皖北城市之间应加强合作，加快区域之间合作平台建设，深入开发皖北地区文化资源和开拓文化新业态，共享中医药文化、灵璧石文化、豆腐文化、酒文化等传统文化资源，努力开发红色文化旅游项目，弘扬花鼓灯艺术演艺传统，丰富马戏杂技娱乐形式，创新书画工艺品经营业态等，从而将文化大省的资源优势转化为产业优势。与此相适应，加大政策支持力度，统筹协调区域文化合作、资源共享等有关事项，并积极申报国家级文化产业示范园区，着力构建集历史文化传承和民俗风情体验于一体的特色文化项目，借此加深区域之间的文化合作，推进安徽文化产业转型升级。

五、促进安徽文化产业转型升级的政策建议

根据安徽文化产业转型升级的目标，同时考虑文化产业在具有经济属性的同时，还具有很强的政治和意识形态属性这种特殊性，立足安徽文化产业现状及相关因素对其转型升级的影响机理，政府需要制定相应的文化产业政策加速文化产业发展，引导文化产业结构调整，规范文化市场竞争秩序，提升文化产业竞争力。安徽省文化产业政策作为发展本民族、本地区文化的一种手段，全局来看其制定必须深刻地反映我国的经济发展、地理环境、政治、历史、文化和传统等特点，必须与我国的经济发展水平和文化产业发展现状相适应。然而不同地区的发展水平、经济实力和文化资源不尽相同，因此安徽省文化产业政策应体现安徽特色。安徽省文化产业政策的制定主要包括文化产业结构政策、文化产业组织政策和文化产业布局政策、文化产业创新四个方面。其中文化产业结构政策主要调节资源在不同产业之间（包括不同行业之间）的优化配置；文化产业组织政策主要调节资源在文化产业（行业）内部不同企业间的优化配置；文化产业布局政策主要调节资源在区域空间和不同代际间的优化配置；文化产业创新旨在促进文化产品和文化产业业态的创新。

（一）安徽省文化产业结构政策

文化产业结构是指文化产业内部各分项产业的构成及其比例关系，它是一种社会文化关系结构，主要受社会禀赋的制约，是一种社会资源的存在方式，是一个国家或地区文化产业发展方向和发展水平的反映，体现了国家或地区文化产业创新性能力的大小。文化产业结构政策反映的是政策决策者对产业结构变动趋势、文化产业发展现状、文化产业地位的认识，以及根据这种认识对文化产业结构调整做出的政策安排。

文化产业结构政策的目的，是通过公共权力对资源分配的干预，来调整文化产品的供给数量和供给结构。这种调整一方面包括了鼓励性的政策，用以刺激或增强产业的供给能力；另一方面包括了限制性的政策，用以压缩产业的供给能力。当然，就目前安徽省文化产品生产难以满足社会公众日益增长的精神文化消费的现状，政策取向应当以鼓励性为主，扩大产业供给能力。具体而言，需要从以下方面调整和优化文化产业结构政策：

1. 加大政策扶持力度，提高文化产业在产业结构中的比重

文化产业兼有政治、经济、文化等多重属性，与其他产业承担的功能比较单一相比，文化产业承担着多项社会职能。当前，我省文化产业发展不够，加快文化产业发展，提高文化产业在产业结构中的比重显得尤为必要和迫切。安徽省首先要结合自身的实际情况，实现对第一产业和第二产业资源的合理整合，有步骤、有计划地向第三产业的转型，对第三产业尤其是文化产业的发展予以足够重视。

2. 优化调整文化产业内部结构，促进文化产业结构合理化

应当说，文化产业中的每一子产业都很重要，在文化产业中都具有自己特定的不可替代的作用。但从产业经济学角度来说，由于不同子产业在产业关联度、需求弹性和创新率等方面存在着差异，各子产业的相对地位是有所不同的，因此，它们在文化产业内部结构中所占的份额也自然有大有小。文化产业结构政策的任务之一就是优化调整文化产业的内部结构，促进文化产业内部结构的合理化，实现产业上下游之间、各子产业之间的协调发展。《国家“十一五”时期文化发展规划纲要》确定了“十一五”期间重点发展的文化产业 9 大门类，它们依次为：影视制作业、出版业、发行业、印刷复制业、广告业、演艺业、娱乐业、文化会展业、数字内容和动漫产业。这种安排大致反映了各子产业在文化产业结构中的地位以及它们各自目前的发展要求，为安徽省文化产业内部结构调整指明了方向。安徽省文化产业结构政策关键是要在文化产业领域实现资源的优化配置，保证文化产业结构的合理调整，从而促进文化产业的顺利转型升级。

3. 继续扶持传统文化产业，做特、做强传统文化产业

安徽文化多样性特点明显，拥有“天造黄山、佛造九华、人造方特”。仅就传统文化而言，皖北黄淮海文化、皖中将相文化、沿江皖江文化、皖南徽文化争相斗艳。徽州文化是安徽文化的代表，也是明清时期最有影响的文化流派，有力地诠释了儒家文化与经商之道的结合真谛，开创了“儒商”典范。徽商纵横华夏，徽州文化更是广播万里，形成了著名的桐城学派。如今，徽学与藏学、敦煌学并称当代中国三大地方学。徽州文

化形成较早，也很系统，连续性强，出了许多研究成果，而且徽州文化与文化产业的结合也比较好，因此，可以作为经验进行总结、借鉴和推广。安徽其他地域的传统文化也源远流长，有自己的底蕴和特色，比如江淮文化。而且各个城市也有自己的历史传统，在历史的发展中形成了自己的特色文化，如铜陵的青铜文化。这些区域文化和城市文化都是各个地区发展文化产业的宝贵财富和历史资源，应该加以梳理、鉴别和运用。同时，在继续扶持传统文化产业的同时，必须注重用高新科技来改造传统文化产业，通过促进科技与文化融合、植入先进管理理念和方法、优化产业布局来提高产业集中度等方式，做特、做强、做精传统文化产业，实现传统文化产业转型升级，使传统文化产业焕发生机和活力。

4. 积极培育引进新兴文化产业，促进文化产业结构高端化

新兴文化产业是高科技推动下快速成长的文化产业。相对于传统文化，新兴文化以其新颖性、大众性、娱乐性、互动性、体验性、信息量大、多媒体合一等优点而具有一定的优越性。新兴文化产业的兴起和快速发展有其合理性，新兴文化产业取代传统文化产业占据主体地位也是一个必然趋势。新型文化业态是基于传统文化业态而提出的，“新”字表现为其在文化产业发展中的巨大作用：“新型文化业态的兴起和发展是文化产业结构调整和优化升级的先导，是促进文化产业成为经济发展支柱产业的推进器。”因此，安徽省要积极培育和引进新型文化业态，主要由以下几个方面着手：一是营造良好的引进和发展环境，为新型文化业态的引进和发展提供资金和政策支持；二是强化特色，打造自有特色文化资源与新兴科技手段的融合，培育出具有安徽省特色的新型文化业态；三是做好政府服务工作，打造新型文化业态的信息平台，所谓信息平台就是信息的数字化、网络化存在方式；四是内培外引，打造人才高地，通过新型人才的培育和引进，为新型文化业态的培育和发展提供智力支持；五是打造新型文化产业生态圈，加强政府、文化企业、文化研究机构以及中介服务机构的联系和合作，为新型文化业态的培育和引进提供助力。新兴文化产业的培育一定困难重重，这不但需要政策的扶持，还要有人才的支撑，更主要的是培养文化产业领域的创新意识等。但是正是因为新型文化业态所存在着巨大的发展魅力，积极培育和引进新型文化业态已经成为全国各省市文化产业争先发展的一个重要抓手，也是促进文化产业结构高端化的重要手段。

5. 提高“内容”供给能力，调整文化产品结构

目前安徽省属于“物质生产”的文化产品制造业比较发达，而属于“精神生产”的

“内容”供给比较落后，需要进行结构的调整。要通过制定更加积极有效的“内容政策”，改善“内容”供给能力，调整供给结构，包括：调整电视剧节目结构，增加教育类、游戏类、儿童类、行业类的电视节目供给；提高自主开发的网络游戏市场占有率，改变游戏产业内容严重匮乏的局面；强化大众出版，优化教育出版，提高专业出版比重，使大众出版、教育出版、专业出版有一个较为合理的比例；调整报纸品种结构和资源布局，进一步提高资源配置质量和利用效率。优先发展“三农”类报纸，积极扶持科普类报纸，扶持少数民族报纸出版事业，大力发展专业报纸，大力发展数字报业，大力发展服务于重要细分阅读市场的专业类报纸，满足群众多层次、多方面、多样化的阅读需求；努力提高原创能力，提升影片的精神内涵和思想文化品格。开拓类型化、多样化创作，扶持和发展中小题材、中小成本的主流影片，追求小成本、精制作，追求娱乐性和艺术性、思想性相统一。

（二）安徽省文化产业组织政策

文化产业组织是指文化产业内企业间的组合或市场关系，文化产业组织决定文化产业竞争力。产业组织政策指的是为防止过度竞争和垄断，由相关部门制定的，旨在妥善处理垄断与竞争关系的政策。一国或地区究竟是采取何种类型的文化产业组织政策，主要取决于当前该国或地区的文化产业发展阶段和竞争状况。当前，安徽省文化产业尚处于产业发展的初期，普遍存在着文化企业规模较小、集中度偏低，以及文化企业内部的无序竞争和恶性竞争等问题。因此，安徽省的文化产业组织政策要以鼓励文化企业做大做强为主，进一步提高文化产业集中度，实现规模经济，提高文化产业的竞争力；同时还要积极扶持中小文化企业，鼓励有效竞争，构筑产业组织形式的多样性。

1. 支持“龙头企业”做大做强，提高文化产业集中度

一是鼓励“龙头企业”进一步做大做强。目前，安徽大多数文化企业规模偏小，产业集中度低，科技创新能力不足，缺乏强有力的领军企业，导致文化产业内部频繁出现恶性竞争、无序竞争等不良现象，不利于安徽文化产业的健康发展及其整体素质的提高。因此，要鼓励和扶持较大规模的文化企业进一步做大做强，完善连锁经营、混业经营等标准化建设，扩大企业的规模，提高文化企业集约化经营水平，形成一批规模大、自主研发能力强、技术装备先进、经济效益好的大型文化企业或文化企业集团，使之成为安徽文化产业发展的龙头和支柱力量，强化安徽文化产业的竞争力。二是推动本土文化企业兼并重组。由政府牵头，综合运用财政、金融、税收等手段，通过联合、兼并、

重组等方式，在各文化产业中选择一批成长性好、竞争力强的本土文化企业，鼓励其积极进行跨地区、跨行业联合或重组，组建大型文化传媒集团，改善产业关联度，提高产业集中度，同时，完善文化企业融资政策，降低文化企业融资成本，助其实现低成本扩张。三是着力促进安徽出版业、发行业、报刊业、广播影视业等优势产业混业发展，集中打造具有安徽特色的网络服务、广告会展、影视制作、文化创意、动漫网游、演艺娱乐、体育健身、艺术培训等文化产业品牌，通过品牌建设，提高文化产业集聚度，进而提高文化产业的规模化水平，增强文化产业竞争力。

2. 积极扶持中小文化企业，促进文化产业多元化发展

一是设立完善的政府机构对中小企业进行管理和扶持。设立专门服务于中小文化企业的政府机构，保护中小企业利益，防止大型文化企业过度吞并中小企业而形成行业垄断；保护中小企业的发明专利，鼓励并促进研究院所和高等院校的科研技术成果向中小企业转让。二是建立创新融资体系和优惠的财税制度。推进文化产业投融资担保体系建设，建立中小文化企业发展基金，通过税收政策鼓励各类依法设立的风险投资机构增加对中小企业的投资，切实解决中小文化企业融资难题，同时以加速折旧、投资抵免、再投资退税、延期纳税、亏损结转等间接优惠税收政策扶持中小文化企业快速成长。三是建立针对中小文化企业的政府采购制度。建立中小文化企业政府采购清单，招投标时向中小文化企业适度倾斜。

3. 规范文化市场秩序，防止产业内过度竞争

建立并完善省内文化产业市场进入标准，规范文化产业市场秩序，在文化产业内营造有效竞争、适度竞争的良好市场氛围。提倡有效竞争，既反对垄断，又反对过度竞争，防止恶性竞争，为安徽文化产业转型升级创造良好的市场环境。鉴于当前安徽文化产业组织的现状和安徽文化企业所面对的省外竞争压力，现阶段的文化产业组织政策要以反恶性竞争为主，而不是反垄断为主。在鼓励和扶持较大文化企业进一步做大做强的同时，大力扶持中小文化企业的发展，构建有效竞争的良好市场秩序，形成以大型文化企业或集团占主导支配地位的、中小文化企业繁荣发展的、大中小文化企业协调发展的、具有安徽特色的文化产业组织格局。

（三）安徽省文化产业区域布局政策

制定合理有效的文化产业区域政策要着眼于整体效益，遵循生产力布局规律，符合安徽产业总体布局的要求，按照统筹规划、因地制宜、发挥优势、分工合作、协调发展的原则，正确处理各市文化产业布局的关系，正确处理地区与地区之间的关系。合理

的产业区域布局政策能在一定程度上克服市场机制失灵现象，实现文化资源在地域空间上的合理配置，提高文化产业发展的空间效益，缩小文化产业发展的地区差距，促进文化产业地区协调发展。

1. 正确选择地区主导产业，提高区域特色文化产业集聚度

文化产业具有很强的地域性，许多文化产品生产都是直接面对当地的消费者，因此在一定程度上需要门类齐全，但这并不意味着十几个行业齐头并进、同步发展。主导产业在区域文化产业竞争中具有明显的竞争优势和领导地位，能够有效集聚人才、资本、土地、技术等生产要素，从而推动该地区特色文化产业有序集聚。

对于安徽各地区而言，根据本地区的资源禀赋和发展现状，精心选择具有比较优势和发展潜力的产业作为本地区的主导产业，对主导产业实行政策倾斜，重点突破，做大做强，使其具有全国竞争力甚至国际竞争力。对文化资源丰富的地区，要引导其充分利用资源，发展具有区域特色的文化产业。如黄山市可以依托其丰富的人文资源，借文化旅游业的春风，重点发展艺术品、工艺美术等行业，如树雕、砚台等产品，使文化产业发展更加专业化、集聚化、特色化；合肥市要加快发展动漫游戏、创意设计、网络文化等行业，培育科技型文化产业集群。政府在产业发展中发挥着规划、引导和管理的职能，在充分调查和科学研究的基础上，应摸清地区特色文化产业的底蕴，认清特色文化产业集聚的现状，制定并完善特色文化产业集聚规划，鼓励主导产业带动特色文化产业发展。通过区域特色文化产业集聚，可以推动文化产业发展壮大，形成整体规模优势，不仅推动区域经济发展，也扩大了区域特色文化品牌效应，提升了区域文化影响力，打造了地方文化名片，增强了区域文化产业发展的核心竞争力。

2. 鼓励发展地区间横向合作，提高全省文化产业综合竞争力

各个地区以行政区划为限，相互展开激烈竞争，没有形成优势互补、产业结构合理布局的局面，不仅阻碍了统一市场的形成，而且造成大量低水平不合理重复建设，造成资源的严重浪费。这种传统的封闭的、地区分割的发展模式已经不再适应新的发展趋势，取而代之的是以谋求“发展红利”为目的的区域合作发展模式。通过建立一个区域性的合作平台，发挥不同地区相对优势，加速区域性的经济资源整合，保证信息、资源、市场等各种要素流动的快速性与便捷性，加强产业的整合与重组，优化地区经济要素的分工和协作，确立经济区域理念，以经济区域为整体加大区域间合作才能实现更大的发展，才能真正实现优势互补、资源共享、节约成本、实现共赢，从而提高全省文化产业综合竞争力。合作的关键点概括为：以文化项目为契机，开展多角度、多层次的文化

产业合作，实现区域产业一体化；实施区域的人才、资金、技术等资源整合；打开区域行政束缚，开放市场，强化区域内各城市文化产业的合作与发展；共同制定文化市场长期规划和产业服务的远景目标；共同搭建信息共享平台，实现区域内文化资源共享；扶持文化企业跨区域合作，协同培育和壮大文化市场主体；健全合作机制，使区域合作更加制度化、规范化，进而提升区域文化产业的竞争力。

（四）安徽省文化产业科技创新政策

“科学技术是第一生产力”，也是文化产业发展的基本动力。科技创新是文化产业兴起和发展的必要条件，也是推动文化科技业发展的内在动力。安徽省作为中部的重要省份，文化产业的发展受到了足够的重视，但是在自身发展的过程中，创新力度不够一直是制约新形势下文化产业转型升级的重要因素。安徽省文化产业科技创新政策应该更加注重合理性、协调性和长远性，特别注重理论与实践相结合。

1. 引导各类资金合理利用，加快科技文化融合进程

首先，政府要大力发挥对科技投入的调控和引导作用，积极推动文化产业快速转型升级，持续增加财政科技投入，提高科技经费使用效率，保障财政科技投入持续稳定的增加，改进资金投入方式，充分发挥政府财政资金的杠杆功能，适度释放政策红利。其次，以鼓励文化科技融合发展为目标，针对一些文化科技投融资体制的制约等问题，出台一些针对措施以支持文化体制改革，建立有效的多元化、多渠道的文化科技融合产业投融资体制，要努力拓展企业与政府、银行部门之间的融资范围，应注重改进融资关系；支持有一定条件的文化科技融合企业进行上市融资，为文化和科技型企业提供股权投资和融资上市等金融服务；引导创业投资基金对文化科技项目进行风险投资，努力营造良好的投融资氛围。文化企业通过充分利用各类资金，提高企业科技创新能力，推动科技与文化产业融合发展，使高科技成为助推演艺、报刊、出版、印刷、影视等传统文化产业升级改造的动力。

2. 完善创新人才培引机制，筑牢文化产业智力支撑

文化产业的发展需要强有力的智力支撑，安徽省须完善创新人才培引体系，注重对人才的培养和引进，为文化产业的发展提供动力。在整个文化产业链中，人才是文化产业的核心竞争力，安徽省要坚持走“人才强省”的战略道路。安徽省要在国内外人才竞争中取得优势，必须拓展视野、更新观念，创造利于人才发展的优越环境，完善文化科学技术创新人才培引机制。一是加快科技创新人才培养力度。要充分利用安徽科技文化资源，依托中国科学技术大学、合肥工业大学、安徽大学等众多高校来建立人

才培养体系，鼓励各大高校开展文化科技融合等相关课程，积极引导学生在科技创新思维方面的发展；鼓励高校与文化科技企业有效结合，培养适应市场的创新复合型人才；支持建立产学研结合的创新人才培养平台，探索培养模式、机制和路径；加大对人才培养的经费投入，强化管理，提高人才培养经费的使用效率。由此培养出一批兼具文化与科技融合创新能力的应用型跨界本土人才，为文化产业转型升级提供有力保障。二是加大科技创新人才的引进力度。制定人才引进的优惠政策，引进高层次、高素质的文化产业项目策划、市场营销、资本运营、企业管理等急需人才。要想引进高素质的文化产业人才，就要从优惠政策、扶持政策等角度给人才良好的工作环境和发展空间。适应市场需求，完善人才激励机制，探索艺术、技术、管理与各类要素参与收入分配的办法，奖励有突出贡献的文化产业创业人才，营造有利于优秀人才脱颖而出的社会环境。

3. 建立文化科技创新平台，提高文化自主创新能力

文化科技创新平台可以充分运用信息、网络等现代化技术，对基础条件资源进行系统与优化，以促进文化产业快速发展，并提高科技创新的能力。文化科技融合服务平台是支持文化产业持续发展的重要保障。安徽省应加强文化科技融合平台的建设，进一步提升完善平台的作用，使得文化与科技互促互进，共同发展。文化科技创新平台的建设可提高文化创新能力，重点是提高自主研发能力。通过原始创新、集成创新和引进消化吸收再创新引导文化产业向智能化、数字化、网络化方向发展；建立各类应用技术平台，如公共技术平台、动漫研发公共服务平台、影视后期制作公共服务平台等，为中小企业提供公共的技术开发工具平台、测试平台等服务；扶持文化创意产业专业孵化器建设，增强孵化器的专业服务能力。文化产业孵化器是一种培养成功文化企业、文化业态和文化企业家的文化经济组织平台。作为政府与市场的“中介机构”，文化产业孵化器专门为入孵企业提供创业阶段的各种“软件”服务和“硬件”设施服务，以及良好的创业环境，如提供企业交流机会、简化高新技术文化企业的创办程序、提供优惠政策等。孵化器的专业化服务可以促使入孵文化企业达到科技创新与人文创意的统一；促进文化企业加大自主创新投入，主动与科研机构联合开展关键技术研发，建立利益共享、风险共担的运行机制及协作联盟，引进文化领域的外资研发机构；建立起以文化企业为主体、市场为导向、产学研相结合的技术创新体系，完善文化技术中介服务，提高文化科技创新成果的转化率，形成具有自主知识产权的新技术。要提升安徽省科技创新能力，必须将创新的成果渗透到生产、传播和消费的每一个环节，贯穿到文化产业发展的各个方面。

当前农村基层群众思想动态调查分析

何长辉[1]

为全面掌握基层群众思想动态，增强新形势下做好基层群众思想问题的针对性、有效性，通过深入皖北、皖西和皖南部分农村的企业、村庄、社区、学校开展各项调研，结合群众关心的热点难点问题，采取召开座谈会、实地走访、查看资料、问卷调查等多种方式，分析我省农村基层群众思想动态及存在的突出问题，研究提出做好基层群众思想问题的意见建议。

一、当前基层群众思想动态的基本状况

十八大以来，随着党中央一系列治国理政新理念新思想新战略的实施，国家综合国力进一步提升，人民物质生活水平明显提高，社会保障体系逐步完善，群众的获得感和幸福感不断增强，整个社会思想动态呈现出积极健康向上的良好态势，农村基层群众思想动态总体表现为积极、健康、稳定、向上，价值趋于开放多元、理性成熟、互相包容的态势，群众的公民意识、权利意识、参与意识都显著增强。

从宏观上看，主要表现为五个“显著增强”：

（一）主流意识形态认同度明显提升，社会主义核心价值观对群众的吸引力凝聚力显著增强

近年来，宣传部门大力推进理论武装下基层，打通理论服务群众“最后一公里”，群众对党和国家的大政方针能够及时了解。调研显示，基层群众对中国共产党充满信仰和拥护，对党风廉政建设、反腐败斗争高度认可，对党中央提出的中国梦、“四个全面”、“五位一体”、“五大发展理念”、“一带一路”等概念，都有所了解并给予极高评价，在传统道德文化的支撑下，能够认同并践行社会主义核心价值观。这说明，当前农村基层

① 作者系安徽省社会科学院办公室主任。

群众对主流意识形态的认同度进一步提高,支持拥护党的领导和中国特色社会主义道路,在实现中国梦、全面建成小康社会的新期待下,全社会团结奋斗的共同思想基础和群众基础得到进一步巩固。

(二)社会思潮在多元多样多变中形成更多共识,群众的价值观向上向好显著增强

调研发现,随着改革的不断深化,虽然社会思潮多元多样多变,但群众受"歪风邪气"影响很小,群众思想意识的关注度逐渐由物质层面侧重于精神层面,由政策层面侧重于制度层面,对国家富强、民族团结、社会和谐有着舆论共识,对改善民生、保障公平、遏制腐败有着共同诉求,对社会责任、人生价值、美好生活有着共同心愿,认为当前中国最应提倡的价值是公正、诚信、平等。同时,基层群众在个人思想认识上偏向于自身的健康素养与家庭和谐,和自己利益相关的非常关注。这说明,基层群众越来越关注国家、集体和个人的和谐发展,价值观更加积极健康,社会思想意识有了更多积极变化。

(三)对国家发展和个人生活现状比较满意,对未来充满信心显著增强

群众对党的惠民政策特别是精准扶贫、打赢脱贫攻坚战工作给予极大关注,对中央"一号文件"、新农合、户籍制度改革、土地确权、环境综合治理、秸秆禁烧、文明创建、综治维稳、民生工程等政策,对全面推进经济、政治、文化、社会和生态文明建设,绝大多数基层群众表示满意,并对国家及个人未来前景充满信心,群众的社会安全感等也处于较好水平,社会情绪积极健康。这说明,我国经济新常态虽然出现了产能过剩、内需不足、GDP 增速下滑等问题,但由于党和政府应对有方、措施得力,让群众看到了国家调控的信心和手段,整个社会情绪基调仍处于乐观水平。

(四)社会文明程度明显提升,基层群众成为引领社会新风正气的主流显著增强

通过近年来公共文化标准化、均等化、普及化的实施,乡镇综合文化站、农民文化乐园、农家书屋的大力建设,基层群众更加追求文明健康的生活方式,群众文化娱乐活动形式多样,文化知识得到极大丰富,个人素质得到有效提升,人们能够客观理性地看待社会现象。乡镇文化健身广场等基础设施的完善以及互联网等新兴媒体的发展,使群众了解信息的途径越来越广,获取信息的渠道越来越多,基层群众话语权开始聚焦在互联网、手机等公众平台上。调研显示,基层群众通过互联网和手机等方式对反腐进程、社会保障、食品安全、创业致富关注更多。反映出基层群众积极参与网络政民互动,对各种社会丑恶现象坚持公义,抵制假恶丑,体现出了良好的思想道德素养,促进社会进步、崇尚新风正气成为基层群众的普遍追求。

（五）正面心态整体趋于客观自信、开放包容，行为倾向理性、务实显著增强

基层群众的发展意识、市场意识明显增强，追求文明生活方式日渐兴起；对社会发展中存在的一些敏感问题能理智区别对待，务实理性；对各种新鲜事物更加开放包容，积极看待不同声音；维权意识和法律意识进一步增强，特别在自身受到非法侵害时，更多人倾向于协商解决和诉诸法律，对社会上出现的“上访无果砍杀无辜”“维护拆迁自焚”等极端事件，绝大多数人都表示反对。这说明，当前基层群众的社会心态与经济社会发展的新常态态势相适应，基层群众良好的社会心态精神风貌，为全面建成小康社会奠定了良好基础。

从微观层面看，群众的具体心态可归纳为“三求”“七盼”“五怕”：

“三求”：一求富。群众求富的愿望强烈，随着农民外出务工的时候见识了发达地区的经济水平，刺激了群众强烈的发展愿望。家里住楼房、开小汽车已成为较富裕农民的追求。二求乐。随着物质生活水平的提高，农民对精神生活的需求越来越高。对于适合农村实际、喜闻乐见的精神文明创建活动、文体活动非常欢迎和需要。三求知。在发展现代农业方面，农民对农业科技知识拥有迫切的求知欲，不少农民特别是新生代农民对网络、电商等知识兴趣浓厚。

“七盼”：一盼惠农政策。群众对中央“一号文件”、种粮直补、免征农业税、“两免一补”等政策极力拥护。同时，对农资价格不断上涨、农产品收购价格低迷意见较大，“农资涨价抵消了种粮直补、免征农业税所带来的实惠”。广大农民热盼更优惠农民的政策，让农民切实无负担、快增收。二盼贴心干部。群众对优秀基层干部热切盼望，希望乡镇、农村干部能够多办实事好事，希望大学生村官沉得下来，为思想落伍、年龄偏大的村支部带来新鲜血液，以所学知识为村谋发展道路。三盼集体经济发展。现在农村社会化服务体系对农民越来越重要，群众盼望农村集体经济壮大起来，村里走出去的“能人”能多带动集体经济发展，共奔小康路。四盼环境改善。群众强烈盼望有一个良好的生产、生活环境，向“脏乱差”告别，与“黄赌毒”绝缘。路畅，水净，空气清新，有线电视，互联网，用上沼气、装上暖气，这是许多群众描述的理想生活。五盼当家做主。当前，群众参与农村基层民主政治建设的热情空前高涨，盼望能真正行使自己当家做主的民主权利，管理基层公共事务，通过民主手段加大农村政务和财务管理的透明度。六盼社会稳定。群众对地痞村霸横行乡里、无赖窃贼祸害一方、闲散青年无事生非、邻里之间小事生仇等破坏社会治安的行为深恶痛绝，希望有一个良好的治安环境，稳定和谐，安居乐业。七盼保障有力。许多年迈、“双女户”、“五保户”老人，盼望社会保障机制健全,自已老有所养、老有所乐。特困户盼精准扶贫再完善一点,让自己的生活有保障。

“五怕”:一怕不廉干部。怕干部唯“经济”不办事,搞特权、不公正,假务实、搞浮夸。二怕变相要钱。一些地方没钱办事,不得不向群众伸手,使群众不满情绪很大。三怕大操大办。眼下,农村红白事大操大办风气越来越浓,人情风越刮越猛,结婚成本高昂,定金、彩礼等支出名目繁多,一场喜事办下来“脱一层皮,掉几斤肉,欠一笔债”,很多农民叫苦不迭,渴望农村精神文明新风尚。四怕看病上学。大病依然是群众贫困的主要原因。当前农村基础教育相对薄弱,父母担心自家孩子“输在起跑线上”,想方设法把孩子往县城中小学送,祖父母或父母就要专人在县城租房子陪读,给群众带来巨大的经济和精神负担。高中、大学阶段的学习和生活费用,让农村的许多父母喘不过气来,一些困难家庭因此债台高筑,甚至出现“上学无用论”的思想。五怕治安混乱。大部分群众对文明平安创建活动表示赞成,希望长期坚持下去,形成长效机制。害怕搞一阵子不搞了,社会治安反弹。

二、当前基层群众思想动态中应当注意的问题

在基层群众思想动态主流积极健康向上的同时,部分群众的思想意识中还存在着一些应当注意的问题,主要表现为“两个淡化”“六种倾向”。

“两个淡化”:即理想信念淡化和道德修养淡化,可用三个“不”来概括:一是精神支柱不牢。部分群众认为理想、信仰都是虚的,挣钱才是实的,“不管谁当领导,只要我能挣到钱其他都不管”,“这主义那主义,唯有挣钱才是好主义”。二是集体观念不强。部分群众个体意识很强,集体意识淡薄,遇事以自己的利益为中心,对国家、集体利益冷漠淡然。一些基层群众只顾自家,不顾大家,更不顾国家,只管自己,不管别人,更不管集体。如在土地确权及秸秆禁烧工作中,部分群众认为是政府的事情,不积极参与、不大力配合。三是道德水准不高。在部分群众身上,是非、善恶、美丑、荣辱、功过、得失等世界观、价值观、人生观界限比较模糊,大多群众很介意“周围人怎么看”,为富不仁、见义不为、不讲道德的现象时有发生。这说明,在对群众进行价值观教育时,一定要结合传统文化中“盖棺定论”这样一个重点,群众之间的相互监督、村民自治委员会的监督很重要。

“六种倾向”:一是小富即满、小富即安倾向不同程度存在。部分农村群众满足于

“两亩地、几头牛，老婆孩子热炕头”，部分城镇群众满足于收收房租、打打麻将、遛遛狗，对于怎么扩大再生产、怎么能更好地创收，表现得不是很积极。二是封建迷信等陈规陋习沉渣泛起。基层群众生活水平提高了，但缺乏健康的精神追求，出现装神弄鬼、宗族派性、赌博吃喝、修庙敬神等不良现象，更有人利用宗教活动做违法之事，影响了城乡社会安定，“日子越过越好，人情越来越淡”，农村传统美德出现滑坡迹象。三是子女不孝敬老人现象时有发生。我们调查的部分村（社区）中，存在不同程度子女不孝敬老人的情况，存在语言暴力，甚至是虐待老人现象。四是存在仇富、仇官现象。调查发现，部分基层群众对周围先富起来的乡亲怀有或轻或重的“眼红”和仇视现象，对先富起来的人有“雁过拔毛”想法，对先富起来的人、本村出去当领导干部的人所做的贡献，吹毛求疵，缺乏应有的感激之情。五是“等靠要”思想不时存在。随着国家精准扶贫、脱贫政策的实施，出现了人人争当贫困户、贫困户不愿出列的怪现象，城镇社区群众互相攀比私搭乱建、争做拆迁户，“吃政府、要政府、讹政府”的想法不同程度存在。六是对非法传教活动鉴别能力有限。基层群众能力有限，无法有效辨别宗教的正邪，对非法传教活动和外国 NGO 组织的传播活动辨别不清，部分群众信仰缺失，甚至以邪教作为精神寄托。比如，皖北的一位县政府负责人介绍，从 2012 年到 2015 年，他就亲自过问处理了 12 起非法传教活动，一些 NGO 组织的暑期活动，名义上是打着关爱留守儿童旗号，但说着说着就会转到“外国的天更蓝、水更清、空气更好，社会福利保障更健全”等，虽然他们不对比国内，但很容易让青少年联想到国内的环境污染等问题。

三、当前基层群众思想动态的成因分析

分析当前基层群众思想动态存在问题的深层原因，主要有以下几点：

一是社会环境冲击。在改革开放的浪潮中，农村的封闭被打破，城市化水平也显著提高，基层群众的思想也随之而改变。家庭联产承包责任制的实行，强化了农民一家一户的个体观念，降低了农业的组织化程度，弱化了义务观念和国家、集体意识。市场经济的趋利性，使群众思想中固有的优良传统道德观念受到挑战，一切向“钱”看，财富成了成功与否的唯一标准。

二是组织工作滞后。新时期基层组织建设不到位，对群众意识形态缺乏正确的引导，对农村历经土地延包、税费改革、村组合并等一系列变革大事，究竟给基层带来了什么样的震荡，群众的思想到底产生了哪些变化等情况，研究不够、不深、不透，缺少宏

观统一的指导。

三是不良作风影响。当前，干部队伍中存在着作风漂浮、脱离群众，形式主义、官僚主义，行政不作为或滥作为等现象，基层群众对此非常不满，又缺少话语权。有些部门利益切割，漠视基层群众利益。比如户户通，为照顾地方广电利益，增加了农民看电视成本，基层群众叫苦不迭。

四是自身因素制约。由眼界视野、文化水平等自身客观因素的局限，群众小农意识根深蒂固，对现代农业、现代服务业不敢尝试。基层群众大多缺乏自主学习意识，无法适应瞬息万变的信息社会发展，影响了本地经济进一步发展。

五是基层队伍配备不合理。近年来，基层队伍人员老化严重，公务员待遇较低，留不住年轻人，留下来的要么是为了“照顾家”，要么是无法考走或调走。同时，各地核编干部数量一样，没有考虑到当地的人口基数，导致人口基数多的地方的干部感觉工作起来“力不从心”。比如，皖北一个县的宣传部门要面对的群众是百万人，而皖南一个县的人口普遍只有几十万人。

四、做好基层群众思想问题的意见建议

（一）加强群众的思想引导和教育工作

一是加强基层群众思想教育。通过微宣讲、艺术化宣讲、末梢宣讲等形式，深入基层广泛持久地开展宣讲活动，用通俗易懂的语言、群众喜闻乐见的形式，让党的最新理论成果、社会主义核心价值观深入人心，积极弘扬社会正能量。二是丰富载体阵地。加强群众文化活动载体建设，创建集思想教育、道德建设、文体活动、休闲娱乐等功能于一体的公共文化服务基地。积极挖掘利用本地传统文化资源，赋予其新的精神内涵，利用重大节日、重大活动，开展丰富多彩的文体活动，以优秀、健康、向上的文化来丰富群众的精神文化生活。三是抓好宣传教育。建议积极开展领导干部“进教堂”活动，对教堂内的信教人员进行正面宣传激励，引导群众信教的同时信仰社会主义核心价值观。加大典型宣传教育力度，开展先进典型示范人物评选，培养树立好人典型和文明模范，引导基层群众学习先进、争当先进，形成示范引导、以点带面的良好氛围。

（二）完善群众思想动态工作机制

一是加强以党支部为核心的农村基层组织建设。以“两学一做”学习教育为契机，发挥党员干部的先锋模范带头作用，发挥好共青团、妇联等群团组织在基层思想教育

工作中的作用，齐抓共管，做好基层群众的思想教育工作。二是建立健全基层思想政治工作人才培养引进机制。把政治素质过硬、善于做群众思想工作的人才充实到基层思想政治工作队伍中来，打造一支能力互补、配合有力、沟通有序的基层思想政治工作队伍。三是注重创新基层思想政治工作机制。不断发挥基层政府社会治理的主导性和基层群众参与的主体性，引导群众理性合法地表达利益诉求，始终坚持依法办事。

（三）解决思想问题与解决实际问题相结合

要解决群众思想中的矛盾问题，必须从群众最关心的事情入手，同解决群众的实际问题相结合，以安民、为民、富民为目标，办好事关群众切身利益的民生实事。要增强与群众的沟通，倾听群众呼声，关心群众疾苦，多做解疑释惑、凝聚人心的工作，既讲道理、又办实事，把好事办实、实事办好，把群众的积极性引导好、保护好，化消极因素为积极因素，将思想政治工作渗透到为群众办实事、办好事中，在为群众排忧解难中增强思想政治工作的渗透力，进一步密切党群、干群关系。

（四）注重人才培养，加强队伍建设

不断充实社区、乡村宣传文化工作人员，社区、行政村至少配置一名专职宣传文化工作人员，支持建立村级文化宣传队伍。积极推广文化工作指导员制度，鼓励艺术院团、群众文化机构专业人员到基层担任文艺辅导员、指导员。对所需文艺创作人才、社科理论研究人才和文化经营人才，要出台相关的政策，积极引进有专业特长的高素质人才，积极创造软硬环境，为他们提供干事创业的氛围。注重对非公及民间文化志愿者的培养和扶持，创新工作方式，提高服务功能，提升实际效果。

培育安徽省老字号激发老字号活力支持政策研究

秦宗财①

一、我省中华老字号现状分析

我省中华老字号共计 26 家,涉及餐饮、食品加工、酿造、制茶、中医药、文化用品、零售等行业。其中国有企业 5 家,民营企业 21 家。从品牌创立时间来看,百年以上老字号有 20 家。从企业规模来看,大型企业 11 家,其余为中型企业。从商标注册来看,均已完成注册。

我省中华老字号凭借良好的信誉在消费倾向方面有着绝对优势和广阔的市场前景,但仍存在诸多问题,主要体现在十个方面:一是经营机制和经营理念改革不彻底,传统的经营模式、管理方式因循至今,成为阻碍老字号企业发展的根本瓶颈。二是产品知名度不高,品牌延伸不足,产品的营销理念老套,与当下消费观念产生差距。三是宣传力度不够,品牌传播缺乏创新,只知道生产而不知道对品牌进行经营,不注重品牌文化传播,不重视树立企业形象。四是部分老字号质量管理下滑,把关不严,屡屡出现质量问题,老字号信誉度逐渐下降。五是品牌保护意识不强,商业价值低估,导致企业盈利能力微弱,只能勉强维持生存。六是宣传力度不足,企业社会影响力有限,效果有待增强。七是资金支持有限,资本运作不成熟,面临产品附加值低、利润少、资本运作困难等障碍和威胁。八是管理观念陈旧,高素质人才匮乏,人才构成整体学历偏低、年龄偏大,对于现代企业管理体制的学习和应用接受度较差,老字号人才的引进和培训存在较大困难。九是营销手段单一,互联网络运营不够,影响企业的长远发展。十是

① 作者系安徽师范大学副教授。

专门行会缺乏，没有形成品牌联盟。

二、培育我省中华老字号企业的政府扶持举措

（一）传承创新方面

1. 传承老字号历史文化

第一，制定老字号原址保护专项政策，对由国家和省认定的老字号实施特殊保护，除市政建设不能回迁外，凡是房地产开发的都必须保证老字号回迁原址，并按原有建筑面积尽可能恢复原有建筑风格和门面。

第二，鼓励老字号经营者不断加大对老字号宣传、推广的资金投入，提升老字号品牌价值；对经营老字号不善而停业的企业，由政府收回老字号品牌，不得销号或更改，并通过公平、公开的方式重新选择经营者，以延续老字号的经营。

第三，加大对老字号文化遗产的保护力度。将符合条件的老字号技艺优先纳入非物质文化遗产体系，将老字号传统建筑、老字号集中的商业街区纳入物质文化遗产体系。对纳入物质文化遗产保护的老字号建筑、历史文化街区要严格按照有关规定做好保护工作。

第四，建立我省老字号名录体系。认真开展老字号普查工作，全面了解和掌握老字号的发展现状及存在问题。运用文字、录音、录像、数字化多媒体等各种方式，对老字号发展史料进行真实、系统和全面的记录，建立健全老字号档案。建立老字号统计监测制度，通过对关键指标的动态监测，及时掌握老字号发展动态。

第五，加强老字号文化和技艺的研究、保护和传承工作。加强老字号自身对技艺、服务、经营管理、文化等特色的挖掘、研究、保护和传承工作。鼓励有条件的老字号和相关单位收集、整理、保管、展示老字号史料，积极整合开发其旅游功能。对传统文化特色鲜明、具有广泛群众基础的老字号传统产品、技艺和品牌，要创新经营机制，吸引社会资本参与，不断创新发展。

2. 推动老字号创新发展

第一，将陷入墓地的老字号品牌重新进行包装，以品牌使用权转让、有偿使用，或以品牌作价进行投资嫁接等方式，广泛吸纳各种社会资金参与老字号的经营，通过转换经营机制，重新焕发老字号生机。

第二，鼓励商业街区引入老字号企业进驻经营。选取城区条件相宜的商业街和美

食街(区),以优惠的租金等条件,吸引已外迁的老字号重返城区经营;在规定老字号使用要求和约定时间的基础上,允许商业街区的商家无偿使用已沉淀老字号品牌进行经营,使老字号得以传承;在古城改造中,可考虑建设“老字号特色商业街”,汇聚各类老字号店铺,增加城市人文景观和商业功能,同时与旅游服务结合,弘扬民族商业文化。

3. 重视老字号人才培育

第一,鼓励老字号企业开展人才培训和技艺交流,对老字号传人、技术骨干、经营管理人员的培训予以支持。

第二,开展对掌握主要传统手工技艺的老字号代表性传承人的确认,支持传承人授徒传艺,并为其提供必要的传习活动场所以及开展展示、研讨和宣传活动的条件。

第三,鼓励有关机构和专家为老字号发展提供智力支持。

第四,鼓励高校和中等职业学校毕业生到老字号企业就业,为职业经理人参与老字号企业经营管理提供便利。

(二)行业规范方面

1. 制定认定与管理办法

第一,根据国务院有关部委颁发的《关于保护和促进老字号发展的若干意见》《关于加强老字号文化遗产保护工作的通知》《关于加强老字号非物质文化遗产保护工作的通知》《关于实施“振兴老字号工程”的通知》以及安徽省《关于加快发展服务业的若干意见》等系列文件精神,尽快制定振兴我省老字号企业的意见或办法,尽快制定《安徽省老字号企业认定规范》《安徽省老字号评定管理办法》《促进我省老字号发展专项资金使用管理办法》等系列办法,使我省老字号认定与管理规范化、科学化。

第二,整顿和规范市场经济秩序,严厉打击恶意抢注老字号商标、字号、品牌和假冒伪劣老字号产品的不法分子和不法行为,为保护和发展老字号创造良好的市场环境。

2. 推动老字号商标注册

第一,政府要积极推动老字号的商标注册、“中华老字号”申报。

第二,鼓励老字号企业商标注册,协助企业对商标进行包装宣传,给予相关企业补贴或税收优惠政策。

第三,工商系统要充分引导老字号企业,开展各种商标意识培养宣传活动,潜移默化地增强商家商标意识,促进企业观念转型,以避免有商品没商标的窘境。

第四,组织开展保护老字号商标、知识产权的专项执法行动。完善维权网络,发挥行业组织的自律、管理功能，建立打假维权联动机制，切实维护老字号商标持有者的利益。

3. 建设数据库，实施老字号动态管理

第一，形成和发展一套完整、系统的老字号评价、认定和公布机制。对老字号实行动态管理，每三年进行一次评审、复查，并重新认定公布。

第二，做好老字号历史资料的收集工作，支持有条件的企业成立资料陈列馆或图片展览中心，展示老字号的发展历程，弘扬老字号的传统文化和技艺。

第三，借助数字化手段，建立安徽老字号信息支持体系。通过对我省老字号的普查和认定，依托信息化平台，建立我省老字号资源信息库。对我省老字号品牌建立长效信息动态采集机制，及时更新、充实相关信息，通过长期的数据跟踪与分析，为老字号保护和发展提供基础依据。这项工作可以每 3 ~ 5 年普查一次，通过申请表和审查表的设计，统计其生产运营情况。在此基础上，建立为老字号企业服务的网站或窗口，为老字号企业进行招商引资、扩大与国内外企业间的合作交流提供服务。

（三）品牌传播方面

1. 加强对老字号的宣传

鼓励新闻出版机构制作、出版宣传老字号的电视专题片、纪录片、书籍和画册，发行老字号消费指南、手册和地图，营造有利于老字号发展的消费环境和社会氛围。政府部门组织的有关宣传、交流活动要尽可能安排和增加老字号内容。支持举办老字号展会，通过多种形式组织老字号企业进行跨地区和跨国界的交流、宣传，不断创新宣传方式和手段。各级各类学校要逐步将优秀的、体现民族精神与民间特色的老字号内容渗透到学校教育活动中。鼓励旅游企业积极开发老字号旅游产品，打造老字号特色旅游线路，提高游客对老字号的保护意识。

2. 建立社会各界广泛参与传播的体系

要广泛吸纳有关学术研究机构、大专院校、企事业单位、行业协会、社会团体等各方面力量的参与，共同为促进老字号振兴发展提供支持和保障。充分发挥专家的作用，建立促进老字号振兴发展的专家咨询机制和检查监督制度。积极引导新闻出版、广播电视、互联网等媒体对促进老字号振兴发展工作进行宣传报道，营造促进老字号振兴发展的良好氛围，赢得全社会对老字号的重视和支持。

3. 调动老字号企业品牌传播的积极性

要做好对老字号企业的宣传和引导，充分调动老字号企业振兴发展的积极性和潜能。通过建立重点企业联系制度，组织老字号创新与发展论坛，召开老字号企业座谈会等形式，及时掌握老字号企业的经营发展状况，分析研究老字号企业面临的问题，着力解决老字号企业在改革、发展、创新中的各种困难，促进老字号企业为经济发展与社会和谐做出更大贡献。

4. 搭建品牌传播平台

采用论坛演讲、开设网站、发放宣传资料、上门指导服务等多种形式，使相关商标战略理念不断深入人心。要采用品牌展示、品牌推介等手段，让老字号商标走向全国。

5. 推动行业协会在品牌传播中的作用

指导建立老字号协会，推动老字号类行业协会为老字号企业服务，在政府和会员之间发挥桥梁和纽带作用，维护老字号企业的合法权益，促进各方的合作交流，推动老字号企业品牌的承传、延续、发展。

（四）产业融合方面

1. 提高老字号核心竞争力

第一，加快推进老字号企业改革。鼓励和引导老字号企业建立健全现代企业制度，根据市场变化选择发展战略，增强企业活力，提高赢利能力。支持老字号企业进行资产重组，依法确认老字号企业无形资产的价值和权属，鼓励各种资本参与老字号企业改组改制，特别是对劣势老字号企业实施战略重组。鼓励具有竞争优势的老字号企业通过市场运作，控股、收购、兼并同行业其他老字号，组建和发展老字号企业集团，提高老字号整体市场竞争能力。

第二，引导老字号企业通过建立产品和技术的研发机制，把握市场消费需求方向，不断推陈出新，把传统经营方式与现代生产技术、管理方法有机地结合起来，使企业的生产服务和经营方式更人性化、国际化、市场化，形成企业自身的核心竞争力。在政府技术改造资金方面，给予老字号企业一定的资金或贷款贴息等扶持。不断完善国有老字号企业经营管理人才选拔任用制度。

2. 引导老字号连锁经营

第一，挖掘老字号品牌的经济文化价值，量化无形资产，整合老字号资源，从字号形象、字号策划、字号管理、字号传播、字号营销等方面制定相应组织实施方案，扩大老字号的经营规模。

第二，鼓励老字号以字号为纽带，走连锁扩展与集团化经营的发展道路，统一技术和产品标准，建立集中采购、配送的服务平台，实施规范化管理，降低营运成本，取得规模效益。

3. 开展精准定位扶持

第一，国土房管部门对租用公房的老字号企业在房屋租赁期限、租金等方面给予相应的优惠政策，适当延长租赁期限，并以最优惠的租金扶持老字号企业发展，也可以现有公有房屋资产优惠折价转让给老字号企业，以利于企业的发展。国土房管和物价管理部门参照市场水平，对老字号企业租用私房、侨房租金实行最高限价。

第二，设立促进老字号发展专项资金。老字号专项资金要用于振兴民族商业服务业，弘扬民族优秀文化，保护老字号知识产权，促进老字号品牌发扬光大，支持商业服务业老字号企业创新经营，促进老字号企业品牌化、特色化、集团化发展，引导老字号企业开拓市场、提升经营管理水平。为规范老字号专项资金的使用与管理，由商务主管部门牵头，尽快制定《促进我省商业服务业老字号发展专项资金使用管理办法》。

第三，协助解决老字号融资信贷问题。鼓励和引导有关金融机构对老字号企业创新发展所需的贷款给予支持，鼓励和引导信用担保机构对老字号的创新发展给予担保方面的支持。鼓励发展较好的老字号企业开展资本运作，支持符合条件的老字号企业上市。加快老字号企业招商引资力度，拓宽老字号企业的融资渠道。

第四，支持老字号开拓市场。在政府采购和援外物资采购方面，同等条件下优先考虑老字号产品。在进出口配额分配和特许经营许可方面，在法律法规许可范围内优先考虑老字号产品和企业。有关政府部门组织的各类经贸洽谈、展示交易活动，要为老字号企业和产品优先提供展示摊位。支持老字号企业采取组团参展、单独设展、考察交流等方式了解国际市场，寻找商机。加大老字号纪念品开发力度，积极推广老字号旅游产品，在外事接待、纪念品采购中优先选择老字号产品。充分发挥各驻外机构的力量，为老字号企业到国外招商引资、开拓国际市场提供便利。

4. 推动老字号与相关产业融合

老字号是城市独具特色的旅游文化资源，政府在规划城市发展中，应将老字号建设归入其中。在发展传媒业、旅游业、创意设计、文化艺术业等的同时，将老字号融入相关产业中去，如设置听老品牌故事、参观原址、体验工艺、纪念品生产等环节，与旅游机构合作，把老字号纳入我省特色文化游的线路，提高老字号的知名度。鼓励老字号企业开发特色美食和旅游工艺产品等，建立老字号品牌特色旅游营销模式，拓展企业经营发展空间。

专题报告

安徽日报报业集团改革发展报告

安徽日报报业集团

2016年，在省委、省委宣传部的坚强领导下，报业集团坚持党管媒体不动摇，抓住媒体融合不放松，新闻宣传主题鲜明、主线突出，媒体融合求新求实、步伐加快，改革发展深入推进、成效明显。

一、2016年工作情况

（一）重策划谋创新，舆论引导有力有效

一是做透做深重大主题宣传，宣传得力，影响广泛。准确把握总书记讲话精神，策划推出"习近平总书记考察安徽"系列专版、专栏，推出专题厚重解读报道。纪念中国共产党成立95周年、全面从严治党、"两学一做"学习教育等主题宣传报道厚重有力。大力创新省十次党代会宣传报道方法、角度，营造心齐气顺劲足的浓厚舆论氛围。"聚焦战略性新兴产业集聚发展基地"系列报道、"调结构 转方式 促升级"主题报道，注重经验引导、问题探究。开设"全面深化改革进行时""改革调研行"等重要栏目，及时报道我省全面深化改革的重大决策部署、推出的重要政策，以及我省及各地全面深化改革的新思路、新举措、新进展和新成效。注重典型报道的示范引领和带动作用，通过深挖素材、讲好故事，增强典型报道感染力。

二是准确解读重大政策、重要精神，引领舆论，凝聚共识。集团各媒体策划推出"深度解读"专版，加大对中央和省委省政府相关部署、要求等精神的解读力度，第一时间将精神和要求传递到受众手中；开设"政策解读"专栏，对新出台、涉及面广、群众关心关注的相关政策、规定、办法进行重点解读；策划推出了一批系列重点评论，对重大部署、重要精神及时阐释，对热点问题及时深入剖析，有力引导舆论，取得了明显成效。

三是有力有效引导热点舆论，积极开展建设性舆论监督。安徽日报等集团媒体在做好主题宣传报道的同时，始终不忘媒体舆论监督的职责，增强热点舆论引导的及时

性，突出有效性，坚持及时客观、慎重有序、积极引导的原则，把握时机，理性进行报道；增强监督报道的力度，突出科学性，用翔实的事实和经得住检验的调查，披露问题，找出责任，使监督达到能看到结果、能听到回音、能见到实效；围绕民生民情进行监督，精心打造“怎么看 怎么办”栏目，回应公众关切，增强报道效果。

四是改进创新打造品牌栏目，做优新闻策划，增强党报集团新闻宣传影响力。在宣传报道和日常办报中，《安徽日报》等集团媒体不断改进创新，继续把做新做优新闻策划当作提高宣传报道质量和办报水平的重要手段，努力创新形式和手法，不断提升《安徽日报》的影响力。今年以来，加大发稿频率，增强力度，专栏带动，目的是营造浓厚氛围，积极引领舆论；扩大报道范围，注意广度，有点有面，提高报道时效，有效促进工作；推出解读、评论，及时阐释、解读精神、要求，进行思想观念和行动的引领；推出典型报道，挖掘新鲜经验，予人启示、思考和借鉴；策划推出特色报道，积极开展一线调查，使报道更加贴近、内容更加新鲜生动。

2016 年，报业集团认真贯彻落实习近平总书记系列重要讲话精神，尤其是“8·19”“2·19”“4·19”重要讲话精神，牢牢把握政治方向和舆论导向，坚持围绕中心、服务大局，关注热点、关切民生，推进媒体融合，主题宣传力度大、声势强，热点引导及时有力，舆论监督切实有效，典型报道内容鲜活，民生服务贴近实在，安徽日报新闻宣传今年以来没出现一起政治政策导向偏差或重大差错，截至 11 月 30 日，受到中宣部《新闻阅评》《内部通信》《三项学习教育通讯》等媒体表扬 15 次，近 20 次受到省领导的批示表扬，得到受众的广泛好评。

（二）强主体推新媒，融合发展步伐加快

积极推动媒体融合报道，扩大党报集团新闻宣传覆盖面，放大主流声音。在组织宣传报道和新闻策划中，将报纸和新媒体一并组织、同步推进、分层实施。发挥新媒体迅速快捷的优势，对党委政府的重大决策部署，以及重要大事、热点事件等，第一时间通过新媒体及时发声，抢占网络话语权，报纸及时跟进，做深报道；对重要活动、重要工作如省第十次党代会、两会等，通过新媒体“微直播”“报告解读”和集中采访等形式，在网上突出报道，放大声音，抢占网络主流传播阵地，如省第十次党代会、调转促等，报纸和新媒体都推出了各具特色的大型采访集中报道；加强报纸与微博、微信等新媒体的联动互动，所有的重要策划和报道，报纸都要与新媒体联动互动，报纸注重吸收网民观点、从网民观点中遴选选题，新媒体也积极转发、推介报纸内容，报纸还开设“网事在线”专版，作为融合报道的平台，每周推出，读者通过该版，既能读到网络热点深度报道，又能一览每周网上舆论热点信息，有效引领网上网下舆论。

以推进《安徽日报》视觉中心数据库项目建设为抓手，打造集团媒体融合实验区。整合优化报业集团媒体资源，积极实施媒体融合项目建设，推动传统媒体和新兴媒体融合发展。结合报业集团新媒体发展实际，推进《安徽日报》“两微一端”建设；整合壮大集团子网、子微、子端等新媒体资源，优化结构、引导差异化发展；加快技术和人才引进，加大人才培养；认真谋划全媒体平台（中央厨房）建设。目前，《安徽日报》微博微信矩阵、《安徽商报》无线合肥客户端、《安徽法制报》村里 App 普法平台等项目已建成，为构建纸媒、网站、微博、微信、客户端五大终端协同的立体传播格局奠定了良好的基础，也为探索新闻内容崭新生产、协作、分发机制和业务模式积累了有益的经验。同时，积极推进报业集团和新媒体集团协调发展，探索建立重大宣传报道联动协调作战机制，逐步建立有利于两大集团媒体融合发展的采编流程，形成互融共通、优势互补的一体化发展体系，不断提升党报集团的传播力、覆盖面和影响力。

2016 年，党报与新媒体联动发展、融合发展、一体发展步伐加快，通过整合、联合、融合等多种手段，打造媒体融合实验区，为加快推进报业集团向全媒体集团转型升级探索路径，积累经验。

（三）树标杆增效益，报业经营稳中求进

一是坚持“以报为主、多元发展”的思路，谋求多元发展。不断完善产业结构，持续推动转型升级，努力加快多元发展，充分发挥集团整体优势，打好组合拳、扩大影响力，一批文化产业项目陆续启动，为集团可持续发展增添了强大后劲。破除单一办报理念，加快多元发展，不断提高项目策划和实施能力，大力实施项目带动战略，强化引领作用，有效拓展发展空间，完善产业结构，推动转型升级，由传播文化内容者向文化资源经营商转变。

二是优化管理聚效益。在报业经营普遍下滑的形势下，明确了立高标杆、努力争先的工作目标，下达的经营目标任务在上年基础上都有不同程度提高，并要求层层分解到位。各经营单位注意把握市场热点，注意适应客户需求，强化以策划带营销、以活动促经营，广告下滑趋势得到有效遏制。针对集团管理中存在的薄弱环节，全面实施开源节流行动，强化增收节支意识，优化经营管理模式，严格实行绩效挂钩、工资总额包干的员工收入分配机制，务求效益提升。严格公务支出，严格审计制度，严格管理办法，集团“三公”经费总额连年递减。

三是围绕体制机制创新，谋划事业长远发展。以高度的责任意识和担当意识，全面分析形势，理清发展思路，全面加快理念、内容、体裁、形式、方法、手段、业态、体制、机制的改革创新，修改出台集团《“十三五”发展规划纲要》，着力提升报业集团未来发展的竞争力，加快构建舆论引导新格局。

（四）抓党建促规范，队伍建设向上向好

一是注重党建引领。按照上级的统一部署，着力抓好集团“两学一做”学习教育、“管党治党宽松软问题”专项治理和“讲看齐、见行动”学习讨论，重点治理党的领导弱化、党的建设缺失、全面从严治党不力，管党治党失之于宽、失之于松、失之于软问题；认真组织好“全面从严治党与集团党的建设”“五大发展理念与集团改革发展”的学习讨论，深入查找在思想建设、组织建设、作风建设、廉政建设和制度建设等方面存在的问题，推动集团各级党组织在思想上政治上行动上始终与以习近平同志为核心的党中央保持高度一致，在思想认识、方法措施、落实机制上紧跟全面从严治党战略部署，层层传导压力，真正把管党治党责任担负起来，把全面从严治党要求落实下去。

二是抓好巡视整改。集团上下积极主动对照省委巡视反馈意见，坚持组织领导与群众参与相结合，坚持思想引领与制度建设相结合，坚持立行立改与长远发展相结合，坚持统筹安排与专项整治相结合，进一步强化责任意识，认真落实全面从严治党要求，进一步牢牢把握正确舆论导向，坚持政治家办报，进一步推进中央八项规定和省委 30 条要求贯彻落实，强化对重点领域的监管，组织开展落实主体责任、强化监督责任、改进选人用人、把握舆论导向、完善奖惩措施、规范行政管理、清理规章制度、谋划事业发展、加快媒体融合、深化专项教育等十个方面的专题调研，在此基础上建立科学有效的长效管理机制。集团层面先后新制定出台 26 项实施意见和管理办法，涵盖了集团工作的各个块面；集团各单位、各部门也根据自身实际情况，出台了一系列针对性强的规章制度，切实保障整改工作不折腾、不反复、管长远。通过整改，集团党委管党治党意识进一步增强，全面从严治党要求得到较好落实，导向意识和舆论引导能力不断提高，干部选拔任用工作日益规范，内部监督管理得到强化，较好地完成了巡视整改各项任务。

三是完善制度规范。强化新闻舆论导向管理，落实中宣部有关采编经营分开的部署，推进党报集团事业产业持续健康发展，9 月份出台《关于推进采编经营“两分开两加强”实施意见》，全面梳理了集团“两分开”经验做法，形成系统完整的刚性制度约束，在采编与经营之间构筑有效“防火墙”，确保党报集团新闻事业协调可持续发展，不断巩固壮大主流舆论阵地，提高新闻舆论传播力、引导力、影响力、公信力；不断提升产业经营效益，为新闻事业提供有效财力支撑。为进一步完善内部管理制度，报业集团日前成立了“制度清理规范和改革完善领导小组”，集团主要负责同志亲自抓，全面清理、规范、完善内部管理制度，近期内制订、修订一批有效管用的重要制度，进一步在集团上上下下营造良好的政治生态、工作心态、合作姿态和精神状态。

四是落实从严要求。以开展学习教育为契机，开展软弱涣散党组织的整顿，对集团53个党支部进行集中排查，对党员党组织关系进行集中排查，对发现的问题及时解决。按照有关规定，对集团全体党员党费缴纳标准进行了调整和收缴。严格党费收缴管理使用，建立台账制度、会计制度、报告制度和通报制度，设立专用账户由专人管理。按照有关要求，在集团各党支部开展了出席省第十次党代表大会代表和省直机关党代表会议代表推荐选举工作。下发了《关于开展集团基层党组织换届的通知》，对集团未换届的45个党支部和1个党总支进行了换届。完成了集团机关党委、机关纪委的换届选举工作，选举产生了新一届机关党委和机关纪委委员，全面落实了基层党组织按期换届专项整治工作。

五是强化干部管理。制定了《领导班子和处级干部综合研判暂行办法》，对集团二级单位领导班子和处级干部开展集中和重点研判，为干部选拔任用工作提供科学依据，增强干部工作的统筹性。制定《集团处级干部交流轮岗及转岗暂行规定》，进一步优化班子结构，增强干部队伍活力。制定《集团2014—2017年员工教育培训规划》和《集团2016年员工教育培训计划》，以开展“两学一做”学习教育为契机，进一步加强政治理论培训，提高领导干部政治素养；开展新闻业务水平培训，提高从业人员业务素质；不断丰富内容拓展渠道，增强教育培训效果。开展“讲职业操守、讲行为规范、讲严守纪律”专题教育活动，稳步推进干部教育在线学习。制定《集团高层次人才引进暂行规定》，探索将人才引进与智力引进相结合，多渠道、多方式引进高层次人才。制定《规范集团进人管理的暂行规定》，加强对二级单位人员招聘监管。制定《安徽日报编辑部新进员工试用期(见习期)考核办法》以及人员退出机制细则，形成优胜劣汰、能进能出的良好局面。

二、存在的问题分析

面对媒体融合的大趋势和激烈的市场竞争环境，报业集团还存在着观念不新、办法不多、产品不优、管理不实的问题，发展的压力很大。

（一）报业发展有待于进一步明晰战略

集团经济下行压力大，底子薄，在经营管理方面站位不高、视野不宽，谋划缺乏前瞻性，决策缺乏果断性。产业结构严重失衡，集团的非报产业实力偏弱，没有形成具有发展可持续性和盈利稳定性的支柱性非报产业。集团和所属单位产业发展缺乏较为清晰的战略规划和具体的实施路径，缺乏产业中长期规划，也没有迈出实质性的探索步伐。尚未形成支柱性的产业，没有适合新项目孵化和储备的体制和机制，未能按市场规律对新项目进行孵化和扶持。

（二）新闻策划有待于进一步创新思路

坚持改进创新，做新做优新闻策划，继续把做新做优新闻策划当作提高宣传报道质量和办报水平的重要手段，努力创新形式和手法，不断增强正面宣传效果，不断提升安徽日报的影响力，不断提高宣传报道质量和办报水平，打造和做强品牌栏目，进一步增强党报影响力。

（三）主业经营有待于进一步提升质量

项目策划和实施能力有待增强。集团在资金投入、人员配备、业务整合、资源共享、战略协同等方面未能从集团层面统筹考虑，产业发展在资金、人才等诸多方面投入不足，产业开拓意识虽有，但未有实质性突破，缺少具有拉动性大、示范性强、技术含量高的优质项目，缺乏项目策划专业力量和资金持续投入能力，且项目实施能力不强。

（四）多元发展有待于进一步突出重点

2016 年，报业集团各媒体积极主动上手新项目，在多元发展上大胆探索。但集团二级单位的项目建设，基本上还处在小而散的局面，在集团层面还缺少牵动性强、发展后劲足的大项目，缺少较为完备的项目储备，没有开展集团项目库建设。

（五）媒体融合有待于进一步寻找路径

报业集团融合报道推进步伐不够大，与办报先进地区相比有较大差距。在加快推动媒体融合的过程中，还需要进一步明确融合主思路，确立融合主线，把握融合着力点，找准融合突破点，激发融合兴奋点。在此基础上，进一步明晰报业集团与新媒体集团在媒体融合中的角色与任务，打造报业集团媒体融合的新亮点。

（六）报业改革有待于进一步完善机制

内部管控的长效机制有待建立健全，明确责任、明细要求的内部规章制度有待进一步完善。目前集团已组织了对所属单位的薪酬发放情况摸底；根据事业单位特点，同时借鉴兄弟报业集团成功经验和惯例做法，正在研究制订覆盖全集团的新的薪酬管理办法，基本思路是绩效挂钩、效率优先、兼顾公平，采用切实手段和措施，进一步规范薪酬管理。目前，该办法已经形成征求意见稿，待报集团党委最终审定后立即组织实施。

三、明年的计划与打算

2017 年，报业集团将在省委省政府及省委宣传部的坚强领导和大力支持下，以谋划“十三五”规划为起点，充分发挥党字号的优势，全面强化思想基础、管理基础和制度基础，稳妥推进管理体制改革、干部人事改革和收入分配改革，积极完善经营管理机制、采编流程机制、融合发展机制，加强党的新闻舆论阵地建设，团结一心、开拓奋进，共谋发展。

（一）策划当先，新闻宣传力求更深更透

2017 年，安徽日报等集团媒体将继续以十八大及十八届三中、四中、五中、六中全会和习近平总书记系列讲话精神，以及省第十次党代会精神为指引，不断增强政治敏锐性和政治鉴别力，牢牢把握正确舆论导向。

一是坚持党管媒体原则。强化政治家办报要求，坚定不移地以习近平总书记系列重要讲话精神为指导和统领，紧紧抓住正确舆论导向这个要害问题，坚持持中守正，坚决不为任何噪音杂音所扰、不为任何复杂现象迷惑，坚决防止与中央和省委精神不符的文章和提法出现在集团媒体上，坚决不给错误思想和言论提供传播平台。坚持发展与管理并重，在推进媒体融合发展的同时，重点强化对系列报刊和各类新媒体的监管，严格政治标准和工作要求，严肃查处违反政治纪律和宣传纪律的行为，严厉打击有偿新闻、有偿不闻、新闻敲诈和虚假报道等严重违反职业精神职业道德的行为，坚持团结鼓劲、正面宣传为主，确保圆满完成省委交给的各项新闻宣传报道任务。

二是做强新闻策划。注重贴近贴紧中心工作，谋划开展富有力度和声势的宣传报道。重点做好十八大及十八届三中、四中、五中、六中全会和习近平总书记系列讲话精神，迎接党的十九大召开的宣传报道，深入报道我省贯彻落实中央各项政策部署的思路、举措、成效。精心做好省第十次党代会精神的宣传报道，突出报道各地积极落实部署，有效推动经济社会发展的生动实践和取得的显著成绩。认真积极把握好节点，做好全国和省两会等重大会议和事项的宣传。加大社会主义核心价值观的宣传报道。利用“安徽好人”“百姓故事”等栏目，抓住学雷锋活动等契机，加大报道数量和报道力度。

三是推动媒体融合报道。拓宽渠道、丰富手段，加强网上网下两个舆论场的舆论引领，不断提高主题宣传的感染力和影响力。发挥传统媒体和新兴媒体的组合优势，有力有效放大宣传效应。在重大会议、重大部署、重大行动、重大典型报道中，都强调第一时间以集团全媒体矩阵解构重组、持续跟进、滚动发布，集团媒体集群整体传播力和影响力不断扩大。

（二）思路拓宽，报业经营力争更实更活

一是深耕细作主业，深挖市场潜力。跳出报纸做报纸，在深挖发行、广告、印刷三大传统业务潜力的同时，不断延伸和完善报业产业链和价值链。广告业务方面，各媒体要增强用户意识，共享客户资源，加强联合营销策划，提供“组合式套餐”服务产品。加大拓展阅报（机）栏、电子屏、公交（地铁）广告等户外广告，力争广告营业收入年均增长 10%。印刷业务方面，要加快印务设备更新升级，积极拓展商务印刷市场，提供绿色化、智能化、个性化印刷服务，力争在省城报业印刷行业市场份额占据半壁江山。发行业务方面，日报力争“十三五”末能达到 40 万份发行量，各子报子刊要粘住读者和订户，稳住发行量，遏制发行下滑局面。要结合电子商务发展，开展多种配送服务，挖掘发行网络的市场潜力。加快集团平面媒体的整合，注重在精、联、创、合四个层面上下功夫。

二是布局多元发展，壮大整体优势。坚持“突出主业、多元发展”的思路，以传媒文化为内核，以报业品牌为纽带，积极寻求在优质多元项目上的重点突破，推动全集团转型升级，打造管理规范、运行有序、具有强大市场竞争力的现代文化产业集群，力争形成“以多元业务赚取的利润养报刊主业”的发展格局。强化以用户为中心的经营理念，以用户需求为核心，实现由服务读者向服务用户的转变，拓展服务内容，延伸服务链条。积极挖掘报业政策和信息资源，实施多品种、多渠道、多领域经营，重点发展与报业关联度高、能够发挥自身资源优势的延伸产业和伴生产业，如项目策划、文化地产、广告创意、现代物流、信息咨询、商务印刷、影视演艺等产业。同时要跳出报业求发展，敢于突破产业界限，加快产业融合，培育多样性的新兴产业体系。在当前“互联网 +”、消费升级的大背景下，充分利用集团政治优势和品牌资源，瞄准产业前沿，积极介入适应市场需求、科技含量高、成长空间大、投资安全边际高的领域和产业，力争在互联网金融、智慧生活、休闲旅游、低碳环保、信息技术、养老服务等领域有所突破。

三是实施项目带动战略，强化引领作用。积极实施项目带动战略，多渠道征集新项目、宽领域引进好项目、全方位合作大项目，把项目建设作为转型升级发展的重要载体和主要抓手，实现运营一批、建设一批、储备一批、谋划一批，完善新项目孵化机制。既要增强对商机的嗅觉能力、洞察能力和捕捉能力，又要加强对外合作，借力发展，积极利用集团的品牌优势和政治优势，对接市场资源和社会资本。通过项目带动，打造一批具有自主知识产权的文化创意产品，孵化一批特色鲜明的文化创意企业，形成较为完整的特色文化产业链，使之成为集团可持续发展的新引擎和我省文化产业发展的新亮点。

（三）互动共进，媒体融合力促更新更快

一是加快媒体融合，培育综合优势。顺应时代发展趋势推进传统媒体和新兴媒体融合发展，变“要我做”为“我要做”，大力构建先进强大的现代传播体系。将平面媒体的“信度”（公信力）、“深度”和“高度”优势，与新媒体海量信息的“宽度”“速度”和“互动度”相结合，不断提升综合传播能力，进一步巩固和扩大舆论阵地。

二是强化顶层设计，统筹融合路径。统筹谋划好集团和二级子报刊群两个层面的转型升级、融合发展路径，强化互联网战略思维，大力创新内容产品、生产方式、传播手段、服务模式和盈利模式等。加快新媒介、新平台、新渠道开发；加快培养、引进新媒体技术人才；加快技术迭代，丰富新闻表现力，加强对新产品新技术的研发应用；加快实施新闻信息数据库建设，积极提升新媒体技术的升级换代工程。以安徽视觉数据中心项目建设为突破口，逐步打造中央厨房式的采编集成平台系统。以采编集成平台为牵引，探索更加符合互联网传播规律的报道模式和表达方式，探索更加灵活高效的部门设置和考核机制，打造新媒体传播内容、渠道、平台、管理等深度融合的新型主流媒体。各系列报刊不仅要加快自身融合步伐，还要树立一体化发展理念，共同参与集团采编集成平台系统建设，尝试采编全媒体运作。对具有盈利模式和创收能力的新媒体，实行灵活的运作机制，按照内部市场化机制单独考核，调动积极性。

三是科学设计集团和新媒体集团错位竞争、协调发展的运行机制。逐步打通两大集团的采编系统和业务流程，建立你中有我、我中有你的符合现代传播规律的全媒体传播体系。逐步完善两大集团互利共赢的利益分配机制，加快形成互融共通、优势互补的一体化创新体系，建立采编、营销、技术、管理和人才使用等多方面联动协作机制，打造共有的价值增量和更长的产业链条，发挥两大集团协同发展的整体优势，真正实现采编联动机制，形成强大的舆论合力。

（四）党建引领，为报业集团改革发展提供坚强政治保证

一是坚决负起管党治党的责任，筑牢抓好党建是最大的政绩的理念。深入学习贯彻党的十八届六中全会和省第十次党代会精神，深入学习习近平总书记系列重要讲话精神，集团各级党组织和全体共产党员全面落实和强化主体责任，守土有责、守土负责、守土尽责，主动作为、勇于担当，着力解决在管党治党上宽松软问题，做到敢管敢治、严管严治、长管长治，通过党内政治生活，树立良好的风气，优化良好的环境，真正建立起有利于集团发展、有利于干部成长，有利于个人心情愉快的工作环境、生活环境和政治生态环境。

二是坚决把作风建设持续推动起来，营造风清气正的政治生态。重点抓住关键少数，各级领导班子和党员领导干部要绷紧纪律这根弦，筑牢思想道德防线，慎独、慎友、慎权、慎微，不踏红线、不越底线、不闯雷区，做到心有所畏、言有所戒、行有所止，干干净净做事，清清白白做人；抓细抓小抓常，盯紧容易出事的环节，以中央八项规定和省委三十条规定和反对“四风”的要求为准绳，以中央和省委通报的违反八项规定、违反“四风”实际案例为镜鉴，对照我们的行为，把我们的言行纳入制度的框架之内规范管理。

三是坚决把一支过硬队伍建立起来，聚合干事创业的智慧力量。坚决执行各项纪律，对于重大决策、重要制度都要向高线靠齐，找准推动新闻宣传和产业发展的切入点、突破口，在推动党建和业务工作结合上下功夫，进一步增强集团党建工作的生命力、影响力、感召力，把服务中心、建设队伍作为核心任务，为集团各项事业的发展提供强有力的思想政治保障。最大限度调动干部职工积极性，最大限度地打造好干事创业的平台。干部选任和配备问题，要统筹考虑历史和现实、主观和客观、条件和机遇、近期和长远，追求德才兼备、人岗相适的规则公平、机会公平，坚持和谐共进。

安徽新华发行集团改革发展报告

安徽新华发行集团

“十二五”以来，安徽新华发行集团全面推进“传统主业提升和转型、实体经济和资本市场双轮驱动”两大战略举措，以文化教育为核心，不断丰富经营产业链，建立文化消费、教育服务、现代物流、综合贸易、文化地产五大产业板块发展格局，实现社会效益、经济效益双丰收，已发展成为全国具有较强影响力的综合性文化传媒集团。

为抢抓国家深入推进国有文化企业改革、打造具有核心竞争力的骨干文化企业、推动社会主义文化大发展大繁荣、全面推进文化走出去、实施“一带一路”国家发展战略以及安徽省建设文化强省等重大发展机遇，打造具有国际竞争力的、跨媒体发展的行业领先企业，加速建设互联网平台型企业，今年以来，集团紧密结合企业实际，深入各子分公司广泛开展“十三五”规划调研，回顾总结集团各子分公司“十二五”期间的发展成就、存在问题，剖析和预判“十三五”期间集团所处的发展环境、产业发展趋势等，在此基础上对集团“十三五”发展思路、重大举措和重大项目进行总体规划。现就调研工作情况报告如下：

一、集团“十二五”发展回顾

（一）创新战略，建立战略引领、战略制胜的发展优势

“十二五”期间，集团进行深入的战略思考和战略选择，不断明晰企业的发展方向。在2013年池州召开的集团中高层管理团队参加的战略发展务虚会上，鲜明提出“传统主业提升和转型、实体经济和资本市场双轮驱动”两大战略举措和“文化消费、教育服务、现代物流、综合贸易、文化地产”五大产业集群发展的战略路径。

面对互联网的冲击，集团又一次深入思考互联网时代的战略转型之路，提出“互联网+时代”的战略选择，进一步明确在两大战略举措、五大产业集群基础上，推动集团从传统出版物发行企业向互联网平台企业转型。立足行业研判，把准时代脉搏，不断

以创新性的思维和前瞻性的战略选择为企业快速做出战略布局决策、抢占发展制高点、有效实现转型提升赢得了广阔的发展空间和先机，这是集团“十二五”取得各项战略成果的关键。

（二）系统发力，以组织能力的提升推进集团战略落地

1. 关注员工成长

集团将“人力成本”转化为“人力资本”，始终将员工培养工作放在重中之重，每年拿出固定比例经费用于员工培训。创立“皖新大学”，举办高管专家讲堂、搭建“I－learning”在线教育平台、选派高管及业务骨干外出学习等方式加强员工培训。

成立博士后科研工作站，建立科学合理的“招人、育人、选人、留人”机制。加强对优秀年轻干部的培养、选拔和任用，通过公开竞聘等，将一批优秀的年轻人选拔到核心管理岗位。调研数据显示，与“十二五”期初相比，管理层年龄由45岁降到39岁，本科及以上学历比例从57%提高到75%。为员工构建适合企业特点的职业发展体系，让员工与公司一起成长、一起进步、一起分享发展成果。

2. 重塑企业绩效和文化

集团倡导“态度大于能力、正直大于技巧，以业绩论英雄、凭德才坐位置”的用人理念和绩效文化，塑造“爱心、敬业、协作、责任、创新”的价值观行为准则。

在此基础上，实施全面绩效管理，聚焦关键业绩指标（KPI）并逐步优化，建立以业绩为导向的绩效管理制度。推行战略地图和平衡计分卡，进行战略解码，逐级分解战略体系，将战略目标与员工的行动结合起来，将员工的行动与KPI考核结合起来。向员工灌输危机意识，将外部压力传递至各级管理者和员工，“如果市场全部放开，我们离破产只有18个月”的危机感已经深入员工内心，“满足客户需求是我们存在的唯一理由”的核心经营理念成为集团上下共识。

引入标杆管理文化，鼓励立标对标、模仿创新，打造学习型组织，快速提升整体经营管理能力，全集团对标学标创标的氛围日益浓厚。

3. 深化企业内部改革

在“十二五”时期，集团推进并顺利实施企业ERP项目和三轮组织变革，对内部组织架构、业务流程进行重新定位和系统设计，新的组织和流程体系对集团战略目标的实现和经营业绩的持续快速增长发挥了重要作用。

完成ERP资源规划系统项目建设，运用ERP具有的系统化管理思想和方法，促进企业资金流、物流、信息流一体化管理，为业务运营、管理提升和经营扩展提供有力支撑。

2013 年 1 月至 2014 年 12 月，先后推动总部职能部门、文消和教服总公司、市县公司的三轮组织变革。

根据相关调研数据显示，三轮改革后，管理层由 634 人减少为 393 个编制，管理岗占比由原来的 16.5% 减少至 9.5%，后台综合服务岗由 704 个减少到 303 个，综合服务人员与销售人员比例由 1:5 下降为 1:13，人员岗位结构得到极大优化。

（三）推进传统主业提升转型

1. 率先在全国提升教材发行服务标准。集团建立了专职的教育服务专员队伍，按照“分片包干、对点服务”的方式贴近客户需求，实现从“送书到校”到“分书到班”的服务转变，将服务对象从全省 1.6 万所中小学校向 15.5 万个班级延伸，被评为“2014 年度中国出版发行业十大创新”之举。

这一做法被中宣部副部长蒋建国认为是“改革经营方式，改进服务方式”的典型，批示要求在全国宣传、推广经验，而且也改变了全国 60 多年中小学教材发行的传统经营方式和服务方式。

2. 建设具有特色的文化消费终端品牌集群。应对电子商务的发展对传统实体书店的影响，集团转型创新，以文化为主题、以图书为主线，全方位、多平台的推进终端网络建设。打造以“新华书店、前言后记、读书会、布克乐园、阅生活”为代表的文化商业品牌集群，增加读者体验、提升服务能力；开设安徽省首家 24 小时书城，让更多的人分享阅读和文化体验的乐趣；以低成本扩张方式，提高文化服务网点的覆盖面和渗透率，发展校园书店、社区书店、监狱书店等各类书店近 200 家，覆盖 16 个市、57 个县。

3. 推动出版物流向第三方、第四方物流转型。集团加速布局现代物流产业板块，全面进入现代物流业务领域。与江苏新宁现代物流公司共同成立皖新物流有限公司，全面引入仓储管理、配送运输管理和物联网技术，建设现代物流网络配套体系，当年成功中标联想在中国最大的生产基地——合肥联宝的物流仓储配送业务。同时，稳妥开拓省外市场，成功中标中国外文局的图书仓储物流项目，在全国出版业中心—北京建立了物流网点，实现跨区域经营。集团物流年发货货值已达到千亿规模，并被世界 500 强企业联想、海尔评为“金牌供应商”。

4. 实施品牌提升战略和文化品牌打造行动。集团聘请国际知名的品牌创意设计公司——东道品牌创意集团，对集团品牌物化形式及视觉识别体系重新设计，使企业品牌形象更加丰满。将品牌建设与运营结合起来，先后举办新安读书月、省直机关读书月、黄山书市、全省青少年科技发明大赛、院士进校园、名师名家进校园等大型公益文化活动,参加“首届安徽文化惠民消费季”,打造“e 窗工程”“藏书家协会”等。另一方面,充分体现集团作为国有骨干文化企业在推动全民阅读活动中的引领示范和文化主渠道作用。2012 年年底,“皖新传媒”被国家工商行政管理总局认定为中国驰名商标,这是我省新闻出版业首获驰名商标,也是全国首家获此殊荣的地方出版物发行企业。

(四)深化产业融合发展

面对互联网技术的迅猛发展和其带来的深度影响,集团大力探索组织和业务的互联网化,推进传统媒体与新媒体的深度融合以及国内国外两个市场的跨境经营融合。

1. 组建新媒体研究院。与中国科学技术大学共同组建了中国科大——皖新传媒新媒体技术研究院,由其制作的国内首部大学可视化教科书《美丽化学》荣获由美国国家科学基金会(NSF)和美国《大众科学》杂志举办的 VIZZIES 国际科学可视化竞赛视频类专家奖,这是来自中国大陆的参赛作品首次在该竞赛中获奖。

2. 打造基于 O2O 的微信出版发行体系。与腾讯科技签订共建“智慧书城”的合作协议,共同打造以微信为载体,以新华书店实体业态为基础的 O2O“智慧书城”。合肥三孝口“智慧书城”成为传统书店与新媒体有效结合的案例,是全国第一家结合微信的体验式 O2O 书店,更是全国图书及文化消费行业 O2O 的标杆案例。另外,开启“教育微店”新模式,集商品展示、客户关系、订单管理、报表速递等功能于一体;建立基于“学校微信订阅号”的 K12 社群电商平台;而“校园微信订阅号”是集团延伸教育服务体系、低成本获取用户流量的重要抓手,为未来拓展教育领域 O2O 商业模式抢占先机。

3. 构建面向移动互联网的数字版权管理平台。联合国际数字出版领域的优势团队——以色列 CDI 系统有限公司,共同开展面向移动互联网的数字版权管理核心技术的开发与集成工作。在此基础上,双方共同打造中以数字教育基地,发起中以数字教育产业基金。

4. 积极介入影视动漫领域。与迪士尼开展深度合作,引进全球领先的动漫影视策划编剧制作资源,以徽文化为背景制作高水平电视系列动画片《安玲与史迪奇》。联合上海六六文化传媒共同拍摄电视剧《女不强大天不容》,作为全国文化体制改革 15 周年的献礼片,在制作过程中即受到市场热捧,实现经济效益和社会效益双丰收。集团进军影视动漫领域,对加速传统媒体与新媒体融合、完备产业链、形成全媒体发展格局具有重大意义。

5. 谋求国内国外两个市场的融合发展。借力中央部委资源，与中国外文局实施战略合作，联手收购法国凤凰书店，打造中国在海外的外宣窗口和交流平台，探索海外文化基地和文化宣传站点可持续盈利的新模式。依托互联网技术，建设以新加坡为基地、东南亚最大的中文图书电子商务平台，向日本、美国、欧洲、中国台湾等国家和地区拓展，打造文化“走出去”海上丝绸之路。与新加坡友联书局（私人）有限公司共同发起成立集团首家海外合资公司新龙图（新加坡）贸易发展有限公司，探索新型对外贸易模式。加强跨国文化企业合作，与中国台湾丽文文化事业机构、新加坡报业控股有限公司联合早报网合作，联合开拓海外中文图书市场；与美国 CPL 公司进行战略合作，扩大国际印务业务。此外，集团还组织参加意大利博洛尼亚图书博览会、新加坡国际书展、中国台湾书展等世界知名书展，促进文化开放，扩大中国文化影响力；联合以色列魏茨曼科学研究院举办“皖新教育杯”安徽青少年科技发明大赛暨以色列创新之旅活动，该活动得到以色列驻华大使、以色列农业部长及中国驻以色列大使馆科技参赞等的高度肯定，也成为安徽省最受欢迎的教育品牌活动之一。

（五）加强资本运作，推动产业结构调整升级

聚焦五大产业板块上下游和新兴产业，加大重点项目的投资力度，拓展转型空间，培育升级动力。在数家行业标杆企业中遴选集团核心产业板块的合作伙伴，以股权合作形式实现了与江苏金智、新宁物流的“高位嫁接”。以资本为纽带，先后战略投资江苏大千生态景观股份有限公司、国内著名的原创财经出版机构蓝狮子文化传播有限公司，以及维天运通及卡德万利等。

江苏大千目前已进入 IPO 上市辅导期，蓝狮子将在年内上市新三板。合作设立皖新金智科教创业投资基金、厚朴商业保理有限公司，成立皖新融资租赁公司等，以新业态的培育和股权投资产生利润为目的，积极探索开展担保业务、融资租赁业务以及互联网金融业务，打造具有交易和经营能力的金融平台集群，推进文化与金融融合，利用多种金融手段加快产业化进程。

（六）“十二五”主要财务指标和荣誉

“十二五”期间，集团各项主要经营指标连续 4 年呈现两位数增长，在全国同行中保持了领先的增长势头，并且呈现发展速度逐年加快、效益逐年增加、运营质量逐年提升的良好发展态势。2014 年，集团实现营业收入、净利润、资产总额，分别是“十一五”末 2010 年的 2.85 倍、2.45 倍和 2.63 倍。集团连续六届进入全国文化企业 30 强，连续两年总体经济规模保持全国同行第一，连续十年进入“中国服务业 500 强”。皖新传媒入选由世界媒体实验室(World Media Lab)编制的2014年度《世界媒体500强》,荣获第三届“中国出版政府奖”“2014安徽企业100强”“2014中国上市公司百佳企业领军企业”“2014中国上市公司诚信示范标杆企业”“2014中国上市公司最具核心竞争力企业”“2014上市公司品牌管理金盾奖”;集团下属的安徽省新龙图贸易进出口有限公司入选“国家文化出口重点企业”。

二、当前面临的主要困难和存在的问题

(一)观念的问题

当前,国内外经济形势依然复杂严峻,经济社会发展仍然面临诸多风险和挑战,在宏观经济环境下,如何全面认识、主动适应、积极引领经济发展新常态,将成为集团能否平稳健康发展的关键因素之一。

(二)“互联网+”时代的要求

目前中国正处于互联网文化产业市场价值超越传统文化产业市场价值的转折时期,集团作为传统文化企业,不仅面临产业链再造的问题,更为关键的是如何在新的互联网改造的新兴产业里,找准定位,重新出发。

(三)能力与集团战略目标不适应、不匹配

一是集团各级管理者的思想观念和意识亟待进一步转变和更新,管理能力和执行力有待进一步提高;二是符合集团转型要求的人才队伍还未建设起来;三是面对数字技术、互联网对传统产业的颠覆,集团新的商业模式转型需加快推进。

三、行业发展的竞争分析

集团的经营范围可分为传统文化业态和文化新业态两大类,涉及出版发行、教育、物流、贸易、地产、类金融等多个领域。本次调研在分析集团的行业发展战略环境时,主要立足于出版发行(传媒)业、文化产业以及教育产业。

(一)行业内竞争分析

1. 企业间竞争充分

从全国范围看,出版发行行业进入与退出门槛较低,行业内势均力敌的竞争对手较多,竞争参与者范围广泛;市场趋于成熟,传统的产品需求增长缓慢,价格是主要的

竞争手段。目前,国内各发行集团在传统业务领域提供几乎相同的产品或服务,用户转换成本很低,尤其是一般图书和多元文化产品批发零售企业之间竞争异常激烈。

2. 线下渠道有所回暖但仍面临电商巨大压力

2014 年,全国新华书店系统和出版社自办发行单位实现出版物总销售额 2415.5 亿元,较 2013 年增长 3.0%;全国共有出版物发行网点 17.0 万处,降低 1.6%,实体渠道增长乏力。

开卷数据显示,目前全国图书零售市场总体码洋超过 500 亿元,其中实体书店渠道零售码洋规模大致为 340 亿元,网店渠道零售码洋规模达到 200 亿元。除教材教辅销售外,其他产品销售网店占据一定优势。(表 1)

表 1:实体书店渠道与网络书店渠道图书零售码洋结构图(码洋比重)

细分市场	实体书店渠道码洋比重(%)	网上书店渠道码洋比重(%)
教辅教材	25.5	7.7
社　科	18.0	27.8
少　儿	17.7	22.0
文　学	11.9	13.6
科　技	7.4	10.5
语　言	7.4	6.7
生　活	4.7	4.9
艺　术	4.4	4.5
传　记	2.0	1.6
其　他	1.0	0.7

3. 多元化发展与大传媒产业布局加速

近年来,出版发行业内主要企业间的竞争已经不仅仅局限于传统的业务领域。各企业纷纷加快节奏,着手打造综合性、平台型文化传媒集团,跨行业发展、大传媒产业布局已成为出版传媒集团规模化改革的新模式。通过资本运作和产业拓展,链接更为广泛的社会资源,以机制的创新更有效地实现跨地区、跨媒体、跨行业的优化配置和资源整合,打造新的核心竞争力,已经成为企业竞争的焦点。

通过调研,综合 Wind 等机构数据,2014 年,我国传媒行业共发生了 200 多起并购,交易规模超过 2200 亿元，是 2013 年并购总金额的 2 倍多。

（二）行业内潜在竞争分析

1. 行业进入门槛不断降低

2014 年 1 月 28 日，《国务院关于取消和下放一批行政审批项目的决定》（国发[2014]5 号）取消了出版物总发行资质，而国家新闻出版广电总局迟迟未能明确中小学教科书发行资质条件要求。当前中小学教科书发行管理处于政策空档期，而且行业政策放开、准入门槛降低的趋势越来越明显。

2. 多方布局抢滩文化和教育产业

随着文化产业的爆发式增长，文化教育产业成为创业和传统企业转型第一选择。以 BAT 为例，腾讯、百度、阿里巴巴日益重视通过内容生产提升附加值和核心竞争力，并从原先的技术平台制造商、运营商和服务商，转变为包括内容制作、提供和集成在内的综合性文化科技型企业。阿里巴巴推出两期娱乐宝，收购文化中国并将其改名为阿里影业，进入影视制作、手游等领域；腾讯宣布将参与推出影视大片；百度也收购了网络视频运营商 PPS 的视频业务。近年来，BAT 利用其平台、用户、流量和技术优势纷纷布局互联网教育领域。

万达集团则是从其他行业向文化产业跨界转型的典型代表。万达文化产业集团 2012 年正式组建，目前已成为全国最大的文化企业，按照规划，2020 年万达文产集团资产和收入将达到 800 亿元，进入世界文化企业前 10 名。

（三）行业上下游竞争分析

1. 上游企业竞相选择前向一体化发展战略

根据研究调研，从出版发行领域看，目前互联网电商、第三方物流服务行业发展迅速，上游供应商的可选择范围大，供应商议价能力不断增强，转换成本低。传统的线下实体渠道作为价值传递的一环，显现出弱化和被边缘化的倾向。上游主要内容生产商通过并购重组，行业集中度进一步提升，在此背景下国内主要出版机构以平台建设为导向，竞相实施前向一体化发展战略，建立自有渠道。

2. 用户主权时代，购买者议价能力日益增强

当前，在我国文化消费总体上属于非刚性消费，消费者自由选择度高。即便是在产品服务供给相对短缺的教育领域，购买者尤其是机构购买者的议价能力仍然较强。

教育服务业务的客户分为教育主管部门、学校及老师、家长及学生三类。教育主管部门掌握政策，组织或主导着中小学教材、评议教辅、教育装备和素质教育教材的大

规模采购;学校及老师是具体产品使用的决策者,决定着部分产品的选择,这两类客户在谈判中拥有相对强势地位。

（四）行业内替代竞争分析

1. 传统文化流通服务的可替代性增强

物流配送是图书经营的关键环节,在专业的物流配送机构发展迅速的背景下,新华书店传统的流通配送服务不再是产业链上下游唯一或主要选择。另一方面,互联网时代是用户、流量和数据的时代,也是“免费模式”流行的时代,“免费赠送”将对传统发行行业以“有偿代购”为本质的流通服务产生巨大冲击。

2. 数字化文化教育产品发展迅速

随着信息技术的发展和网络的普及,电子读物越来越受到用户的追捧,手机、电子阅读终端等数字化阅读载体获取成本不断降低。《2014 年新闻出版产业分析报告》显示,全国出版、印刷和发行服务实现营业收入 19967.1 亿元,较 2013 年增长 9.4%;利润总额 1563.7 亿元,增长 8.6%。数字出版实现营业收入 3387.7 亿元,较 2013 年增长 33.4%;利润总额 265.7 亿元,增长 33.3%,数字出版增长率远超行业增长水平。在教育领域,国家大力倡导“三通两平台”建设,教育信息化具备一定基础,与此同时各类数字教材、数字教辅、电子书包概念层出不穷。

四、集团发展的优劣势分析

（一）优势分析

1. 具有加速发展的经济基础

“十二五”期间,集团总体经济规模快速提升,2013、2014 年连续两年在全国发行集团中位居第一,行业领军优势凸显。教育服务、文化消费传统主业发展继续保持快速的增长水平,现代物流、综合贸易和文化地产等新兴培育产业生产能力也快速壮大。持续、高速、健康的增长态势为集团发展奠定了强大的经济基础。

2. 业务转型提升发展格局基本建立

集团推进产业布局战略性调整取得阶段性成果,通过传统主业提升与转型、资本市场与实体经济两轮驱动,从渠道建设向内容建设横向延展,通过数字技术和金融工具推进产业链纵向深入,产业结构不断优化、上下游产业链快速延伸,推动集团从传统文化企业向互联网平台企业转型。

3. 积累了丰富的区域渠道和客户资源

集团长期服务地方经济社会发展，尤其是在教育保障和公共文化服务体系建设中发挥了重要的作用，同时积累了丰富的业务经验和线下渠道资源，2000 名教育服务专员长期贴身服务学校师生家长；700 多个门店遍布全省城乡并以不断转型提升的全新姿态服务社会大众；物流服务向第三方、四方专业服务延伸、向省外市场延伸；文化投资业务嵌入地方公共文化体系，建设不断扩容；海外文化电商渠道和文化传播基地、文化贸易基地影响不断扩大。

4. 初步打造业务品牌链

集团以“新华书店”国有品牌为核心，进一步全方位打造品牌体系，逐步形成“皖新教育”“皖新科技”“皖新文投”“皖新租赁”等企业品牌，以及“读书会”“前言后记”“布克乐园”“来买网”等满足市场个性化需求的商业品牌，通过线上线下营销系统建设和活动推广，进一步扩大了国有品牌的影响力，在取得经济效益的同时获得良好的社会效应。

5. 组织变革氛围浓厚

集团建立健全现代企业制度和公司治理结构，持续改革，理顺内部体制机制，增强内生动力和发展活力。发行集团在完成集团化改革和股份改制上市后，持续深化内部改革，2012 年以来，集团实施 ERP 信息化改造，相继组织实施第一轮、二轮、三轮改革，层层深入打通内部供应链，企业的综合能力得以增强。

6. 企业文化发挥积极作用

集团积极倡导并日益形成“态度大于能力、正直大于技巧，以业绩论英雄、凭德才坐位置”的用人理念和绩效文化，坚持“善其身，济天下”的企业核心价值观，通过文化软实力建设增强企业凝聚力，打造集团人力资本核心竞争力。

（二）劣势分析

1. 体制机制影响长期发展

一是在国有企业改制过程中，员工身份置换问题未得到解决，多种劳动关系、离退休职工待遇等问题可能在下一步改革过程中显现；二是在建立长效激励约束机制、探索员工持股、股权激励等深层次国企改革问题上尚待破题，国家、企业、员工三者利益有机统一，将从制度上保证国有资产保值增值和员工潜力的进一步激发。

2. 技术创新步伐不够快

步入“互联网 + ”时代，信息技术的运用与创新能力建设成为传统企业转型升级的两种重要能力。目前集团在运用信息化手段再造企业财务流程、业务流程、管理流程以及用户关系等方面亟待进一步提升，产业技术研发体系建设和创新、创变能力的不足都是制约集团转型发展的关键因素。

3. 人才资本储备不足

面对新常态下集团在发展战略、产业布局上的变化与调整，原有的经营模式、管理方式发生根本性变化，当前人力资本现状在年龄层次、知识结构、技术能力等方面仍与集团发展需求存在相当差距，尤其是文化创新人才、文化科技专门人才、适应“走出去”需要的国际化人才以及擅长经营管理的复合型文化人才、高层次的文化产业领军人才和高素质的文化创意队伍等方面存在不足。

六、集团“十三五”发展的指导思想和发展目标

（一）指导思想

“十三五”是集团抢抓文化产业战略机遇、全面构建能力开创全新未来的关键时期。集团以十八大、十八届三中和四中全会以及习近平总书记重要讲话精神为指导，按照《安徽省国民经济和社会发展第十三个五年规划纲要》《安徽省“十三五”时期文化改革规划纲要》以及省“文化强省”战略要求，紧紧围绕传统主业提升和转型、资本市场和实体经济双轮驱动，进一步培育并壮大“5+1”产业发展模式，即推进文化消费、教育服务、现代物流、综合贸易、文化地产5大产业集群的结构优化、产业升级和融合协调发展；构筑1个金融平台，依托金融工具驱动主营业务增长，形成良性持续上升的金融闭环；并依托互联网技术，打造传统经济与新型业态高度融合的多元产业发展平台，形成完整的产业链和生态链，将集团由传统出版物发行企业转型发展成以文化教育为核心的新型互联网平台企业，成为人们终身学习教育的集成商和服务商，从而实现企业“善其身、济天下”的核心价值观。

（二）经营战略

为实现战略目标，实施跨媒体融合战略、多元化经营战略、跨区域扩张战略、多品牌集群战略，打造强势产业集群，壮大综合经济实力。

跨媒体融合战略。加快推进集团从媒介形态到媒介要素、再到信息内容传输通道的跨界发展作业模式，从图书出版发行平面媒体向影视剧等电波媒体领域渗透，从传统的纸质、广播、电视媒体向互联网、移动互联网及大数据相关衍生的新媒体跨界发

展。通过技术与内容互为支撑、相互融合，重塑媒体生产和服务方式，实现跨终端、跨平台的媒体融合，共同构筑集团核心竞争力。

多元化经营战略。在以文化教育为核心的新型互联网平台建设方向指引下，强化平台发展观念，实施多元化经营。加快壮大五大核心产业集群，推进产业结构、产品服务、渠道建设、营销管理及人才队伍的多元化进程，完善多业态协同发展的企业生态圈。聚集集团现有资源和主业优势，积极介入并发展适应文化传媒产业发展趋势的新兴行业或产业，形成新的利润增长点，抢占行业制高点，保障集团持续健康发展。

跨区域扩张战略。立足国际视野、着眼全国市场，以资产为纽带、以市场为核心，充分把握“一带一路”“文化走出去”等政策机遇，积极融入长江经济带和长江中有城市群等国家战略，推动市场要素的跨地区流动整合及产业对接，通过业务发展跨区域、项目建设跨区域、战略合作跨区域，打造省级边际地区及国际文化经济合作新样本，实现集团行业领先地位的战略落地和规模布局。

多品牌集群战略。注重内生性品牌支撑能力和品牌集群体系竞争优势的增强，聚焦文化属性的品牌定位，建立健全以“皖新传媒”为企业品牌核心，以包含门店品牌、展会品牌、服务品牌、产品品牌等商业品牌的多品牌集群体系建设，通过多渠道全媒体交互式传播方式，清晰传递集团的企业文化和价值主张，提高客户对集团品牌的忠诚度和满意度，打造具有国际竞争力的行业领先品牌。

（三）总体目标

到“十三五”末，力争集团总体市值规模突破千亿元，销售收入、资产总额双超 600 亿元。进一步整合优化资金、技术、人才等要素配置，在每个板块都力争培育出 1—2 家主业突出、核心竞争力强、有创新能力和自主知识产权、平均回报达到行业前列的标杆企业，增强集团在主营领域的核心竞争力和主导地位，带动成员企业发展。精心打造一批标杆企业，倾力培育 2—3 个上市公司。

安徽出版集团改革发展报告

安徽出版集团

一、2016 年发展概况

2016 年是“十三五”开局之年，也是安徽出版集团加快发展、转型升级的启航之年。一年来，集团在省委、省政府和省委宣传部正确领导下，全面落实集团第一次党代会的部署，企业的经营发展和党建工作呈现新气象，主要表现在：外联内合初见成效，文旅、少儿、全媒体、医疗健康等一大批项目落地和在谈，文旅集团、印刷集团、时代艺品公司组建运营，发展优势表现明显，后劲不断增强，新组建的少儿集团年销售收入近 12 亿元，出现 4 个销售收入达亿元的编辑部，单本图书《小猪佩奇》销售码洋 1.4 亿元。转型升级发展迅速，13 种出版物获中华优秀出版物奖（获奖数位居全国第三），149 卷 9000 多万字的《昆曲艺术大典》等精品出版冲刺高峰，《中国阅读通史》等 8 种出版物获国家出版基金 1215 万元资助，文化与旅游、科技、医疗、金融深度融合，智慧城市向省内外拓展，拥有“时代教育在线”（教育部“三通两平台”之一）“智慧消防”“安徽养老公共信息服务”“安徽公共机构能耗监管中心”等四大公共平台。改革创新快速推进，经营和管理模式“创新大讨论”成果丰硕，人才培养“四个一批”工程启动，时代出版传媒股份公司编委会成立，“首席编辑”“名编辑工作室”“艺术总监制”开始试行，“绩效考核与薪酬分配办法”正由专业机构研究制定。跨越发展形成强势，“六大板块”一齐发力，文旅板块产生较大社会影响，医药板块逆势发展，时代出版停牌重组，安泰科技股份公司、时光流影股份公司、五千年文博园公司上市工作有序推进。省直相关部门一致支持集团申办财务公司。党的建设不断加强，党委的领导核心作用充分发挥，党委管党治党主体责任和监督责任全面落实，干部和人才队伍建设充满活力，巡视整改取得阶段性成效，党风廉政建设和反腐败斗争取得新进展。集团主业创新、产业发展和“走出去”工作得到刘云山、刘奇葆同志充分肯定；连续第八届荣获“全国文化企业 30

强”，总体经济规模位居全国出版发行业第六。总的看，2016 年，团结、和谐、奋进是主旋律，创新、改革、发展成为最强音。

上述目标任务的实现，得益于 2016 年推出的以下举措：

（一）坚持抓主抓重，强化精品创作生产

坚持把社会效益放在首位，实施文化精品战略，推动出版主业从数量规模型向质量效益型转变。全年共出版图书 1.03 万种，其中新品种 4043 种，出版规模得到较好控制，市场占有率稳中有升。4 家出版社（教育社、少儿社、美术社、黄山社）再次进入全国专业出版社前 10 强。一是将社会效益考核细化为 7 大类 38 个评分项，权重从 30% 提升至 51% 。二是成立时代出版传媒股份公司编辑委员会，健全总编辑管控体系，严把政治导向，专攻重大项目策划。三是从 2016 年起，每年拿出 1000 万元作为出版专项基金，用于支持精品出版，推出一批倡导正能量、弘扬主旋律的精品图书。四是主攻主题出版、精品出版、“走出去”出版三大重点工程，集中力量打造文化产品创造的新“高峰”。

（二）坚持高开高走，打造文化旅游“航母”

瞄准文化旅游这一新兴需求，集团在星报传媒公司、省中旅和天鹅湖大酒店的基础上组建安徽文旅投资集团，与省旅游局建立战略合作关系，即将接管省旅游学校，启动一批重大项目，谋划一批演艺精品，加快完善战略布局。已落实和正在洽谈的项目中有 2 个 5A 级旅游景区、1 个 5A 级旅游景区创建单位、4 个 4A 级旅游景区和众多 3A 级景区。一是在省外，组团参加上海国际旅游节，选送参展开幕式大巡游的花车获“最佳创意奖”。与读者出版集团、四川出版集团、四川甘孜州政府等合资组建实体，开发当地文化旅游资源。二是在皖南，启动黄山屏水文化艺术村建设项目，重组黄山牯牛降旅游股份公司，合资成立宣城市文旅投资公司，开发绩溪龙川景区旅游资源，筹拍电视连续剧《胡雪岩》。三是在皖西南，重组并运营五千年文博园，对花亭湖景区及禅宗文化进行一体化开发，开办“朴初学堂”。四是在皖西，与金寨合作开发红色旅游。五是在皖中，与合肥非物质文化遗产园合作推进研学旅行，开展百万学生研学旅行活动，在合肥市三十岗乡和大杨镇，建设创客基地和文化田园小镇。六是在皖北，与濉溪县围绕柳孜大运河，建设全域旅游示范点。集团的文旅板块，呈现全面布局、多点开花的发展态势。

（三）坚持整合聚合，创新文化产品和服务供给

把握市场新趋势和消费新需求，在产业链上下游做文章。一是少儿文化产业异军突起。发力幼教新媒体、幼教培训、母婴用品等领域，在上海、北京合资建有 2 个幼儿园，少儿文化产品打入上海迪士尼乐园。复合式玩具《老狼老狼几点了》获第十五届中国玩具和婴童用品创新设计金奖。二是文化艺术品经营风生水起。嫁接出版资源，成立时代艺品投资公司，举办“安徽美术年度庆典”“鲍加油画鉴赏”“漆艺大师范福安作品展”等十多场书画展，收藏交易书画名家作品，着力培养新人，开发文创和艺术衍生品，成为省内艺术品经营领域的知名品牌。三是加快印刷企业整合步伐，调整产品结构，实现抱团式发展。以省新华印刷公司为龙头，整合省财政厅印刷厂、合肥市地税局印刷厂、安徽江淮印务公司（省委办公厅印刷厂）以及出版物资公司，组建印刷集团。扎实推进数字印刷产业基地（在庐阳产业园）建设。省新华印刷公司参与制定首项印刷领域国际标准，为引领世界的中国标准注入安徽元素。

（四）坚持转型融合，推进全媒体出版和立体出版

加强对关键技术的研发和应用，推进出版融合发展。一是推动“时光流影”上水平。“时光流影”平台是集团自主研发的社交和数字出版融合平台，拥有“一键成书”等多项专利技术，注册用户近 600 万，网站日访问量 60 万次，手机客户端下载量 460 万，装机量 300 万。二是推动影视产品上台阶。电视剧《我的老婆大人是八零后》在江苏卫视首播。联合深圳电影制片厂合作摄制的电影《班超》进入后期制作阶段。微电影工作室累计制作完成 89 部微电影，多部微电影多次获得全国、全省大奖。三是推动“掌中安徽”上规模。“掌中安徽”是《市场星报》推出的融媒体产品，客户端移动终端下载量 20 万人次，并每日以 1% 的关注增长率稳步上升，手机 APP 每日打开率达万次，新闻专题打开率过百万次。四是推动融合发展上速度。时代文化科技创业园被认定为国家级科技企业孵化器，成功持股孵化 2 家创业企业。将安徽教育网络公司装入时代新媒体出版社，实现传统出版与在线教育的有效嫁接。“时代商城”“时代书香在线”用户大幅增加。

（五）坚持走向全国，推动智慧城市建设

采取“文化 + ”模式进军智慧城市行业，推出“智慧能源”“智慧消防”等监管平台，开发“智慧消防机器人”等智慧产品，在全国率先为文化产业抢占智慧城市建设机遇探路子。智慧时代投资公司复制推广合肥高新区模式，与省内 3 个省辖市，省外的四川、青海、山西等地达成合作协议，智慧城市业务版图已初步形成。安泰科技公司在智慧能源和智慧建筑领域保持全国领先，主板上市材料已报到省证监局。科大立安公司推进公路隧道、城市综合管廊、轨道交通、古建筑等新领域的消防工程，承担了国家大剧院、天安门广场、西藏布达拉宫等场所的消防改造任务，在杭州国际博览中心建设高大空间消防保护系统，为 G20 峰会提供了有力保障。

（六）坚持面向世界，提升国际合作层次

在北京国际图书博览会上，集团版权输出连续 8 年（2009—2016 年）位居全国第一，在“中国图书对外推广计划”年度综合排名中位列全国第三。集团有 14 家企业入选商务部、中宣部等五部委联合认定的 2015—2016 年度国家文化出口重点企业，6 个项目入选“国家文化出口重点项目”，入选数全国第一。华文国际公司在全国对外贸易普遍下滑的形势下稳步发展，出口总额在全省排名第一，进口总额全省排名第二。

（七）坚持逆势攻坚，实现医药医疗健康发展

省医药（集团）公司吸收上游厂家资源，与 300 余家生产企业建立合作关系；积极开拓第三方物流业务，为省内外药品生产和配送企业提供服务；中标 7 家县级公立医院药房托管或集中配送，经营规模和业绩继续增长；初步形成了覆盖全省 30 多家医药连锁公司和 400 多家连锁药店的产品集采和控销网络。健康体检和大数据运营业务启动实施。

（八）坚持改革创新，培育壮大资本平台

坚持融资、投资两手抓，培育集团资本平台，大力开展产业投资。一是成功注册 24 亿元短期融资券。二是筹建财务公司，获省委宣传部、省财政厅、省银监局批准。三是时代出版传媒股份公司停牌，进行重大项目并购重组。四是将“时光流影”分拆出来，更名为时光流影科技股份有限公司，新三板挂牌的各项准备工作已就绪，并启动了资本投资招募工作。五是安泰科技股份公司进入新三板首批创新层，启动首次公开发行股票并转主板上市相关工作。六是集团及时代出版传媒股份公司参股华安证券、徽商银行、贵阳银行、东方证券、读者传媒等金融和传媒企业，其中集团是华安证券第二大股东。

（九）坚持正确导向，着力提高干部和人才队伍建设水平

坚持党管干部，用好干部的标准选人用人，树立“以事业选人，凭业绩用人”的导向，搞活了干部和人才工作，调动了各级管理人员和广大员工的积极性。一是对集团和股份公司所设部门定责定编定岗，打通集团干部配置肠梗阻，畅通交流渠道，形成“一盘棋”。三是召开人才工作会议，出台《“十三五”人才工作规划》和 3 个配套文件，着力培养集团自己的“四个一批”人才。计划用五年时间，选拔培养经营管理、专业技术、市场营销、青年英才 4 个类别共 160 名左右的拔尖人才，首期已确定 28 名同志；每年按照上年度集团工资总额的1.5%提取专项资金，用于人才培养。四是在武汉大学举行62名中青年骨干人才培训班，着力完善知识体系，提升业务能力。五是设立规划投资专家委员会，为经营发展提供决策咨询。六是加强绩效管理，建立比能力、比业绩、比贡献的激励机制。委托专业机构正在制定新的“绩效考核与薪酬分配办法”，合理拉开收入分配差距，做到责任、业绩和报酬相统一，体现薪酬与岗位价值、绩效结果、担当能力等付薪因素的有机结合。

（十）坚持从严治党，全面加强党的建设

坚持“把支部建在连上”的好传统，把支部建到基层企业和车间，努力做到有员工的地方就有党的声音，有党员的地方就有基层党的组织，有基层党的组织就有党的活动和工作。一是落实党建工作责任制，出台落实党建主体责任和监督责任的实施、考核办法，建立党风廉政建设约谈、巡查等制度，加强重大领域和关键环节的监管，把纪律挺在前面。二是扎实开展“两学一做”学习教育，认真开展“万堂党课进基层”活动，实现党课教育全覆盖。摄制集团“两学一做”主题微电影《永远的追随》。安徽少儿出版社“6人亿元编辑部”作为全省“两学一做”先进典型，省主要媒体对其事迹作了集中报道。三是把党建与经营发展同部署、同检查、同考核。修改集团《章程》，把党建要求体现到具体条款中；年初签订的《年度目标责任书》，把党建要求与经营指标、社会效益考核目标一同下达。制定《党建工作考核标准》，开展党建工作年度考核，并选取3家单位作为试点，党组织主要负责人对2016年度党建工作进行述职评议。四是创新党建工作载体，采用“互联网+党建”模式，开设“微党课”、党课线上直播，利用微信公众号推送党课资讯，开发指尖上的智能党建服务平台“安徽党建APP”，在集团新改版的网站上设立党建专栏，将互联网技术和党课教学、党性教育结合起来。

二、2017年文化发展改革思路

2017年安徽出版集团将以改革创新为动力，以兼并重组、资本运作和自我滚动发展为抓手。

（一）积极推进外联，强化资本运作和兼并重组

资本运作、兼并重组是推动企业做大做强的有效途径。时代出版传媒股份公司和省医药（集团）公司已启动了并购重组步伐，各单位都将考虑收购产业链上下游的企业，进一步拓展业务版图，抢占发展制高点，不断增强盈利能力。进一步强化资本运作，积极筹建财务公司，努力培育若干个新的上市公司，加快推进推动国有资产证券化，实现保值增值。

（二）加强内部整合，实现资源、渠道和产业聚合

出版主业将加强内部整合，主动与其他板块融合。如，人民社与文旅集团、科技社与省医药（集团）公司、文艺社与美好时代影视公司、美术社与时代艺品公司之间互相借力，互动发展。智慧城市板块与出版、文旅、医疗健康板块互动，在智慧出版、智慧教育、智慧旅游、智慧健康等方面取得突破。

（三）深入推进“双创”，增强企业发展竞争力

在去年开展“创新大讨论”（经营模式和管理模式的创新）活动的基础上，今年将在全集团开展“创新发展年”活动。将设立“创新奖”，拿出“真金白银”鼓励创新。推进创新工作项目化管理，真正把创新精神注入企业文化中，实现创新活动常态化。

（四）创新工作机制，加强人才队伍建设

积极引进优秀人才，通过到高校选人、到传统媒体挖人、并购企业“买”人和“点对点”引进等方式，不拘一格选人用人。抓好人才梯队建设，继续推进“四个一批”人才工作，强化后备干部选拔培养，组织业务骨干到境外开展培训，加大业务骨干和优秀青年人才的培养使用力度。

（五）加强绩效管理，形成奖优罚劣的激励机制

推进薪酬分配和绩效考核制度改革，是集团深化改革的重要内容，具有很强的导向性，有利于调动广大员工的积极性和创造性。集团已聘请专业公司对集团所属多元板块单位开展薪酬绩效管理项目设计工作，基本原则是“以岗定薪、按绩取酬”，做到“同岗同酬，岗薪合一”，薪酬与岗位价值、绩效结果、胜任力等付薪因素挂钩，推动关键岗位、骨干人才的收入水平逐步与市场接轨。

安徽广电传媒产业集团改革发展报告

安徽广电传媒产业集团

一、发展概况

安徽广电传媒产业集团有限责任公司(以下简称“安徽广电集团”)成立于2010年2月,是安徽省委、省政府为深化文化体制改革、创新广电体制机制,整合省直广电产业资源而组建的省属大型国有独资企业。旗下拥有“信息网络、传媒广告、视频购物、影视内容、文旅文创、类金融”等六大产业集群。拥有安徽广电信息网络股份有限公司、金鹃传媒科技股份有限公司、家家购物股份有限公司、安徽电影集团有限责任公司、安徽五星东方影视投资有限公司、安徽广电文化投资有限公司、安徽文化金融服务中心有限公司、安徽广电创新投资管理有限公司、安徽广电无线传媒有限公司等9家全资、控股和运营子公司,参股安徽皖宣投资发展公司、安徽移动电视有限公司、安徽移动多媒体广播电视有限公司、华晟创业投资管理有限公司4家公司,管理安徽省有线广播电视传输中心1家事业单位。各级子、分公司120余家,员工6300余人。

二、2016年度集团改革发展基本情况

2016年,集团上下认真学习贯彻党的十八大,十八届三中、四中、五中、六中全会和省第十次党代会精神,深入学习习近平总书记系列重要讲话,紧紧围绕广播影视强省奋斗目标,坚持“四个全面”战略布局,以“五大发展理念”为指引,以“创新驱动、深耕细作、战略协同、融合聚变”为主线,主动适应经济新常态,改革创新、转型升级,主营业态呈现出迎难而上、协调推进的稳健态势,产业发展质量和效益不断提高,体制改革、产业经营和党的建设取得了新的系列成果。全年实现营业收入36.01亿元、同比增长11.58%,实现利润总额2.20亿元,广电全产业链进一步融合创新、转型升级。

（一）主业竞争力进一步增强

信息网络、网络基础不断夯实，新兴业务不断拓展，全业务运营能力进一步提升。网络双向与宽带化改造加快实施，城网双向化覆盖率达98%，新建省干线第二路由500千米，启动高速新干线建设和省干线OTN建设项目。信息化应用布局加快，参与"智慧铜陵""平安亳州""黟县、天柱山智慧旅游"等行业信息化应用项目。有线电视配套费政策申报成效明显，六安市获批，四市九县落地实施。增值业务收入持续提升，全年增值业务收入共计1.05亿元，同比增幅27.21%。传媒广告、地面频道活动营销创新升级，成功打造经视频道"天之蓝"、公共频道"我们结婚了"等定制活动。"一体两翼"媒体集群呈现，中标合肥地铁一号线广告资源，公益及商业广告顺利上画，线内包车"卡通包公"廉政主题车厢设计广受好评；互联网营销快速增长，布局一线城市，设立北京销售总部，打入华东、华南地区，实现创收1.1亿元。品牌营销拥抱互联网，策划"文王520婚宴"宣传项目，视频网络阅读数据超1亿次。视频购物、电视购物频道覆盖23个省221个地市、1.18亿户。"双十一"实现订单销售额2953万元，同比增长33.5%。本土市场精耕细作，实施省内信号分屏，打造"在老百姓身边"的电视购物频道。升级改造电商平台，提升消费购物体验。聚焦非电购核心群体，全面迈进互联网市场，夯实POP渠道业务基础，新增"楚楚街店铺"、"拼多多店铺"、上海IPTV点播等营销渠道。启动淘宝网络直播购物业务，首期节目吸引近10万观众，通过淘宝PGC考核，即将成为淘宝直播签约机构。文旅文创方面，文创园项目落地实施，正进行维修改造，将于明年2月开园。完成歙县旅发重组工商变更，启动项目建设开发工作。台企合作顺利实施，泛娱乐板块蓄势待发，与省广电台合作投拍综艺节目《我们的法则》第一季，实现收视、口碑双丰收。影视内容，自主操盘摄制的电视剧《国家底线》在央视八套黄金档首播、收视排行全国第一，《北京人在北京》预计2017年在北京卫视、东方卫视发行，《开封府》完成初剪。电影《进皇城》进入后期制作，将于2017年全国公映。纪录片《中国文房四宝》在央视和安徽卫视播出，获评"金熊猫"国际纪录片节大奖；《天下徽商》2017年内摄制完成。《露天电影》荣获"第25届中国金鸡百花电影节微电影展映单元及第五届（国际）大学生微电影盛典"最佳编剧奖、第四届亚洲微电影艺术节"金海棠奖"（一等奖）、2016年美丽乡村国际微电影艺术节主单元优秀作品奖等。电影院线，星空院线获批独立供片资质，影城标准化建设加快推进。新安院线公益电影放映进入全国前10强、完成率111%；订购影片部数位列全国第二、订购影片场次居全国第九名，圆满完成安徽省第十次党代会放映任务。

（二）融合发展取得实效

科技支撑进一步强化，科研成果转化提速，ARM 推流服务器、4K 超高清编转码器及 10G 光网络三大产品打入全国市场；10G 光网络产品列入国家标准，开通黄山试验局；跨网机顶盒“小柚盒子”投放市场，发展用户 1.4 万户。建成“中科大—安徽广电大数据联合实验室”重点项目并申报安徽省重点实验室，开发运营消费者大数据，着力推动实现广告精准投放和“大数据强企”。基于 ARM 架构的“节能视频推流服务器系统”获安徽省 2016 年科技进步三等奖，“4K 超高清视频编转码系统”获省电子学会 2016 年科技二等奖。广行公司获评省级企业技术中心，广行领视公司荣获高新技术企业及双软企业资质，“一种互联网电视播出的方法及系统”成功申请发明专利。业务发展模式不断创新，电视购物创新 T2O2O 模式，与格力集团合作成立安徽力联美家商贸有限公司，开展格力电器线上、线下联动销售；与泸州老窖合作全权销售省内鸿运系列酒产品；与最会保公司合作进军保险业务；整合省内优质汽车资源，与安徽汽贸等公司联合打造汽车销售平台；与拉萨市达成整合西藏特色商品资源、开展全媒体销售的合作意向。推出“影城 + ”特色经营，创新“影院 + 购物中心、餐饮、娱乐、VR 体验”等“影院 + ”经营模式。进军网络电影平台。延伸 IP 领域，组建合资公司，盘活“徽府茶行”品牌。成立星动互娱公司，打造全新互联网内容生产企业。

（三）改革创新不断深入

体制机制持续深化。坚持“双效合一”原则，修订《集团公司章程》《子公司经营责任人双效业绩考核办法》《集团影视剧项目投资管理暂行办法》等，将“坚持社会效益第一、社会价值优先”的经营理念列入“经营宗旨”条款，体现在相关规章制度之中。完善党委领导与法人治理结构相结合的发展路径，优化管控模式。全省广电网络整合基本完成，事业身份职工转企改制路径明确。推行招投标管理体制机制改革，配套完善集团招标采购管理、监督与责任追究办法。规范影视剧投资管理程序，设立集团编辑与艺术委员会。继续深化内部劳动、人事、分配制度改革，实现全员契约化管理。启动集团总部员工职级薪酬体系、绩效考核体系改革，进一步规范岗位设置，量化考核工作，聚焦工作绩效，激发干事热情。安广网络公司深入推进管理创新，实行全员绩效考核、干部竞聘上岗，开展“四定”回头看。家家购物公司完成组织架构优化调整、机构负责人公开竞聘工作，推行岗位风险防控，运行效率明显提升。资本运作渠道拓宽。全力推进集团上市工作，整体改制上市方案已经 2016 年 5 月省政府常务会议原则通过。继续推进广行科技、银鹏公司新三板挂牌融资。大力推进投融资创新，盈利渠道进一步拓宽。设立安徽广电创新投资基金和文化金融服务中心。参与万达影视定向募资。完成集团所持中科安广股权转让,实现投资收益 3583 万元。对外合作步伐加快。坚持“引进来”和“走出去”并重,推行更加积极主动、互利共赢的开放战略。对接“一带一路”战略,与泰中文化艺术交流中心、泰国亚洲广播电视公司、中国台湾智训有限公司达成跨境电商商贸项目合作意向。与上海东方明珠达成开展全产业链战略合作意向,与上影集团启动影视内容版权合作。与中兴通讯推进在承载、无线和新业务市场等方面合作。

三、集团发展面临的主要问题

2017 年,是集团转型升级、创新发展的关键之年。面对我国经济发展新常态,广电市场大环境不容乐观,集团发展不足、发展不优、发展不平衡的问题依然突出。主要表现在:经济转型、体制转轨、广电市场化步伐加快,对集团改革创新发展提出了更高的要求;以互联网为代表的数字、网络、信息技术与广播影视的融合日益加速,“三网融合”的大力推进和新媒体新业态的快速崛起,使集团传统业态面临巨大挑战;以资本为纽带的文化企业集团并购重组与产业升级持续升温,竞争更加集中,对用户、客户的争夺日益加剧,给集团带来了更大的竞争压力。

四、2017 年集团文化发展改革思路

2017 年集团发展的总体思路是:深入贯彻落实党的十八大、十八届三中、四中、五中、六中全会和习近平总书记系列重要讲话精神,学习贯彻省第十次党代会精神,坚持“四个全面”战略布局,以“五大发展理念”为指引,围绕集团“十三五”发展规划,坚定不移创新发展理念,锲而不舍打造产业升级平台、资本平台和人才聚集平台,凝心聚力提振精气神,努力实现社会效益和经济效益相统一,奋力闯出集团转型升级创新发展新路。围绕上述目标的实现,重点做好以下工作:

(一)牢固树立转型发展新理念

以标杆企业新发展理念为参照系,继续凝聚创新共识,增强行动自觉,围绕制约集团改革发展的“痛点”“难点”,大力推进以解决问题为目的的改革,确定新的优势。准确定位改革方向,落地落实《集团改革创新任务清单》,全面推进体制机制、科技、管理

和业务模式等创新，进一步健全转型发展新机制，强化科技发展新支撑，打造业务发展新模式，构建融合发展新体系。加快“开放活企”，打造海外营销网络，建立家家购物“全球购”跨境电商平台；借助上海自贸区、深圳文博会等平台，大力开展对外贸易和合作；加快传媒广告、影视内容全国布点，抢占一线城市桥头堡。推动集团电子商务、影视内容、动漫原创、版权交易等项目“引进来”“走出去”；实现与东方明珠、最会保、上影集团等标杆企业开展多层次战略合作。

（二）坚定不移推动全产业链升级融合

进一步强化和巩固六大主业，加快构建结构合理、门类齐全、科技含量高、富有创意和竞争力的现代广电产业体系。强化融合发展，实施“广电 +”行动战略和“宽带广电”战略。围绕“文化 +”“互联网 +”“旅游 +”“科技 +”等，以重大项目为支撑，大力发展新媒体新业态，完善和丰富广电产业生态链，优化产业结构，推进全产业链转型升级。信息网络方面，继续提升广电网络全业务运营能力，推进全省各城市有线电视建设配套费政策落地实施，持续提升增值业务收入；夯实用户发展，提升用户续费率；推进与省、市台合作，实现时移回看功能，增强用户黏度；打造手机电视终端，向移动互联网市场渗透，提升用户体验；推进 T2O 项目实施，形成“内容即商品”“边看边买”消费需求；推进数字城市、智慧社区、集团专网等领域信息化服务，不断打造新业态；多渠道推广“小柚盒子”，发展“DVB + OTT”业务。传媒广告方面，继续强化台企合作，加强客户与行业研究，跨频道联合开发，发挥地面频道群整体优势；提高地铁 1 号线广告上刊率和影响力，提升客户品质，力争获得地铁 2 号线经营权；大力发展互联网广告营销；力争省重点实验室申报成功，推进大数据平台商用。视频购物方面，有效开展频道覆盖，深耕全国及省内市场；升级电购平台，提升用户体验，打造“视频娱乐 + 产品服务”自媒体平台；扎实推进商贸业务，落地实施家电及酒类 T2O 模式，拓展汽车、旅游、保险等行业资源。影视内容方面，继续强化发行工作，力争打造精品；推进制片人工作室制度，成立内部制片人工作室或合伙人制片人工作室；拓展网络剧、网络大电影、纪录片、模式节目等网络内容生产；探索以“娱乐宝”为代表的互联网众筹模式，打造影视产业全新融资平台；全力打造星空院线品牌。文旅文创方面，文创园项目开园，歙县文旅项目见效。继续推进泛娱乐 IP 开发、综艺节目、创新创业孵化器等项目投资运营工作。类金融方面，全力推进集团整体改制上市，继续推进广行科技、银鹃公司新三板挂牌融资。大力推进投融资创新，重点运作好文化金融中心、广电创新投资基金。以产权为纽带，以项目为联结，采取兼并、收购、参股、控股等方式，加强与国内外战略投资者深度合作，加强与新媒体企业战略联盟，加强与省属文化企事业单位主动对接。采取混合所有制方式，适时对下属公司进行股份制改造，实现与业内优势企业强强联手、优势互补、共同发展。灵活运用多元化融资工具。吸引社会资本共同发起设立影视发展基金等，全面构建广电产业资本平台。

（三）全面落实人才优先发展战略

拓宽选人用人视野，通过科研合作、投资入股、人才交流、咨询等方式，不断拓展高尖端人才引进模式。有针对性地培养引进既懂传统媒体运作方式，又懂新兴媒体发展规律的复合型、跨界混搭型、数据分析型人才。以重点项目加强与高校、文化和互联网企业等联姻，吸引高端人才参与重大项目，实现产业项目与先进技术、资本、优秀人才有效对接。实施拔尖人才、青年英才帮扶计划，扶持“博士后工作站”“大师工作室”“创客孵化平台”建设，建立职业经理人制度，做到引智和引才相结合。依托“企业+高校”平台，大力推进广电产业“核心层”“中坚层”“专技层”培训，着力实施“领头雁”“主力军”“后备军”“助推器”工程，着力提升广电人才综合素质和能力本领。探索实施股权激励，高新技术企业员工持股和体现人才价值的激励机制，提升人才驱动力。积极倡导“以创造比才干、以贡献论英雄”的绩效文化，使各类人才创业有机会、干事有平台、发展有利益。

（四）强化党建引领夯实发展根基

围绕党要管党、从严治党要求，切实把党建工作融入集团改革发展全过程，做到一心一意谋发展，聚精会神抓党建，不断强化党建引领夯实发展根基，为集团转型升级发展、实现“十三五”目标提供有力保证。创新党建工作模式和内容，提高党建科学化水平。深入开展“讲看齐、比标杆、见行动”学习讨论等党建活动。完善各级党组织建设责任体系，强化党建责任制目标考核。坚持党管干部、党管人才，加强各级班子建设，按照“德才兼备、以德为先，注重实绩、群众公认”的用人标准，优化领导班子队伍结构，大胆使用年轻干部，大力培养后备干部。压紧压实“两个责任”，深入开展党风廉政建设，把纪律和规矩挺在前面，推进全面从严治党，全力构建干部清正、企业清廉的政治生态环境。以“三严三实”精神狠抓作风建设，加强重点项目投资管理，加大审计监察和巡视督导力度，改进内部审计，继续开展文化产业专项资金使用效益、预算执行、公务支出、公款消费和“小金库”专项治理等工作，确保“四风”问题不反弹。巩固“两学一做”学习教育成果。加强对党员和干部的教育引导，严格执行述职述廉、个人重大事项报告、出入境管理等制度。

安徽演艺集团改革发展报告

安徽演艺集团

2016年，在省委、省政府和省委宣传部的正确领导下，集团上下认真学习贯彻党的十八大和十八届三中、四中、五中、六中全会精神，深入学习贯彻习近平总书记系列重要讲话，特别是视察安徽重要讲话精神，深入学习贯彻省第十次党代会精神，奋力推进各项工作快速发展，全年实现资产总额、经营收入、人均收入等持续增长，社会影响力、知名度、美誉度稳步提升，取得了良好的社会效益和经济效益。

一、关于党的建设

一是加强政治理论学习。集团上下扎实开展“两学一做”学习教育活动和“讲看齐、见行动”学习讨论，牢固树立“四个意识”，特别是核心意识、看齐意识，始终在思想上、政治上、行动上与以习近平为核心的党中央保持高度一致。积极创新理论学习形式，精心打造《不越雷池》《把一切献给党》等艺术党课，配合省“两学一做”学习教育在省城及地市演出数十场，深受领导好评和各界欢迎。

二是加强党的组织建设。集团党委统筹抓好各级领导班子建设，不断夯实基层党组织工作基础。成立集团机关党支部、演艺院线党支部，实现集团党组织“全覆盖”。全面完成集团15个基层党组织换届工作。顺利召开了集团第一次代表大会，选举产生集团新一届党委委员和纪委委员。选优配齐了支部专(兼)职党务干部。

三是加强党的领导。全面加强集团党委的领导核心和政治核心作用，充分发挥基层党组织的战斗堡垒作用，严格执行民主集中制，认真贯彻“三会一课”制度、“三重一大”决策制度。全面加强干部队伍建设，选拔交流中层干部11人次。全面加强党员队伍建设，培养发展预备党员、党员25人。全面加强和完成集团党费收缴使用管理工作检查整改工作，补交2008—2015年度党费350242.50元。

四是加强党风廉政建设。集团坚持以上率下，不断加强自身建设，压实“两个责任”，严格执行上级规定和党风廉政建设学习教育制度，带头深入基层调研走访。扎实开展中央巡视组“回头看”整改和“管党治党宽松软问题”专项治理。规范集团负责人履职待遇、业务支出管理，规范公车管理，完善集团因私出境管理办法。加大审计整改督查，重大投资项目跟踪管理。加大信访查处，办理信访件 4 件。为经营发展提供强有力的纪律保证。

五是加强群团工作。集团工会推动岗位练兵、岗位成才，开展夏季“送清凉”、冬季“送温暖”及扶贫济困和走访慰问活动，举办系列职工文体活动，增强了职工的向心力、凝聚力。集团团委引领青年立足岗位励志成才，组织开展各类评优评先，被上级部门授予“全省青年文明号”、省直机关“青年文明号”等多个荣誉称号，有效传递了“正能量”。

二、关于改革发展

一是打造一批精品力作。集团坚持以人民为中心的创作导向，紧扣时代主题，突出徽字特色，创作推出黄梅戏《遍地月光》、京剧《程长庚》（复排）、徽剧《徽班进京》（新版）、话剧《淮河新娘》、杂技剧《雪豹王子》等省“四个十”文化品牌项目。精心推出黄梅戏《唐诗宋词》《不越雷池》、大型情景音舞诗画《太白皖韵》、现代儿童剧《天堂里的老师》、杂技剧《美丽·梦》、儿童魔术音乐剧《哈利魔法城堡之妙妙奇遇记》等精品剧目。承办创排《把一切献给党——安徽省庆祝中国共产党成立 95 周年音乐会》《美好安徽——安徽 2016 新年音乐会》《惠风秋韵——2016 年中秋音乐会》《安徽省第四届全民健身运动会开幕式暨文艺演出》等重大文艺演出。同时，以“回炉重铸”的决心，对《小乔初嫁》《徽班进京》《徽商传奇》《抗倭将军戚继光》等一批原创优秀剧目进行了再修改、再打磨。

二是开拓扩大了演出市场。成功举办“春之韵——2016 安徽文化精品进万家”，7 家演出单位、9 台精品大戏、逾 2000 人次演职员，1 个月时间在肥连续演出 18 场次，超过 2 万人次走进剧场分享文化大餐。反腐倡廉题材黄梅戏《不越雷池》被省“两学一做”学习教育协调小组确定为艺术党课，在省城及地市演出数十场。承办音乐会《把一切献给党》，省党政军领导出席观看并给予高度评价，同时音乐会还作为艺术党课在合肥及各地演出十余场。成功举办“2016 首届全国黄梅戏嘉年华”活动，吸引全国各地艺术家及戏迷 1000 多人参加。组织黄梅戏、徽剧、话剧、歌舞、杂技、儿童剧等精品经典剧目赴北京、上海，广州、深圳，湖北、河南、陕西、甘肃、广西、青海、海南等近20个省市进行巡演。组织《小乔初嫁》《徽商传奇》参加第十一届中国艺术节，《雪豹王子》参加第三届丝绸之路国际艺术节，《小乔初嫁》参加全国优秀地方戏剧目会演，《徽商传奇》参加第二届中国原创话剧邀请展，歌舞节目参加“中国舞蹈家协会艺术家走基层暨第四届中国秧歌节”，组团参加第十一届中国艺术节演艺产品博览交易会等。2016年，集团各院团共参加全国各地艺术节及重要文艺赛事会演30多个。同时，积极开展“精品大戏周周演”“千名文艺家下基层”“传统戏曲走进中小学”“徽风皖韵进高校”“第十一届安徽省艺术节暨第三届安徽文化惠民消费季”，以及“国际扶贫日”赴泗县开展扶贫专题文艺演出等。大大提升了集团的社会影响力和知名度。

三是推动了演艺“走出去”。集团坚持开拓国内国外两个市场、用好两种资源。首次独立承办国家级“走出去”任务，圆满完成2016印度“中国旅游年”开幕式演出，黄梅戏《天仙配》作为开幕式剧目在印度新德里演出，广受好评。受省政府委派，组团参加“魅力安徽——走进美国加州亚裔文化节”，在美国旧金山、洛杉矶、休斯敦和加拿大温哥华文化交流。徽剧《惊魂记》赴英国爱丁堡参加爱丁堡国际艺术节。省歌舞剧院组团赴希腊卡尔季察市参加“卡尔季察民俗节日周”和走进马来西亚吉隆坡开展交流演出。省演出总公司赴澳大利亚参加第二届国际多元文化艺术节并荣获“民族艺术杰出表演奖”及赴新加坡参加“2016中国舞蹈国际大赛”。省杂技团赴中国香港、宝岛台湾地区进行商业演出。一系列进入海外主流社会的文艺演出，有力传播了中华文化、弘扬了安徽精神。

四是加快了人才队伍建设。集团结合“两学一做”学习教育活动，切实加强思想道德建设。举办集团中高层干部培训班。集团班子成员，中层干部和职工代表60多人参加培训。鼓励院团职工参加国内外赛事及艺术节展演近百人次。梅院军、袁媛亮相2016央视《中国民歌大会》；张小威参加央视大型原创文化传承类综艺节目《叮咯咙咚呛》；汪育殊荣获“第七届省直机关十大杰出青年”称号。支持省徽京剧院与省艺校联合举办五年制京徽班，继续支持省杂技团做好“明日之星”杂技班。同时，员工收入纳入考核关键指标的一票“否决制”得到认真贯彻落实，所有转制院团全部建立员工收入正常增长机制，建立或启动建立企业年金制度，职工工资福利实现普涨，整体较2015年增长了6.1%。相信这只是员工收入增长的开始，随着稳重求进，发展速度和质量的提高，今后会增长更多、更快。

五是改善了基础软硬件。安徽大剧院持续改造软硬件设施，提升“人民会堂”“艺术殿堂”服务水平，完成省徽京剧院“梨园剧场”改造、省歌舞剧院“艺术剧场”吊杆改造、天仙配大舞台剧场升级改造等，改善演出排练条件。推动“百戏城”项目完成概算测算，完成项目基建招标。推动中国黄梅戏大剧院、安徽省音乐厅列入省“十三五”规划，并开展了“中国黄梅戏大剧院”项目整体设计工作。

三、2017 年重点工作

（一）立根铸魂，持续全面加强和改进党的建设

1. 坚持牢固树立四个意识，不断强化理论武装。坚持以思想大解放推动集团大发展。以迎接党的十九大为主线，深入学习贯彻党的十八大，十八届三中、四中、五中全会精神和习近平总书记系列重要讲话特别是视察安徽重要讲话精神。牢固树立“四个意识”，特别是核心意识、看齐意识，坚决维护以习近平同志为核心的党中央权威，始终在思想上、政治上、行动上同以习近平同志为核心的党中央保持高度一致。坚持以上率下，激活“关键少数”，切实落实管党治党主体责任，提高思想自觉和行动自觉。

2. 坚持加强领导班子建设，提升队伍整体素质。加强集团各级领导班子建设，坚持党管干部原则，坚持“德才兼备、以德为先，注重实绩、群众公认”的用人标准，优化领导班子队伍结构。拓宽选人用人视野，大力培养后备干部，大胆选拔优秀年轻干部。落实人才优先发展战略，完善干部考评与退出机制，促使干部“能上能下”、队伍“能进能出”，让更多敢于担当的干部上得来，使“想干事”的观念更牢，“能干事”的机制更优，“干成事”的干部更多，加大对优秀人才表彰奖励。

3. 坚持加强党组织建设，提升政治引领作用。认真落实中央和省委关于加强国有企业党建工作的各项部署，强力推动全面从严治党向纵深发展，切实把党建工作融入集团改革发展全过程。进一步健全完善集团各级党组织建设责任体系，强化党建责任制目标考核。加强党务工作培训，加快高素质复合型党务工作者的培养。做好发展党员工作，把业务骨干发展成党员，把党员培养成工作的模范。开展争创“四强”党组织、争做“四优”党员活动，增强党组织的凝聚力和向心力，激发党员干部的先锋模范作用。继续加强工会、共青团等群团组织建设。

4. 坚持压实“两个责任”，强化内控管理。坚持把党建工作要求纳入总体部署，切实履行好“两个责任”，确保党组织作用在决策、执行、监督的过程中有效发挥。严格执行民主集中制，完善“三重一大”决定机制，明确范围，规范程序。严格执行述职述廉、

个人重大事项报告等制度。坚持强化内控管理，加强重点项目审计，继续开展专项资金使用效益、预算执行、公务支出、公款消费和中央巡视组巡视问题整改及新、老“四个专项整治”，保障集团健康运行。

（二）改革创新，推动集团快速做大做强。

1. 持续深化体制机制改革，加快建立健全符合改革要求、彰显演艺特色的现代企业管理制度。加快完善企业法人治理结构，完备集团艺术生产管理、专项资金管理、财务管理、人事干部管理及纪检监察等方面管理制度体系。加快推进改制院团公司制股份制改造，加快推进事业单位企业化管理改革，进一步健全完善院团国有文化资产监管运营和评价考核机制。继续深化人事制度改革，全力抓好抓实集团班子建设，强化集团中层干部规范管理、科学管理，分层分类做好人才的培养、选拔、使用与管理工作。

2. 大力实施重点演艺精品打造工程，努力创作生产彰显时代精神和徽风皖韵的精品力作。强化安徽演艺集团艺委会职能，建立既尊重艺术生产规律又符合市场经济要求的艺术生产运作机制。坚持以人民为中心的创作导向，以充分调研和深入论证为基础，重点打造3—5台具有地域特色、安徽风格、中国气派的原创演艺品牌项目，冲击第十二届中国艺术节“文华大”奖和第十四届“五个一工程”奖。遵循艺术生产规律和行业发展规律，根据人民群众多样化文化需求，努力创作生产一批贴近实际、贴近生活、贴近群众，雅俗共赏，三性统一、双效俱佳的优秀作品。借力国家艺术项目扶持，争取入选国家艺术基金资助项目2—4个。

3. 大力实施“演艺+”多业态融合发展工程，初步构建起主业突出、辅业精干的产业发展格局。集团坚持立足演艺、做强主业，创新观念、多业发展，每个单位、每个部门都有各自的分工和定位，各单位在项目规划、编制、申报中，要结合院团主业、发展定位和自身实力，精准发力，确保项目的落地率和成功率，不能为了编报而编报，或者不切合实际的乱报。今年，集团计划延伸演艺娱乐、文化旅游等传统业态产业链，策划推出1—2个驻点演艺表演项目或演艺旅游综合体项目。探索培育开发合肥演艺培训及高端艺术培训市场。推动百部数字戏曲电影计划，参股或投资拍摄影视剧作品1—2部。尝试策划举办与现代娱乐相结合的纯商业演出项目，力争打造1—3个商业综合体的驻点演出。推动安徽演艺院线在新三板挂牌上市。

4. 大力实施市场营销推广创新工程，初步建成适合演艺产业发展特点的现代传播推广体系。打造“安徽戏剧网”“剧宝盆”传播推广平台，加强营销和售后服务网络建设。探索“北上广深”等一线城市演出基地或演出网络建设，由点带面多层次、立体化拓宽国内演出市场。支持院团策划开展系列主题演出季、精品剧目巡演及其他有影响的重大演出项目等。继续推动“精品大戏周周演”、支持盘活省歌舞剧院“安徽艺术剧场”、省黄梅戏剧院“好人剧场”、省话剧院“双休日”儿童剧场、省徽京剧院梨园剧场。支持推动“天仙配”茶戏楼、天仙配大舞台向省内外复制推广。

5. 大力实施演艺“走出去”工程，策划运作一批演艺项目到国(境)外开展文化交流和商业演出。利用国内和国际、政府和民间多种对外交流渠道和活动平台，探索在“一带一路”国家构建国外境外演出协作机制。探索结合“一带一路”，打造 1 个“走出去”战略基地或海外演出阵地。力争推动集团精品经典剧目走进 5 个左右的国家和地区开展文化交流和商业演出。积极引进国际知名演出团体和知名艺术家来皖举办有特色的文艺演出。

6. 大力实施人才强企工程，建设一支素质精良、业务精湛、结构合理的专业型人才队伍。继续实施“名家名角”“精英深造”“明日之星”等人才培养计划，特别是要加大培养和使用年轻演职员力度，统筹推进各类专业技术人才队伍发展，努力推出一批新人。加大院团管理人才选拔培养力度，加快构建一支了解文艺院团实际，具有敏锐市场意识和丰富现代企业管理经验的经营管理人才队伍。

7. 大力实施基础设施升级改造工程，努力创造既满足院团自身发展需要又匹配全国地位的演出排练场所。完成“百戏城项目”主体工程建设；完成“中国黄梅戏大剧院”前期工作并启动立项，推动“安徽音乐厅”争取立项。继续推进安徽大剧院、安徽艺术剧场、各院团现有剧场升级改造工程，完成天仙配茶戏楼升级改造工作。

安徽新媒体集团改革发展报告

安徽新媒体集团

安徽新媒体集团是经安徽省委批准，于 2014 年 7 月 1 日正式挂牌成立的全国首家省级网络媒体集团，既是安徽国有大型文化企业，也是省直主要新闻单位，集团领导班子列入省委管理序列。成立近三年里，集团始终牢记职责使命，立足新闻单位和技术企业特点，坚持把社会效益放在首位、社会效益与经济效益相统一，大力推进文化体制机制改革创新，紧紧围绕媒体融合发展、网络舆论强、"互联网 +"等目标任务，在做大做强正面宣传、促进文化事业和文化产业发展基础上，探索建立新型网络媒体集团的方法和途径。

一、主要做法

（一）内容产业出新出彩

一是突出正确导向。认真学习领会习近平总书记系列讲话精神，进一步明确做好新闻宣传、做强网络舆论是集团全局工作的主要任务。成立了集团编委会，陆续出台了《新闻舆论风险防控实施办法》《关于加强网络内容建设的 20 条实施意见》《关于加强网络内容建设 严肃新闻宣传纪律的具体措施》《集团内容产品发布暂行规定》等文件。从严从紧落实内容三审制、先审后发制、24 小时值班制、舆论监督清单制、涉皖负面新闻报备制等，从源头上确保集团所有网上出口内容的导向正确。坚决落实采编与经营分开，成立了集团清理整治有偿新闻工作领导小组，出台了《集团禁止有偿新闻的十条规定》，成立集团经营中心，对采编岗位和经营岗位实行不同的考核体系，严禁采编人员以"有偿新闻"为诱饵开展经营创收。

二是突出主题宣传。在去年首次成功全媒体出击、全平台策划全国两会、省两会的基础上，先后围绕学习贯彻习近平总书记视察安徽重要讲话精神、从严治党、防汛抗洪抢险救灾、深入学习贯彻六中全会精神、省第十次党代会等重大主题，利用网站、客户端、手机报、微博微信等不同载体进行全媒体全方位宣传。创新宣传方式，在可视化集成式报道、H5、VR、微视频等方面做出了积极尝试，其中《习大大的安徽足迹》、16 市“一把手”漫画形象看两会、《守护安徽，我们众志成城》等 H5 作品被省网宣办全网推送，赢得网友广泛好评。集团近年来共有 100 余件新闻作品获安徽新闻奖及省委宣传部、省网宣办表彰。加强原创内容生产，做精“宛新平”网络评论品牌。去年 12 月，集团荣获“全国版权示范单位”称号。

三是突出平台建设。经过不断努力，新媒体集团已形成“一网（中安在线网站）两报（安徽手机报、安徽先锋手机报）两微（安徽发布微博微信、安徽省政府发布微博微信）一端（中安新闻客户端）一频（中安视频）”的“七位一体”宣传平台格局，覆盖了互联网所有形式和业态。截至去年底，中安在线首发稿件转载率连续 6 个月在全国省级新闻网站中连续排名前 5 位；中安新闻客户端在全国省级网站客户端排名第 10 位；安徽手机报用户数 122 万，同比增长 10.7%；中安新闻客户端装机量 15 万，同比增长 30%；“安徽发布”由最初的只有微博账号，发展成为拥有微博、微信、微视频，以及今日头条、一点资讯两个客户端号的新媒体群，其中微博粉丝量现为 311 万、微信粉丝量 3 万、微视频在秒拍平台用户 240 万、今日头条号 2 万，总用户数近 600 万；安徽省政府发布微博用户 3 万、微信用户 38 万。在中安在线网站完成改版、必闻客户端成功上线的基础上，集团成立了徽喜鹊工作室，开通了安徽理论网、“学习安徽”APP、安徽先锋手机报，开通了中安在线网站合肥、亳州、安庆频道，本月还将开通池州和六安频道，进一步丰富和拓展了新媒体平台和影响力。去年 9 月，集团与新华社签署战略合作协议，借助新华社全媒体平台优势拓展集团的传播力、影响力，得到李锦斌书记的批示肯定。

目前，集团正根据全国推进媒体深度融合工作座谈会精神，按照省委宣传部《关于认真制定媒体深度融合方案的通知》要求，深入推进媒体深度融合建设。以建设“一厨一室（中央厨房、徽喜鹊工作室）”、完成“两大工程（中安在线网站传播力提升工程、中安新闻客户端升级改造工程）”、搭建“两朵云（政务服务云、文化服务云）”为突破口，充分发挥集团现有新媒体宣传平台作用，以产业为本，加快向网站集合平台转型，同时积极拓展新业态，全方位提升集团传播力引导力影响力公信力。

（二）经营发展稳扎稳打

一是着力顶层设计。制定了《安徽新媒体集团“十三五”发展规划》，联系有关会计师事务所、律师事务所、券商等，全面规范集团各项工作，并对如何在集团层面进行股份制改造工作进行了探索。去年 8 月，集团与包河区签订了战略合作协议，在包河经开区范围内建设面向互联网文化传媒、信息科技和文化创意领域的安徽新媒体产业园(一期),目前正在积极推进以“新媒体大厦”为主要园区项目的新媒体产业园(二期)。

二是着力采经分开。根据省委宣传部及省委巡视组相关要求,坚决落实采编与经营分开,成立了集团清理整治有偿新闻工作领导小组,出台了《集团禁止有偿新闻的十条规定》,明确了一系列具体措施。已将原隶属于中安在线网站的“品牌运营中心”划出,成立集团经营中心,为集团一级部门。全面梳理各部门、各岗位考核办法,对采编岗位和经营岗位实行不同的考核体系,严禁采编人员以“有偿新闻”为诱饵开展经营创收。

三是着力创新业态。借助省委省政府要求加强政务微博微信服务的契机,积极拓展政务微博微信、政务客户端为载体的政务新媒体传播渠道,通过“徽喜鹊工作室”推出的 H5 产品策划,在政务两微运营、技术产品开发、政务品牌推广等方面提供一站式解决方案。紧跟互联网技术和应用发展方向,积极筹建“安徽新媒体云平台”项目,并推进“互联网 + 旅游”、“互联网 + 教育”等项目。与安徽电信联合打造“微门户”平台,利用中安在线网站及中安新闻客户端的内容支撑和省电信的数据分析与精准推送,共同打造省内新闻资讯、生活服务、电子商务的综合性门户。

四是着力多元发展。子公司“新媒互娱网络有限公司”成立以来,已代理网易游戏 5 款,页游 10 款,手游 8 款,安徽本地休闲类游戏正在进行市场推广。下一步将与资本方紧密联系,争取适时在新三板挂牌。集团创办的“中国司法拍卖网”已进驻新媒体产业园(一期),网上拍卖业务实现“零突破”。成立四家全资子公司,并与社会资本合作,立足于互联网 + 技术、互联网 + 旅游、互联网 + 房产、互联网 + 视频等领域,进一步推动集团市场化进程。

(三)内部建设有力有效

一是抓好队伍建设。执行好《党委工作规则》《党委中心组学习制度》《编委会工作规则》《总经理办公会制度》等,规范领导班子工作程序,营造班子成员团结奋进的氛围。全面梳理领导班子廉政风险点并提出防控措施,坚持以上率下,带头廉洁履职。积极组织职工参评专业技术职称、参加各类培训、赴省内外兄弟单位参观学习、派员到上级机关挂职帮助工作,想方设法提高员工能力素质和业务水平。积极推进薪酬制度改革工作和员工专业技术职称评聘办法。制定《月度好作品评选办法》和《新闻采编“每月之星”评选办法》,激发采编人员的积极性创造性,提高内容产品的数量和质量。

二是抓好制度建设。集团制定了《安徽新媒体集团编委会工作规则》《安徽新媒体集团广告发布办法(试行)》《员工考勤及请销假管理办法》《集团项目资金使用管理暂行办法》《关于严禁有偿新闻的十条规定》《关于禁止集团中层部门负责人领取组稿费的通知》等近百余项规定,修订了《集团经营业务奖励暂行办法》、《实物广告串换管理暂行办法》,进一步完善了集团制度建设,确保各项工作有序合规。

三是抓好文明建设。成功申报 2015—2016 年度省直文明单位。在继续开展好"文明办网""文明上网"主题实践活动的同时,教育员工自觉规范自身行为,切实增强文明意识。组建了职工旗袍模特队,组织了女职工"三八节徽杭古道采风"、向员工"送健康、送文化、送温暖"系列活动等。今年以来,集团中安在线网站新闻中心获省"青年文明号"称号,集团两名员工分获省"最美家庭"和省"最美家庭成员"称号,安徽手机报编辑部获省直"三八红旗集体"荣誉称号,一名员工获第七届"省直机关优秀青年"称号。

二、"十三五"发展展望

"十三五"是我省进一步深化文化体制改革、推动传统媒体与新兴媒体融合发展的关键时期,也是新媒体集团大力发展文化事业和文化产业、做大做强自身实力的开局之年,做好集团"十三五"规划,对于增强集团文化事业产业加快发展新活力、进一步壮大网上主流宣传舆论、建设良好网络生态具有重大而深远的意义。省委省政府高度重视新媒体集团发展,社会各界和广大网民也寄予厚望,新媒体的地位和影响日益增强。我们的优势是:省级新闻门户网站、政府背景、报业支撑、走在媒体发展前沿(互联网)、较好基础、没有负担;我们的劣势是:体制不顺、机制不活、素质不齐、办法不多。在"十三五"接下来的发展中,一定要把握契机,看清优势劣势,积极学习借鉴,善于扬长避短,真正做大做强。

(一)发展目标

到 2020 年,集团成为具有较强传播力、公信力和影响力的全国一流网络媒体集团,新闻网站、两微一端、政务微博微信传播力、公信力和影响力显著增强,网络宣传和舆论引导能力显著提升。把握技术发展走向和应用方向,加大资本运作和资源配置力度,大力发展"互联网 +"延伸产业,形成以传媒技术为主体的实体经济产业集群,力争成为主营业务鲜明、具有较强创新能力和盈利能力的全国一流新媒体文化企业,进入国家互联网信息办公室首批上市网站阵营。

（二）具体措施

1. 夯实传统主业

加强对重点行业、优势产业及省内重点经济区域的策划和开发，拓展网络广告和宣传范围，挖掘市场潜力。注重新媒体技术在广告中的作用，根据市场提供符合用户需要的多媒体信息服务，不断推出新产品，培育新的经济增长点，形成一套完善的新媒体广告发布体系。力争从今年开始，每年互联网广告收入翻一番。加快版权资产的清理和管理，掌控集团版权资产运营权，实现版权资产的保值增值，力争在“十三五”期间将版权资产打造成为集团重要核心资产。紧跟技术发展走向和应用方向，深化与电信基础运营商、腾讯、百度、阿里等公司的合作力度，充分运用云计算、云安全、大数据等新技术，提供应用研发、技术维护和网络安全等技术输出服务，着力提升新媒体产业体系的技术含量，将集团在“十三五”期间发展成为基于媒介经营和互联网应用、具备多元化业态的创新型区域领先性企业。

2. 发展延伸产业

把握技术发展走向和应用方向，加大资本运作和资源配置力度，以建设安徽新媒体产业园为契机，探索发展“互联网＋”环境下延伸产业。

“互联网＋文化＋游戏”。围绕游戏动漫领域，加大对安徽新媒互娱网络有限公司投入力度，使公司在文学、动漫、影视、游戏领域相互融合，协同打造优质IP，构建泛娱乐产业新生态。通过对新媒互娱公司增资扩股，引进新媒互娱公司战略投资人，力争在2018年上市，通过资本运作在“十三五”末估值做到10亿，成为安徽文化产业龙头企业之一。

“互联网＋文化＋金融”。做好“中国司法拍卖网”建设工作，成立“安泰公共资源交易有限公司”，大力发展互联网商品交易，争取2018年前和全省不少于10家的中院建立业务合作，“十三五”末成为我省网上拍卖主阵地。

“互联网＋文化＋商务”。积极进行非媒体产业探索，重点推进新媒体集团产业园项目、圈层（亲子、女性时尚、文化企业等）建设，积极孵化各行业平台线下经营性实体，积极扶持、介入互联网创业创新型企业与项目。争取在“十三五”时期将旗下子公司发展成为基于媒介经营和互联网应用、以文化产业元素为主体具备多元化业态的创新型区域领先性企业。

“互联网＋文化＋旅游”。创意经济增长点位，布局进军旅游细分市场，迎接新兴房车旅游产业发展趋势。整合国内房车关联资源，构建一个依托线下定制旅游产品研发、线上联动销售的房车旅游垂直 O2O 平台，打造我省乃至全国“互联网 + 文化 + 旅游”示范样本，力争在“十三五”中期上市。

同时，在“十三五”期间，积极探索“互联网 + ”其他领域产业，通过兼并、收购、参股、控股等途径，实现资本增值、利润最大化和所有者权益最大化，努力形成以新媒体技术产业为主体的实体经济产业集群，力争在“十三五”末集团产业效益实现翻两番。

3. 坚持项目带动

规范使用项目资金。项目资金支出严格按照专项资金管理办法、项目经费预算和进展时间节点执行，优化支出结构。推动各项目主体建设改革创新，树立“投入多少，效益多少”的理念，针对集团不同产业领域，推进一批牵引性强、影响力大、产业链长的大项目、好项目，以项目资金合理使用带发展、促效益。

科学谋划项目建设。项目是发展的重要抓手，“十三五”时期要加大调研和论证力度，根据集团的业务定位、发展方向和目标任务，学习借鉴先进经验，科学编制项目规划，组织专家评审论证，从中优选一批具有可行性、实效性、前瞻性的重点项目，特别是关乎集团支柱和命脉的基础性、关键性项目，加紧拿出具体方案，尽快申报立项，精心组织实施，力争早日建成，早日受益。

积极完善项目管理。制定集团项目管理规定，明确项目筛选、立项、申报、建设、审核等一系列程序。明确项目资金使用责任人、使用范围、使用绩效，建立项目资金使用台账。设立项目库，从集团产业链上下游着手，谋划、储备、收购、建设一批符合集团实际发展需要的项目，完善项目建设和项目资金使用监管力度和跟踪机制，确保项目建设稳步推进。

淮北市农村文化建设的调研与思考

淮北市委宣传部

加强农村文化建设是贯彻落实中宣部“基层工作加强年”决策部署的必然要求，也是淮北市着力打造精深文化的关键举措，更是建设美好乡村，丰富广大村民精神文化生活的重要途径。通过深入实地参观、座谈交流和资料研读等形式，对淮北市农村文化建设的基本现状进行了调研，梳理了制约因素，提出推进农村文化建设与发展的若干思考。

一、淮北市农村文化建设的成效

（一）农村文化基础设施不断完善

一是乡镇文化站建设成果显著。截至2014年底，淮北市共建成并免费开放的乡镇综合文化站21个，为18个乡镇、3个街道办事处，累计投入工程建设和设备配套资金1300余万元，已实现全市各乡镇全覆盖，其中被省文化厅命名为一级站的有4个。每个乡镇综合文化站面积不少于300平方米，各级财政配套工程建设及设备器材采购资金共计40万元，功能结构包括书报刊阅览室、文化科技培训室、文化信息资源共享服务室、办公室、多功能活动厅、标准室外篮球场和宣传栏。内部设施配置主要有图书、文化信息资源共享工程设备、基本乐器、欢庆锣鼓及当地特色文化活动必需设备、农村电影数字化放映设备和体育活动健身器材等。

二是村级文化设施建设步伐加快。截至2014年底，建成农家书屋516个，已实现全市行政村全覆盖，并向部分社区和学校延伸。每个书屋建设面积不少于20平方米，图书不少于1500册，种类不少于1200种；报刊不少于10种；电子音像制品不少于100种（张），每个书屋配备书橱不少于5组，并配备桌椅等基本阅览设施。建成农民体育健身工程点255个，社区健身路径200余条，广播电视村村通工程点303个，公共电子阅览室28个，每个公共电子阅览室面积不少于40平方米、终端计算机不少于10台、互联网出口宽带不低于2M，有信息安全管理、远程监控、实名注册、杀毒防火墙等监管系统，按统一样式制作标识牌。按照“11 +3”体系，全市美好乡村建设第一、二批中心村均建成文化活动室、图书室、电子阅览室。

三是农民文化乐园建设蓬勃兴起。自2013年安徽省开展农民文化乐园建设试点工作以来，淮北市作为皖北地区唯一试点城市，通过调研选定濉溪镇蒙村、百善镇黄新庄村、渠沟镇郭王村、杜集区南山村和任庄村、烈山区榴园村和洪庄村这7个村为农民文化乐园建设示范点。农民文化乐园设有“一场两堂三室四墙”（广场、礼堂、学堂、文体活动室、电子阅览室、图书室以及村史村情、乡风民俗、崇德尚贤、美好家园展览墙），集学教礼仪、文体活动、乡风展示、议事聚会等多种功能于一体。2014年，淮北市利用农民文化乐园这一平台，“送文化”与“种文化”并举，累计举办各类文化惠民活动350余场次，农民文化乐园已成为新时期农民群众的精神文化家园。

（二）群众文化生活丰富多彩

一是积极开展文化下乡活动。组建理论政策宣讲队、业余文艺表演队、文化志愿服务队等，深入各农民文化乐园开展丰富多彩的活动。落实农村文化建设专项补助资金，2013年以来，对全市287个行政村实施农民文化建设专项补助631万元，维护文化信息共享工程基层服务点，更新农家书屋图书8.9万余册，开展文艺演出707场，放映公益电影7871场，开展农村体育比赛3535场。2014年，全市26个文化馆（站）与90个村进行了文化结对，开展对口文化帮扶。2014年，利用补助资金共计开展文艺演出380场，放映电影3890场，更新农家书屋图书5.6万册。

二是文化节庆活动丰富多样。各乡镇积极依托区域内文化资源，发挥自身文化特色，组建独具特色的文化节庆活动，开展了形式多样、内容丰富的文艺展演展示活动。如濉溪县在2011年和2012年成功举办了两届临涣民俗文化节，临涣、杜集分别被省文化厅命名为2014—2016年度“安徽民间文化艺术之乡”；杜集区村村都有腰鼓队，总规模已达2000余人，这支“千人农民腰鼓队”可统一参演大型节庆庆典；烈山区借力“石榴文化”，已成功举办了五届“石榴文化旅游节”。市歌舞剧院演出公司排演的大型音舞诗画《相风汉韵》实现公演，现代豫剧《石榴花儿红》获安徽省“五个一工程”奖和第十届艺术节新剧目演出“优秀剧目奖”。

三是农民自办文化发展较快。农村自建公共文化阵地方兴未艾。淮北市已有部分农村依托开放式村部因地制宜地建成一些农民文体活动广场或农村文化大院，自筹自建、自娱自乐，如烈山区洪庄村农民文化宫不仅建设规模大，而且融中国结、剪纸、书画、绫刻、根艺等多种艺术形式于一体，其中国结和剪纸精品已作为国礼走向世界；该区榴园村汇聚各种具有北方农业特色的农耕农具建成民俗文化馆，具有很高的历史文化、民俗文化和地域文化价值。杜集区农民艺人黄化举自建文化大院，自创指书指画，自成一家、别具一格，等等。

（三）农村文化人才队伍得到加强

加强群众文化活动队伍建设，着重打造好过硬的业余文化辅导员队伍、优秀的文化志愿者队伍、合格的业余群众文艺团队等三支队伍。2012 年以来，市文广新局连续组织乡镇综合文化站站长参加全省文化站站长集中培训，每年组织 1 至 2 期全市农村文化干部培训班和全市基层文化骨干培训班。进一步完善文化辅导机制和网络并不断迈向纵深，在全市建立群众文化辅导点 60 余个，招募群众文化辅导员 320 余名，依托各级文化馆和乡镇综合文化站，加强对基层文艺骨干和爱好者的业务和活动组织能力的指导和培训，进街道社区、镇村开展流动指导和服务工作。着力提升群众文艺团队专业素质，通过日益完善的群众文化辅导网络，组织专业文艺骨干、文化馆员、文化辅导员为群众文艺团队提供上门服务。积极提供群众文化团体交流平台，以互演、巡演、互评的方式，实现团队之间的相互学习与借鉴，促进群文团队建设和业务交流。2014 年，市文化馆专业技术人员人均进社区、村开展文艺辅导讲座不少于 40 次，开展各类艺术讲座 20 余次，累计辅导学生及基层文化骨干、文艺爱好者超过 1 万人次。

（四）非物质文化遗产保护传承不断推进

近年来，淮北市积极开展非物质文化遗产普查和保护工作，目前全市共有市级以上非物质文化遗产 39 项，其中，国家级非物质文化遗产 1 项（淮北花鼓戏）、省级 5 项（淮北大鼓、临涣酱培包瓜、口子窖酒酿造技艺、淮北泥塑制作技艺和殷派面塑制作技艺）、市级 33 项。加强文化遗产保护，石山孜遗址、古城汉墓、大运河淮北段被国务院公布为第七批全国文物保护单位。2014 年 6 月 22 日，第 38 届世界文化遗产大会表决通过，将淮北市濉溪县柳孜运河遗址在内的 58 处中国大运河遗产列入《世界遗产名录》，淮北市自此成为世界遗产地。以柳孜运河申遗为契机，组织举办相关庆祝纪念宣传活动，加快隋唐运河古镇文化旅游项目建设，推进柳孜运河遗址保护和遗址公园建设，树立运河文化品牌。

二、淮北市农村文化建设的制约因素

淮北市农村文化建设虽然取得了一些成绩，但是由于文化建设底子薄、欠账多，农村文化建设还存在诸多制约因素。

（一）重要性认识不足，管理体制不顺

当前，淮北市农村文化建设主要是以行政推动为主，但少数乡镇党政领导对农村文化建设重视性不够，存在着重经济工作轻文化建设的观念，认为农村文化建设是工作中的“配角”，是花钱的事业，产生不了经济效益；有的认为农村文化建设就是组织唱歌、跳舞、搞活动，存在着完成任务的思想，没有放在贯彻落实科学发展观，构建社会主义核心价值观，保障群众基本文化权益的高度去认识，对农村文化建设缺少长远的规划。在管理体制方面，农村文化建设涉及宣传、文化广电新闻出版、体育、农业、城建、财政、民政、人社等多个部门，存在政出多门、条块分割、缺乏统筹、协调不畅、资源浪费等现象，尚未形成系统化、长效化的联席协调机制，造成了文化管理谁都能管、却谁都管不好的局面。

（二）资金投入不足，运营维护工作落实难

目前，淮北市尚未形成完善的财政投入机制和运行保障机制，资金短缺是农村文化建设的一大瓶颈问题。村级文化建设中，普遍比较重视文化设施的投入，验收合格后，财政有一定的资金扶持，但开展日常文化活动的经费大多不足。目前，全市的农家书屋和广播电视村村通工程均无专项养护经费。因缺少经费，除少数经济条件较好的镇村外，多数农家书屋书籍和报纸期刊难以正常更新，聘用的管理人员没有固定报酬相对缺少积极性；广播电视村村通工程的机房管理、线路巡查维修、设备维护保养等工作也难以及时到位。

（三）文化发展不均衡，文化自觉有待提升

一方面，自上而下组织的文化活动丰富多彩，自下而上的活动尚需开发，部分农村公共文化设施比较单一、使用率偏低，闲置现象严重，文化活动人气不高，内容形式较为单调，农民喜闻乐见的节目不多。在农村文化建设中农民主体地位有所缺失，如何充分调动起农民群众的主体性、创造性，使政府自上而下组织的文化活动与群众自发自主开展的自下而上的文化活动紧密结合起来，是当前亟须破解的一个难题；另一方面，农村文化建设不能满足多层次群体需求。在农村文化工作中，存在着重中老年文化建设、轻青年人文化需求的普遍现象。目前农村开展的民乐、小戏等文化活动比较符合中老年人的情趣爱好，却很难调动青年人的积极性和参与性。

（四）服务效能不高，文化专业人才匮乏

目前淮北市农村文化建设服务效能和质量不高，存在着“重设施建设，轻管理使用”问题，部分基层公共文化体育设施闲置，活动组织乏力，人气不高。基层公共文化体育机构专职人员数量严重不足、队伍不稳定、专职不专用、服务水平参差不齐。农家书屋管理人员均由村工作人员兼职，无固定资金补助，积极性不高。当前针对老人、残疾人、农民工、农村留守妇女儿童等群体的公共文化体育活动组织和指导服务普遍偏少。同时全市农村文化建设人才也存在匮乏现象，一是基层文艺创作、展演、管理方面的专业人才缺乏；二是一些基层文化工作者身兼数职，人员借用现象突出，这在乡镇综合文化站管理员中尤为突出，目前尚无独立编制；三是村（社区）爱好文化活动者多，但缺少高素质的文艺专业人才和文化活动带头人、组织者，难以形成规模达到传帮带作用，辐射力和凝聚力不强。

三、推进农村文化建设的几点建议

（一）进一步完善农村文化组织管理体制

针对农村文化建设发展涉及宣传、文化、广电、体育、农业、城建、财政、民政等多个部门，协调困难、政出多门及资源浪费的情况，建议设立城乡一体化文化建设协调机构，充分整合各部门力量，构建运行有效、科学规范、系统完善的文化管理体制，为农村文化建设提供坚强有力的组织保障。落实乡镇党委、政府分管领导责任制，逐步解决基层文体工作人员兼职过多，专干不专的问题。建立和完善市、县（区）、乡镇（街道）领导班子文化建设考核机制，确保文化建设在议程上有位置，内容上有安排，资金上有支持，考核上有指标，措施上有保证。可把农村文化建设列入创建文明城市、文明村镇等相关评价体系，组织开展争创“文化先进乡镇”“文化先进村”活动等，切实巩固农村文化建设。

（二）进一步健全农村文化投入保障机制

一是积极争取上级资金扶持。积极争取中央和省级农村文化建设专项资金，重点加大对农村文化基础设施建设、重点公共文化服务工程、重要文化活动等的投入。二是逐步加大公共财政的投入。各级财政应确定文化投入在财政支出中的具体比例，设立农村文化建设专项资金，建立以奖代拨的投入机制。文化建设事业费的安排应向农村公共文化服务的建设项目倾斜，提高资金使用效率。三是建立和完善农村文化建设资金综合投入机制。鼓励农村公共文化服务的多方投入，扶植社会力量办文化，通过政策引导，鼓励各类社会机构、民间机构、企业、个人参与农村文化服务建设，形成政府主导、全社会广泛参与的投入机制。

（三）进一步加强农村文化人才队伍建设

有编制才能留住人，建议省编办、人社、财政、文化等部门认真落实中宣部“基层工作加强年”有关基层文化队伍编制的具体要求，就综合文化站编制问题予以研究，制定出相关刚性政策，配好配齐乡镇等基层宣传文化干事及专职人员。建立完善科学的文化人才培养引进、选拔使用、激励评价机制，着力培养一批专业文化工作者、民间艺人、综合管理人员等多支文化队伍。积极支持民间文化人才队伍发展，重视发现和培养贴近群众、扎根基层的乡土文化、民间文化传承人特别是非物质文化遗产项目代表传承人，鼓励扶持群众中涌现出的各类文化人才和文化活动积极分子。积极培养农民文化骨干，充分发挥农村文化能人在活跃农村文化生活、传承发展民间文化方面的作用。鼓励和吸引优秀高校毕业生从事农村社区文化工作。目前市级层面严禁各类表彰评比，建议从省级层面表彰奖励对基层文体建设做出突出贡献的单位和工作者，形成全社会关心支持基层文体建设的良好氛围。

（四）进一步丰富农村文化产品供给和文化生活

各级宣传文化部门要认真组织专业（业余）文艺团队和电影放映队下乡送戏，确保农民每月至少看一场电影，每年看一至两场大戏，适当增加对到农村进行公益性演出的补贴。以重大文化活动为平台，积极创演、引进适合广大农民群众观赏需求的演艺和活动项目。在乡镇综合文化站设立图书配送中心，向村流通点配送图书，每个流通点的图书每季度更换流通一次，实现城乡图书信息资源的流通和共享。深化“百馆（站）千村文化结对”，组织引导全市优秀文化馆（站）与农民文化乐园、村文化活动室深化“结对”活动，推动培训辅导、活动帮扶常态化、制度化，推动均等化发展。支持各地开展群众文化大舞台、大展台、大讲堂系列为民乐民活动。同时要发掘民间民俗文化资源，大力发展村庄文化，培育一批文化示范户、文化经营户、农村文化俱乐部等，切实把文化“种”到基层。

（五）进一步加大对农村公共文化市场和设施的监管

一是要加大宣传力度。深入开展社会主义核心价值观学习教育活动，用社会主义核心价值观引领社会思潮、凝聚社会共识，使文化经营业主在公开、平等、文明的经营环境中，自觉遵守有关规定，自觉抵制违法违规经营行为。二是严厉打击农村文化市场中的违法犯罪行为，积极倡导健康向上的文化娱乐方式，加强对农村文化市场的监管，有效抵制封建落后文化的渗入，形成良好的文化氛围。三是要加大社会监督力度。

在农村文化经营场所摆放带有举报电话的监督举报牌,向社会公布服务热线和监督投诉电话号码,建立举报奖励机制,充分调动广大农民群众参与管理的积极性。四是加强农村公共文化设施的管理。进一步加强对乡镇综合文化站等文化阵地的管理,不能挪用、拍卖、租赁,不能以任何形式改变其用途。对各级财政投入的各种设施,要认真进行国有资产登记,并对管理和使用情况进行定期检查评估。要本着建好、管好、使用好、服务好的原则,制定镇综合文化站、村文化活动室建设的管理办法。

(六)进一步保护农村民间文化遗产

进一步加强全市农村民间文化遗产的保护、发展和利用。整合相关保护力量和技术,通过积极创建"民间艺术之乡""特色文化之乡""文化示范村(社区)"和"文化示范户"等途径,积极引导地方和社会资金,支持农村民间非物质文化遗产保护项目,全力保护农村文化特性,突出农村民俗文化特色。重视实施文化品牌战略,在农民、居民集中居住区建设中,保护历史文脉,重视基层特色文化打造,尤其对涉及物质和非物质文化遗产的保护地,坚持依法保护和传承历史遗存及地方传统文化,对其进行深入研究,提炼其精华,更好地传承其有价值的文化因子。

关于合肥市特色街区建设的调查研究

合肥市文广新局

特色街区凝聚了城市记忆和文化内涵，是城市历史文化的“博物馆”、展示形象的“金名片”、城市休闲的“新载体”，对于提升城市品质、彰显城市特色，满足人们多层次、个性化精神文化需求，促进现代服务业发展具有重要作用。当前，合肥经济社会发展已经进入新阶段，城市建设正在从量的扩张转向量质并重，要进一步完善提升规划设计和建设管理的理念思路，在“品质”和“特色”上下更多功夫，推动文化建设与城市建设融合发展，建设特色街区，以更高标杆建设长三角世界级城市群副中心，打造“大湖名城、创新高地”。

一、合肥特色街区发展现状

我市历来重视提高城市品质，塑造城市特色。从 2006 年 3 月启动大建设以来，经过近十年如火如荼的大建设，城乡面貌发生了巨大变化，“大湖名城、创新高地”的形象日渐清晰。特别是近年来，市委主要领导亲自主持召开全市特色街区规划建设管理专题会议，研究部署特色街区发展，市、县（市、区）两级出台政策支持特色街区建设，呈现出快速发展、创新发展、良性发展的良好局面。整体上看，我市特色街区建设有如下一些特点。

（一）发展速度越来越快

近年来，各县（市、区）特色街区建设投入力度不断加大，推进步伐不断加快，特色街区数量增长迅速。从调查摸底的情况看，全市共有建成、在建和具备发展潜力的特色街区 72 条，其中获得市级以上称号的各类特色商业街 24 条，省级称号的特色商业街区 9 条，国家级称号的特色商业街 1 条。城隍庙、裕丰花鸟鱼虫市场等一些老牌特色街区，虽然没有入选市级以上示范特色街区，但其影响已深入人心。一些特色街区的规模不断扩大，吸引力、影响力不断增强。其中，肥西三河古镇跻身国家 5A 级景区；庐阳区淮河路步行街集故居、寺庙、广场、步行街四位一体，日均人流量30余万次，年销售额200多亿元；包河罍街已完成两期开发，建筑面积达7.5万平方米，成功入选“中国特色美食名街”和“省级特色商业示范街区”，形成“北京有簋街，合肥有罍街”的局面。

（二）建管模式越来越新

各县（市、区）、开发区坚持“政府搭台、企业唱戏、市场运作”的原则，充分发挥政府在规划布局、政策支持、建设管理、环境优化、服务提供、督促检查等方面的主导作用，同时积极引进专业社会力量参与规划建设和运营管理，有效提高了特色街区建设管理水平。据统计，72条特色街区中引入专业机构参与建设或管理的有33条，占全部的45.8%。中隐于市、金大地1912、巢湖耳街等街区由企业投资建设，并且由企业负责企划、招商、运营，道路断面、街具、建筑、广告店招、公共区域等都进行详细的规划设计，有效保证了特色街区有序发展、规范运行。罍街等特色街区建成后只租不售，把所有权与经营权相分离，管理更加统一，效果比较突出。

（三）政策环境越来越优

为鼓励特色街区发展，我市近年来制定实施了一系列政策，营造了良好的政策环境。2013年市政府出台了《合肥市促进服务业发展若干政策（试行）》，对新获得国家级、省级、市级特色商业街区称号的，分别给予50万元、20万元、10万元奖励，对各县（市、区）、企业开展特色商业街区建设与改造，被认定为市级以上特色商业街区的，给予最高不超过200万元的一次性补助。2014年，我市调整原有扶持政策，形成“1+3+5+N”的政策体系框架，在“促进服务业发展政策”中，采取“借转补”的方式，对各县（市、区）、开发区及企业在特色商业街区的规划设计、升级改造、功能完善、业态调整、配套服务、环境整治等方面，按照工程预算资金的20%给予最高不超过100万元的预拨专项资金支持；在“促进文化产业发展政策”中，对利用老厂房、老建筑、城市旧民居等资源改建成各类特色文化产业园区（集聚区），建筑面积在1万平方米的，投入使用后给予50万元一次性奖补。2015年，我市进一步完善扶持产业发展的政策体系，在保留2014年所有政策支持的基础上，将利用老厂房、老建筑、城市旧民居等资源改建文化创意园区（街区）的奖补上限提至500万元。整体上看，不仅支持资金额度有所增加，而且补贴方式也由事后奖励向事前扶持延伸，政策扶持的针对性更强。

（四）功能作用越来越好

一些特色街区不断发展壮大，功能作用逐渐凸显出来。一是改善了城市环境。各地以创建特色示范街区为突破，结合“三线三边”专项整治活动，狠抓街区建设管理，改善了城区面貌。2014 年启动的城隍庙综合改造工程,通过基础设施、建筑风貌、消防设施、经营设施等改造,整体面貌焕然一新。“中隐于市”位于包河区曙光路,本是旧城改造项目,由简陋的一条街变身为充满文艺小资范的城市怀旧人文休闲街区。二是丰富了群众生活。一些已建成的特色街区,集购物、餐饮、休闲、娱乐、旅游等一种或多种功能于一体,有的街区还长期开展相声、戏曲等文化演出活动,优化了服务供给结构,较好地满足了市民物质和精神需求,成了市民放松休闲的好去处。三是促进了产业发展。特色街区充分发挥现代服务业的载体和平台作用,不仅吸引了许多全国知名的酒吧、影院、剧场、高端餐饮旗舰店入驻,而且还开辟了“创客空间”,重点发展创意集市、创意制造、创新培训和创业辅导等,既提高了我市服务业的发展档次,又催生了一批新兴业态。

二、存在的突出问题

尽管我市特色街区建设取得了一定成效,但与北京、上海、杭州等先发地区相比,与建设长三角世界级城市群副中心的发展定位相比,还存在一些不足,突出表现在五个方面。

一是分布不均衡。现有特色街区主要集中在老城区和主城区,统计摸底的 72 条特色街区,有 49 条分布在瑶海、庐阳、蜀山、包河四大城区,比重超过 68%,县城及新城区却很少,个别开发区基本空白。

二是主业不突出。主营业态是特色街区“特”的体现,也是吸引力的重要来源。我市特色街区业态主要集中在餐饮业,获得市级以上称号的各类特色商业街 24 条中,餐饮类有 17 家,超过 70%,没有形成一街一特色、错位发展的局面。还有不少特色街区主营业态比重达不到 50% 以上的标准,产业关联度不高,与普通商业街区区别不大。

三是文化不浓厚。虽然我市不少特色街区位于文物保护遗存周边,但没有很好地发掘本土特色文化资源,空间场所、人文环境的塑造缺乏文化内涵,建筑风格、规模、功能设计与其他地方趋同,文化主题不够突出。旅游纪念品没有体现合肥文化特色,多数是从浙江义乌等地引进。

四是配套不完善。突出表现为停车场、垃圾桶、公厕、休闲座椅等基本公共设施不足,影响了游客的游览体验。如城隍庙、罍街、中隐于市等已具有一定知名度和影响力的特色街区,人气较旺,但停车难问题也日渐突出,在一定程度上影响了街区的后续发展。

五是档次不够高。有些特色街区是在自发形成的基础上升级改造而来,产权分散,影响了特色街区的开发、招商和运营管理,导致商品及服务质量不高,国内外知名品牌企业缺乏,辐射力和知名度有待进一步提升。还有些新建的特色街区由于后续运营管理跟不上,业主随意招租,降低了经营品质。

三、加强我市特色街区建设的对策建议

“十三五”时期,是我市加快建设长三角世界级城市群副中心,提升都市区国际化水平的重要时期,也是加快创新转型升级发展的关键时期。建设特色街区,既是重要任务,也有重大机遇。要牢固树立创新、协调、绿色、开放、共享“五大发展理念”,坚持规划先行,坚持文化为核,坚持创新驱动,坚持宣传推广,突出合肥自然环境、历史底蕴和时代精神,打造一批体现时代特征、地域特点、文化特色的城市街区,为广大市民群众创造更加便捷、舒适、和谐的高品质工作生活环境。

(一)规划先行,提升特色街区整体实力

科学合理的规划是推动特色街区健康发展的重要举措,也是提升特色街区档次的重要途径。上海、杭州等地不仅制定了特色街区建设中长期发展纲要,而且还对每条街区的建设管理运营做出了专业规划,有力地推动了特色街区建设发展。因此,要克服重建设、轻规划的思想,借鉴国内先发地区的成功经验,把规划做长、做细、做实。一是宏观层面要重长远。要围绕建设国际化都市区、打造“大湖名城、创新高地”的发展战略,制定特色街区发展中长期计划,提前谋篇布局,预留发展空间,增强特色街区建设的前瞻性、科学性。要按照连片开发的原则,结合“一湖两城十二镇”旅游开发项目,在环巢湖周边规划一批特色街区,循序渐进、逐步建设。二是中观层面要重整体。要注重规划的整体性、系统性,体现相融相生的理念,明确各条街区的布局定位、主题特色、交通控制、生态景观和发展目标,努力做到文态足、底蕴厚,业态好、产业旺,生态优、可持续,实现文态、业态、生态三者有机融合,全面彰显城区整体风格。三是微观层面要重精细。具体项目规划要坚持高标准、高起点,不做则已,要做就做成精品,努力成为在全省全国叫得响的特色街区。要借鉴先发地区的成功经验,以国际招标等方式,聘请国内外顶尖专家来主导或参与策划论证和规划设计,一步到位、少走弯路。

（二）文化为核，增强特色街区独特魅力

特色街区关键在“特”，而“特”的关键在于文化，这是特色街区生命力、影响力、吸引力的关键所在。一是挖掘文化底蕴“凝魂”。我市现有的一些街区，有的是千年古镇古村，有的是市级以上文物保护单位所在地，文化底蕴深厚。各街区在开发过程中，要充分研究文化特点，重视人文环境塑造，强化街区独特性和差异性，找准定位、凝练主题，实现一街一特色。二是用好文化元素“聚气”。要把特色街区建设与传承城市历史文化相结合，将金戈铁马的三国文化、清正廉明的包公文化、江淮特色的淮军文化、锐意进取的创新文化有机地融入特色街区中，用建筑、雕塑、灯杆、橱窗、店招等载体展现出来，按照“修旧如旧”、适度发掘的原则保护开发历史文化遗存，让人产生“穿越感”。要经常开展具有浓厚地方特色的文化活动，展演、展示地方“非遗”项目，既保护传承历史文化，又丰富特色街区文化内涵。三是聚焦主营业态“提档”。要聚焦主业，推动产业集群发展，靠“专、特、全、优”的特色来吸引和招徕目标顾客。一方面要积极引进国内外知名品牌企业入驻，提高街区档次，吸引高端消费群体；另一方面要积极引导和扶持本土企业做大做强，逐步形成商业特色、产业特色和地方特色。

（三）创新驱动，激发特色街区内在动力

虽然部分特色街区在规划、建设及运营过程中，引进专业机构进行运作，建设管理模式有了新的探索，取得了很好的效果，但大部分街区建设仍然是走房地产开发的老路子，集中开发，市场销售，运营权分散，不利于统一运营管理。因此，要创新手段方法，用市场化、社会化的手段推进，增强发展动力。一是创新项目开发机制。特色街区开发前期投入大，具有一定的市场风险。要大胆借鉴市政工程、公路、轨道交通、机场等领域的成功经验，采用公私合营模式（PPP），授权企业对城区内老旧、闲置工业厂房进行开发，实行“利益共享、风险共担”，共同开发建设特色街区。二是创新运营管理机制。“三分建、七分管”，成功的特色街区不仅具有悠久历史、优越区位，而且还有良好的经营管理模式。要采取股份公司制、收购所有权、政府返租等形式，分离产权（所有权）与经营权（即“两权分离”），成立管理公司或委托管理公司，进行统一招商、统一营销、统一物管、统一监督，提高运营管理水平。三是创新资金投入机制。当前，我市特色街区扶持政策相对完善，关键是扶持资金额度偏低，投入机制不活。对重点培育的特色街区要加大资金投入力度，提高奖补上限，把好钢用在刀刃上。要创新财政资金的投入方式，发挥财政资金的种子作用，通过市场融资的办法，撬动更多社会资本投向特色街区建设。

（四）宣传推广，增添特色街区发展活力

“酒香也怕巷子深”，在激烈的市场竞争条件下，特色街区也必须进行合理的包装、推销，才能逐渐聚集人气。一是加大媒体宣传力度。要统筹利用电视、广播、报纸等传统媒体和微博、微信、手机客户端等新兴媒体，深入宣传街区的文化、业态、风貌特色，吸引广大群众的关注。通过在周边主干道设置提示标志牌，与高德、百度等数字地图提供商合作标明地理位置等办法，既提高街区知名度，也让游客可以轻松找到街区位置。二是加大活动宣传力度。结合街区的特点，分类策划商业促销活动，大小接替、连续不断，积极吸引人们参与其中，持续聚集人气。要充分利用文博会、家博会、龙虾节、年货节等平台，开展丰富多彩的商贸和主题文化活动，提高街区的活跃程度。三是加强旅游宣传。要深入研究旅游市场需求，加大纪念品开发力度，提升特色街区对游客的吸引力。要将建设成熟的特色街区编入合肥旅游手册和导游培训课程，通过导游讲解进行推广。要指导旅行社精心设计旅游线路，联合推出特色街区半日游、一日游等活动，把特色街区打造成为休闲旅游景区。

池州市文化与旅游融合发展调研报告

池州市委宣传部

一、优势及发展现状

(一)文化积淀深厚

池州素享“千载诗人地”之誉,陶渊明、李白、杜牧、包拯、岳飞等历代文坛巨擘、哲人政要,都曾游历于此,吟哦出一首首千古绝唱;黄宾虹、张大千、刘海粟、李可染等现代丹青巨匠,也曾挥毫泼墨,留下了一幅幅传世佳作。萧统在此编纂《文选》,开“选学”之先河;李白作《秋浦歌》十七首,秋浦河被誉为“流淌着诗歌的河流”;杜牧作《清明》诗,让杏花村名扬千古。全市现有全国文物保护单位 9 处、省保单位 45 处、市保单位 41 处。国有馆藏文物 4128 件,一级 20 件,二级 35 件,三级 717 件。省级历史文化名城 1 座,省级历史文化名镇(街区)3 个,省级历史文化名村 5 个;国家级传统村落 14 个,省级 30 个。国家级非物质文化遗产 4 项,省级 18 项,市级 40 项。

(二)旅游资源丰富

池州是中国优秀旅游城市,全国旅游竞争力百强城市,皖南国际文化旅游示范区核心区,是国家森林城市,国家园林城市,国家绿色生态示范城区。境内拥有国家重点风景名胜区、中国四大佛教名山之一、国家森林公园九华山,国家级自然保护区、“动植物基因库”牯牛降,国家级湿地珍禽自然保护区、“中国鹤湖”升金湖等名山秀水。现有各类景区景点 300 多个,其中 5A 级景区 1 个,4A 级景区 15 个,3A 级景区 9 个,2A 级景区 7 个。2015 年接待国内外游客 4637 万人次,实现旅游总收入 478 亿元,同比增长 12.2% 和 13.3% 。

除文化和旅游两大资源,池州发展文化旅游业还有其他得天独厚的优势。一是生态环境优势,池州是中国第一个生态经济示范区,生态本底全国首屈一指;二是区位经济优势,池州处于中西部地区承接沿海发达地区产业转移的前沿关口,承东启西、接南应北；三是综合交通优势，池州日益发达的“水陆空铁”立体交通网络，拉近了与沿海发达地区的空间距离，降低了客流、物流等生产成本；四是政策叠加优势，池州位处长江经济带和国家生态经济示范区、皖江城市带承接产业转移示范区、皖南国际文化旅游示范区的核心区域，各级政府的产业支持政策众多，发展文化旅游业，投资者能够充分享受各种政策红利；五是产业基础优势，池州工业基础薄弱，传统产业不发达，但也可看成是一个后发优势，灿烂的文化、纯朴的民风、秀丽的河山、良好的治安为发展文化旅游产业预留了广阔空间。

“十二五”以来，池州市不断深化文化体制改革，激发文化企业发展活力，全市文化旅游产业稳步发展。2015 年全市规模法人单位 69 个，其中文化旅游类规上企业 11 家，占比 15.9%，主板上市企业 1 家，四板挂牌企业 3 家。文化产业增加值 19.01 亿元，其中服务业（文化旅游）9.82 亿元，占比 51.7%。2015 年文化产业亿元以上重点项目 20 个，当年完成投资 24.19 亿元，其中文化旅游项目 14 个，完成投资 19.1 亿元，占比 78.6%。2015 年全市新引进的 51 个文化企业中，文化旅游类企业 19 个，占比 37.3%。

二、存在问题及原因分析

近年来，池州市高度重视发展文化旅游产业，提升品牌影响力，推进全域化旅游，促进了全市的经济发展和社会进步。但是，文化资源和旅游资源只有粗放整合，还没有深度融合，重山水轻文化，重观光轻体验，重建设轻营销，留不住人、赚不到钱的现象仍然突出。主要体现在以下方面。

（一）规划实施问题

一是体现在资源整合不够。文化和旅游分头管理，各有侧重，缺乏沟通机制和制度保证，条线分割造成对交叉性的产业业态重视力度不够；缺乏统一的开发管理，全市文化旅游建设布局零散、规划不统一；旅游与文化商务体育融合发展领导小组统筹工作有待加强。二是体现在规划与实施脱节。出台了大量规划文件，如《关于加快推进文化建设的若干意见》《关于贯彻落实皖南国际文化旅游示范区建设发展规划纲要的实施意见》等综合性文件，《关于加快建设杏花村文化旅游区的意见》《关于加快发展摄影产业的意见》等专项文件，《文化旅游人才发展规划》《非物质文化遗产“名师带徒”工程实施办法》等配套文件，但落实到具体景点上，则出现有载体无文化，有文化无载体现象。前者如九华天池、九天仙寓等景色宜人，但文化寥寥；后者如众多“国保”“省保”单位文化深厚，但旅游开发严重不足。

（二）文化介入问题

文化与旅游融合程度亟待提高，主要体现在，旅游产品丰富，文化产品不足；历史文化资源有余，现实文化资源不足；历史文化未能充分挖掘整理，现实文化创新能力较弱，许多文化元素没有变成旅游产品；文化特色挖掘不够，文化产品同质化多，可替代性强；旅游传统六要素中满足了“吃、住、行”，未解决“游、购、娱”，“商、闲、学、养、奇、情”新六要素更待开发；旅游市场“靠天吃饭”，重风景观赏，轻文化体验；旅游纪念品文化创意明显不足，没有形成知名品牌。在旅游经济发展中，没有提前进行文化介入，使两者间相互作用，共同提升，实现双赢。

（三）项目品牌问题

重大项目上，杏花村文化旅游区和大愿文化园建设进展较快，但接续项目少。同时，杏花村文化旅游区内缺少发挥龙头带动作用的重大文旅项目，大愿文化园虽游客上升较快但不足以缓解还贷压力。品牌打造上，佛教观光是一大品牌，但燃香拜佛者多，研修悟道者少。生态旅游是另一大品牌，但一日往返的短暂浏览者多，多日停驻养生休闲者少。特色文化品牌中，佛文化底蕴深厚，但或多或少受意识形态制约；傩文化、青阳腔、目连戏古远沧桑，但受表演时间、地点、剧目及演出团队等条件约束，叫好难叫座；黄梅戏、文南词、罗城名歌等清新优美，但与周边城市文化多有雷同，特色不彰。

（四）经营主体问题

从调研情况看，重点文化旅游项目多由国资委经营管理，分散或较小的项目民营资本较多。也有出现民营转国有或国有转民营的情况，如牯牛降、九子岩等。国有与民营管理模式，前者长于基础建设和保护性开发，短于体制僵化，进取心弱；后者长于效率提升和经营灵活，短于目光短浅，竭泽而渔。另外，景区与景区间关系中，竞争多于合作，拆台多于补台。国有企业与民营企业在发展中难以做到取长补短，合作共赢。

（五）营销模式问题

除九华集团能将九华股份、金地公司（大愿文化园）、秋浦仙境大王洞景区整体营销外，其他地区或景点基本是各自为阵，不成体系，没有形成强大的统一品牌效应。对全市来说，没有一个形象的城市宣传语，没能发挥宣传软实力的作用，没有形成全域化旅游体系。对各县区来说，不能用文化之魂将各景点有机结合，串珠成线，点石成金，很少组织统一的大规模宣传营销活动。对各景点来说，或受资金掣肘，或自信于自己细微长处，或缺乏打造品牌企业的长远目光，看重眼前利益，营销观念较淡。在营销方式上，大都还停留在与其他景区、旅行社和官方媒介的对接上，而利用现代传媒手段，从微博微信等社交媒体、社会热点与公众事件、商业门户网站与著名搜索引擎中发现商机，精准营销的成功案例很少。

以上问题究其原因，主要有这几个方面。一是文旅发展本身的局限。文化旅游企业大多是重资产，资金链长、成本回收慢，并且对生态要求严、人才要求高、土地使用多，这些因素导致民营资本投资积极性相对较差。二是文化品质和渗透力弱，旅游产品档次低。传统文化挖掘整理之后，大多只能“待字闺中”，难以迎合大众游客尤其是年轻人的需求、产生经济效益；现代文化创作滞后，创新水平低，科技融入少，不能产生引领作用和轰动效应；“文化 + 科技 + 旅游”的业态对资金、管理、技术要求较高，提高了企业的门槛。三是民营文化旅游企业发展滞后，高新技术企业数量、专利等指标不佳，驰名、著名商标和重点出口企业数量较少。

三、促进文旅融合发展的对策建议

在学习借鉴芜湖等兄弟市的好经验好做法，吸收各县区及有关企业意见的基础上，提出以下对策建议。

（一）完善文旅规划，促进资源整合

要在规划引导上融合，开展全市文化旅游资源普查，将文化旅游融合发展纳入“十三五”发展规划和全域化旅游发展规划，实现文化资源和旅游资源按地域相近、文脉相承、内涵相关、业态互补、特色各异的原则规划布局。市、区县两级文化、旅游专项规划编制需由文化部门和旅游部门共同参与，确保协调一致。重点解决交通配套、项目带动、人才保障、土地供给及产业基金安排等基础性问题。要列举出旅游开发中的负面清单，并提供解决方案，做好生态保护和文化传承，推动文化旅游业持续健康发展。要整合历史文化旅游资源，考证“千载诗人地”的源流，推进杏花村、陵阳古城、南溪古寨等具有一定历史价值和文化内涵的古城、古村落的旅游开发。要整合文化遗产资源，保护性开发以古寺庙、古石刻、古祠堂、古徽道为主体的国家和省、市级重点文物保护单位的旅游开发；整理利用以池州傩、青阳农民画、东至文南词为代表的国家和省、市级非物质文化遗产的旅游开发。要整合跨区域呈现的文化旅游资源，统筹开发秋浦河，仙寓山、升金湖为典型的跨县区景点的综合旅游开发。

（二）挖掘历史文化素材，提供文化旅游智力支撑

要在文化介入上融合，一是将文物保护与旅游发展有机结合起来，赋予旅游产业以更多实物载体，如古塔、古桥、古寺庙等人文景点，修缮保护即为旅游发展题中应有之义。馆藏可移动文物，则可借鉴台北故宫“朕知道了”文创商品的创意，开发旅游产品。二是将非物质文化遗产传承与旅游发展有机结合起来，提升文化旅游人文内涵。加大对青阳腔、东至花灯、目连戏等传统表演艺术类非物质文化遗产的扶持力度，既注重原真形态的展示，又通过编排使其成为具有地方特色和市场效益的文化旅游节目。三是将整理散落文化遗存与旅游发展有机结合起来，提升文化旅游中讲好池州故事水平。宣传推广《池州记忆》《文化贵池》《灵秀青阳》等系列丛书，拍摄《池州赋》《大愿九华》等历史纪录片，出版《池州傩》《九华梵音》等音像制品，编撰池州古楹联、古诗文、民间故事等作品集，让游客感觉“池州不光是生态好、风景佳，还是一个有文化、有故事的地方”。

（三）提高供给质量，扩大文旅产品有效供给

旅游卖的不是资源，而是创意。要着力解决“靠天吃饭、吃祖宗饭”和“看我家风景、买他家产品”的尴尬。一是在科技融合上创新，重点是运用互联网思维创新文化旅游商业模式和特色文化旅游纪念品生产销售。二是深入实施“智慧旅游”工程，引导并支持企业研发“智慧旅游”各类平台终端，重构业务流程，实现内容个性定制、景点导览互动、消费在线支付和体验即时分享等新型消费形态。三是通过影视作品、演艺节目、情景体验、会展交流等增强文化旅游产品的表现力和吸引力。四是充分利用文化特色和游客集中的优势，在旅游纪念品生产销售上有所突破，较好解决销量较大的工艺品本地生产、本地生产的工艺品就地销售等问题。

（四）发挥龙头带动作用，打造文化旅游品牌

一是打造文化旅游示范企业，以九华集团为核心，整合佛教文化品牌；各县区每年集中力量培养一家文旅企业，在基建、宣传、人才及其他政策上重点支持。二是每年从各地征集、遴选一批文化旅游融合发展重点园区（基地）予以扶持，支持符合条件的项目优先申报省重点扶持园区和省文化产业园区，启动大愿文化园和杏花村文化旅游区申报国家文化产业园区（基地）工作。三是建立特色文化产业项目库，对接国家和文化强省专项资金、文化建设基金、文化旅游基金等专项扶持。四是创新开展文化旅游节庆会展活动，继续办好九华山庙会、全国绿色运动会、杏花村文化旅游节、石台茶叶节等活动。利用生态和佛教文化优势，谋划举办高档养生论坛，开发文化旅游养生品牌。

五是打造文旅演艺精品，全力推动大愿二期九华大典演艺项目建设，继续完善“大愿如愿”实景演出，鼓励各级艺术剧院（剧团）、文艺家协会与景区联手，赴景区为旅客演出、创作。六是开发特色旅游项目。乡村游，要能引发客人“乡愁顿生”；亲子游，要吸引客人“身临其境”；研学游，要让客人感觉“游学相长”。

（五）加大“文化走出去”力度，吸引“游客走进来”

要在宣传营销上融合，建立部门协作、政企合作、行业合作、区域合作的宣传推广机制。要利用佛教文化在东南亚国家，傩戏在港澳台及韩国，青阳腔在江浙一带的传播优势，有针对性进行文化交流等。要加大与客源地书法、绘画、摄影合作，在艺术交流中宣介池州。要借鉴其他地区做法（如好客山东、五彩贵州、快乐芜湖等），确定文化旅游宣传标语，长期坚持，使之深入人心。市内宣传媒体要拿出一定时段（版面）为推进文化旅游融合发展做好宣传造势。文化部门要大力开发面向市民和游客的文艺作品，在各类文化展会中增设文化旅游产品和项目展示。旅游部门要在市场推广中宣传池州文化特色，将特色文化产品纳入国内外旅游项目推广计划。要运用新兴媒体、大数据和创意策划创新宣传营销方式，根据不同客源地、不同年龄段、不同收入群体的游客偏好，精准投放广告信息，精细开发和培育市场。引导文化旅游企业围绕旅游景区、度假区、旅游目的地创作影视、动漫、图书、演出等文艺作品，实现文化与旅游相得益彰。

（六）引导扶持文旅企业和民宿发展，形成互补共荣格局

引导文旅企业和民宿立足长远，不仅依靠生态环境和旅游资源，更要在创意文化、“非遗”利用、专利申请、商标注册等隐形资本上多做文章、丰富内涵。政府部门在项目、土地、资金、产权等政策扶持上，既要扶大扶强，也要扶优扶特；既要鼓励龙头文旅企业入驻，也要鼓励高品位民宿发展，形成品牌和品味相互补充，错位发展；要在宣传推介、信息沟通、整体营销等方面积极做好服务。

（七）设置文化旅游考核指标，发挥政策导向作用

要在旅游考核中，加强对各地政府部门在创新文化旅游发展模式、完善配套设施、优化服务环境等方面的考评；在招商考核中，增加对文化旅游招商项目、引资引智方面成效评估；在文化产业考核中，对挖掘文化旅游资源、集成式宣传营销、文化产品生产等方面加大权重；在生态考核中，解决好生态保护与工业尤其是采掘业的冲突，为文化旅游业长远发展留下余地。

关于创新农村基层文化服务模式的调研报告

——以肥东县“基层文化基本包”为例

康俊卿①

肥东是合肥市辖县、全省人口大县，总面积2181.6平方千米，人口105.3万，辖18个乡镇、331个村（居、社区），农村人口占全县总人口60%以上，宣传思想文化工作的重点在农村。积极探索农村文化建设行之有效的办法，对于全省乃至全国都有着借鉴意义。

一、肥东县基层文化发展现状

（一）设施建设不断完善

肥东现有国家1级图书馆1个，国家1级文化馆1个，总投资1亿多元的肥东县文广大厦投入使用。已建农家书屋350个，乡镇综合文化站20个。建成省级农民文化乐园3个，市级农民文化乐园18个。新的“三馆一中心”正在规划建设中，建成后将成为文化新地标。

（二）文化品牌不断涌现

2008年荣获“中国散文之乡”称号，成为全省唯一获此殊荣的县。2012年荣获安徽省首批“文学创作先进县”称号，2014年荣获安徽省“诗歌之乡”称号，2015年荣获安徽省“民间文艺之乡”称号。肥东县现有国家级非遗保护项目1个，包公镇大邵“洋蛇灯”；省级保护项目有肥东门歌、安徽大鼓；市级保护项目4个，莲湘、旱船、马政娘娘庙会等；县级保护项目9个，有龙灯、狮子舞、撮镇公和堂狮子头、梁园三绝等。

（三）人才队伍欣欣向荣

全县文化系统现有在职干部职工近200人，大专以上学历比例占50%以上，初级

---

① 作者系中共肥东县委宣传部办公室干部。

以上职称比例为40%。县文联共有作家协会、书法家协会、美术家协会、音乐家协会、摄影家协会、民间文艺家协会等6个团体会员单位,拥有省级以上文艺家协会会员50余人和一支数千人的业余创作队伍。拥有肥东青年庐剧团、“夕阳红”艺术团、福缘舞蹈队、撮镇“十八乐坊”等一批业余演出团队。

二、基层文化建设存在的问题

(一)文化发展不平衡

大量的文艺人才聚集在县级以上,乡镇和村一级由于青壮年劳动力的流出,文化人才越来越少,乡镇文化工作人员大多身兼数职,人员年龄结构、文化结构、专业结构参差不齐,部分文化设施布局相对集中,偏远地区文化设施落后。

(二)群众积极性不高

群众是农村文化建设的主体。目前,一方面农村留守儿童老人很多,这些人群没有能力参与文化活动;另一方面,文化活动与群众所想、所盼有差距,内容和形式陈旧、单一,层次不高,缺乏有组织的知识型、科普型、创新型的活动。

(三)部门引导不够

从目前基层文化建设的需要来看,仅靠群众自发的力量是远远不够的,需要政府部门的正确引导和强有力的支持。特别在文化建设所需的服务内容、技术指导、活动策划等方面,更是离不开政府部门的指导参与。

三、肥东县的创新实践

为解决基层文化建设存在的问题,肥东县创新“基层文化基本包”这一全新概念,致力于为基层群众提供要素较为完备、标准较为统一、运行较为规范的文化服务。

(一)宣传内容打包

突出中国梦、社会主义核心价值观等主题,把原先不同部门、不同单位、不同口径、不同内容的节目资源进行集中创作、管理,建立精品文艺节目库,并将内容“打包”为统一标准、服务规范的“节目包”进行集中管理、统一供应,主要分为普法类、文明新风类、核心价值观类、科技常识类、卫生常识类、民俗文化类等6个类别。每个节目包各具特色,有的专场专用,有的融合配送,保证了节目质量。如:县纪委编创的歌曲《包公谣》、县文广新局创作的庐剧《包公折子戏》、县公安局报送的先进人物情景剧《陈彬的1210》、团县委编排的小品《改厕》、县文明办组创的《社会主义核心价值观大家唱》、县卫计委选送的情景喜剧《生儿生女都一样》等代表性节目深受群众喜爱，成为文艺演出必送节目。

（二）项目经费打包

针对基层公共文化服务经费投入不足的问题，肥东县以中央及省农村文化建设专项补助为基础，把各级各相关部门投入宣传的财政资金捆绑起来，统筹人口计生、“双拥”、文明创建宣传经费，与地方农村商业银行、新华书店、邮政部门建立宣传赞助关系，设立农村文化活动“基金”。同时采取“以奖代补”方式，从每年文化活动专项资金中拿出部分经费对活动开展较好的乡镇给予奖励，确保每村每年文化活动经费不少于20000 元，突破基层文化活动经费短缺的“瓶颈”。

（三）人力资源打包

把全县 18 个乡镇和 331 个行政村划分成块，采取县直宣口单位领导班子成员包保到乡镇、文化文艺干部包保到村的方式，加强对村级文艺活动的定向指导和“文化扶贫”，通过派发“责任包”的方式，让每个宣传干部都能找到自己的“责任田”，让每块田都有人管。同时，积极扶持民营团体、群众个人从事文艺活动，出台《肥东县扶持民营院团发展指导性意见》，鼓励政府购买文化服务，将水平高、口碑好、群众认可度高的民营院团纳入“基本包”供应单位范围，进行划片定期配送文化服务，在全县形成了百家民间文艺团体、千名民间文艺人才的规模，培养了一批“草根”型宣传文艺骨干，带动越来越多的群众成为文化活动的参与者、传播者。

区域报告

合肥市文化改革发展报告

合肥市委宣传部

2016年，合肥市积极把握促进文化改革发展的政策机遇，全面贯彻落实省委省政府文化强省发展战略，奋力推动文化大发展大繁荣，持续深化文化改革发展，增强群众的文化“获得感”。

一、社会主义核心价值观广为弘扬

大力推进核心价值观“六进”宣传，创作歌曲《我们的核心价值观》，建设一批核心价值观主题公园和“三个一”铁雕工程，打造并投放了形式多样的主题公益广告，汇聚街头正能量。精心组织道德模范和身边好人评选、表彰、学习、宣传活动，推出“抗洪书记”潘理俊、“美丽的大脚”战士焦磊等一批先进典型，全年新增“中国好人”11人、“安徽好人”24人，累计126人(群体)入选中国好人榜，1户家庭当选首届全国文明家庭，1人当选全国最美游客。

启动全国省会城市“好家风、网上行”传递接力活动。开通“志愿合肥”微信公众号，扎实开展志愿服务活动，打造“周六志愿行”“社区帮客行”“圆梦微心愿”“爱心文艺进社区”等一批志愿服务品牌。培育4个全国志愿服务“四个100”优秀典型，11个“感动江淮”志愿服务优秀典型，3个全省公共文化设施开展学雷锋志愿服务首批示范单位和55家全省三星四星级社区志愿服务广场。

扎实推进未成年人思想道德建设，广泛开展“我的中国梦”系列主题教育实践活动、青少年爱国主义教育读书活动，组织第四届“美德少年”暨首届“美德教师”“美德家长”评选，开展首届“十大最美小创客”评选，1人入选全国百名美德少年事迹展。精心组织开展童谣征集传唱、学校少年宫才艺展演、“践行微公益　争做社区小帮客”等活动。

起草《创建全国文明城市问责办法》，落实高位推动的督查机制，不断推动文明创建常态化。深入开展文明创建暨环境整治“百日会战”，推进交通秩序、老旧小区、集贸市场、摊群点等专项整治和“三线三边”环境综合治理。在全国率先开展“文明行车、文明行走”专项整治行动，入选全省宣传思想文化工作创新案例。创新运用互联网开展创建工作，以庐阳区为试点，在全省率先推广互联网 + 交通管理的“云上智能停车”系统，组织“市民特拍员”和义务监督员，通过合肥文明网、“文明合肥”微信公众号等网络平台，曝光不文明现象。

二、公共文化服务体系不断完善

加强政策引领，出台了《关于加快构建现代公共文化服务体系的实施意见》、《合肥市基本公共文化服务实施标准》，全力推进公共文化服务体系建设。推动设施建设，建成开放了安徽名人馆、市群众文化活动中心等大型公益性文化设施。加快推进县区“两馆一场”建设，全省首家 24 小时免费阅览室建成开放，新建 4 个 24 小时街区自助图书馆，完善提升 87 个乡镇综合文化站、118 个市级以上农民文化乐园，覆盖全市的四级公共文化服务网络不断完善。合肥市图书馆荣获“全民阅读先进单位”称号。强化活动惠民，广泛开展全民文化活动季、大学生文化艺术季、“大湖飞歌”青年歌手大赛等系列文化活动，举办了“新春文化庙会”“为民义务写春联”“书画进校园”“文艺进社区”等惠民活动，持续举办全民阅读活动，连续 3 年被亚马逊评为最爱阅读城市，基本形成了“贯穿全年、覆盖全市、各方参与、立体交叉”的群众文化活动格局。

三、文艺事业繁荣发展

实施年度文艺工作“十个一”工程，以项目化的理念和办法，推动文化小康建设。成立精品艺术创作研究中心，以建党 95 周年、红军长征胜利 80 周年等重大纪念日为契机，举办了《信仰的力量》《长征组歌音乐会》《大湖之春》等主题晚会，开展了“我们的田野”“大湖印象”摄影展、“颂歌献给党”诗歌征文等主题活动，组织开展“文化有礼、全民畅享”“大湖之约”艺术名家大讲堂、赖少其艺术馆馆藏精品展、“包公杯”反腐倡廉优秀曲艺作品专场演出、基层四季文艺调演等精品文化活动，承办第九届中国曲艺牡丹奖合肥赛区的比赛，打造了一批精品力作。合肥市民合唱团荣获第十三届中国国际合唱节成人混声组金奖和同声组银奖两项荣誉，并被评为合唱节“十佳合唱团”。大力实施庐剧振兴工程，开展了“玉兰杯”戏曲艺术节、“戏曲进校园”等文化活动，传统庐剧《秦雪梅》（选段）首登央视新年戏曲晚会，复排了庐剧《江姐》等经典剧目，新编大型庐剧《东门破》入选第二届安徽文化惠民消费季“精品大戏”。积极打造影视精品，组织或参与拍摄了纪录片《大城交响》《千年包公》，引进社会资本拍摄了《太空熊猫英雄归来》《包公传奇之天长案》等多部电影。

四、文化产业加快发展

组织修订《2016 年合肥市促进文化产业发展政策》，用好文化产业发展专项资金，全力推动文化产业发展。大力加强文化产业园区建设，推动大项目建设，创意文化产业成功申报全省战略性新兴产业集聚发展基地，广播电视云平台项目获得全国文化产业发展资金扶持，滨湖联投中心书城文化创意综合体加紧建设，下一代广播电视网纳入国家“十三五”战略性新兴产业规划，技术研发和产业试验全国唯一。精心策划举办第十届文博会，展陈内容和规模显著提升，参观人数超过 100 万人次，现场交易额达 1.32亿元，再创历史新高。积极培育文化消费市场，入选首批国家文化消费试点城市。大力推进智慧城市建设，以有线综合信息网为网络基础，以骨干城域网、云计算平台、接入网等业务平台为硬件基础，实现与政务云、公共云以及其他业务云互联互通、数据共享。目前，我市共有国家级产业园区（基地）6 个，省级文化产业示范基地 17 家，聚集了 1.8 万文化法人单位，占全省比重超过 30%。6 家文化企业在新三板挂牌，4 家文化企业获得中央文化产业专项资金扶持，文化产业发展势头愈发强劲，连续多年在省政府文化产业发展考核中夺得全省第一。

五、文化市场管理体系逐步完善

加强文化市场综合执法改革，广泛深入开展“扫黄打非”，组织开展了涉外演出活动专项检查、网吧和网络文化市场整治、省暨合肥市侵权盗版及非法出版物集中销毁、“扫霾”“护苗”“清源”“净网”等一批重大行动。2016 年，共计出动执法人员 15000 多人次，检查经营单位 3300 余家，核查、处理各类举报 190 件，查处取缔非法电台 5 个，收缴非法出版物 10 万余张（册），“净网先锋”监管平台拦截、屏蔽非法网站及网上有害信息 30 万余次（条）。2016 年“扫黄打非”综合考评名列全省第一。

六、文化体制改革稳步推进

狠抓年度文化体制改革任务落实，顺利推进 22 项年度改革任务。精心编制《合肥市“十三五”时期文化改革发展规划纲要》，出台了《做好政府向社会力量购买公共文化服务工作的意见》《文学艺术精品扶持办法》《促进民营文艺表演团体发展扶持管理办法》等含金量高的政策文件，文化发展的政策体系更加完善。深化公益性文化事业单位改革，组建了公共文化场馆理事会、图书馆理事会和图书馆联盟，进一步完善了公益性文化单位法人治理结构。健全国有文化企业考核机制，认真研究起草《新闻单位业绩考核与薪酬管理暂时办法》，不断提升企业的社会效益和经济效益。

2017 年，我们将贯彻落实中央、省、市委全面深化改革的战略部署，进一步深化文化改革发展，打造充满活力的文化强市。

一是持续推进社会主义核心价值观建设。统筹抓好“讲文明、树新风”“图说我们的价值观”和中心工作、城市品牌等各类公益广告宣传，持续推进核心价值观主题公园、主题社区建设，使核心价值观宣传融入城市建设，融入百姓生活。进一步健全先进典型的发现、培育和管理机制，认真做好第六届全国道德模范、第五届省市道德模范和好人推荐评选工作，积极保持“中国好人”上榜人数在全国省会城市中名列前茅。做足宣传、礼遇、帮扶、学习和管理五篇文章，既充分发挥先进典型的示范引领作用，又让好人有地位、有尊严、有获得感，形成崇德向善的浓厚氛围。扎实推进志愿服务常态化、制度化、项目化，继续开展“圆梦微心愿”“周六志愿行”等志愿服务活动，努力打造“志愿之城”。

二是大力推进文艺事业繁荣发展。精心组织迎接党的十九大文艺作品创作和展演展映展播活动。认真落实《关于实施中华优秀传统文化传承发展工程的意见》，深入阐释中华优秀传统文化蕴含的核心思想理念、中华传统美德、中华人文精神，形成全社会参与守护、传播和弘扬优秀传统文化的良好局面。加大对环巢湖村镇、红色革命遗址等文化资源的保护和整合力度，加强对非遗的保护、传承和合理利用，做到保护与利用相统筹，在保护中加强利用，在利用中促进保护。扎实推进庐剧振兴工程，举办“巢湖民歌”音乐会，精心组织好第二届“玉兰杯”戏曲艺术节。抓好“戏曲进校园”试点工作，推动传统文化融入国民教育体系，提升青少年的传统文化涵养。

三是持续深化文化体制改革。牢牢把握社会效益第一、“两个效益”统一的要求，进一步健全国有文化企业考核机制和综合效益考核体系，确保做到“四管结合”“四权掌握”，即管人管事管资产管导向相结合，掌握国有文化企业的所有权、决策权、经营权和监督权。稳步推进公益性文化单位改革，不断提升公益性文化场馆社会化管理运营水平，走好公益性文化单位市场化、社会化运营管理的新路。修订完善合肥市促进文化产业发展政策，修订《合肥市文物保护办法》，优化文化政策环境。加强文化领域行业组织建设，引导行业组织更好发挥自身功能和独特优势。深化文化市场综合执法改革，推进市文联、市作协改革。

四是不断完善公共文化服务体系。坚持政府主导、社会参与、共建共享的原则，围绕提升公共文化服务效能，一手抓设施建设，一手抓管理使用，大力推动基本公共服务标准化、均等化。认真落实《公共文化服务保障法》，扎实推进市中心图书馆、美术馆、市少儿图书馆等重大公共文化设施建设，新建一批街区自助图书馆，布局一批城市阅读空间，加快推进县（市、区）“两馆一场”建设，确保年内全部达标升级，积极争创国家公共文化服务体系示范区。积极适应群众需求，更新政府采购目录，完善供需对接机制，由政府“配送”向群众“点单”转变，多提供各种适销对路、喜闻乐见的公共文化产品和服务，从供给侧着力，在需求侧见效。继续打造“春夏秋冬”四季主题文艺调演、“艺术名家大讲堂”、全民阅读等品牌活动，开展好文艺下基层、全民文化活动季、高雅艺术文化惠民展演等惠民活动，办好民营文艺院团联合展演，让群众在家门口就可以享受到“高品质、低票价、老少皆宜”的“惠民大餐”。

五是大力推动文化产业发展。大力实施品牌发展战略，加快推动文化产业发展调结构、转方式，不断推动文化产业做大总量、提升质量。进一步支持国家级广播影视科技创新实验基地、国家级数字出版基地建设，支持创意文化产业“战新”基地建设，推动文化产业专业化、规模化、集群化发展。大力推进联投中心书城等项目建设，推动万达文旅城二期项目立项开工，积极培育一批重点文化企业。做好“互联网＋”“文化＋”文章，促进文化与科技、旅游融合发展，大力培育文化新型业态。

淮北市文化改革发展报告

淮北市委宣传部

十八大以来,全省宣传思想文化战线以“打造充满活力的文化强省”为目标,全力推进文化“八个强”建设。在省委宣传部的正确指导下,淮北市以“中国碳谷·绿金淮北”发展战略为引领,因地制宜扬长处,改革创新求发展,文化生态环境向上向好,文化发展活力显著增强,文化改革发展进入加快发展时期。

一、文化改革发展基本情况

(一)是把握导向,文化建设根基不断巩固

严格落实意识形态工作责任制,紧紧围绕“两个巩固”的根本任务,坚持把党的十八大、十八届三中、四中、五中、六中全会和习近平总书记系列重要讲话精神作为理论武装的重中之重,不断活化宣传宣讲方式,着力凝聚思想共识。坚持团结稳定鼓劲,正面宣传为主,紧紧围绕中央和省、市委重大决策部署,打好主动仗,唱响好声音。“文明追梦十八年”大型报道获省新闻奖年度特别奖,市广播电视台《政风行风热线》《说办就办》等多个栏目获得安徽广播电视名牌栏目奖。特别是近两年来,我市以“中国碳谷·绿金淮北”战略为引领,围绕招商带动、创新驱动、棚户区改造等 9 个方面,制定实施了《“1 +9”宣传行动计划》。今年初,人民网、新华网等 14 家中央及省级媒体来淮集中报道,《煤城转型,创新生“绿金”》等一批重头稿件引起强烈反响。坚持把培育和践行社会主义核心价值观作为凝魂聚气的灵魂工程,编印《小城大爱·中国好人在淮北》核心价值观普及读本,每年举办中国好人、道德模范等主题宣讲 830 余场次。创新实施“互联网 + 文明传播”工程,努力营造崇德向善、遵德守礼的文化氛围。

(二)是强化保障,文化发展环境持续优化

认真贯彻落实中央和省委关于文化改革发展的决策部署,研究出台《淮北市文化强市建设规划纲要(2014—2018 年)》《关于进一步加快文化强市建设的意见》《淮北市

扶持产业发展政策若干规定(试行)》《淮北市文化产业示范基地评选管理办法》《县(区)政府目标管理绩效考核文化产业发展考核办法》《关于加快构建现代公共文化服务体系的实施意见》《淮北市基本公共服务实施标准(2016—2020年)》《淮北市基层综合性文化服务中心建设实施方案》等相关政策措施,全面统筹,高位推进文化工作。积极适应城乡居民消费结构新变化和审美新需求,连续组织开展三届文化惠民消费季活动,进一步拓宽文化消费市场。出台《淮北市文化市场管理长效机制实施意见》,加强出版物市场管理和版权行政执法工作,加大对新闻出版、广播影视行业监管力度。建立"扫黄打非"工作立体式检查制度和奖励举报制度,深入开展打击非法报刊、电视台(站)、网络共享设施及产品等专项行动。坚决遏制假报刊、假记者站、假新闻等违法违规行为,严肃查处违规播放各类虚假违法广告,有效抵制"三俗"和泛娱乐化等,全市文化阵地逐步净化。

(三)激发活力,文化体制改革深入推进

2009年以来,重点完成了三局(文化局、广电局、新闻出版局)合一、两台(电视台、电台)合并、演出院团(歌舞团、豫剧团注册成立歌舞剧院有限公司、豫剧演出有限公司)和电影院线转企改制、报刊发行体制改革、组建(市、县两级)文化市场综合执法队等工作任务。2015年,整合市文化广电新闻出版局、旅游局、体育局,组建市文化旅游体育委员会,进一步精简机构、转变职能,发挥聚合效应。同时,媒体融合不断加速。淮北日报社先后上线淮北新闻网、淮北网、皖北传媒、手机客户端,形成了集报、网、刊、手机报、微博、微信、数字阅报屏等多种传播媒介于一体的全媒体传播格局。重新打造电视网站技术平台,淮北广播电视网改版升级完成,淮北手机台—手机客户端建设已上线运行,实现广播、电视、网络三者融合。为适应市场发展需要,淮北日报社注册成立了尚德文化传媒有限公司,市广播电视台注册成立了广播电视传媒有限公司,体育中心注册成立了体育文化传媒有限责任公司等,传统媒体的产业链条不断延伸。

(四)是夯实基础,公共文化服务日益改善。

1. 加快基础文化设施建设步伐。先后建成刘开渠纪念馆、隋唐大运河博物馆、图书馆、文化馆、方志馆、矿山博物馆、汉文化博物馆、广电中心、体育馆等。大力实施文化惠民工程,截至目前,共完成5个文化信息资源共享工程市、县级支中心、21个乡镇综合文化站,35个公共电子阅览室、516个农家书屋、303个广播电视村村通工程建设任务。其中,文化站、农家书屋、广播电视村村通实现全市乡村全覆盖。深化农民文化乐园试点建设,目前建成省级试点7个,市级试点4个。开展基层综合性文化服务中心建设试点工作，推进基层公共文化服务标准化5个省级试点建设。实施县域公共图书馆服务一体化建设，将农家书屋纳入图书馆一体化服务和管理范围，推进公共文化服务数字化建设。目前全市已基本形成以乡镇文化站为骨干，基层综合文化服务中心、村级农家书屋、文化信息资源共享点为基础的新型公共文化服务体系。

2. 注重效能发挥，深化“联盟”“联动”实效。依托全市图书馆阅读推广联盟、文化馆活动联盟、博物馆陈列联盟和“百馆(站)千村文化结对”活动，坚持“送文化”与“种文化”并举，定期开展“优秀文化进万家”“好戏大家看”“好书大家读”等系列文化惠民活动，超额完成农村公益电影放映和送戏进村任务；持续加大对文化能人、民间艺人、非遗传承人及民间文艺团体的扶持力度，近两年来先后给予经济补助155万余元。探索优化社会艺术考级环境新模式。开展2016年全市社会艺术考级工作，来自淮北、宿州、池州、蚌埠、淮南等8个地市的近2万名考生参加考级。

3. 吸收社会力量，增强公共文化服务发展动力。全市有文化类行业协会22家，体育类行业协会20余家，民办非企业文化单位13家，群众文艺团队20余支，演艺企业16家，体育俱乐部20余个，晨晚练点300余个。通过政府购买公共文化服务，以招标、奖励或补助形式，支持、鼓励民营艺术院团参与农村文艺演出、文化惠民消费季文艺展演，开展微电影制作，承办赛事活动，维护健身设施等活动，并每年对全市优秀街道(社区)文化活动室、体育社团和晨晚练点活动经费予以补助。建有民营博物馆3家。鼓励社会力量参与公共文化设施供给服务，相关企事业单位、地产商自建居民健身路径200余条、文体活动室30余个。今年以来，全市已有20余家文化体育类社会组织及个人举办各类低价或免费民办演唱演奏专场音乐会及摄影、书画、收藏展20余场，群众体育赛事30余次。

(五)立足优势，文化产业发展进程加快

深入挖掘地方历史文化资源，推动多种业态融合发展。2016年我市纳入省亿元以上文化产业类重点项目14个，总投资55.99亿元，年计划投资10.15亿元。隋唐运河古镇文化旅游项目“五凤三阁”主展区正式开放，双堆集烈士陵园等红色旅游景点全面改造提升，四季榴园新增为国家4A级景区，大运河遗址保护等4个文化项目入选省“十三五”规划，10个项目入选全省文化产业重点招商项目。佳瑞印刷包装有限公司等3家企业入选“省民营文化企业100强”，淮北亿隆塑业在省股权托管中心挂牌上市，市首家电商平台“淮北街·网上商城”成功上线。隋唐运河古镇被授予“安徽省广播影视产业园区”，实现了我市省级文化产业基地(园区)的零突破。积极利用深圳文博会、徐州文博会等展会平台，宣传推介优质文化资源和良好投资环境，文化产品分获“中国工艺美术文化创意奖”金、银、铜奖。推进文化与旅游体育等领域相融合，淮北市石榴文化旅游节、杜集葡萄采摘暨群众文化艺术节等重大节庆文化活动呈现出鲜明特色。截至目前，全市有新闻报刊出版单位8家，印刷企业257家，书报刊发行单位135家，广播电视台2家，有线电视传输网络4家，电影放映单位6家，歌舞娱乐75家，电子游艺142家，网吧158家，艺术教育培训业60家，其他相关行业近400家，规上文化企业49家。

（六）丰富内涵，地方文化魅力愈发彰显

1. 强化精品意识，大力实施文化品牌战略。着力打造运河文化、好人文化、石榴文化、长寿文化、汉文化和酒文化等城市文化品牌。特别是隋唐大运河申遗成功，濉溪县柳孜运河遗址列入遗址名录，淮北市成为世界文化遗产地。

（1）自发成立爱心助学集结号、蒲公英助学公益中心等80多个草根志愿服务队，目前全市134人入选“中国好人”名录，位居全省第一，“好人之城”成为淮北一张金色名片。发扬“愚公”精神，独创“七步造林法”，为全市20万亩石质山披上绿装，跻身全国绿化模范城市，安徽省政府授予我市全省唯一的“石质山造林突出贡献奖”。今年3月中旬，中央电视台新闻频道“两会”报道特别节目《春天的中国》专题报道了我市相山区黄里杏花文化旅游节的举办情况；6月5日央视《新闻联播》播出《相山区：来之不易的青山绿水》，让全国观众领略了我市的生态之美。全市12.6万名党员根据自身专业特长、技能爱好，成立了便民服务、环境维护、卫生保健、扶贫帮困、助农增收等党员志愿服务队3000余支，党员志愿服务实现了市县、城乡全覆盖，“十万名党员、十万个雷锋”成为淮北市一道靓丽的风景线。

（2）结合地方文化品牌，精心组织开展文艺精品创作生产。组织召开文艺精品创作座谈会，完成歌曲《淮北是我家》创作，并被确立为淮北市市歌推广传唱；电视剧《情暖谊长》、戏曲《石榴花儿红》获省“五个一工程”奖；数字电影《血战小朱庄》、科教电影《校园安全启示录》获公映许可；开展以“中国梦”为主题的文艺创作活动，举办全市微电影大赛。微电影《希望之壤》荣获全国农村金融十佳微电影，微电影《爱飞扬》作为安徽省干部教育在线教材使用，《老街的味道》《临涣茶馆》荣获全省首届纪录片大赛“十佳”称号。以腰鼓文化为代表的杜集区和以唢呐艺术为代表的濉溪县临涣镇被命名为2014—2016年度“安徽省民间文化艺术之乡”，梨园情艺术团荣获全省民营艺术“百佳院团”。市合唱团夺得4届全国合唱比赛最高奖，民乐团应邀赴上海参加世博会和国际艺术节演出，并获得全省民营艺术“百佳院团”称号，连年组织开展“优秀文化进万家”活动，被省文化厅授予“江淮群星奖”。

2. 加强非遗保护，弘扬优秀传统文化。组织开展第三批市级非物质文化遗产项目普查申报工作，普查、搜集非物质文化遗产项目 29 项，提请市政府批准并公布第三批市级非物质文化遗产项目名录推荐项目 4 类 14 项。组织国家级非遗项目——淮北花鼓戏开展全市巡演 25 场，复排传统大戏 2 部，整理传统戏剧本 10 部，设置传习所，完成抢救性记录总量 30GB；项目保护单位收受学徒 11 人，培训爱好者 200 余人次。利用第 11 个全国文化遗产日举办“非物质文化遗产走进现代生活”为主题的全市非遗项目展演展示活动。组织举办第七届淮北市石榴文化旅游节“相土物语”非遗手工技艺展和非遗戏曲专场展演活动，展示传统技艺 19 项，展演地方非遗剧目 10 个。首次选送我市剪纸、绫刻项目参加中国传统工艺（剪纸）大赛，选送泥面塑、编织项目参加第四届中国非遗博览会传统工艺（草柳藤编织、泥面塑）大赛，庞氏棕编获全国草柳藤编织大赛铜奖。

二、文化改革发展中面临的问题和困难

一是加快发展的意识不强。淮北以工业立市，一些部门还未真正将文化产业上升到战略地位来抓，抢抓机遇、大胆改革与主动发展的意识不强，文化改革发展的合力没有形成。此外，我市对文化基础设施投入相对较少，剧院、美术馆、音乐厅、展览馆等标志城市文明的社会文化基础设施长期缺位，造成我市文化事业及投入的“空心”现象。

二是文化产业基础薄弱。文化产业总量规模不大，增长速度不快，产业链条不长，尚未构建布局合理、门类齐全、协调发展的文化产业体系。新兴业态发展滞后，仍以新闻出版、广播影视、歌舞娱乐等传统文化业态为主体，文化产业散、小、弱，辐射带动能力差，离形成支柱产业还有不小的差距。

三是人才制约现象突出。市里出台了一系列吸引人才、培育人才、鼓励人才发展的政策规定，但相较于发达地区，缺乏引进优秀人才、留住优秀人才的优势。优秀管理人才匮乏是制约文化产业做大做强的重要因素，而专业人才的欠缺使我们的企业只能在低水平上缓慢前行。文化产业创新、创意是关键，而缺少人才的支撑正是制约我市文化产业快速发展的瓶颈。

三、2017 年文化改革发展思路

一是完善政策体系。紧紧围绕市委市政府提出的“中国碳谷 · 绿金淮北”发展战略，谋划出台淮北市文化旅游体育“十三五”规划，制定相关配套扶持政策，出台淮北市《关于加快构建现代公共文化服务体系的实施意见》《淮北市基本公共文化服务实施标准》《淮北市基层综合性文化服务中心建设实施方案》等，打牢文化改革发展基础。

二是创新体制机制。深化文化体制机制改革，进一步清理权力和责任清单，简政放权，提高文化市场管理和产业发展的法制化、规范化和科学化水平。积极培育文化产业主体，激发创新创意文化活力。实施文化人才建设工程，完善人才激励机制，加大对文化产业创新领军人才、优秀文化团队的奖励宣传力度，鼓励并支持市内高校开设文化创意、数字动漫等专业，培养和培育文化产业领域急需人才。

三是实施项目驱动。加大文化产业招商引资力度，积极推进隋唐运河古镇文化旅游、淮北文创科技中心、口子酒文化博览园、柳孜大运河遗址保护整治工程等重点文化产业项目建设。扎实推进文化产业园区、文化产品基地和名人精品工程等文化载体建设，努力打造集“策划、设计、生产、展示、销售”于一体的集约化、规模化、品牌化的文化产业园区和文化产业链条。

四是丰富文化供给。注重发挥群众的主体作用，依托农民文化乐园等阵地，采取“送文化”“种文化”并举等方式，大力创演、引进适合群众需求的演艺项目，支持群众文化大舞台、大展台、大讲堂乐民活动，培育文化示范户、文化经营户、农村文化俱乐部。在乡镇综合文化站设立图书配送中心，向村流通点配送图书，按季度更换流通。鼓励市级优秀文化馆（站）与农民文化乐园、村文化活动室“结对”。

五是发掘文化潜力。深入挖掘两汉文化、运河文化、口子酒文化以及红色文化等历史文化资源，加快相关产业的融合进程，大力发展文化旅游、文化体育、文化科技、文化创意、演艺娱乐等新型文化业态，重点培育发展具有淮北地方特色的文化旅游业。同时加大对民营文化企业、民办文化机构的服务力度，壮大企业集群，促进集聚发展。

亳州市文化改革发展报告

亳州市委宣传部

2016 年以来，我市大力贯彻国家、省和市各项文化政策，把深化文化体制改革和文化产业发展摆到重要位置，围绕做大做强文化产业这一中心工作，加强组织、认真谋划、强力推进，取得显著成果。

一、基本情况

（一）开展社会主义核心价值观“主题季”宣传活动

一是培育示范典型。3 月份，下发《关于印发〈培育和践行社会主义核心价值观实践养成行动方案〉等六个行动方案的通知》，着力从“实践养成”“学雷锋志愿服务”“文化培育”“典型示范”“推广普及”和“政策法规导向”等方面培育和践行社会主义核心价值观。评选命名“学雷锋活动示范点”13 个、“岗位学雷锋标兵”14 人，在媒体开辟《雷锋精神在亳州》专栏，宣传先进典型。市总工会评选出“亳州市十大最美劳动者”。启动市“十佳医生十佳护士”评选活动。二是刊播公益广告。开展“公益广告提升活动”，完成户外公益广告 4 万多平方米。电视播出公益广告约 6700 分钟，广播播出公益广告约 8100 条，均占广告总量 15% 左右，亳州晚报社公益广告已刊发 36 个整版，《厚德亳州　好人好评》专版已刊发 9 期，《暖新闻》栏目发稿 41 篇。继续深入开展国学经典“六进”活动。三是弘扬楷模精神。大力弘扬乡贤文化，启动亳州市百名新乡贤宣传评选活动。广泛开展“我推荐、我评议身边好人”活动，我市 9 人入选“中国好人榜”，15 人入选“安徽好人”及提名奖，评出“亳州好人”40 人。组织开展道德模范和身边好人基层巡展巡演巡讲活动 20 场。启动“亳州好人馆”建设。注重礼遇和帮扶道德模范、身边好人，按照市委、市政府《亳州市礼遇和帮扶道德模范、身边好人实施意见》，对道德模范和身边好人进行重奖，累计发放奖励金达 557 万元。开展亳州市“十大不文明”专项整治活动，市民文明素质得到提升，城市面貌得到改善。

（二）推进书香亳州建设，涵育核心价值观

一是创建新型活动载体。下发《关于开展“互联网＋书香村居志愿宣讲服务”活动的通知》，建设书香亳州网、书香亳州手机阅读平台。开辟“互联网＋书香村居志愿宣讲服务”活动专题。建立书香村居微信群和宣讲志愿者微信群，组织开展“互联网＋书香村居志愿宣讲服务”活动6场。组建720人的书香村居志愿宣讲服务队，助力书香亳州建设。印发书香亳州宣传挂图（一套7张），免费提供2万册数字图书资源和1万集以上听书音频资源。二是开展“五进”活动。举办“国学经典、法律法规、社会主义核心价值观”三堂课讲座7600多场。市总工会下发了《亳州市书香企业建设活动实施内容》，开展“创建学习型组织，争做知识性职工”活动，开展“建千家书屋，创百家示范”活动，实施“211”工程，即在全市建立2000家职工书屋，1000家县级模范职工书屋，100家市级模范职工书屋。继续开展“职工书屋”示范点建设，建设市级职工书屋10家，推进“书香企业”建设，覆盖全市6000多家企业、40多万名职工。编印《书香亳州·身边好人故事读本》1万册。开展书香亳州建设工作先进单位和先进个人评选活动，共表彰先进个人2063名，先进单位470家。两家庭荣获全国“书香之家”称号。

（三）加快构建公共文化服务体系

市图书馆内部功能不断完善，对外免费开放；市文化馆主体建筑工程有序推进，市博物馆新馆、亳州大剧院已经完成前期工作。大力推进公共文化场馆免费开放、农村文化专项补助2项文化民生工程，实行一月一督查、一月一通报，截至9月底，公共文化场馆免费开放已拨付资金723.8万元，农村文化建设专项补助已拨付资金1481万元。

（四）加强村级公共文化服务建设督查

13个省级农民文化乐园建设全面完成。积极实施“贫困地区百县万村综合文化服务中心示范工程”，利辛县16个农民文化乐园建设有序推进，市财政按照省级补助标准，给贫困地区百县万村综合文化服务中心示范工程每个农民文化乐园补助10万元。4个市级乡镇综合文化服务中心示范点建设进度过半，2个省级社区综合文化服务中心示范点、3个省级乡镇综合文化服务中心示范点建设全面推进。

（五）广泛开展群众性文化活动

全市组织各类文艺演出2091场、电影放映13783场、体育活动7892场。群众性文化活动精彩纷呈，大力推进文化科技卫生“三下乡”、“我们的中国梦”文化进万家、送戏下乡、送戏敬老活动，策划推出“亳州新貌游”、荷香满亳州——暑期文化旅游等系列文化惠民活动，举办“迎新年、唱大戏”、全市广场舞大赛等大型群众文化活动，群众文

化获得感显著增强。召开全市文艺工作座谈会。成功举办“汤都风韵”美术作品展、“书情画意”书画作品展、林琳中国画展、王永红中国画展等，正在开展美丽亳州全国摄影大赛。推动大型豫剧《印记》成功进京演出并在全市巡演，启动大型舞台剧《道德颂》和动画片《华佗五禽戏》创作。9 月 1 日至 23 日，举办了 2016 中国・亳州首届安徽梆剧、曲艺汇演、精品剧目展演活动，旨在弘扬传承优秀民族文化，推动安徽梆剧、曲艺艺术事业繁荣发展，增强人民群众的文化获得感。

（六）实施项目带动战略，文化产业发展实现新突破

精心谋划项目，建立文化产业项目库。充分利用亳州丰厚的文化旅游资源，积极组织谋划项目，共有 44 个文化产业项目入选了《2016 安徽文化产业招商项目册》。25 个项目进入省 2016 年亿元以上重点项目投资和储备计划文化产业项目库，6 个在建项目，投资 22.73 亿元。市文化艺术中心、亳州报业传媒广场等 6 个在建项目完成投资 4.5 亿元，市文化体育公园、市植物园、郑店子温泉度假区、观音山汉墓遗址公园等项目加快推进。

二、重大事件

2016 年乡村旅游全面推进，举办芍花养生文化旅游节、五马桃花节、生态旅游节、淝畔绿洲音乐帐篷节、“杏”福采摘节等乡村旅游节庆活动。建成十河大周芍花基地、十八里芍花园、五马桃花园、世外桃园自驾游营地、印象江南、淝畔绿洲、淝水湾、润耕天下农场、观堂晨光村桑葚基地、圈椅村瓜果采摘基地、涡阳莓香湾等精品乡村旅游项目，推出“一路花香”和“快乐采摘”等 7 条乡村旅游线路。2016 年全市乡村旅游总人数突破 350 万人次，利辛县被评为“全国十佳生态休闲旅游城市”和 2016 年国家美丽乡村建设和扶持村级集体经济发展试点县，谯城区获评为“最美中国生态（自然）旅游胜地和美丽乡村旅游胜地”和“2016 中国十佳最美乡村旅游目的地”。

三、基本经验

（一）加强组织领导，提供组织保障

亳州市高度重视文化产业发展，将文化产业作为支柱产业加以扶持、培育。出台多项相关政策，多次召开专题会议传达、学习、部署。成立了亳州市文化体制改革领导小组，主要负责推动文化产业发展。同时，严格文化产业发展考核，每年对县区文化产业进行考核评比，落实奖惩制度。

（二）加大政策扶持，营造发展环境

针对亳州市文化产业改革和发展面临的情况和问题，在充分调研论证的基础上制定了《亳州市深化文化体制改革实施方案》，明确了各有关单位的职责分工、工作任务和时间节点。并设立市级文化宣传文化发展专项资金，制定相关政策，对文化企业给予扶持，同时，积极与省委宣传部协调，争取文化强省资金，2016 年我市共有 3 家企业获得文化强省资金扶持，总金额 100 万元。

（三）壮大民营文化企业，增强创新能力

民营文化企业作为市场重要主体，在文化产业发展繁荣中具有不可替代的作用。亳州市高度重视民营文化企业的发展壮大，每年都安排资金对民营文化企业进行扶持，我市企业安徽凯尊文化集团和蒙城县左岸集团多次获得省级和市级文化资金扶持，两家企业还连续多年被评为“民营文化企业 100 强”企业。

四、2017 年文化改革发展思路

一是着力推动文化产业发展。全面贯彻落实《亳州市“十三五”文化改革发展规划纲要》，制定《2017 年亳州市文化体制改革和发展工作要点》，制定《2017 年县区政府目标管理绩效考核文化产业发展考核办法》。挖掘道家文化、曹魏文化、养生中医药文化、酒文化等历史文化资源，结合现有的文化遗迹，谋划建设亳州文化创意产业园、曹操文化产业园、庄子文化产业园、陈抟文化产业园。继续推进文化产业项目库建设，力争进入省亿元以上投资计划文化产业项目数、总投资较今年有较大突破。建立宣传部门牵头，文化、工商、统计部门具体负责实施，工商、发展改革、商务等相关部门协同配合的工作机制。建立联席会议制度，每季度召开会议，通报情况，及时补录文化法人单位，研究解决问题。建立重大文化产业项目建设调度机制，会同市发展改革委、市文旅局，对全市重点文化产业项目建设情况定期调度，通报情况。组织文化企业参加第十三届中国（深圳）国际文化产业博览会、第十一届中国（合肥）国际文化博览会等展会，发挥重大文化展会活动焦点效应、聚集效应和关联带动效应，把亳州文化产业项目、产品和企业在更高更广的平台上推介出去。开展第四届文化惠民消费季活动。

二是持续抓好社会主义核心价值观的培育和践行。认真贯彻落实《培育和践行社会主义核心价值观实践养成行动方案》，精心策划开展公益广告刊播，进一步用好"图说我们的价值观"这个品牌，紧紧围绕"三个倡导"12 个主题词加强创意设计，深入挖掘亳州文化元素，进行形象化解读、故事化表达，让人们在潜移默化中受到教育、得到提高。继续打造"亳州好人"品牌，做好道德模范推荐评选工作，宣传时代楷模、最美人物、道德模范和身边好人。举办安徽省道德模范与身边好人现场交流活动，表彰第五届亳州市道德模范。做好亳州好人馆建设的前期准备工作。启动亳州市第四届文明村镇创建活动，开展首届亳州市新乡贤评选活动。全面推进书香亳州建设尤其是书香村居建设，组织"4 课 4 会"书香村居宣讲活动，开展"家风家训、影音播映、书香文化墙、经典文艺、读书交流、读书典型""6 进村居"活动。

三是推进文化产业转型升级和融合发展。推进文化与科技、工业、农业、金融等产业，特别是与旅游的融合发展。坚持文化产业发展调度制度，协调推进文化产业发展。发挥金融对文化产业支持力度，引进战略投资者，设立了 7500 万元的文化产业创业投资基金。古井集团积极挖掘酒文化资源，建设大中原酒谷文化园。加快涡阳县文化艺术中心项目、亳州市城市规划展览馆项目、利辛蝴蝶泉生态文化休闲旅游度假区、亳州友好彩印包装箱及配套包装产品等项目的建设，通过与其他产业门类的融合，积极发展文化创意产业，构建以企业为主体、市场为导向、产学研相结合的文化科技创新体系，吸引更多的优质文化生产要素聚集。同时，为更好推动文化与旅游融合发展，亳州市举办"2017 亳州文化旅游年"活动，推动亳州文化旅游跨越发展。预计亳州市 2017 全年接待境内外游客总数将突破 2000 万人次，旅游总收入突破 160 亿元。

阜阳市文化改革发展报告

阜阳市委宣传部

一、2016 年文化改革发展的基本情况

2016 年，我市文化体制改革工作继续按照中央、省委、市委深化改革工作总体要求和部署，深入贯彻党的十八届三中、四中、五中、六中全会和习近平总书记系列讲话精神，以建设文化强市为目标，按照“加大力度、巩固提高、深化拓展、科学发展”的要求，着力在转变的职能基础上提高文化宏观管理能力，在转企改制基础上增强文化市场主体竞争力，在规范秩序基础上建立现代文化市场体系，在统筹城乡基础上完善公共文化服务体系，加快推进文化事业繁荣文化产业发展，不断增强我市文化的竞争力影响力。主要完成了以下几项任务：

（一）完成了《阜阳市“十三五”时期文化改革发展规划纲要（讨论稿）》。上报了《文化经济政策落实情况自查报告》。定期督查市属国有文化资产监管工作，上报了《阜阳市推动国有文化企业“两个效益”相统一自查报告》。完成了组建市演艺集团方案初稿。

（二）出台了《阜阳市建立健全意识形态领域形势分析研判工作机制实施方案》，并在阜南县开始试点实施。建设哲学、社会科学理论专家库。出台了《关于进一步加强社科理论类论坛、讲座、报告会、研讨会管理的办法》，印发了《市委宣传部关于哲学社会科学创新的实施方案》。在《阜阳日报》理论专栏“颍淮论苑”“颍淮时评”进行网络理论宣传阵地建设试点，在颍上县进行社科知识普及基地建设试点。

（三）印发了《关于强化“五项制度”完善新闻管理的通知》。联合市文广新局、市广播电视台、市日报社开展多次新媒体融合调研，推动新闻出版广播影视创新。印发了《阜阳广播电视台近期文化体制改革工作方案》和《阜阳日报社文化体制改革方案及任务》，进一步规范新闻采编，完善市直主要新闻单位采编播岗位人事管理制度。

（四）以市委、市政府名义下发《中共阜阳市委、阜阳市人民政府关于创建全国文明城市的决定》（阜〔2016〕11 号），同时下发《阜阳市创建全国文明城市工作方案》《阜阳市创建全国文明城市测评体系任务分解》《阜阳市创建全国未成年人思想道德建设工作先进城市测评体系任务分解》《阜阳市创建全国文明城市工作问责办法（试行）》《阜阳市全国文明城市创建动态管理措施（负面清单）》，积极推动并组织实施新一届文明城市创建工作。

（五）召开两次互联网新技术新应用座谈会，出台《阜阳市微信公众号运营管理暂行办法》《阜阳政务微博运营管理办法》及《阜阳政务微博大厅管理实施细则》，正在起草《实施网络内容建设工作的意见》。

（六）印发《阜阳市贫困地区基层公共文化服务脱贫工作实施方案》。成立文化市场综合执法大队，深化文化市场综合执法改革。市文化综合执法大队按编制人员已通过社会公开招聘进一步配备，各县文化综合执法大队人员力量进一步充实，完善了管理制度，提高了管理水平。根据《阜阳市 2015 年推进简政放权放管结合转变政府职能工作方案》，完善新闻出版许可准入制度和年审年检制度。在市文化馆试点公共文化数字化建设和县级文化馆总分馆制。推动市图书馆、市博物馆新馆开工建设，开展图书馆、博物馆、文化馆等组建理事会试点调研。完成了《阜阳市农民文化乐园建设情况调研报告》和《阜阳市开展村级基本公共文化服务标准化建设情况自查报告》。

二、重大事件

组织文化企业参加大型文化博览交易会。积极搭建文化企业发展交流平台，5 月 12 至 16 日，组织了华宇工艺品集团有限公司等阜阳国家级、省级非物质文化遗产生产企业共 10 家参展，杜氏刻铜公司的《孙悟空三打白骨精》等六件作品获得“中国工艺美术文化创意奖”铜奖，开源剪纸艺术公司的《颍州西湖》获得银奖，奖牌数量居全省前列。连续多年组团参加深圳文博会展览展示活动，促成我市文化企业与国内外企业达成长期供货关系。同时还积极组织我市特色文化精品参加“中国工艺美术文化创意奖”评选，每年获奖情况均居全省前列。以“文化惠民消费，共享美好阜阳”为主题，连续开展了阜阳文化惠民消费季活动，活动期间举办了安徽省民间工艺精品邀请展暨首届阜阳文化产品交易周活动、全市民间工艺获奖精品邀请展、国庆系列展览、“中国梦・颍淮情”文艺节目系列展演以及婚纱摄影、红色旅游文化旅游、文化体育活动等文化惠民活动。同时还开展了受到群众普遍欢迎的文化惠民系列演出活动。去年举办了第二届安徽省剪纸艺术节暨阜阳文化产业博览会，集中展示了我市一批文化科技含量高的知名企业产品和服务以及近年来我市文化产业发展的成果，产品涉及民间工艺、动漫娱乐、影视创作、书画摄影、文化科技产品、特色文化用品、特色文化旅游产品及特色文化美食等，共有200多家文化企业和800多名艺术家参加，活动先后接纳80万余人次前来观看采购，现场成交额超过360万元，订单达2600多万元。组委会还对近300件参展作品进行了评奖，共评选出了剪纸作品金奖4件、银奖8件、铜奖20件，其他类别工艺品金奖6件、银奖10件、铜奖50件。其中，《中国梦·冬奥情》《丝路遗韵》《淮北风情》《叶之语》等四件剪纸作品获得金奖。

三、基本经验

坚持文化事业、文化产业"双轮驱动"，积极构建公共文化服务体系，精心打造文艺精品，加快发展文化产业，积极构建现代文化产业体系，不断推进文化事业繁荣和文化产业发展。

（一）各级领导高度重视文化产业发展

党的十八届三中全会将文化产业提升为国民经济支柱产业，中央、省、市为发展文化产业出台了相关政策，多次召开重要会议传达学习贯彻十八届三中全会精神。各地主要领导对发展文化产业有了更多和更高的责任感、使命感，文化自觉和文化自信的理念进一步树立，主动谋发展定规划。在我市出台"1+5"文件后，各县市区结合文件精神和工作实际，都制定出本地区本单位的发展改革政策和一些"含金量"高的支持文化产业发展的文件。如颍上县拿出1000万和200万，界首市拿出1000万和100万作为2012年文化强县（市）建设和农村文化建设专项资金。

（二）出台落实了一系列文化产业政策扶持文件

为加快我市文化强市建设步伐，使各项文化强市优惠政策落到实处，真正发挥市一级专项资金对文化建设工作的扶持效益。2013年，我部与市财政局先后出台了《阜阳市市级文化强市建设专项资金管理暂行办法》《阜阳市农村文化建设专项资金管理暂行办法》，7月份相继出台了《阜阳市市级文化产业园区（基地）认定管理暂行办法》《阜阳市重点文化品牌建设扶持奖励暂行办法》等细化文件，组织县（市、区）各单位学习各类专项资金文件及申报程序等，开展重点文化品牌、市级园区（基地）、两项资金项目申报、审批工作，市委、市政府拿出“真金白银”积极支持我市文化建设工作。

（三）民营文化企业自身创新能力不断增强

民营文化企业作为我市文化产业发展的主力军，近年来展现了强劲的发展势头。2016 年，全市规模以上文化企业 246 家，民营法人单位近 4000 家。11 家文化企业被评为“全省民营文化企业 100 强”，金辉印务、富泰发饰等公司连年获得百强荣誉称号。金源柳木、华宇工艺品被评为“国家文化出口重点企业”。积极推动民营文化企业上市工作，截至 2016 年，全市 3 家文化企业在“新三板”挂牌，22 家文化企业在“新四板”挂牌。省认定的文化类高新技术企业数 5 家。3 月，在精心筹备、认真组织下我们牵头安徽金辉印务有限公司等 15 家骨干文化企业成立了阜阳市文化企业协会，标志着全市文化产业市场化组织化程度进一步提升。依托协会力量，又主办了“阜阳文惠网”，“文化 + 互联网”推进的模式为全市文化发展提供了更好的政策资讯和产业服务平台。

四、特色品牌工作

依托全市国家级、省级非物质文化遗产，大力开展非物质文化遗产产业化工程，于 4 月份制定了《阜阳市推进非遗文化产业化工作实施方案》，并先后四次到阜南县和临泉县督查督办非遗产业化工作推进情况。阜南县将柳编产业作为县域经济发展的首位产业，正在落实一系列鼓励和扶持产业发展的政策措施，筹备成立“阜阳市轻工工艺品进出口企业协会”和“阜南柳编工艺品协会”。临泉县就加强非遗产业化发展成立了领导小组，研究制定了《临泉县推进杂技产业化发展工作实施方案》。着力建设杂技主题公园、杂技非物质文化传承与发展基地、杂技职业学校、杂技专业村、举办民间杂技艺术节、成立专业杂技演艺公司、建设杂技魔术道具服装研发中心、建设综合性演艺中心、建设杂技影视制作基地等项目。各县市区也亮点纷呈。颍州区依托优越交通区位，培育了一批众创空间和创意孵化服务平台；颍泉区做足生态乐园文章，承办了重大节庆文化活动；颍东区继续做大印刷包装产业园体量，2016 年园区产值 25.4 亿元，入驻文化企业 29 家；颍上县大力发展文化旅游，打造全省“文化旅游创新试验区”；阜南县推进非遗产业化工程，柳编产业转型升级加快；临泉县牢牢抓住“姜尚故里”文化品牌，走杂技艺术与历史传说之路；太和县依托“书画艺术之乡”，多种方式、多种渠道繁荣民间文化市场；界首市探索民俗文化发展和彩陶产业创新，拓展产品生产 + 展示 + 交易产业链。

五、发展面临的主要问题

2017 年发展改革工作将面临更新更高的要求。可以概括成四个“新”：

（一）新形势

文化建设在“五位一体”总体布局中的地位和作用更加凸显，文化产业成为国民经济支柱性产业已成共识，群众文化需求不断提高，文化发展进入黄金期。

（二）新机遇

《中共中央关于全面深化改革若干重大问题的决定》把“推进文化体制机制创新”作为一项重要任务，为进一步深化文化体制改革指明了方向。

（三）新问题

改革文件多，政策落实少，部分改革单位不积极，不回应。传统文化行业多，新兴文化业态少，文化创意产业发展没有得到重视。小微文化企业多，骨干龙头企业少，很多企业发展面临资金困难，信息不对称的问题。

（四）新要求

实施“十三五”时期文化发展改革规划，围绕宣传思想工作主线部署全市文化发展改革工作，增强文化引领能力，文化创新能力，文化服务能力，实现文化体制改革稳步推进和文化产业提质增速。

六、2017 年文化发展改革思路

（一）工作目标

在巩固成果中实现新的提升、在重点突破中实现整体推进。出台《阜阳市“十三五”时期文化改革发展规划纲要》。以深化文化体制改革为动力，加快推进全市文化小康建设。

（二）重点工作

1. 着力抓好 2017 年深化文化体制改革的重点任务

着力创新文化宏观管理体制和微观运行机制，全面推动文化事业繁荣、文化产业发展。出台并实施《“十三五”文化发展改革规划纲要》《文化领域行业组织建设实施意见》，尽快出台演艺集团组建方案，重点深化国有文化企业改革，建立健全党委政府监管国有文化资产的管理体制，实行管人管事管资产管导向“四统一”。加强党对国有文化企业的领导，健全完善国有文化企业绩效考核办法，健全完善有文化特色的现代企业制度，开展职业经理人制度改革试点，扩大基层文化单位法人治理结构建设试点，深化文化市场综合执法改革。

2. 推动基本公共文化服务标准化均等化

坚持政府主导、社会参与、重心下移、共建共享，统筹推进公共文化服务体系建设。创新公共文化服务运行机制，加强公共文化产品和服务供给，全面实施县域公共图书服务一体化，扩大文化馆、博物馆、图书馆建立理事会试点，探索开展县级文化馆总分馆制试点。精准实施文化扶贫，积极推动国家级贫困县区村综合文化服务中心建设，推动 107 家农民文化试点村加快建设进度。加强基层综合性文化服务中心建设，突出综合性、注重适用性，提高文化设施利用效率，提供更多符合群众口味的服务内容。大力实施文化领域共享发展行动计划重大工程，统筹建好全市四级公共文化服务设施网络，加快协调推进城南新区公共文化重大项目建设，继续抓好各类示范区、示范项目创建。深入开展文化科技卫生“三下乡”“送戏下乡”“群众文化艺术周”等品牌活动，举办首届最美文化热心人、最美基层文化人“双十”评选。推进文化产品供给侧改革，实施《扩大和引导文化消费行动计划》，举办第四届文化惠民消费季活动。

3. 继续推动文化产业事业繁荣发展

推进文化事业全面繁荣，现代公共文化服务体系基本建成，群众精神文化生活丰富多彩，城乡居民基本文化权益得到更好保障。文化产品创作生产体系不断完善，精品力作大量涌现；传统文化传承体系基本建成，优秀地域文化和民族民间文化创新发展。推进市图书馆、博物馆、文化馆、艺术馆、大剧院、新闻中心、非遗传承基地、好人馆等十大公共文化事业项目建设；着力实施创新驱动发展战略，加速推动文化产业转型升级，现代文化产业体系和文化市场体系基本建成。推进朝阳古玩城、印刷文化产业园、花卉艺术大市场、558 文化创意产业园、书刊大市场、杂技基地、明清苑影视基地、柳木文化产业园等十大文化产业项目建设，提升我市文化产业规模化集约化专业化水平；鼓励支持市属文化企业突出主业、做大做强，推进印刷、柳编、发艺等传统产业发展，推进影视动漫设计等创意文化产业壮大，推进新媒体融合发展和产业化，扶持引导以省 100 强、市 20 强为代表的民营文化企业加快发展，做好“互联网 + ”、“文化 + ”文章，促进文化与科技、旅游等产业融合发展，大力培育文化新型业态，引导民营文化企业向“专、精、特、新”方向发展；加大文化项目招商力度，落实好国家财税、金融、土地等扶持政策，推进省级、市级文化产业园区（基地）建设，扶持培育文化创客创新基地发展；加强对文化企业上市工作的推进，争取亚泰包装、金辉印务等文化企业在“新三板”、主板挂牌，继续做好百强文化企业推荐、国家重点文化产品出口企业和项目申报、文化企业统计、文化项目数据库完善等工作，争取更多企业入选文化类高新技术企业；依托文化企业协会，继续组织文化交流活动，促进“文化走出去”，筹办全市“文化创意创新大赛”，举办2017年文化产业培训。

宿州市文化产业发展报告

宿州市委宣传部

一、宿州市文化产业发展的基本情况

宿州市紧紧围绕建设文化强市的目标，坚持"传承、开放、创新"的发展方针，继承和发扬地域文化，大力倡导新兴文化业态，形成了以传统文化产业为基础，以新兴文化业态为导向的良好发展格局，文化产业发展正在逐步迈入兼容并蓄、科学发展的快车道。

在2016年省政府目标管理绩效考核中，宿州市文化产业发展综合排名较2015年前进6个位次，全省排名第4位，其中，2016年文化产业增加值为37.79亿元，占GDP比重2.8%，增速为38.53%，增速排名全省第1，较2015年文化产业增加值27.28亿元、占比2.21%，增加10.51亿元、提升1个百分点。民营法人单位2184个，增速为20.7%，增速排名第1，46个文化产业项目入选省"大新专"重点项目库，项目总数、投资总额、增速分别为全省第2名、第3名、第3名。2016年，我市6家民营文化企业获评安徽省民营文化企业100强，较2015年增加5家。一家文化企业（紫金科技）上"新三板"。

（一）坚持夯实基础，推动传统文化产业升级转型

印刷、造纸、设计装潢、网吧、书报销售等传统文化产业在我市文化产业中仍占较大比重，是我市文化产业增长的主力军。党的十八大之后，我们坚持把发展环境友好型文化产业作为重点，以推动企业升级换代为突破，对传统文化产业进行改造，引导传统文化企业向环境友好型、资源节约型发展，不以牺牲环境为代价，积极推动文化企业升级和改造，取得了明显效果。

（二）坚持擦亮特色，推动地域文化产业科学发展

打造和推动地域特色文化产业发展，始终是我们引导和坚持的方向。作为皖北中心城市,悠久的历史为我们留下了奇石、马戏、书画、戏剧四大亮点。随着近年来文化体制改革的深入推进,全市所有专业戏剧院团经历了转企改制的历程和由依靠政府向依靠群众、市场的转变,奇石文化交易日趋活跃,书画交易量逐年增长,马戏业始终在全国占有重要地位。一是以改革为契机,推动戏剧演艺事业走向市场。通过文化体制改革,全市 11 家国有专业艺术院团完成了转企改制,建立了现代企业架构,改革活力逐步显现。在政府的支持下,市直坠子戏剧团、梆子戏剧团、泗州戏剧团合并成立了宿州市演艺集团有限公司,形成了董事长负责制的现代企业运营机制,为了保证改制成功,政府一贯坚持群众要什么,我们就买什么的原则,在原有拨款不增的基础上,由政府每年拿出部分资金根据群众需要采购文化,实行以奖代补的方式,鼓励专业院团走向基层、面向农村广大群众送文化,组织开展了“百戏进百乡”活动,不仅活跃了基层群众业余文化生活,而且农村文化阵地也在不断扩大,据统计,改制后,由政府主导的文化下乡活动不仅没有减少,反而大幅增加,仅市直院团每年下基层演出就达百余场,全市各级专业院团下基层演出达千余场。社会资金、企业资金每年也不断进入,改革后的专业院团和群众、企业、社会的联系更加紧密,也推动了专业院团思维方式的改变,市场意识不断增强。二是叫响奇石文化,推动市场壮大。以灵璧石和乐石为代表的赏石文化在我市有着悠久的历史和传统,为了打造这一品牌,连续多年举办具有全国影响力的中国灵璧石国际文化节,从第一届开始,每届文化节都能吸引全国各地的奇石商人前来进行文化交流和从事赏石文化贸易,灵璧石和赏石文化的内蕴也逐年提升。三是推动市场整合,不断做大书画市场。宿州市是著名的书画艺术之乡,书法和国画、钟馗画的影响力不断提升,全市活跃着 10 多万人的书画创作队伍和人才,在萧龙士、二梅、郑正和薛志耘等一批领军人物的努力下,宿州书画在省内外的地位不断彰显,精品力作不断涌现,受此影响,一批中介和书画交易商涌现出来,带动了全市书画交易不断攀升,萧县在培育书画交易市场上下功夫,集中兴建了书画交易市场,鼓励书画交易商专业化、商业化发展,灵璧开辟了钟馗画文化街区,鼓励书画交易商集中代理钟馗画交易,在一定程度上推动了书画交易活动的发展。到 2016 年,全市有 1000 多个书画交易点,我市的书画贸易量也已经突破 10 万件,交易额估计在 3 亿元左右。四是马戏文化扎根宿州,香飘国内。马戏文化在宿州有着深厚的历史,从清代始就流传着“宁过三江口,不过蒿(沟)桃(沟)柳(沟)”的民间谚语。从改革开放开始,马戏文化艺人们就开始尝试走出宿州,向外发展,从最早的宿州市动物表演团起源,我市的马戏艺人们逐步走向了全国各地,现在已经有 200 多个马戏团体活跃在国内各大旅游目的地城市,上海、广州、桂林、昆明、武汉、西安、南京、金华、沈阳等大城市都有宿州马戏团体活跃的身影，宿州马戏已经牢牢占据全国 70% 的动物表演市场，由此带来的收入已经突破 10 亿元，马戏艺人把宿州的马戏文化带到了全国各地，但他的根子始终在宿州，宿州马戏艺人把蒿（沟）桃（沟）柳（沟）作为动物驯化的基地，每每有了新动物加入，就把它送回家乡交由当地的培训师进行驯化，驯化完成后，再输送到全国各地马戏团进行演出，培训师收取驯化费，这种奇特的模式也带动了宿州当地动物驯化业的蓬勃发展。

（三）坚持创新发展，鼓励新兴文化业态进入。

随着文化体制改革的深入，新兴文化业态也在冲击着宿州文化市场，电玩、网吧、娱乐演艺、创意设计、文化电商、动漫制作等新兴文化业态悄然进入宿州文化市场，科技与文化融合发展、文化与旅游融合发展的主流引导着宿州文化产业市场不断做出改变，创新发展、拓展文化产业新领域日渐成为摆在我们面前的新课题，在新兴文化业态不断发展的背景下，国家、省出台了一系列推动文化产业发展的法规政策，我市也相继出台了《关于进一步加快文化强市建设的意见》《文化强市建设专项资金管理办法暂行规定》，提出了创新发展，鼓励新兴文化业态进入宿州的发展理念。国家、省、市各类鼓励新兴文化产业发展的政策方针推动着宿州文化产业发展的新局面。阿尔法游戏产业园等一批高科技文化企业相继落户宿州，为宿州文化产业创新发展注入了新的活力。灵璧县挖掘当地文化资源，以钟馗画、虞姬园和灵璧石为核心整合形成三元文化，引进社会资金投入，建成了虞姬文化园、灵璧石文化园、钟馗文化园，年接待游客量突破 200 万人次。

二、我市文化产业发展所面临的问题

（一）前期投入大、回报周期长是制约文化产业发展的瓶颈

一个成熟的文化产业园区（基地），动辄投入上亿元或数十亿，前期营销还要花费很多的成本，但是真正盈利需要多年的积累才能实现，这是影响投资商投资文化产业积极性的主要因素，也是制约我市文化产业发展的主要因素。盲目贪大、贪规模只能迟滞和阻碍文化产业发展。

（二）定位不准是制约文化产业发展的重要因素

找准城市定位，才能推动文化产业快速发展。文化产业发展受地理位置、区位优势、文化亮点、人口资源、经济条件、城市文明程度等因素的制约，如果不能正确定位，或者定位不清、不准都会制约文化产业的发展。

(三)传统文化与现代科技融合脱节也是影响我市文化产业发展的因素

传统文化如果不能进行创新和改革,而是因循守旧,故步自封,就会在市场经济中不断萎缩甚至失传。以戏剧为例,我市是传统的戏剧大市,但是受众群多是老年人,由于市场不断被新兴文化业态所替代,戏剧正在逐步失去对年轻人的影响力,受众群不改变,戏剧将来只能是路越走越窄,市场越演越小。

四、加快文化产业发展的建议

(一)加大政策保障力度

严格落实国家、省和市有关支持文化产业发展的优惠政策和规定,该优先的优先,该优惠的优惠,该减免的减免,形成落实政策好的投资环境,对吸引资金进入文化产业领域进行有力支持。

(二)因地制宜发展文化产业

要摸清底数,找准定位,科学制定文化产业发展规划,有针对性地引导文化与科技、文化与旅游融合发展,逐步推动文化产业创新发展。

(三)突出特色

每个城市都有自己的特点,每个城市的文化也有鲜明的地域性,我们必须充分了解和挖掘自身优势,推动传统与现代结合,在保护、传承和创新上找出结合点,形成新亮点,才能赋予传统文化新的生命力,才能推动传统文化向产业化迈进,才能更好地保护和传承传统文化,推动传统文化产业创新发展。

蚌埠市文化改革发展报告

蚌埠市委宣传部

今年以来,蚌埠市按照省委省政府文化强省建设要求,把文化建设纳入全市发展整体战略,纳入经济社会发展规划,纳入城市建设总体规划,纳入党委政府考核体系,文化改革发展各项工作均取得显著成绩。现将具体情况报告如下:

一、2016 年基本情况

(一)加强顶层设计,创新工作思路

年初,针对全年文化体制改革工作进行统筹考虑、全面论证、科学决策,谋划年度改革工作要点和总台账,明确改革目标、任务分解、时间进度、责任主体。2016 年,多次召开专项小组会议,报经市委市政府出台了《关于繁荣发展社会主义文艺的实施意见》《关于加快构建现代公共文化服务体系的实施方案》等文件;专项小组也先后出台了《关于加强蚌埠市新型智库建设的实施意见》《关于加强报刊理论阵地建设的若干意见》《关于加强我市网络内容建设的若干意见》《关于在全市开展乡村“文化乐园”建设的实施意见》《蚌埠市创意文化产业集聚发展基地实施方案》等一系列文件。同时,针对改革中的“痛点”“难点”“堵点”,创新工作思路,开出了实打实的药方。一是加强文化旅游综合执法。针对全市所有 A 级旅游景区进行综合执法检查,突出“环境卫生、景区厕所、游览服务、旅游安全、停车场、旅游购物、经营管理”等重点,采取景区自查、区县互查、专项检查、整改督查、检查验收等步骤进行,对照标准开展自查自纠,针对问题认真整改,切实整治旅游景区软硬件环境,全面提升蚌埠旅游景区品质。二是优化城乡公共文化资源配置。从读书看报、收听广播、观看电视、观赏电影、送地方戏、设施开放、文体活动、公益展览、公众教育、数字服务、特殊群体服务等 34 个方面,提出了标准和完成时限。三是建立政府购买公共文化服务机制。鼓励和引导社会力量参与公共文化服务,拓展优秀公共文化产品供给渠道,开展丰富多彩的群众文化活动,创新公共

文化服务供给方式。成立市少儿图书馆，该馆由政府出资购买公共服务，整体外包，让社会公司运营管理，取得了良好的效益。四是深化文化事业单位改革。市博物馆成立理事会、监事会，标志着我市文化系统首家事业单位法人治理机构改革试点工作正式开始实施。县域公共图书服务一体化工作，已经在五河县开展试点，目前该县已建成26个分馆、8个服务点；为26个分馆统一配置了馆牌，书证，编目，周边读者可以在距离自己最近的图书馆借还图书；中心馆（县图书馆）安装了24小时自助借还机、歌德一体机、智能读报机等设备，已正常运行。

（二）突出工作重点，发展成效显著

年初，对照年度工作要点和总台账，突出重点，分析原因，拿出措施，补缺补差，文明创建等重点工作取得显著成效。一是文明创建工作取得新成绩。2016年，蚌埠市创建文明城市工作获得全国第五、全省第一的优异成绩，今年蚌埠市把争创全国文明城市作为改革工作的重点，坚持目标导向、问题导向和效果导向相统一，抓重点、攻难点、补短板，重新修订《蚌埠市文明创建测评体系和管理办法》，印发《全国文明城市测评体系任务分解表》。全市586个居民小区实现整治提升，37家农贸市场得到整治改造，38条主次干道、45个主要路口交通基础设施提升完善。张劼、杨苗苗等101人获评“中国好人”，全市注册志愿者达20.63万人。市民讲文明、讲礼仪蔚然成风，参与度、满意度显著提升。二是现代公共文化服务体系建设持续推进。实施公共文化设施“8633”工程，推动县区尽快填补“两馆一场”缺项、有效整合基层公共文化资源。加快推进5个省级乡镇、社区综合文化服务中心示范点建设。花鼓灯特色文化建设项目顺利通过国家公共文化服务体系示范项目验收。印发《2016“温馨蚌埠 欢乐珠城”系列群众文化活动实施方案》，“千场文艺千村行”推出“互动订单式”服务，送戏下乡953场次，完成年度任务的103.14%，惠及群众28.6万人次。组织开展“百馆（站）千村结对”、群众文化辅导员“下基层种文化”系列活动100余场。市图书馆新增“流动图书馆”，市少儿图书馆探索采用社会化运营新模式，截至目前办证人数达近4000人，借阅图书21000余册、期刊4000余册，开展近60场读者活动。全面开展县域图书馆总分馆图书配送借阅和阅读推广活动。

（三）加强推进力度，提升发展水平

2016年，我市文化事业和文化产业发展迅速，文艺精品层出不穷，文化产业整体规模不断扩大。在文化事业方面，大型历史舞剧《大禹》获得国家艺术基金、文化强省专项资金扶持，参加省艺术节开幕式演出，受到省领导及省委宣传部领导广泛好评；泗州戏音乐剧《绿皮火车》作为全省唯一代表，参加第五届全国少数民族文艺会演并获得银奖，省委宣传部领导观看演出并给予高度评价；15 个节目受文化部委派，赴希腊、马耳他交流演出。在文化产业方面，制定出台了《蚌埠市"十三五"文化产业发展规划》，为我市"十三五"期间文化产业发展明确了目标和方向。还采取定期通报重点项目序时进度，不定期召开项目现场推进会等形式，督促项目实施，帮助企业解决实际问题。2016 年，我市文化产业增加值占 GDP 比重 5.95%，位居全省第一；2016 年文化产业增加值超过 80 亿元，居全省第二；同比增长 19%，高于全市 GDP 增幅 9.6 个百分点。全市 17 个项目入选《全省重大文化产业项目库》，总投资 364.79 亿元，年度计划投资 39.84 亿元，位居全省第二，连续五年进入全省前三。

（四）强化机制建设，落实改革任务

从抓机制入手，提高工作效能，强化制度执行力，促使各项工作落到实处。一是建立文化体制改革督察机制。对重点改革项目，定期组织开展督察工作，重点督察县区、单位改革任务落实情况，以及重点项目建设情况。成立 3 个专项督察小组，重点在新型智库建设、基层公共文化资源整合、文化产业等方面开展督察工作。二是建立文化体制改革责任机制。对任务重、困难大的改革项目，进一步明确责任主体，确保改革方向不偏离、改革任务不落空。去年，我们针对新媒体建设与管理工作，以市委宣传部牵头，积极推进"蚌埠发布"政务微博、微信平台采编工作优化改革。针对网络舆情管理工作，加强舆情监控研判处置，加强网评员队伍建设，加强对各类商业网站、微博、微信、手机客户端的信息内容管理，深入开展"清朗 2016"专项行动。三是建立文化体制改革奖励机制。制定出台《蚌埠市文化产业发展专项资金管理暂行办法》，对上市企业、国家和省重点扶持的园区（基地）、重点企业和项目、新增规模以上文化企业进行一次性奖励，对获得文化强省建设专项资金扶持的产业类项目，按 1:1 比例给予配套补助。修订《市社科规划项目管理办法》，对不同等级的结项成果，课题经费采取适当浮动，对获得市委市政府主要领导批示肯定或具有显著应用价值的项目，予以额外奖励。

二、2017 年工作思路

在取得一系列成绩的同时我们也看到，文化体制改革推进过程中仍然存在着一些问题和不足：文化宏观管理体制改革仍需加大力度；公共文化资源配置不够合理；文化市场主体的活力和竞争力有待进一步增强；文化改革发展的品牌质量还需提高；文化产业转型升级亟待提速。

2017年,将重点抓好以下几个方面工作。

(一)创新制度设计,进一步完善文化宏观管理体制

加强党委对意识形态工作的领导,实施负面清单,贯彻落实意识形态领域重大工程实施方案。实施哲学社会科学创新工程,加快新型智库和理论平台建设。出台繁荣发展社会主义文艺的实施意见以及关于传承发展地方戏曲、非物质文化遗产的实施意见。落实推动传统媒体和新兴媒体融合发展的实施意见,打造新型主流媒体。加强报刊网络理论宣传阵地建设,出台相关实施意见。贯彻落实省网络内容建设工程和进一步加强微博、微信、移动客户端等管理的实施意见。编制出台《蚌埠市"十三五"文化产业发展规划》。

(二)健全体制机制,进一步深化社会主义核心价值体系建设

健全培育践行社会主义核心价值观的工作运行机制和激励约束机制。组织开展多种形式的道德实践活动,推出一批培育和践行社会主义核心价值观的典型经验和先进人物,继续推进志愿服务制度化建设。按照修订后的文明创建测评体系和管理办法,加大督查考核力度,形成精神文明创建工作的激励机制。

(三)完善治理结构,进一步深化国有文化单位改革

推动建立具有文化特色的现代企业制度,完善国有文化企业法人治理结构,探索建立"双效合一"的国有文化企业考核制度。配合事业单位分类改革,推进文化事业单位人事管理、收入分配、社会保障等制度改革。推进公共文化机构法人治理结构建设,推进博物馆组建理事会试点。全面实施县域公共图书服务一体化,试点开展县级文化馆总分馆制。加快公共文化数字化步伐。

(四)强化资源整合,进一步完善现代公共文化服务体系

继续贯彻落实《蚌埠市基层公共文化资源整合实施意见》。深入推进"百县万村综合文化服务中心示范工程",加快中心村农民文化乐园建设。推进乡镇基层综合性文化服务中心建设试点工作。继续开展文化惠民消费季活动,引导和扩大城乡居民文化消费。深化文化旅游市场综合执法改革。深入开展"扫黄打非",加强重点文化领域整治。

(五)着力集聚融合,进一步推动文化产业转型升级

实施文化产业"1118"工程,即建设100个重大文化产业项目;培育10个主营收入超10亿元的龙头文化企业;打造10个主营收入超50亿元的重点文化园区;到2020年末，文化产业增加值占全市 GDP 比重达到 8%，文化产业转型升级取得明显成效，成为全市重要的支柱性产业。为完成“1118”工程确定的目标，开展“四大行动”，即重大项目带动行动、龙头企业培育行动、重点园区打造行动、“文化 +”融合升级行动。

（六）聚焦重点突破，进一步打造文化改革发展品牌

加大国家级大禹文化产业园区建设推进力度。落实省文化品牌扶持奖励办法，重点扶持“湖上升明月”古民居博览园、市文化发展集团、大型历史舞剧《大禹》等入选省“四个十”和市“四个一”文化品牌工程的项目和企业。加快蚌埠文化“走出去”步伐，不断提升蚌埠文化在全国乃至国际上的知名度、影响力和辐射力。

六安市文化改革发展报告

六安市委宣传部

近年来，六安市从“调转促”入手、从“供给侧”发力，以项目的“硬支撑”着力提升文化的“软实力”，积极助推革命老区实现绿色振兴、建成小康社会。据统计，2016年全市文化产业增加值35.27亿元，占GDP比重3.18%，入选国家文化出口重点企业2家、安徽省重点扶持文化改革发展示范企业1家、安徽省文化产业示范基地4家，跻身安徽民营文化企业100强6家。截至目前，全市文化企业法人单位已达1656家，其中，规模以上文化法人单位86家，先后有近百个文化产业及相关项目进入省重点项目投资计划。

一、积极培育市场主体，文化产业体系建立完善

以推动实施文化产业重大项目为着力点，健全重点项目跟踪督导和联系服务机制，促进文化产业项目早落地、早开工、早建设、早见效。兴茂·悠然蓝溪文化旅游景区、金寨大别山玉博园等一批重大项目先后建成。大别山·金寨国防革命传统教育基地功能不断完善，红四方面军纪念馆、大别山书画院、正白文化园等项目加快建设。霍山县佛子岭旅游区开发、裕安武陟山庄、六安茶谷一期工程、丁集婚庆文化创意产业园等一批体现六安山水茶文化的特色项目相继实施。总投资2.7亿元的舒城晓天兰花古镇项目立项开工，标志着我市特色文化小镇建设正式启动。悠然蓝溪、华安达、未来传媒等一批文化产业园区（基地）初具规模。由安徽丰大集团投资200亿元建设的舒城万佛湖文化旅游项目即将实施，皖西大裂谷文化旅游项目正式投入运营，初步见效。皋陶文化园等34个项目入选2016年省文化产业重点招商项目库。先后组织六安文化企业和文化产品参加参展深圳文博会、合肥文博会等文化产业国际性展会，一批体现六安特色的柳（竹）编工艺品、根书、大别山玉石、羽毛工艺制品等文化产品走出大山、走向国际。

二、大力推动消费升级，文化惠民服务形成品牌

市级图书馆、文化馆、科技馆等工程主体完工，即将对外开放；县区“两馆一场”提档升级加快实施。先后建成 90 个中心村综合文化服务中心示范点（农民文化乐园），另有 32 个正在抓紧建设。先后建成 4 个省级、10 个市级乡镇（社区）综合文化服务中心示范点。大别山（六安）山水文化旅游节、文化惠民消费季、大别山歌会、长三角运动休闲季金安站、“茶谷仙境 山水毅行”以及“我运动、我健康、我快乐”等活动深入开展，擦亮了六安文化名片，搭建了文化惠民主平台。完成《铁流千里——中原突围 · 皮旅穿越大别山》电视纪录片摄制制作；组织创作了以建党 95 周年和红军长征胜利 80 周年为主题的原创歌曲《追寻》《风雷引》，抗洪救灾原创歌曲《陌生的亲人——献给抗洪一线的亲人们》《这里有阳光》，反映了新时代六安的精神风貌。完成现代庐剧《又见桂花开》排演、传统庐剧《休丁香》复排工作，庐剧《一代廉吏——秦民悦》入选全省“四个一”品牌项目；建立四级非遗名录，调查收录 973 个非遗项目。

三、全面落实扶持政策，文化发展环境宽松良好

出台《中共六安市委 六安市人民政府关于进一步加快推进文化强市建设的实施意见》，重点实施 7 大强市工程，完善强化 4 项保障机制，设立市级文化强市建设专项资金，加大对文化产业发展的倾斜支持力度。制定《六安市“十三五”文化改革与发展规划纲要（2016—2020 年）》，围绕红色、绿色、古色文化资源，规划建设七大产业集群、八大产业园区，布局实施一批重点文化产业项目。以推动文化体育旅游产业融合发展为着眼点，制定《加快文化体育旅游产业融合发展的实施意见》，立足推动文化产业与体育、旅游产业融合发展，从财政、土地、税费价格和人才激励等方面，细化明确了文化产业发展扶持保障政策。先后有近百个重点文化产业项目获省（市）文化强省（市）建设资金专项支持。悠然蓝溪文化产业项目获中央文化产业专项贷款贴息 950 万元，为历年来全省文化企业之最，星灿文化传媒公司获得全省第一笔文化产业风险投资 400 余万元。

淮南市文化改革发展报告

淮南市委宣传部

2016年，全市上下认真贯彻中央和省、市决策部署，固牢树立和贯彻落实五大发展理念，奋力打响文化资源牌，加快建设文化旅游强市，推动文化改革发展取得新成绩，迈上新台阶。

一、文化改革发展基本情况

（一）稳步推进社会主义核心价值体系建设

出台培育和践行社会主义核心价值观6个行动方案。开展四级联动的“淮南好人”评选活动。3人当选“中国好人”，17人当选“安徽好人”，5人获“安徽好人”提名奖。李元芳当选2016“心动安徽·最美人物”和“安徽十大新闻人物”，其先进事迹受到省、市委主要领导的高度评价和肯定性批示，省委宣传部专门组织采访团予以集中报道。学雷锋活动实现常态化并获全省9个奖项。党员教育“三项活动”获全省三个“一等奖”、综合评分全省第一。全力以赴打好创建省级文明城市迎检攻坚战，制定《淮南市文明行为促进条例》。查办“10·26”网络传播淫秽物品案受到全国扫黄办的充分肯定。张宝荣膺“中国好人”“安徽好人”、第五届全国道德模范、第四届安徽省道德模范、中国红十字会“十大”代表、中华慈善候选人等称号，受到习近平等党和国家领导人接见。命名22家单位为市第二批爱国主义教育基地，实现市级爱国主义教育基地县区全覆盖。

（二）逐步完善现代公共文化服务体系建设

印发了《关于加快构建现代公共文化服务体系的实施意见》《关于做好政府向社会力量购买公共文化服务工作的实施意见》《淮南市推进基层综合性文化服务中心建设实施方案》。寿县12个村被列入中宣部第一批贫困地区村综合文化服务中心示范点，并在全省率先完成建设任务，2016年《安徽省文化体制改革和发展工作简报》第22期刊登《寿县高标准建设村级综合文化服务中心示范点》作经验交流。寿县寿春镇综合文化站、田家庵区龙泉街道文化服务中心、八公山区毕家岗街道新建社区、潘集区田集街道田集社区4个社区文化服务中心示范点全部完成建设任务。公共文化场馆免费开放工作正常开展。制定了《淮南市社科类课题管理办法》，开展了2016年度淮南市社科类研究课题征集，确定创新性研究课题10项，重大研究课题5项。推进社科基地建设，实施汤王村国家级人文社科基地改造工程。推动新闻出版广播影视创新，淮南4个电视频道登陆IPTV，大大提高了我市电视节目的覆盖面，实现了广播电视传统媒体与新媒体的初步融合；淮南日报社新媒体中心正式成立并运营，淮南网正式上线运营，淮南日报社全媒体融合快速发展。

（三）大力培育现代文化市场体系

2016年，淮南市文化产业增加值14.58亿元，增速18.3%，规模法人单位52个，增速8.3%；民营法人单位1833个，增长11.2%。文化创意和设计服务法人单位745个，增速13.7%；13个项目跻身省文化产业重点项目库，增长44.4%。4个项目入选文化部重点文化产业项目库，全省民营文化企业100强增至19家（次），省级文化产业园区（基地）增至2家。新增文化类高新技术企业3家、文化类著名商标3个，发明、实用新型、外观设计三类文化专利授权数新增163个。

在全省文化产业目标考核中，淮南位次实现了进步。编制了《淮南市“十三五”时期文化改革发展规划纲要》。组织开展了“文化进万家、共筑中国梦”第三届安徽（淮南）文化惠民消费季活动。在淮南市委宣传部的指导下，淮南市文化产业发展促进会成功举办了第一届淮南文化产业博览会。推进了淮南子文化园、淮南民俗文化园、龙湖中心创意休闲文化街区等特色文化园区（基地）建设。协调推进了米兰摩尔庄园、中洑焦岗湖温泉度假村等重大文化产业项目。航天体验园、安徽省寿县小甸集党员干部教育培训基地、春申君文化园、武王墩墓、寿县古城区保护与整治等81个文化项目入选淮南市“十三五”时期文化改革发展重大项目。70个项目入选淮南市旅游产业重点项目建设三年行动计划。全面推进寿州古城·八公山和焦岗湖两个5A级旅游景区的创建。

（四）积极构建优秀文化传承体系

承办了“舞动中国梦”安徽少儿电视舞蹈大赛。少儿京剧节目在第20届中国少儿戏曲小梅花荟萃活动中获4项大奖。推出了百集电视节目《淮南文化人》和大型历史文献电视纪录片《永远的特支——红色小甸》等文化精品。征集、推广、传唱优秀童谣和诵读中华经典，组织创作一批喜闻乐见的精品。做好优秀获奖童谣的普及推广，广泛开展优秀童谣传唱活动。推进以“孝敬、友善、节俭、诚信”为主要内容的中华经典诵读活动，引导未成年人传承中华文明。重点在春节、清明、端午、中秋等传统节日，开展“我们的节日”“礼敬中华优秀传统文化”和“中华魂”主题活动。对寿县境内非遗项目名录进行了整理汇总，重新认定了市级非遗项目，市级非遗代表性项目达到41个。组织6个市级非遗项目申报了第五批省级非遗项目名录。开展了2016年度省级非遗保护专项资金申报工作。组织开展了纪念第11个“文化遗产日”淮南市非遗展演活动。开展了首批安徽省非遗教育传习基地推荐申报工作，谢家集区李郢孜回民小学被确定为首批省级非遗教育传习基地。对部分国家和省市级非遗开展抢救性记录。成功举办了《淮南子》学术研讨会。

二、文化改革发展重大事件

2016年1月15日，淮南市文化产业发展促进会成立大会在淮南新华书店有限公司举行。时任市委常委、宣传部长、统战部长陈儒江，时任副市长成祖德共同为淮南市文化产业发展促进会揭牌。

2016年4月6日，中共淮南市委办公室、淮南市人民政府办公室印发了《关于加快构建现代公共文化服务体系的实施意见》（淮办发〔2016〕14号），提出到2020年，基本建成覆盖城乡、便捷高效、保基本、促公平、具有淮南特色的现代公共文化服务体系。

2016年8月26日至11月26日，组织开展了“文化进万家、共筑中国梦”第三届安徽（淮南）文化惠民消费季活动。活动开展期间，市重点活动参与人数达到160万人（次），实际拉动文化消费5412万元。“五看”活动交易刷卡笔数32424笔，交易总额424.4647万元，补贴金额31.1455万元，参与人次全省排名第6位。惠民下基层活动参与活动人数6134人（次），实现销售总额83.2469万元，群众刷卡享受补贴7.0694万元。

2016年11月15日，中共淮南市委宣传部发布《关于表彰第十三届全市精神文明建设（2013—2016）“十个一工程”获奖作品的通报》（淮宣〔2016〕62号），对入选第十三届全市精神文明建设“十个一工程”的48件获奖作品予以通报表彰。

2016年11月22日，中共淮南市委办公室、淮南市人民政府办公室印发了《淮南市“十三五”时期文化改革发展规划纲要》（淮办发〔2016〕77号），提出到2020年，全市公民素质和社会文明程度显著提高，理论社科、思想道德、新闻出版、网络舆论、公共文化、文化产业等文化建设持续推进，公共文化服务体系明显完善，现代文化产业体系和文化市场体系基本建成。

2016 年 11 月 25 日至 28 日，淮南市文化产业发展促进会在淮南市委宣传部的指导下，成功举办了第一届淮南文化产业博览会。首届文博会分工艺美术展（含特邀文创展）、文玩奇石展、文化创意展、图书书画展、县区综合展等五大展区，集中展示了淮南本土原创精品文化产品和文化成果。

三、2017 文化发展改革思路

（一）发展目标

以《淮南市“十三五”时期文化改革发展规划纲要》为统领，坚持以人民为中心的工作导向，坚持以社会主义核心价值观为引领，坚定文化自信、增强文化自觉，深入学习贯彻淮南市第十次党代会精神，加快建设文化强市，为开创美丽淮南建设新局面、如期全面建成小康社会提供强大的价值引导力、文化凝聚力和精神推动力。

一是推动社会文明程度显著提高。中国梦和社会主义核心价值观更加深入人心。社会慈善事业和志愿服务事业快速发展。哲学社会科学创新工程扎实推进，实现省级以上哲学社会科学科普基地县区全覆盖。公民思想道德素质、科学文化素养明显提高。文明城市创建再上台阶，各级各类道德模范和身边好人人数不断增加。

二是文化事业全面发展。现代公共文化服务体系基本建成，公共文化服务标准化、均等化程度大幅提升，公共文化资源利用效率和综合效益显著提高，群众精神文化生活丰富多彩，城乡居民基本文化权益得到更好保障；文化产品创作生产体系不断完善，精品力作不断涌现；传统文化传承体系基本建成，优秀地域文化和民间文化创新发展。

三是推动文化产业优化升级。着力培育打造 55 家左右骨干文化企业，推动 1 家文化企业新三板挂牌，创建省级文化产业示范园区（基地）2 个以上，全市文化产业增加值增长 10% 左右。

（二）重点任务

一是推进社会主义核心价值体系建设。广泛开展社会主义核心价值观的宣传教育活动。突出做好把社会主义核心价值观融入法治建设工作。加强未成年人思想道德建设，在全覆盖的基础上，推动乡村学校少年宫工作上台阶。开展“我推荐、我评议身边好人”活动。全市城乡社区“妇女之家”普遍开展家庭文明建设活动，所有城乡社区“妇女之家”建立活动宣传栏、展示栏等。开展“最美家庭”推选活动。以“立德树人品德教育”为重点，开展未成年人思想道德主题教育活动。引入家庭教育专业化的指导服务力量，提升家庭教育服务质量和水平，为家长提供多元化、有针对性的指导服务。以“五四”“六一”“七一”“十一”等重要时间节点为契机，开展主题团队日、仪式教育等特色活动，帮助青少年加深对核心价值观内涵要求的认识理解。开展青年志愿者服务工作。

二是构建和完善现代公共文化服务体系。推进乡镇综合文化服务中心、农民文化乐园、社区综合文化服务中心等省级示范项目建设。尤其是承办好全省国家级贫困地区村综合文化服务中心建设现场会。全省现场会选在淮南寿县召开，是对我市公共文化服务体系建设的高度重视和集中展示，对我市在国家级贫困地区村综合文化服务中心建设的亲切关怀和高度认可。加快公共文化设施建设，推进安徽楚文化博物馆项目建设，完成市文化艺术中心（市文化馆、图书馆、美术馆、少儿艺术研发基地）项目建设并投入使用，推进以县区“两馆”（文化馆、图书馆）为重点的基础文化设施建设。广泛开展文化惠民活动，继续大力促进文化民生工程提质增效，确保高标准高质量完成民生工程各项任务。以“大地欢歌”为平台，组织开展好群众文化活动，丰富城乡人民精神文化生活。规范提升“送戏进万村”活动，开展文化“进企业、进社区、进校园”活动，办好少儿文艺调演、花鼓灯鼓舞大赛等特色文化活动。完善“百馆（站）千村”文化结对帮扶活动，提升基层文化活动质量和水平。

三是积极构建现代文化市场体系。发挥市场在文化资源配置中的积极作用，建立健全统一开放、竞争有序、诚信守法、监管有力的现代文化市场体系。积极培育基于互联网的新型文化市场业态，发展电子票务、电影院线、智慧书城、新媒体平台等现代流通组织形式。巩固发展图书、演艺娱乐、艺术培训、工艺美术、动漫游戏、影视剧、旅游纪念品等产品市场。加快培育资本、产权、版权、技术、信息、人才等要素市场，发展文化艺术品交易市场。探索以“众筹模式”为代表的文化产业融资模式，推动文化资源与金融资本、社会资本有效对接，支持符合条件的文化企业上市（挂牌）。持续开展文化惠民消费季活动，引导和扩大文化消费。加强文化行业组织建设，充分发挥淮南市文化产业发展促进会等社团组织作用，激发文化市场主体活力。加强文化市场综合执法、知识产权保护和文化产业统计工作。发展对外文化贸易，坚持政府引导、企业主体、市场运作、社会参与，推进文化产品和服务出口，加大对文化出口重点企业和项目的扶持力度，打造外向型骨干文化企业。

四是传承和弘扬优秀传统文化。加强淮南地域文化的挖掘和阐发，坚持“扬弃继承、转化创新”，积极构建优秀传统文化传承创新体系。加强对淮南历史文化发掘研究和创新发展，加强对淮南区域楚汉文化、豆腐文化、淮河文化、红色文化、煤矿文化等特色文化挖掘，组织出版发行一批淮南历史文物和非遗项目资料书籍。加强非物质文化遗产保护传承，组织力量对民间艺术和技艺进行摸排，引导符合条件的民间艺术和技艺申报非遗。对具有市场前景的非物质文化遗产项目引导社会资本积极参与市场开发，保持非物质文化遗产项目发展活力。提高文物保护与合理利用水平，继续做好楚文化遗址、寿州窑遗址等 8 处国家级文物保护工作。以中共安徽第一面党旗纪念园、大通万人坑教育馆、凤台县抗日民主政府纪念园、三里沟抗战文化园为样本探索对具有历史教育意义的红色文化遗存的保护和传承。推进文物与旅游等产业的深度融合，推动遗址保护和考古遗址公园建设，弘扬淮南灿烂历史文化。

（三）保障措施

一要加大公共财政投入力度。要合理划分各级政府文化事权和支出责任，保障公共文化服务体系建设和运行。整合优化各级各类财政文化资金，加大文化民生工程投入，支持贫困地区公共文化设施建设，提升文化投入绩效。鼓励和引导社会资本通过 PPP 等模式开展项目合作，参与公共文化设施建设和运营。建立财政投入稳定增长机制，逐步增加市文化发展专项资金规模并纳入财政预算，积极引导、支持文化改革发展重大项目。鼓励县区设立文化发展专项资金，充分发挥财政资金杠杆作用，运用贷款贴息、资金补助、奖补等方式扶持文化企业。创新公共文化服务投入方式，采取政府购买、贷款贴息等政策措施，支持包括文化企业在内的社会各类文化机构参与提供公共文化产品和服务。探索文化消费补偿机制，推动文化惠民消费活动。

二要用好文化税收政策。要落实好支持文化企业发展的若干税收政策和电影、动漫、图书发行相关税收优惠政策。电影制片企业销售电影拷贝、转让版权取得的收入，电影发行企业取得的电影发行收入，电影放映企业在农村的电影收入，2018 年底前免征增值税。从事动漫生产的增值税一般纳税人销售其自主开发生产的动漫软件，实际税负超过 3% 部分即征即退。落实国家重点鼓励的文化产品和服务出口相关税收优惠政策。推动落实文化内容创意生产、公益性文艺演出、非物质文化遗产项目经营等方面税收优惠政策。落实小微文化企业享受国家、省出台的促进发展的有关税收政策。

三要加强文化用地保障。要将文化用地纳入城乡发展规划、土地利用总体规划，在国家土地政策许可范围内，优先保证重要公益性文化设施和文化产业项目用地。鼓励将城市转型中退出的工业用地优先用于发展文化产业。鼓励国有文化企业在不改变土地用途的情况下，提高土地利用率。新建、改建、扩建居民住宅区，按照国家有关规定规划和建设相应的文化体育设施。

四要提升金融科技支撑。要建立政府、企业与金融机构之间的战略合作关系，搭建企业与金融机构对接平台。鼓励金融机构创新金融产品和服务，增加适合文化企业发展的融资品种，拓展贷款抵（质）押物范围，鼓励开发文化消费信贷产品。支持风险投资机构等为文化产业发展提供专业化金融服务。引导产业发展基金支持文化企业发展，引导各类社会资本投入文化产业，吸引和培育文化产业领域战略投资者。鼓励支持文化企业发行企业债券、上市融资。规范引导文化众筹等文化领域的互联网金融业务发展。加大对文化科技创新支持，将文化科技纳入相关科技发展规划，鼓励文化与科技深度融合，促进文化产业转型升级，发展新型文化业态。

滁州市文化改革发展报告

滁州市委宣传部

近年来，在省委宣传部和省发改办的有力领导下，滁州市按照中央、省宣传思想文化工作会议部署要求，大力实施文化产业提升工程，开拓进取，奋力争先，积极探索，不断创新，文化改革发展工作稳扎稳打，有序推进，文化产业发展取得较好成绩，呈现出蓬勃发展新局面。2016 年文化产业增加值 78.03 亿元，总量居全省第三，占 GDP 比重 5.48%，成为我市国民经济支柱产业，规模文化法人单位数、重大项目投资、文化产业园区（基地）建设等指标均处在全省第一方阵。

一 、主要做法和成效

一是坚持规划引领，做好顶层设计，明确发展思路。市委、市政府先后出台加快推进文化强市建设、深化文化体制改革、"十三五"时期文化改革发展规划纲要等多个文件，进一步明确了全市文化发展改革的主要目标、重点工作任务和推进举措，理清了发展思路，引领了发展方向。

二是紧扣任务目标，实施量化管理，细化工作措施。实施文化产业、公共文化服务、文明创建、理论武装、对外宣传、新闻宣传、网络宣传、文艺创作等宣传工作"八项工程"，将其作为推动全市宣传思想文化事业发展的重要抓手和工作品牌，制定精品工程实施方案，建立每项工程"一名联系领导、一个牵头单位、一套工作班子、一张任务清单，实行一抓到底"的工作机制，确保每项工作有目标、有举措、可调度，可考核，可追责。

三是优化发展环境，加强考核激励，做好政策扶持。出台支持文化体制改革和扶持文化产业发展的政策措施，为文化改革发展提供了有力的组织和资金、政策保障，进一步优化了文化改革发展的环境。从 2012 年起，市级设立 1000 万元的专项扶持资金，并且逐年增加，2016 年增加到 1300 万元。文化强市建设工作和文化产业发展分别纳入市直部门绩效考核和县(市、区)目标责任制考核,把文化产业项目作为招商引资重点并予以特别加分,以考核激励促进了文化改革发展。

四是提速项目进度,加快园区建设,提升综合实力。坚持重大项目投资带动战略不动摇。2016年以来,列入省“861”行动计划文化产业重大项目23个,项目数位居全省第4,投资总额133.04亿元,项目当年完成投资额58.53亿元,位居全省第三。一批骨干民营文化企业快速起飞。截止到2016年底,民营文化法人单位数2478个,规模法人单位数161个,全省民营文化企业100强入选企业数9家,8家企业成为首批省级文化产业电子商务联盟成员单位,龙利得包装、天长朗越能源连续成功挂牌新三板,激发了我市文化企业通过资本市场做大做强的信心。文化园区(基地)建设扎实推进。2家园区(基地)入选省重点扶持的文化产业园区,8家企业入选省文化厅评选的省级文化产业基地,入选数均居全省第二。广电类和出版类文化产业园区(基地)创建有新进展,2家单位成功获批省级新闻出版广电行业文化产业园区(基地)。同时,率先在全省地级市开展市级文化产业园区(基地)认定工作,明光印刷包装产业园、天长郑集文化产业园、滁州1912文化商业街区等6个文化产业集聚区被评为市级文化产业园区(基地)。

五是贯彻“调转促”部署,紧跟转型升级步伐,加快产业融合发展。出台了《滁州市推进文化创意和设计服务与相关产业融合发展行动计划》,动漫、影视、网游等新兴文化业态正在悄然兴起。文化与科技的融合加快。2016年6家文化企业入围省级高新技术企业,文化类发明、实用新型及外观设计类专利当年授权数达到299件。龙利得包装印刷股份有限公司顺利通过美国沃伦公司HACCP认证,安康电子、长兴玩具等龙头骨干企业进行转型升级,增强企业自主创新和创意能力,扩大产业规模,提高产业辐射能力,形成具有较强竞争力的产业集群和优势产业链。大文化、大旅游、大产业理念进一步凸显,文化旅游融合发展成效显著。滁州1912文化街区、长城文化创意产业园、中国金丝楠木博物馆等一批优质项目纷纷落户滁州,成为滁州旅游新“名片”。“三界外”“半亩湾塘”“滁州奇石馆”“黄栗树”等乡村旅游景点,各有特色,人气高涨;同乐坊、丰乐亭、龙池街、全椒儒林文化街区、太平文化街区、琅琊山综合风景区、凤阳县明文化旅游集聚区等围绕历史遗迹做足文章,文化旅游业态不断丰富,“醉美滁州”“江淮领秀”“滁非绝色”等文化旅游影响力不断增强。文化产品走出去步伐加快,产品知名度不断提升。图强文具、双丰文化2014、2015年分别获评安徽省著名商标,2016年,文化类产品外贸出口总额约为1.6亿美元,产品远销德国、美国、俄罗斯、法国、英国等几十个国家和地区。其中龙利得包装 2016 年外贸出口份额占到 53%，出口绿色食品包装箱数量同比增长两倍多。

六是改革发展稳扎稳打，革新活力迸发，改革红利不断释放。实施台账式管理，强化调度督查，十三项改革任务全面完成：《滁州市“十三五”文化改革发展规划》正式出台，全市文化改革发展工作思路日益清晰。印发了《滁州演艺集团有限公司“双效”考核办法（试行）》，建立了 10 项考核指标。完成了《促进市演艺集团健康持续发展的实施意见》（征求意见稿），正在履行程序提交市政府研究。制定了《关于推动传统媒体和新兴媒体融合发展的实施意见》，为我市媒体融合工作提供了指导方针。“掌上滁州”新闻客户端用户突破 4 万户，超出任务目标数 40%。制定出台了《滁州市城区文明创建工作周考核、月测评实施办法（试行）》《滁州市市级以上文明单位考核办法》和《滁州市创城、创建职能部门考核办法》等一系列考核办法和细则，文明创建工作再上新台阶。启动基层综合性文化服务中心建设五年行动，年度“四个十”项目全部完成，基层公共文化服务日益完善。文艺精品提升“十个一”项目全部完成，完成广电网多屏一体化工程，手机客户端正式上线运行。

二、2017 年工作思路

（一）目标任务

力争省对市文化产业考核进入全省第一方阵。具体指标上力争规模以上文化法人单位新增 25 家以上，亿元以上文化产业重点项目投资和储备项目 40 个以上，省重点扶持文化产业园区（基地）2 家以上，文化类高新技术企业 4 家以上，民营文化企业 100 强 10 家以上，中国驰名商标 1 家，省著名商标 1 家，新三板挂牌 1 家。

（二）具体工作安排

1. 打牢基础。摸清全市文化企业和相关法人单位资源，统筹各方力量，推动应统尽统；以民营文化 100 强为抓手，做大文化产业增加值；做好文化产业重大项目的编制和申报，力争更多项目入选全省项目库，协调推进项目建设进度，努力提高项目落地率和达产率；协调市文广新局，积极申报国家、省级文化产业园区（基地）；力争签约 40 个以上先进的文化产品制造业和新兴文化业态项目；做好资金兑现和政策扶持，组织骨干文化企业积极申报民营 100 强。

2. 优化提升。一是结构提升，争取文化类高新技术企业数突破 8 个，三项文化专利授权数突破500个，文化创意和设计服务法人数在全省处于第一方阵。二是品牌提升，完善国家文化出口重点企业（项目）后备库、中国驰名商标后备库、上市文化企业后备库建设，努力形成"在建一批，推进一批，储备一批"的发展格局。重点加强文化企业上市（挂牌）工作，继续推进龙利得主板上市，富域玻璃新三板挂牌；指导帮扶双丰文化企业做好中国驰名商标和国家文化出口重点企业申报。

3. 强化调度。强化文化产业争先进位意识，健全完善"宣传部门牵头抓总，责任部门密切配合，责任科室、责任人分头落实"和"与县市区上下联动、与市直相关单位左右协同"的工作机制。充分发挥好"月调度、季通报、半年督查、年终考核"的工作机制，加大对各县（市、区）和市直相关单位两个层面的工作调度，充分发挥文化产业考核指标引领作用，牵头做好文化强市建设和市对县（市、区）文化产业考核工作。

4. 落实保障。继续加大文化强市资金扶持力度，积极争取中央、省级文化专项资金对文化企业（项目）扶持，研究出台符合我市文化产业发展政策，积极开展政策落实情况的督查和评估。加大企业帮扶协调力度，扶持中小文化企业做大做强，推动一批文化企业提质增效。

芜湖市文化改革发展报告

芜湖市委宣传部

2016 年，芜湖市认真学习宣传贯彻习近平总书记系列重要讲话特别是视察安徽重要讲话精神，牢牢把握文化改革发展主基调和总要求，以实现“经济城市两个升级版”为契机，积极培育发展新动能，努力打造“欢乐芜湖”，彰显芜湖“山水相间、精致繁华”的地域特色。

一、整体谋划，落实改革发展抓实效

围绕文化强市建设，印发《芜湖市文化发展改革 2016 年工作要点》，对文化改革发展进行全面部署。明确 41 项改革工作任务，将文化产业发展作为“调转促”行动的组成部分，纳入全市目标管理绩效考核体系。围绕改革任务，开展调研学习，举办了芜湖市文化体制改革与发展专题研修班，对全市 51 名业务骨干进行培训。到县区、企业调研我市文化改革发展现状，将外地的先进经验与我市实际情况结合起来，寻求符合我市文化改革发展之路。定期召开工作调度会，掌握工作总体进度，协调推进成员单位改革发展任务落地见效。

二、精准发力，突出重点抓推进

（一）抓精神文明建设，推动社会主义核心价值观深入人心

市委、市政府 1 号文件出台了《关于提升市民文明素质提高城市文明水平的意见》，重点开展党政机关亲切服务，整治交通乱象、占道经营、违规燃放烟花爆竹等四个专项行动。坚持文明程度指数月测评，结合“三线三边”环境治理和全市“四个专项行动”月考核，双管齐下，顺利通过中央、省文明办对我市检查暗访。认真组织社会主义核心价值观“主题季”活动，推动社会主义核心价值观实践养成。加大公益广告宣传力

度，深化拓展学雷锋志愿服务活动，研究出台了《关于进一步做好芜湖志愿者工作的实施意见》，全市有53个志愿服务集体（个人）、项目入选2016年安徽省“月评十佳”江淮志愿服务典型，1人获全国志愿服务“4个100”先进典型。研究设立“身边好人榜”“诚信红黑榜”，共同推进“信用芜湖”建设。持续开展“我推荐，我评议：身边好人”活动，共评选产生69名芜湖好人，24人荣获安徽好人及提名奖，5人荣登“中国好人榜”，2户家庭荣获“第一届全国文明家庭”称号。评选产生9名第四届芜湖市道德模范，5名道德模范提名奖。定期开展道德模范和身边好人事迹巡讲巡展和交流活动，营造崇德向善的社会氛围。

（二）抓文化事业发展，助力惠民利民共建共享

以设施标准化、服务均等化、活动多样化为抓手，统筹推进，初步形成市、县（区）、乡镇（街道）、村（社区）四级公共文化服务体系，繁昌县图书馆作为全省试点单位率先实施县域公共图书服务总分馆制，芜湖县省级公共文化服务体系示范区创建工作顺利通过验收。市文化馆开设的“零门槛，全免费”艺培活动，全年参与人数达5000多人次；市博物馆全年共接待国内外观众60余万人次；市图书馆全年接待读者约22万人次，免费办理各类借阅证约7000张，新建2个基层点，1个数字图书馆分馆。培育有影响力的群众文化活动品牌，组织了以“文化惠民消费、共享欢乐芜湖”为主题的第三届文化惠民消费季系列活动，拉动文化消费达2.12亿元。不断探索“市校共建”文化惠民方式，举办了新年交响音乐会、七一民族管弦音乐会等多场音乐会。推进文艺精品创作，对重点文艺作品和项目实行优胜劣汰的动态管理，34部优秀文艺作品和12场高雅文艺演出活动得到重点扶持。

（三）抓政府职能建设，确保文化市场健康有序发展

把评选作为扶持推动民营艺术院团发展的重要抓手，引导民营艺术院团争先创优，芜湖县黄梅戏剧团有限公司等7家院团荣获全省“百佳院团”称号，新创作的黄梅戏《巾帼丈夫》和庐剧《美丽母亲》荣获全省优秀新创戏曲剧目。认真开展文化市场经营项目的年报工作，共审检各类文化市场经营场所830家。推进简化优化服务流程方便群众办事创业工作，梳理公共服务事项41项，精简申请材料8件。制定了《芜湖市推进互联网上网服务行业转型升级工作方案》，新建一批多种经营模式的大型网吧，形成了强带动力的“网咖经济”，解决就业人员1532人。全年累计出动执法人员10322人次，检查经营单位5984家次，办理案件66起，开展市、区联动执法40余次，保障了我市文化市场繁荣、健康、有序发展。

（四）抓中华优秀传统文化传承弘扬，文化遗产保护呈现新亮点

出台《芜湖铁画保护和发展条例》，于2017年1月1日起正式施行。芜湖储氏铁画工艺品有限公司与安师大联合申报的芜湖铁画艺术人才培养项目入选了2016年度国家艺术基金；聂传春的人民大会堂迎客松缩小版铁画作品参加第四届中国非物质文化遗产博览会；编辑出版了《芜湖市优秀民歌选集》。芜湖职业技术学院（传习非遗项目名称：芜湖铁画）和安徽机电职业技术学院（传习非遗项目名称：芜湖铁画锻制技艺）两所院校入选省级非物质文化遗产教育传习基地名单。采集登录全市可移动文物普查数据12113条，文物实际数量23064件（套），顺利通过省普查办整体验收；做好文物维修保护工作，模范监狱修缮工程正式动工，市基督教牧师楼修缮工程顺利竣工；繁昌窑遗址防洪工程和繁昌窑龙窑保护加固工程获得国家文物局批准立项；启动"文物法人违法案件专项整治行动"；出版了《芜湖旧影 甲子流光》；省级文物保护单位新四军三支队司令部旧址以及骆冲遗址的保护规划也进入招标阶段。扶持推动民营艺术院团发展，芜湖县黄梅戏剧团有限公司等7家院团荣获全省"百佳院团"称号，新创作的黄梅戏《巾帼丈夫》和庐剧《美丽母亲》荣获全省优秀新创戏曲剧目。组织开展"戏曲进校园"活动。

三、融合发展，"欢乐芜湖"激发新动能

积极探索"文化＋科技＋旅游"的文化产业发展模式，建设以高科技主题公园集群为核心、自然景区为纽带、人文景观为内涵、服务设施为支撑的具有国际影响力的欢乐城市。系统谋划芜湖城市品牌的宣传推广策略，不断提升"欢乐芜湖"品牌影响力。"欢乐芜湖"微信公众号被评为安徽旅游十佳微信公众号。依托国家级广告产业园、大砻坊科技文化园、芜湖县殷港小镇等园区载体，引进一批有实力的文创企业入驻，形成了集聚效应。方特旅游区荣膺国家5A级旅游景区，鸠兹古镇获批省级特色旅游小镇，安徽丫山花海石林公园被评为芜湖首个国家级地质公园。松鼠萌工场动漫文化公司通过"三只松鼠"品牌形象动漫化战略，将品牌IP延伸至文化产业。安徽马仁奇峰文旅股份公司正式在新三板挂牌交易。发挥民营骨干文化企业示范引领作用，推动全市民营文化企业转型升级和做大做强，顺荣三七互娱、新芜孵化器等9家企业入选2016年度安徽民营百强文化企业，30个文化产业项目入选安徽省2016年亿元以上重点文化产业项目库。

四、攻坚克难，持续推进2017年文化体制改革

2017年，我们将根据中央、省委的统一部署和要求，紧抓重点难点，攻坚克难，加大督察力度，确保各项既定改革目标落到实处。

（一）突出抓好价值引领，不断提升市民道德素质和城市文明程度

坚持贯穿结合融入，持续深化核心价值观“主题季”“我们的节日”等活动，推动价值观落细落小落实，成为人们自觉追求和行为准则。组织开展国家和省级道德模范、身边好人、文明家庭等评选表彰和学习宣传活动，大力倡导好人好报、文明家风的价值导向，在全社会形成崇德向善、见贤思齐、德行天下的浓厚氛围。统筹做好诚信创建、文明旅游、文明交通、公益广告、乡贤文化建设，全力培育文明风尚。扎实开展学雷锋志愿服务活动，建立管用有效的工作机制，形成人人争当志愿者的良好氛围。实施网德工程，发展积极向上的网络文化。统筹“四个专项行动”“三线三边”环境治理、美丽乡村建设、“清洁城乡、美化家园”环境整治等，深入推进文明城市、文明村镇、文明单位、文明家庭、文明校园“五大”创建，不断巩固和提升全国文明城市创建成果，全力以赴迎接第五届全国文明城市测评。

（二）着力构建现代公共文化服务体系，推动文化繁荣发展

大力推进文化惠民工程。结合美丽乡村建设，不断充实完善公共文化设施，提升市级“三馆一院”、县级“两馆一场”的功能和服务水平，推进基本公共文化服务标准化、均等化。创新方式方法，持续开展受群众欢迎的“三下乡”“送戏进万村”“文化惠民消费季”等活动。以更加生动活泼、寓教于乐的方式，推进“中江大讲堂”、送文化“情暖”系列、“文化戏曲进校园”、高雅艺术惠民等品牌活动。大力推进文艺精品创作。利用省“五个一工程”及省文学艺术奖评选表彰契机，重点扶持反映芜湖历史文化、体现地域特色、塑造优秀人物的文学、剧本、作曲等原创作品，推出更多具有原创价值、自主知识产权和核心竞争力的文艺精品。大力推进文化传承发展。最大限度地保存传统文化的真实性、多样性和原生形态的历史文化记忆，使繁昌窑、目连戏、无为鱼灯、大桥民歌等文化遗产重放光彩。根据《芜湖铁画保护和发展条例》，加强对芜湖铁画的保护和传承，促进创新与发展。

（三）加快推进文化体制改革和文化产业发展，进一步提升芜湖影响力

着力发展新媒体。积极整合芜湖日报、市广播电视台资源，打造集传播速度、内容

厚度、知识广度和服务效度为一体的新媒体拳头产品，力争使媒体融合走在全省前列。深化文化行政管理、国有文化资产管理、文化市场综合执法等方面的体制改革，增强发展活力。继续实施文化产业重大项目带动战略。利用芜湖国家动漫产业发展基地、国家数字出版基地和国家级广告产业园区“国字号”招牌效应，发挥各类文化园区的集聚作用，推动文化产业的“招大引强”和“招才引智”。协调推进芜湖古城、松鼠小镇、新华联西老街、青梅小镇等文化产业项目加快建设，打造特色鲜明的文化产业集聚区；推动大浦乡村世界、马仁奇峰、丫山花海石林等提质增效，不断厚植“欢乐芜湖”品牌基础。支持芜湖影星银幕总公司等民营文化企业发展，引导符合条件的文化企业在主板、创业板和新三板发行上市或挂牌交易。

马鞍山市文化改革发展报告

马鞍山市委宣传部

2016年，马鞍山市将文化强市作为“三个强市”发展战略的重要内容，制定出台《马鞍山市文化强市建设行动计划》，致力将马鞍山打造成为思想文化建设高地、精神文明建设高地和长江经济带上独具特色的诗意之城、创意之都。

一、2016年度文化改革发展基本情况

（一）社会主义核心价值观体系建设

始终把培育和践行社会主义核心价值观融入国民教育和精神文明建设全过程，不断引导群众从内在认同上升为自觉实践。推进公益广告宣传常态化。面向社会征集评选优秀公益广告，涌现出具有马鞍山特色的优秀公益广告作品700多件，将公益广告的宣传刊播情况作为文明城市测评的重要权重纳入考核；推进未成年人思想道德建设。印发《关于深入推进社会主义核心价值观进校园宣传教育工作的实施意见》，开展“美德少年”评选表彰、“经典诵读”等活动，全面推动社会主义核心价值观进教材、进课堂、进家庭；启动“文明新高地　书香马鞍山”全民阅读活动，通过让利展销、书籍捐赠、名家讲座、阅读沙龙等形式，结合数字阅读服务，让全民阅读的理念深入人心；开展“我们的节日”“我的中国梦”主题活动和爱国主义教育，运用多种方式渠道，推动社会主义核心价值观叫响做实；挖掘各行各业的先进典型、道德模范，建成含山县、和县、当涂县好人馆，全市好人群体方阵不断壮大，在全社会掀起见贤思齐、向善崇德的热潮；举办“好人节”，开展好人看诗城、好人观演出、为好人送健康等28项活动，进一步发酵“好人效应”；举办“邻里节”，组织邻里一家亲、最美邻里评选、社区运动会等57项活动，打造和睦邻里关系，夯实和谐社会基础。

（二）现代公共文化服务体系建设

扎实推进国家公共文化服务标准化试点工作，分别从政策、标准、制度三个维度出

台了5个规范文件,13大项600余小项公共文化服务标准,以及103类1300余条公共文化机构管理制度,构筑了较为完备的公共文化服务标准体系。推进含山县图书馆、当涂县文体中心、和县文化大厦等一批公共文化场馆建设,全市6个文化馆均被评为国家一级馆;做好省级乡镇(社区)综合文化服务中心示范点建设和公共图书馆总分馆制建设,在全国率先建成了线上线下互联互通的数字文化体验馆,成为文化部10个数字文化馆建设试点之一;构建“文化有约”服务平台,实现公共文化服务供给侧与需求端无缝对接;采石景区创建5A级景区进展顺利,《采石矶景区5A创建提升策划和三年行动计划》《采石矶景区景观质量等级评定报告书》已经通过省旅游局初评;公益性文化事业单位改革迈入新阶段,成立了市文化馆、市博物馆、市图书馆第一届理事会,有效推进“三馆”决策、执行、监督权分离,实现政事分开、管办分离,进一步提高全市公共文化服务水平。

(三)现代文化市场体系建设

成立市文化体制改革和发展工作领导小组及办公室,将文化体制改革领导小组和文化强市建设领导小组合二为一,解决了权责分置、主体不明等问题;强化目标考核与项目调度机制,各载体单位和有关部门对文化改革发展的重视程度空前提升,党委宣传部门牵头总抓的地位和责任牢固树立,全市文化改革发展合力明显增强;编制全市“十三五”时期文化产业发展规划纲要,修订文旅产业扶持政策,全年财政共兑现文旅企业奖补资金1320万元。2016年全市文化产业法人单位新增598个,达到3455个,规上文化企业新增29个,达到111个。新增4个新三板挂牌文化企业,全市上市或挂牌文化企业达到8个。列入全省亿元以上重点投资计划的项目从2015年的21个增加到39个,其中新开工项目和续建项目的计划投资额从2015年的19.6亿元增长到37.3亿元。2016年全市文化产业增加值达到41.53亿元;实施文化产业“十园十企”行动计划。在全市10个载体单位各打造1个文化产业园区,在全市范围内重点支持10个文化企业,至2016年年底,“十园”中已有3个如期开园,“十企”年产值达到85亿元。

(四)优秀传统文化传承体系建设

加强文化遗产保护利用,出台首部地方性法规《马鞍山市非物质文化遗产条例》,促进形成政府主导、社会参与的全市非物质文化遗产保护、利用和传承工作新局面;全面推进乡贤文化建设,凝聚精神力量。成立乡贤(理事)参事会,研究整理历代先贤和当代乡贤人物的精神内核。将乡贤文化工作纳入财政预算和年度目标考核,纳入文明城市测评考核内容。组织开展征集“徽商精神”“乡规民约”“乡贤文化进厅堂”等系列活动，让中华传统美德融入群众思想行为；推动移风易俗，深化农村精神文明建设。出台《关于在全市农村开展推动移风易俗创建活动的实施方案》，明确重点任务、管理制度、奖惩措施等。利用报刊、广播、网络、标语等多种形式，结合文艺活动展演，广泛开展宣传，弘扬文明新风；开展“戏曲文化进校园”活动，传承弘扬中华优秀传统文化。建立工作联席会议制度，将活动情况纳入文明单位、文明校园考评指标体系，进行考核通报。把戏曲纳入中小学素质教育体系和大学生选修课程，组织学生进剧场观看，文艺小分队走进偏远农村学校演出，实现全市所有大中小学生免费欣赏一场戏曲演出。以专业教师队伍、校外辅导队伍、学生戏曲爱好者三支队伍为主体，传授学生戏曲专业知识，让学生领略传统戏曲艺术的魅力。

二、2017 年文化发展改革思路

（一）价值引领，打造精神文明建设新高地

以社会主义核心价值观统领思想道德建设和社会风尚，推动全社会树立马克思主义理想信念和爱党爱国爱家的时代精神。实施思想铸魂工程，用中国特色社会主义理论体系最新成果武装党员、教育群众，明确政治方向，铸就思想之魂。抓好青少年价值观教育，全面实施核心价值观进校园工程，编写《社会主义核心价值观教育读本》，覆盖全市各级各类中小学校，做到全市 24 万中小学生人手一册，帮助青少年树立正确的世界观、价值观。

（二）为民惠民，构建公共文化服务新体系

巩固提升国家公共文化服务体系示范区和国家公共文化服务标准化试点建设成果，全面实施“1 +3 名城计划”，着力构建以全国公共文化服务名城为核心的文化旅游名城、数字文化名城和全民阅读名城。规划建设各类公共文化设施，形成比较完备的市、县（区）、乡镇（街道）、村（社区）四级公共文化服务设施网络，构筑主城区 10 分钟、县级城区和中心镇 15 分钟、一般村镇 20 分钟的公共文化服务圈和城乡公共文化互联互通网络体系。加大重点文物保护单位、历史文化名城及名镇名村、大遗址、古墓葬和古村落等文化遗产的保护和利用力度，培育市级特色文化村，支持发展特色民营博物馆，扶持发展一批“非遗”生产性保护示范基地、传习基地和研究基地，助推中华优秀传统文化的传承体系建设。

（三）改革创新，实现文化产业发展新突破

依据全市“十三五”文化产业发展规划，加快构建结构合理、门类齐全、富有创意、

竞争力强的现代文化产业体系，重点发展创意设计、演艺娱乐、影视传媒、会展广告、工艺美术、旅游观光、休闲度假、乡村旅游等八大文化产业，打造具有一定影响力的诗意之城、创意之城。加大文化招商力度，围绕创意设计、数字内容生产、平台建设运营三大重点业态精准招商、科学招商，全力推进中影影视基地和玉文化产业园等一批在建项目。着力推进“十园十企”行动计划，在一个实施年度内，新增1个以上上市或挂牌企业，新增2个以上新建成园区，新增50个以上文化企业，新增2个以上年产值过亿元企业，实现文化产业增加值增长25%，占GDP比重超过3%。

（四）成风化人，开创文艺繁荣发展新局面

重点打造舞剧《李白》、黄梅戏《太白醉》和《李之仪》、庐剧《刘禹锡》、含弓戏《伍子胥过昭关》等彰显马鞍山文化特色的文艺精品，把优秀传统文化传承好发展好。加快文化艺术演出市场产业化运营，健全包括剧目制作商、剧目经纪商、剧院经营商、演艺代理、衍生品开发、版权代理、品牌宣传等在内的完整演艺产业链。加强群众文化活动品牌建设，培育马鞍山中国李白诗歌节、江南之花、乡村旅游节等20个大型文化旅游活动品牌。完善群众文艺团体文化辅导员工作机制，积极主动对群众文化艺术活动提供公益性、经常性培训和指导，不断提高人民群众的文艺鉴赏水平和文艺表演能力。

（五）强基固本，奠定文化强市建设新基石

加强文化强市建设的政策支持，完善国有文化资产监管运营机制，探索建立党委和政府监管有机结合、宣传部门有效主导的管理模式，实现管人管事管资产管导向相统一。鼓励非公有资本兴办文化企业，在落实税费优惠政策、加大用地支持力度、放宽市场准入等方面，为文化企业发展营造良好环境。加强文化人才的培养、引进和使用，大力培育文化产业和文化事业发展需要的经营管理人才和掌握现代传媒技术的专门人才，对业绩突出的新闻人才、演艺人才、文艺创作人才实行破格聘任，在户籍、住房、职称、薪酬待遇、家属随迁等方面给予倾斜。加强基层队伍建设，实施政府购买村级文化管理员岗位机制，确保基层公共文化队伍稳定、待遇落实。

安庆市文化改革发展报告

安庆市委宣传部

近年来，安庆市认真学习贯彻党的十八大和十八届三中、四中、五中、六中全会精神，深入学习贯彻习近平总书记关于宣传思想工作的一系列重要讲话精神，严格落实意识形态工作责任制，深入实施“提神工程”，不断推进体制机制创新、内容形式创新、方法手段创新，以思想道德强、新闻舆论强、网络建设强、公共文化强、戏剧演艺强、文化产业强“六个强”为抓手，加快建设创新型文化强市。

一、以“提神工程”为统领，为建设美好安庆提供强大的价值引导力、文化凝聚力和精神推动力

以党的十八大精神为指引，按照市委决策部署，全市宣传思想文化战线围绕“传播好声音、传递正能量、弘扬好作风、提振精气神”的目标要求，深入实施“提神工程”，严格落实意识形态工作责任制，组织开展“理论武装”“宣传鼓劲”“凝魂聚气”“事业提升”“产业升级”五大行动，为加快建设“四个强市”、全面建成小康社会凝聚思想共识、提振精神士气、展现担当作为。

（一）“理论武装”行动

进一步巩固马克思主义在意识形态领域的指导地位、巩固全市人民团结奋斗的共同思想基础。一是深入学习宣传贯彻习近平总书记系列重要讲话精神。坚持用党的理论创新成果武装头脑，完善学党章、学讲话制度，推动习近平总书记系列重要讲话精神和视察安徽重要讲话入脑入心。深化党员干部理想信念教育，持续开展中国特色社会主义、中国梦、十八大以来党中央治国理政新理念新思想新战略等宣传教育，不断增强“四个自信”，进一步强化“四个意识”。二是推进“送理论进基层”。广泛开展面向基层的宣讲活动，运用艺术化、微宣讲等方式增强“渗透”效果，推动党的路线方针政策和市委、市政府决策部署深入人心。注重解疑释惑、加强互动交流，发挥领导干部、专

家学者、普通群众等不同宣讲队伍作用，有针对性地回应干部群众关切。三是坚持学用结合、知行合一。引导党员干部从习近平总书记系列重要讲话中找方法、找路径，不断提高政治理论素养和实际工作能力。

（二）“宣传鼓劲”行动

抓住围绕中心、服务大局这个基本职责，充分展示安庆近年来的发展成就，充分展示市直各单位履职尽责的信心干劲，以积极向上的主流思想舆论凝聚人心、鼓舞士气。一是做强做大正面宣传。坚持党管媒体原则，坚持团结稳定鼓劲、正面宣传为主，进一步唱响主旋律、筑牢主阵地。完善市直主流媒体与中央、省级有关媒体的新闻素材对接机制，加强驻宜记者站服务管理，不断提高内宣资源的外宣线索转化率。加强社会宣传阵地建设，充分利用户外广告牌、宣传栏、公益广告等多种形式营造社会氛围。二是创新开展网络宣传。坚持正能量是总要求，管得住是硬道理，实施网络内容建设工程，大力发展健康向上的网络文化，繁荣清朗网络空间。推动传统媒体与新兴媒体深度融合，打造立足安庆、面向全国的新媒体矩阵。依法加强网络社会管理，健全网上突发舆情应急处置工作机制，培育“宜轩平”网络评论品牌。三是提升舆论引导能力。把握舆论引导的时度效，做好经济领域和社会热点问题的引导，敢于、善于发声，掌握舆论主动。深化马克思主义新闻观教育和“走转改”活动，善于发掘和讲好生动鲜活的“安庆故事”。构建大宣传工作格局，进一步增强各级党员干部同媒体打交道的能力和水平。

（三）“凝魂聚气”行动

通过加强思想道德建设和开展精神文明创建等活动，强化“安庆发展、人人有责”的主人翁意识，引导社会新风尚。一是培育和践行社会主义核心价值观。深入开展社会主义核心价值观宣传阐释，内化于心、外化于行。实施公民道德建设工程，推进志愿服务常态化、诚信建设制度化，持续打造“好人安庆”，培育形成良好社会风尚。二是全力创建全国文明城市。坚持创建为民、创建惠民、创建靠民，动员全社会力量、整合各方面资源，凝聚创建全国文明城市的强大合力。围绕美丽乡村主题深化农村文明创建，努力推动农村乡风民风美起来、人居环境美起来、文化生活美起来。

（四）“事业提升”行动

推动文艺作品创作生产，提升公共文化服务水平，提供更多更好的文化产品和文化服务，增强群众文化获得感。一是繁荣发展文艺事业。做靓黄梅戏“一唱两走”等文化品牌，加快建设全国重要的戏剧演出聚集地、戏曲人才培养基地和地方戏曲剧种传承发展基地。加强对精品创作生产的规划指导，推出一批在全国有影响的“安庆原创”作品。深入开展“深入生活、扎根人民”主题实践活动，引导和推动文艺工作者到基层和群众中进行“采、创、种、送”。加强地方稀有剧种保护传承。二是健全现代公共文化服务体系。完善“反弹琵琶”的安庆模式，推进公共文化服务标准化、均等化，全面建设具有示范效应的现代公共文化服务体系。坚持重心向下、加强资源整合，深入实施文化惠民工程，推进市级“四馆一院”、县级“三馆一场”、乡镇综合文化服务中心、中心村农民文化乐园等文化设施建设和提升，实现公共文化设施网络全面覆盖、互联互通。实施贫困地区基层公共文化服务脱贫行动计划，使文化小康与脱贫攻坚进程相一致。

（五）“产业升级”行动

推动文化产业加快发展，促进经济结构转型升级，提升安庆文化整体实力和竞争力。一是实施“8215 行动计划”。重点发展文化旅游、戏剧演艺、工艺美术、包装印刷、影视动漫、信息服务、设计服务、广告会展 8 大文化产业，培育 20 家龙头文化企业，助推 10 家文化企业上市（挂牌），努力实现文化产业增加值占 GDP 比重超 5% 的目标。二是推进文化旅游产业融合发展。瞄准国内外知名文化企业开展精准招商，加快推进重点文化产业项目建设，推进文化与旅游深度融合发展，建成全国重要的文化旅游目的地。

二、以改革创新为动力，宣传思想文化工作整体提升

党的十八大以来，全市上下大力实施文化强市战略，坚持以改革创新为动力，常规工作超常做、重点工作重点抓，宣传思想文化领域取得系统性进展和突破性成效。

（一）用党的理论创新成果武装头脑

按照入耳入脑入心的总要求，突出以点带面、点面互动，不断推进习近平总书记系列重要讲话特别是视察安徽重要讲话精神，党中央治国理政新理念新思想新战略、中国特色社会主义和中国梦的学习宣传贯彻向广度和深度拓展，进一步增强了干部群众的“四个自信”。一是抓面向党员干部的理论武装。以党委（党组）中心组学习为龙头，综合运用学习型党组织建设示范点创建、干部教育培训等形式，引导广大党员干部深化理解认识、自觉贯彻执行。出台《进一步完善中心组学习制度的意见》，严格外请工作管理，推进党委（党组）中心组学习制度化、规范化；市级领导干部带头到基层开展理论宣讲，发挥良好示范带动作用。组织开展学习型党组织建设示范点评选，全市市级示范点达到 59 个，其中省级示范点 6 个。二是抓面向社会大众的理论普及。大力推进

"送理论进基层",注重形式创新和内容"接地气","领导干部讲政策、专家学者讲理论、普通百姓讲故事"的宣讲格局基本形成,艺术化、微宣讲等方式深受群众欢迎,每年开展重大主题宣讲活动1000多场次。成功举办第二届安徽文化论坛和省第十二届社科知识普及活动月开幕式,《依托本地历史文化资源涵养社会主义核心价值观的有效路径研究》获批省委、省政府重大决策部署舆情跟踪研判课题并顺利结题。

(二)传统媒体与新媒体融合发展

健全完善对内对外一体、网上网下同步的全媒体宣传格局,内宣外宣网宣社宣"四宣"同步、同频共振,新闻舆论的传播力、引导力、影响力、公信力进一步增强。新闻宣传重点抓制度建设。加强新闻舆论宏观管理,完善新闻通气、新闻阅评、敏感报道请示送审等10余项工作机制,进一步提升了新闻宣传规范化水平。坚持每季度至少组织一次集中采访活动,浓墨重彩开展党中央治国理政新理念、新思想、新战略等重大主题宣传,做到中心工作全覆盖、宣传战役不断档。2016年防汛抗洪救灾期间,市直新闻媒体投入近千人次、刊播稿件2200多篇(条),为坚决打赢防汛抗洪救灾攻坚战提供了有力舆论支持。深化"走转改",创新办好"百姓问政""1584政风行风热线"等特色栏目,党台党报在栏目策划、新闻文风、报道形式等方面有了较大改进,正面宣传的吸引力感染力进一步增强。对外宣传突出抓渠道拓展。建立市直主流媒体与中央、省级有关媒体的新闻素材对接机制,内宣资源的外宣线索转化率不断提高,2016年在中央和省级主流传统媒体发稿4800余篇(条),同比增长20%,其中安徽广播电视台电视新闻发稿量位列全省第一、广播新闻发稿量位列全省第二,《安徽日报》发稿量位列全省第三。健全驻宜记者站"周协商、月通气、季小结、年盘点"工作机制,围绕市委、市政府重大决策部署和群众关注关切,及时组织新闻发布会,新闻发布成为涉宜信息的重要来源。保持与北京、上海、广州、海南、合肥等地有影响力媒体和安庆籍在外新闻界工作人士的常态联络。网络宣传集中抓空间清朗。实施"网络内容建设工程",每个季度选定一个主题组织开展网络媒体集中采访活动,唱响了网上主旋律。加快推进媒体融合发展,安庆新闻网晋升全国一类资质新闻网站,获得独立采编发布权、信息转载服务权和国家级新闻奖项直接推荐评选权;政务微博"安庆发布"粉丝突破30万、获评为"2016年安徽年度突破力政务新媒体","安庆天天直播"微信公众号入围"全国城市台电视民生新闻微信公众号最具影响力前十位",各类新媒体集群化的矩阵效应初步显现。推出"宜轩平"评论品牌,建立起一支覆盖县(市、区)和市直单位的网络信息员队伍。坚持一手抓建设、一手抓管理,加强网络舆情管控,组织全市网络安全大检查,开展政治类有害信息、淫秽色情信息等网上专项集中清理和整治行动，有效净化了网络生态；健全日监测、周会商、月分析和市、县两级联动的网上舆情监管机制，建立网上突发敏感舆情应急处置工作机制，强化网站直接发现、第一时间处置有害信息的主体责任，牢牢掌握“主战场”的主动权。社会宣传聚力抓部门联动。着力打造宣传部牵头、各级各有关部门和社会各界积极参与的社会宣传工作格局，在城区推出中心工作户外广告牌宣传 2 万多平方米，新建社会宣传户外广告牌 7000 多平方米。

（三）用社会主义核心价值观指引社会新风尚

坚持贯彻结合融入、落细落小落实，注重以文化人，按照“三个一”的工作格局，推进社会主义核心价值观建设具体化、系统化。把握一个“根本”——培育和践行社会主义核心价值观。加强教育引导、舆论宣传、文化熏陶、行为实践和制度保障，建成社会主义核心价值观主题公园 12 个、主题社区 25 个、主题广场 18 个，推动“图说我们的价值观”“讲文明树新风”公益宣传遍布城乡、举目可见。深入挖掘地域优秀传统文化精髓，通过黄梅戏文化、乡贤文化、君子文化等涵养社会主义核心价值观，并在全国农村精神文明建设工作会议上做经验交流；组织契合核心价值观要求的黄梅戏剧目走进基层巡演，让群众在黄梅乡音里受到文化熏陶；乡贤文化“四进”“六尺巷调解工作法”等创新做法受到广泛关注。把家风建设摆上重要位置，持续开展“好家风好家训”等活动，1 户家庭被评为第一届全国文明家庭。常态组织“经典诵读”“我们的节日”等活动，推动核心价值观元素融入校园文化、走进学生心灵。培育一个“品牌”——“好人安庆”。组织开展“践行核心价值、打造好人安庆”等主题实践活动，广泛发现、推出和表彰“安庆好人”、“安庆行业好人”、道德模范等先进典型，共评出 418 位“安庆好人”、614 位“安庆行业好人”、94 位“美德少年”；34 人荣登“中国好人榜”，108 人当选“安徽好人”，全市注册登记志愿者达到 17 万人，学好人、帮好人、做好人在全市蔚然成风。安庆好人馆年参观人数超过 10 万人次，《安庆市道德模范和好人帮扶办法》的施行倡导了“德者有得、好人好报”的鲜明价值导向。抓住一个“载体”——以创建全国文明城市为龙头的城乡文明创建。创建中做到“五个坚持”：坚持问题导向，针对基础设施、城市管理等薄弱环节，组织开展老旧小区改造、交通秩序整治等系列专项行动。坚持完善制度，制定市领导包保、问责、文明程度指数第三方测评等工作机制，市领导每年率队开展督查百余次，每两个月一次的第三方测评层层传递了压力、推进了创建工作常态长效。坚持示范带动，在主次干道、背街后巷等各方面建成一批示范点，以点上示范带动面上创建。坚持结对共建，不定期到省内外先进地区学习考察。坚持夯实基础，围绕美丽乡村主题和“三个美起来”目标深化农村文明创建，拓展延伸“三线三边”环境综合治理，以城带乡、城乡共建水平进一步提升，我市在中央文明委2016年度文明程度指数测评中取得了全国第24名的良好成绩。

（四）文艺创作生产不断涌现新成果

制定出台《关于繁荣发展社会主义文艺的实施意见》《关于支持戏曲传承发展的实施意见》，聚力打造黄梅戏“一唱两走”文化品牌，全面振兴地方戏曲，实现以戏曲为主要特色的文艺事业繁荣发展。“唱起来”聚人气。按照“三年一大节、每年一小周”的模式，接续举办中国（安庆）黄梅戏艺术节和“十一”黄梅戏展演周，成功打造“黄金周·黄梅戏”“白天看景、晚上看戏”文化品牌，在建设全国重要的戏剧演出集聚地上迈出了坚实步伐。第七届中国黄梅戏艺术节吸引了五大剧种的代表性人物同台献艺，来自江苏、湖北、广东及本省的21家黄梅戏院团在安庆演出28场次。2016年“十一”黄梅戏展演周完成5大类14项主体活动100多场子活动，开幕式上10位黄梅戏“梅花奖”获得者同台演艺，彰显了“把黄梅戏梅花奖演员请回家”的最大特色；15场全国戏迷联谊会“八方贺黄梅”吸引11个省的2300多名戏迷参加，“千人登台、万人传唱”展示了我市戏曲演出的集聚效应，省委常委、宣传部长虞爱华批示“有声有色、常抓常新、可喜可贺”予以肯定。地方戏曲剧种进行抢救性保护和常态化展演，近三年来成功复排黄梅戏《鸳鸯剑》《五女拜寿》《长相知》《相思扣》和岳西高腔《采茶记》，潜山弹腔《二进宫》《郭子仪上寿》等传统戏曲剧目34部，新创黄梅戏和地方戏曲大戏小戏共78部。2016年组织岳西高腔、潜山弹腔、宿松文南词、太湖曲子戏、怀宁怀腔、望江龙腔、桐城歌等7个地方戏曲剧种优秀剧目进行全市汇演。2017年4月，中国剧协授予安庆市全国首个“中国地方戏曲剧种传承发展基地”称号。“走下去”惠民生。组织“戏曲名家下基层”演出，持续开展“文化下基层四进”“送戏进万村”等公益性品牌活动，保证每个村每年至少演出一场以上正规大戏。艺术节、展演周剧目展演实行10元惠民票价，为抗洪救灾一线工作者、环卫工人等群体举办免费专场演出。2013年率先推进“黄梅戏进校园”活动，2016年入选全省首批“戏曲进校园”试点城市。“走出去”展风采。组织精品剧目参加“安徽走进俄罗斯”、新加坡第二届戏曲艺术节等文化交流活动，在深圳、珠海等地举办“安庆文化周”，在北京、上海等地举办黄梅戏艺术周或演出季。黄梅戏《半个月亮》《徽州往事》等一批精品剧目荣获中国戏剧节优秀剧目奖、中国艺术节文华剧目奖等全国性奖项。韩再芬荣获第27届中国戏剧梅花奖，成为黄梅戏艺术领域和安徽省戏剧界“梅开二度”第一人；王琴荣获第26届中国戏剧梅花奖，成为我市第三朵“梅花”。新创黄梅戏《大清名相》自 2015 年推出后广受好评，在全国各地巡演近百场，北京演出期间文化部部长雒树刚给予“三个一”的高度评价（塑造了一个名节千秋的名相，传承了一个六尺巷的古风家训，讲述了一个做官先做人的道理），该剧荣获第 22 届曹禺剧本奖，继参演上海国际艺术节后，又作为安徽省唯一入选剧目参演第 15 届中国戏剧节。歌曲《六尺巷》入选国家第三批“中国梦”主题新创作歌曲并登上 2016 年央视春晚舞台，“再芬黄梅”新春戏曲晚会进行网络直播，黄梅戏网络剧《后台很火》网上点击量突破 1 亿次。

（五）公共文化服务迈上新台阶

制定出台《构建现代公共文化服务体系的实施意见》，大力推进公共文化服务标准化均等化，成功创建国家公共文化服务体系示范区。设施建起来。市文化馆、美术馆新馆投入使用，市博物馆新馆开工建设，各级文化馆全部达到部颁三级以上标准，乡镇综合文化站和农家书屋、广播电视“村村通”分别实现乡镇、行政村全覆盖，农民文化乐园完成 83 个中心村试点，乡镇（社区）综合文化服务中心建成 4 个、在建 7 个，全市四级文化设施网络基本形成。服务转起来。优化公共文化服务，深化公共文化场馆免费开放，近两年组织开展农村公益电影放映、文化下基层“四进”等活动 5 万多场次，每个行政村每月放一场以上电影、其中新片放映率超过 50%。品牌树起来。以图书馆总分馆为主要内容的公共图书阅览服务新体系基本建成；宜秀区广播电视局、罗岭镇黄梅村农民文化乐园被评为第六届全国“服务农民、服务基层文化建设”先进集体，黄梅村农民文化乐园代表安徽省在全国表彰大会上作交流发言。积极推进贫困地区“百县万村”综合文化服务中心示范工程，67 个入选村先行先试、示范作用凸显，着力推动文化小康与脱贫攻坚进程相一致、与全面小康建设步伐相适应。

（六）建立文化产业新体系

出台促进文化产业发展政策，鼓励引导发展文化产业新业态新模式新领域，加快把文化产业打造成为国民经济支柱性产业。改革驱动。建立全市文化体制改革领导小组联席会议制度，深化文艺院团、市级文化市场综合执法改革，3 家文化企业在区域性资本市场挂牌。项目推动。实施重大文化产业项目带动战略，近三年入选省“861”文化产业项目 86 个。全市现有国家文化产业示范基地 3 个、省级文化产业示范基地 10 个、省级广播影视产业基地 1 个、省级印刷包装产业园区 1 个，规模以上文化企业 139 家，入选全省民营文化企业 100 强企业持续保持全省前列。招商带动。推进文化产业精准招商，安徽新华发行集团与市政府建立战略合作关系，已经启动劝业场文化创意书店等项目;成功引进深圳光息谷科技发展有限公司在市智慧产业园建设“光息谷产业园”,标志我市文化科技产业正式起步;安徽出版集团、安粮集团分别与五千年文博园、司空山合作推进文化旅游开发。

(七)宣传思想文化干部队伍展现新作为

牢固树立抓好党建就是最大政绩的理念,把党的建设与业务工作一同部署、一同推进,着力抓班子、建队伍、聚人才、强作风。贯彻上级全面从严治党的部署要求,制定出台宣传思想文化系统内《全面从严治党的实施意见》,让“两个责任”落地生根。抓好“基层工作加强年”各项任务的落实,优秀传统文化涵养核心价值观的做法等被评为全省宣传思想文化创新范例,基层理论宣讲、调研、党报党刊发行、防汛抗洪抢险救灾等工作被评为全省先进。深化“走转改”,持续开展“新春走基层”“走进现场看发展”“安庆好新闻”评选等活动,进一步改文风转作风。加强人才队伍建设,组织开展文化产业、融媒体建设等培训班,推行干部工作日志制度,完成市文联、市作协换届,系统内形成了干事创业的良好政治生态。

三、以“六个强”为抓手,全面建设创新型文化强市

“十三五”时期,国家、省、市文化政策红利为文化发展提供了新环境,经济新常态对文化发展提出了新要求,新型城镇化为文化发展提供了新机遇,城乡居民文化需求变化为文化发展提供了新动能,全面深化改革为文化发展提供了新活力,安庆文化改革发展进入了重要战略机遇期。下一步,我们将以省、市党代会精神为指引,贯彻落实“五大发展行动”,以深入实施“提神工程”为统领,以落实意识形态工作责任制为重点,以改革创新为动力,以“六个强”建设为抓手,加快建设充满活力和独具魅力的文化强市。

(一)基本思路

坚持问题导向,正视存在问题,转变发展方式,补齐发展短板,坚持目标导向,选准方法路径,强化任务落实,实现文化发展的新跨越,在全省文化建设中率先闯出新路。

1. 以创新理念激发文化创造活力。树立创新理念,强化创新驱动,适应现代信息技术和“互联网 + ”“文化 + ”的发展趋势,推进理念创新、手段创新和基层工作创新,大力发展文化新业态,培育文化发展新动能。不断释放文化新需求,创造文化新供给,推动新技术在文化领域的应用,拓展文化发展和传播的空间。传承文化基因,延续历

史文脉，敢于打破常规，让创新意识和思维始终贯穿在文化工作之中，让鼓励创新、宽容失败在文化领域蔚然成风，不断激发文化发展动力，释放全社会文化创造活力。

2. 以协调理念推动文化均衡发展。增强文化发展协调性，推动物质文明与精神文明协调发展，社会效益和经济效益相得益彰，文化事业与文化产业相互促进，在补齐短板、兜好底线上下功夫。统筹推动基本公共文化服务均等化发展，打通公共文化服务“最后一公里”，着力解决文化发展不平衡问题，不断缩小城乡、区域文化发展差距。实施差异化的区域发展战略，推动专业艺术和群众文化均衡发展，形成以城带乡、城乡一体、布局合理的区域文化协调发展新格局。

3. 以绿色理念构建良好文化生态。坚持绿色发展，转变文化发展方式，延长文化产业链，提高文化附加值。加快推进文化与科技、旅游深度融合，更多依靠创意、技术、版权、品牌等发展文化事业和文化产业，实现文化结构优化升级。加强文化生态建设，优化文化发展环境，完善优秀文化传承体系。加大文化治理力度，特别是加强对互联网、图书音像等文化市场的综合治理，繁荣清朗网络空间，净化文化消费市场。

4. 以开放理念提升对外文化形象。坚持文化发展的兼收并蓄、多元多样、和而不同，以“开放包容、海纳百川”的理念推进安庆对外文化交流、文化传播和文化服务。加强安庆话语体系建设，构建全新的舆论引导和网络传播新格局，讲述安庆好故事、传播安庆好声音、展示安庆好形象。积极引导社会力量参与安庆文化建设，引进优秀文化文艺产品。坚持文化内外需协调、引进来和走出去并重，注重培养外向型文化企业，开创安庆文化贸易新局面，提高安庆文化对外开放的质量和水平。

5. 以共享理念保障人民文化权益。坚持以人民为中心的工作导向，围绕文化小康的建设目标，推动文化发展成果共享。加快文化供给侧结构性改革，增加公共文化产品和服务的有效供给，使基本公共文化服务标准化均等化水平不断提高，切实保障城乡居民基本文化权益。降低文化消费门槛，持续实施文化惠民工程，提高群众文化参与度和满意度，体现文化育民、乐民、惠民、富民的统一，使全市人民有更多文化获得感。

（二）总体目标

中国梦和社会主义核心价值观更加深入人心，向上向善、诚信互助的社会风气更加浓厚，居民素质和社会文明程度显著提高，成功创建全国文明城市。各类宣传的吸引力感染力进一步提升，内宣外宣一体、网上网下同步的全媒体联动机制进一步完善。全面建成国家公共文化服务体系示范区，城乡分别形成“十分钟文化圈”和“半小时文化圈”。文艺精品在全国“五个一工程”奖方面实现新突破。国有文艺院团现代企业制度进一步健全，中国（安庆）黄梅戏艺术节和“黄金周·黄梅戏”“白天看景、晚上看戏”文旅品牌影响力进一步提升。文化产业增加值占生产总值比重达到5%以上，成为国民经济支柱性产业。实现思想道德强、新闻舆论强、网络建设强、公共文化强、戏剧演艺强和文化产业强的“六个强”目标，不断满足人民群众精神文化需求。

（三）重点举措

1. 推进思想道德强。不断深化习近平总书记系列重要讲话和视察安徽重要讲话精神学习宣传贯彻，为党员干部铸魂补钙，培植全市人民的精神家园。统筹抓好面向重点人群的理论武装和大众化理论宣传，培育“送理论进基层”品牌。加强社会主义核心价值观建设，打造“好人安庆”，深化以创建全国文明城市为龙头的城乡精神文明建设活动，用安庆优秀传统文化的独特魅力成风化人，推动全市形成鲜明价值导向和良好社会风尚。

2. 推进新闻舆论强。把握正确政治方向和舆论导向，深入开展以习近平同志为核心的党中央治国理政新理念新思想新战略、市委“456”总体部署等重大主题宣传，进一步唱响主旋律。把握舆论引导的时度效，做好经济领域和社会热点问题的引导，敢于、善于发声，掌握舆论主动。深化马克思主义新闻观教育和“走转改”活动，善于发掘和讲好生动鲜活的“安庆故事”。着力构建大宣传工作格局，增强各条战线各个部门做好宣传工作的自觉性主动性，增强各级党员干部同媒体打交道的能力和水平。

3. 推进网络建设强。把网络舆论工作作为宣传思想工作的重中之重，加强和改进网络内容建设，大力发展健康向上的网络文化，繁荣清朗网络空间。大力推进传统媒体和新兴媒体深度融合发展，打造立足安庆、面向全国的新媒体矩阵。依法加强网络社会管理，健全网上突发舆情应急处置工作机制，培育“宜轩平”网络评论品牌。推进各级领导干部学网、懂网、用网，善于利用网络推动实际工作。

4. 推进公共文化强。巩固示范区创建成果，完善“反弹琵琶”的安庆模式，全面建设具有示范效应的现代公共文化服务体系。坚持重心向下、加强资源整合，推进市级“四馆一院”、县级“三馆一场”、乡镇综合文化服务中心、中心村农民文化乐园等设施建设和提升，实现公共文化设施网络全面覆盖、互联互通。加快数字化服务载体建设，提升免费开放服务水平，不断丰富公共文化产品和服务供给。实施贫困地区基层公共文化服务脱贫行动计划，使文化小康与脱贫攻坚进程相一致。

5. 推进戏剧演艺强。深入开展“深入生活、扎根人民”主题实践活动，引导和推动文艺工作者到基层和群众中进行“采、创、种、送”。全面开展“戏曲进校园”活动，持续办好中国(安庆)黄梅戏艺术节和“十一”黄梅戏展演周，在推进黄梅戏“唱起来、走下去、走出去”和“强起来”的同时，加强岳西高腔、潜山弹腔、宿松文南词、太湖曲子戏、怀宁怀腔、望江龙腔、桐城歌等传承保护，4 年复排并展演地方戏曲剧种传统剧目 36 部以上，形成地方戏曲“百花齐放”的良好局面，建设全国重要的戏剧演出集聚地、戏曲人才培养基地和地方戏曲剧种传承发展基地。加强对精品创作生产的规划指导，推出一批在全国有影响的“安庆原创”作品。保护古戏台、戏曲名人故居等文化遗迹遗址，规划建设石牌戏曲文化特色小镇。积极创排黄梅戏《许诺》《邓稼先》等新创剧目，赴外举办安庆文化周，组织《大清名相》等优秀剧目巡演，推动安庆文化“走出去”。

6. 推进文化产业强。发挥促进文化产业发展政策导向作用，做好“互联网 + ”“文化 + ”文章，实施“8215 行动计划”，开展精准招商，吸引文化龙头企业落户安庆建立产业链平台、设立文化园区，构建安庆文化产业新体系，确保“十三五”期间文化产业成为国民经济支柱性产业。推动传统文化产业转型升级，积极培育新型文化业态，大力推进文化与旅游、科技等深度融合发展，建设全国重要的文化旅游目的地、文化与科技融合示范基地。

宣城市文化改革发展报告

宣城市委宣传部

2016 年,宣城市文化改革发展战线全面贯彻党的十八大及五中、六中全会精神,深入学习贯彻习近平总书记系列重要讲话精神,紧紧围绕“文化名市”发展战略,编制完成《宣城市“十三五”时期文化改革发展规划》,以“宣传文化思想工作发展年”活动为载体,充分发挥生态、人文优势,不断推进四大体系建设,实现“十三五”时期良好开局。2016 年全市实现文化产业增加值为 37.37 亿元,增速 13%,占 GDP 的 3.53%,全市民营文化企业法人单位 1993 家,增幅 12.5%,规模文化企业 120 家,增幅 16.5%。

一、2016 年文化改革发展基本情况

(一)深入推进社会主义核心价值体系建设

完善推进机制。把社会主义核心价值观建设工作成效纳入市委重点督查事项,开展社会主义核心价值观督查。夯实“好人宣城”品牌,构建市、县(市区)、乡镇(街道)、社区(村)、网格五级月评好人机制,全年共评出宣城好人 117 人,其中,23 人当选安徽好人及提名奖,3 人当选中国好人。筹备成立宣城市公民道德建设促进会,建立好人帮扶基金,开展困难道德模范与身边好人帮扶。探索实施道德信贷建设工程。广泛推选“新乡贤”,全市范围累计推选“新乡贤”105 名。

加强未成年人思想道德建设。开展 2016 年度“十佳美德少年”评选表彰和“百名美德少年”评先。编印《宣城市优秀童谣作品选》。推广市区学校美德在线平台,对学生思想道德表现进行日常评价管理。推进乡村学校少年宫规范管理。乡村学校少年宫暑期开课。推进市区各中小学校建设校内心理健康咨询室。举办少儿书画大赛和第十届小学生中华传统文化经典诵读比赛。

加强公益宣传。编制完成城市主次干道公益性广告布点规划(2016—2018 年),建设“好人展示一条街”“未成年人美德展示一条街”“家风家训一条街”等主题街,对核

心价值观主题广场、未成年人主题公园、宣城好人馆进行提档升级，高标准建设300个“好人角”。开展文明宣城logo和2016年度“讲文明 树新风”公益广告优秀作品征集活动，并进行展播。

推进志愿服务制度化。建立联席会议制度，完善“志愿者活动日”制度，开发志愿服务APP软件，建设“凡人善举 大爱宣城”志愿服务网站，40085名志愿者在平台上重新注册。已注册成立282支志愿服务队，市区公共文化服务机构全部建立志愿服务站。精心策划学雷锋志愿服务月、文明交通劝导等系列志愿服务活动。启动全市首届志愿服务项目大赛，3个项目入选省级先进典型，其中丁云海荣获第十一届中国青年志愿服务先进个人奖。

推进市民素质提升。围绕“友爱促和睦、友好促和美、友善促和谐”三大主题，实施市民素质提升“五大工程”。广泛开展群众性主题实践活动。举办“最美家风、家训”故事宣讲活动、“弘扬优良家训家风，追求崇高道德境界”演讲比赛和“好家风伴我成长”书法作品征集活动，编印《宣城家风家训故事》，开展“红红火火过大年”等主题活动。好人题材花鼓戏《好人曹二贵》在市区和各县市进行百场巡演。编印《宣城市民文明手册(2016年版)》11.5万本免费发放给市民。加大市民日常文明行为引导力度，总结提炼了日常文明行为规范“十请十不”，并制作宣传片和宣传画。先后发布了《不车窗抛物》等三封倡议书，引导市民文明生活。

加大文明创建工作力度。制发《宣城市“十三五”精神文明建设规划》《宣城市2016年“文明创建提升年”活动实施方案》等，优化顶层设计。公共图书馆、体育馆、规划馆相继建成并投入运行。大力实施市区道路设施完善、老旧小区整治、道路微循环改造和“白改黑”工程。在主城区推行交通管理便民改革等举措。深入开展“党建带群建，合力抓创建”活动，成为2016年全国“创新社会治理典型案例”申报案例。推进文明家庭创建和文明校园创建，评选表彰了首批57户“最美家庭”、45个“最美家庭成员”、30所文明校园和一批文明班级、文明宿舍、文明学生。

（二）统筹推进公共文化服务体系建设

完善服务平台及工作体制。完善群众文化辅导员工作管理办法、等级评定标准等相关制度。推进公共文化设施提档升级，市图书馆构建纸媒阅读等多媒体阅读平台，建成市级美术馆、市级博物馆新馆。郎溪县、广德县、宁国市建成省级公共文化示范区。推广实施县域公共图书馆总分馆制，实现城乡公共图书服务资源整合和互联互通。建立农村公共文化服务体系建设协调机制。加强村级文化阵地建设，100%的美丽乡村中心村按照“一场、两堂、三室、四墙”的标准建成农民文化乐园。全市 27 个一级文化站建成乡镇综合文化服务中心，100 个社区建成综合文化服务中心。

提高公共文化覆盖面。深入推进公共图书馆、博物馆、文化馆（站）、纪念馆、美术馆、科技馆等公共文化设施免费开放，推进大型体育场馆免费或低收费开放。推进云梯畲族乡、沈村镇胡村回族村等公共文化服务发展。鼓励公共文化服务机构面向老人、未成年人、残疾人、农民工等重点人群开展文艺辅导、演展和科普培训。推动县级以上电视台新闻资讯类节目加配手语。将农民工文化建设纳入常住地公共文化服务体系。开展全民阅读进家庭、进社区、进校园、进农村、进企业、进机关、进军营。鼓励和扶持群众自办文化，培育群众文化团队。

加强公共文化产品和服务供给。出台政府购买公共文化服务指导性意见和目录，建立政府购买公共文化服务基本条件和保障责任，市财政每年安排资金 22 万元推动送戏下乡。开展优秀文化遗产进校园、进社区，推进送戏、送书、送电影下乡等项目和优秀出版物推荐活动。提高文艺创作水平，增加文化专业技术人员，组建业余文艺创作队伍。突出特色抓好重大主题文艺创作。创作皖南花鼓戏、徽剧、民俗文化特色系列作品。开展“敬亭山文学艺术奖”评奖，激励创作优秀作品。打造文房四宝文化旅游节、“诗意敬亭山、风情宛陵湖”、“三月三民俗文化旅游月”等活动。

加快公共文化服务数字化。实施文化信息资源共享、数字图书馆、博物馆、文化馆建设、直播卫星广播电视公共服务、农村数字电影放映、数字农家书屋、城乡电子阅报屏建设等项目。搭建公共图书馆总分馆技术平台，推动数字文化服务一体化。运用宽带互联网、移动互联网等手段，拓宽公共文化资源传输渠道。大力推进“三网融合”，推广数字智能终端、移动终端等新型载体。加强广播电视台、发射台（站）、监测台（站）建设，实施广播电视高山无线发射台站建设工程。积极推进有线电视网络建设和数字化双向化改造，推进直播卫星、有线电视、地面数字电视户户通工程建设。

（三）大力推进现代文化市场体系建设

开展文化市场重点领域检查。强化网吧市场监管、引导行业转型升级，对网吧市场保持高压态势，开展网吧转型升级试点和绿色网吧创建。对首批 17 家“绿色网吧”，9 家“互联网上网服务场所转型升级优秀示范店”进行了表彰。结合“扫黄打非”、校园周边环境整治工作，开展“扫黄打非 · 护苗 2016”“扫黄打非 · 清源 2016”专项行动，查堵出版物市场港台政治性出版物专项行动。收缴非法地面卫星接收设施数十台套，办理散发非法出版物、发行非法出版物案件两起。加强娱乐场所监管力度，连续开展专项检查。开展G20期间文化市场安保工作,确保文化市场安全,我市工作得到浙江省文化厅、安徽省文化厅领导高度认可。

加强互联网宣传管理。制发《宣城市网络敏感舆情应急管理处置联席会议制度》等一系列制度文件,构建制度体系。巩固了网络意识形态阵地。依法整顿、关停了2家严重违规、屡教不改的网站;约谈新媒体管理员和网民6次15人次。统筹新闻网站、论坛、客户端、微信公众号、朋友圈参与正面宣传。进一步推进政民互动工程,市直单位在政民互动版块回复网友问题2066个,在网络新闻发言人版块回复73次;举办11期"在线访谈",各上线单位现场回复网友问题236个;举办3期"网友看宣城"活动,参加网友65人,组织网友代表参加各类会议50余次。

加快文化产业发展。加快文房四宝特色产业发展,完成笔墨纸砚4个专项规划编制,启动整体规划编制工作。开展市级文化产业园区(基地)、市级优秀文化企业评选。30个文化产业项目入选省2016年亿元以上重点项目投资计划,入选数量居全省第1位;33个项目入选省重点文化产业招商项目,入选数量居全省第2位;"翰宣国品"云商大数据平台项目入选省十大文化信息消费创新应用示范项目;7家企业入选2016年度安徽民营文化企业100强,6家企业入选第五届安徽省文化产业示范基地;9个项目获得320万元2016年文化强省建设专项资金支持。4家企业参加第十二届深圳文博会,1件作品荣获中国工艺美术创意金奖,1家公司获优秀展示奖。

(四)全面加快优秀传统文化传承体系建设

文物普查成果丰硕。根据统一部署,开展了第一次全国可移动文物普查,经查,全市共登录国有收藏单位藏品馆藏数量18113件,其中一级文物120件,二级文物620件,三级文物3650件。开展宣城市全国第一次革命文物普查,登录革命文物256处。配合市规划部门开展全市保护性建筑普查,登录保护性建筑2121处。通过这一系列普查基本摸清了全市文物的分布、现状和价值,为制订文物保护工作规划和科学管理提供了依据。

文物抢救维修成效显著。2016年,在国家和省文物局的支持下,市、县二级文物部门共争取文物保护专项经费7500万元,抢救维修了查济古建筑群、新四军军部旧址、胡适故居、侯家祠堂、旌德文庙、天寿寺塔、仙人塔,特别是泾县黄田村古建筑群已成功入选国家文物局文物维修保护样板工程,国家文物局将投入1亿元,目前已完成二期工程,正在实施三期工程,文物保护工作取得良好效果。

古村落(古民居)保护利用稳步推进。编制《绩溪县国家历史文化名城保护规划》

等一批保护规划。推进古民居保护与旅游开发深度结合，绩溪县仁里、湖村等一批古村落被开发成旅游景点，目前，全市依据古村落建成的景区已达 11 个，其中国家 5A 景区 1 个、国家 4A 级景区 5 个、3A 级景区 4 个。推进古民居保护与美好乡村建设相结合，组织力量，对古村落环境进行了美化，对村容进行了整治。

加大非遗保护力度。开展非遗宣传展演传承，结合传统节庆日开展剪窗花、舞龙舞狮、跑旱船、跑马灯等丰富多彩的民俗展示展演活动 10 余场。组织皖南花鼓戏、皖南剪纸、皖南皮影戏等非遗进校园。绩溪县实验小学、伏岭小学被省文联省戏协授予“徽剧教学点”头衔。绩溪县徽剧童子班新排徽剧《水淹七军》获全省小梅花大赛银奖并被推荐参加中国戏协第 20 届全国小梅花荟萃活动。新增宣城市皖南花鼓戏艺术学校等 3 家省级非遗教育传习基地。推荐了宣砚制作技艺等 26 项市级非遗项目申报第五批省级非遗项目。争取到保护专项资金 60.9 万元，用于对皖南皮影戏、皖南剪纸等非遗项目的传承发展。组织汪爱军等多位传承人参加了国家非遗传承人群研修研习培训班。

推动非遗走出去。宣笔制作技艺、宣纸制品加工技艺等非遗项目参加非博会、京交会、广交会等非遗展演活动。宣纸制作技艺在中国非物质文化遗产协会、《中华手工》杂志主办的“国匠荣耀 · 手工艺创新盛会”上荣获“国匠荣耀 · 传承奖”。新闻专题片《大国工匠》在央视新闻频道首播，宣纸制作技艺传承人毛胜利、宣酒纪氏古法酿造技艺传承人王明生名列其中。泾县的龙舟赛、龙舟表演被中央电视台《新闻联播》等栏目报道。

在取得成绩的同时，我市文化改革发展工作中也存在一些问题和不足：一是培育和践行社会主义核心价值观工作有待进一步深化，工作方式需要进一步创新；二是公共文化服务工作体制机制有待进一步优化，建管用水平有待进一步提升；三是文化市场主体培育有待进一步加快，特色文化产业急需发展壮大，文化市场管控力度需进一步加强；四是优秀传统文化传承需要进一步创新方式方法，文化品牌影响力有待进一步增强。

二、2017 年文化改革发展工作思路

2017 年，全市文化改革发展工作将以迎接宣传贯彻党的十九大精神为主线，深入贯彻习近平总书记系列重要讲话特别是视察安徽重要讲话精神，重点做好以下工作：

（一）用习近平总书记系列重要讲话精神凝聚干部群众思想共识

认真组织实施“讲看齐、见行动”学习讨论。改进市委理论中心组学习的方式方法，进一步发挥党员领导干部在学习上的示范引领作用，深入贯彻落实习近平总书记关于宣传思想工作的系列重要讲话精神。

（二）健全意识形态工作责任制推动落实机制

加强对意识形态阵地的管理，巩固和发展主流意识形态。严格执行意识形态工作专题报告、专项督查、年度考核等各项制度，推动各地各单位认真履行意识形态工作主体责任，掌握意识形态工作领导权主导权。

（三）确保争创全国文明城市任务如期完成

持续推进“全域文明”创建，开展“全民敬业行动”，深化好家风好家训传承活动，建设宣城家训馆，推动社会主义核心价值观落细落小落实。

（四）提高公共文化服务能力。

统筹推进公共文化服务标准化、均等化建设，提升公共文化服务能力，加快文化小康建设步伐。

（五）强化互联网宣传管理

严格落实互联网宣传管理系列制度，加强对网站论坛、微信公众号等民间新媒体的管理，进一步提升网上应急管控处置效率，遏制网上恶意炒作，确保网络意识形态安全。

（六）继续深入发掘利用优秀传统文化资源

做好《宣城市历史文化名城保护规划》编制工作，加快广教寺双塔遗址展示利用工程及附属工程和谢朓纪念馆（宣城名贤馆）建设。继续组织非遗展示展演、进校园、进社区、进景区活动。做好皖南花鼓戏传承人抢救性采录工作。积极争取国家级传统工艺项目资金。做好国家级省级非遗项目名录和传承人申报工作，认定和公布我市第五批市级项目和第三批市级传承人，指导各县市区认定和公布县区级项目传承人。

（七）加强文艺精品创作

实施文艺繁荣发展六大工程，聚焦聚力精品创作生产，重点打造大型皖南花鼓戏《官东》，力争中国书法城申创成功。

（八）加强文化市场监管

健强市文化市场综合执法支队，落实人员参公管理和经费保障，开展执法工作。

（九）加快文化产业转型升级

推进文化产业与旅游、科技、互联网等产业融合发展，促进产业转型升级。高起点编制宣城市文房四宝产业发展规划，实施文房四宝产业振兴计划，着力将文化资源优势转化为产业优势。

（十）加强宣传思想干部队伍建设

把宣传思想干部教育纳入市委党校年度总体培训计划，加强理论宣讲、网络评论、新闻宣传、文化产业发展、舆情信息等业务培训。继续推动乡镇（街道）副科级宣传员和副科级综合文化站站长配备工作。

池州市文化改革发展报告

池州市委宣传部

一、文化体制改革基本情况

贯彻落实《2016年池州市委全面深化改革方案》和《池州市文化体制改革工作方案(2014—2020)》,建立了《2016年全市深化文化体制改革台账》,完成了《池州市“十三五”文化发展规划纲要(初稿)》。加快构建现代公共文化服务体系建设,规范政府购买公共文化服务,出台了《关于加快构建现代公共文化服务体系的实施意见》和《关于做好政府向社会力量购买公共文化服务工作实施意见》。实施村级基本公共文化服务标准化,加强基层群众文化建设,印发了《池州市农村文化建设专项补助实施方案》和《池州市创建基层群众文化结对辅导项目实施方案》。加快贫困地区百县万村综合文化服务中心建设,制定了《石台县基层公共文化服务脱贫行动计划》,对接中宣部和省委宣传部资金补助,争取了市财政对每村进行资金配套,落实了文化、广电、体育部门配备的文体器材。第一批四个村综合文化服务中心基本完工,申报了第二批试点建设村。

推进市直媒体改革发展。推动传统媒体与新兴媒体融合,印发了《关于推动传统媒体与新兴媒体事例发展的实施意见》。突出重点,推进“三项建设”:一是抓融合机制建设。池州日报社专门成立“融新闻部”,实现采编发一体化、新闻内容的“一键多发、一稿多态”。二是抓龙头项目建设。以《池州日报》、市广播电视台为主要改革阵地,逐步向县区延伸。报社着力抓好“池报融媒”建设,实现采编功能集成化、新闻产品全媒化。广播电视台以官方微博和微信公众号建设为重点,推送时加大音视频直接上传播出份额。三是抓人才支撑建设。池州日报社赴郑州、温州、苏州、合肥等地市报社考察运营“中央大厨房”的好做法、好经验,邀请人民日报社新媒体中心专家作专题报告;市广播电视台着力培养全媒体管理、编辑、记者和技术人才,安排员工赴北京、合肥、泰州、镇江、扬州等地学习考察。通过深度融合，初步实现了新闻时效性、精品佳作率和经济效益的“三个提升”。

开展年度重点改革任务和专项资金督查工作。6 月至 9 月，迎接省文化体制改革专项小组加快构建公共文化服务体系、文化经济政策落实、国有文化企业“两个效益”相统一情况、村级基本公共文化服务标准化建设、2017 年强省资金申报单位情况等五个专项督查，完成了公共文化服务体系整改。10 月下旬，对各县区及市直宣口单位进行了深化文化体制改革任务完成情况督查，对照全省、全市改革任务要求认真分析，补缺补差。进行了 2013、2014 年度 8 个文化强省资金项目检查和 2009 至 2015 年度资金项目预算执行及绩效情况自查，并针对 3 个专项资金使用中存在的不规范情况进行整改。与 2016 年获批文化强省建设专项资金扶持的 6 个项目单位签订计划任务书，推荐了 8 个项目申报 2017 年资金扶持。

开展了文化改革与发展工作培训。9 月 20 至 24 日，邀请了省委宣传部文改办、文化产业处及市委党校、市财政局等单位领导、专家进行授课，全市宣传文化系列及部分重点文化产业园区、基地和企业负责人 50 人参训。会上进一步研究了“十三五”文化发展规划纲要（初稿）编制工作，并召开了市直宣口单位和各县区相关负责人参加的两次征求意见会。

二、文化产业发展状况

大愿文化园申报国家重点文化产业基地，“九华大典”项目正式动工，“杏花醉雨”项目成功落户，富贵陵阳和醉山野文化旅游项目进展顺利。2016 年入选省“大新专”项目 12 个，总投资 85.58 亿元，年度计划投资 12.80 亿元；入选省文化产业重点招商项目 10 个，总投资 39.59 亿元，计划引资 27.2 亿元。目前，我市共有文化企业 1000 余家，规上企业 72 家。陵阳镇获《大众摄影》全国第二家“摄影小镇”称号，安徽省杏花村文化旅游公司等 4 企业入选省文化产业基地，九华集团等 2 企业入选省影视基地。评选了圣武雕塑等 4 企业为市第二批文化产业基地。进行了新增规模以上文化企业及高新技术文化企业摸排登记工作。落实《池州市人民政府关于加快推进摄影产业发展的意见》，成立了池州市发展摄影产业领导小组，举办了“绿色诗城 · 魅力池州”全国摄影大展，公布了池州市第一批最佳摄影点名录。加快推进全域化旅游，开展了全市文化与旅游融合发展专题调研。

举办了文化惠民消费季相关活动。完成文化惠民消费季整体方案的制订，上报了活动主项目、副项目、升级换代产品及特约商户。“大愿无界、盛世九华”系列文化旅游活动列入全省重点项目，“金秋十月、盛世欢歌”系列文艺展演活动、佛教四大名山书法联展、“非遗”进校园成果展等项目作为市重点活动。市直重点开展送黄梅戏进社区活动，贵池区、东至县、石台县、青阳县分别重点开展文化展示、文艺表演、文化旅游和文化培训等活动。“五看”惠民消费活动 8 月 26 日正式启动以来，全市共刷卡消费 42042 人次，交易 4574253 元，获得补助 673451 元，人均消费额全省第一，其中看书刷卡人数及补助总额全省第二。

三、2017 年工作安排

2017 年工作将以省、市文化体制改革工作方案为指导，以市深改工作要点和重点任务为目标，全面完成各项改革工作。落实文化改革发展“十三五”规划，适时召开文化发展大会。繁荣发展社会主义文艺，出台《中共池州市委关于繁荣发展社会主义文艺的实施意见》。加快构建现代公共文化服务体系，规范政府购买公共文化服务。深入开展文化科技卫生“三下乡”，戏曲进校园、文化进万家、送欢乐下基层、文化志愿服务、全民阅读、农村电影放映等公益性品牌文化活动。推进市直媒体融合发展。按照“一次性采集、多格式生成、多终端发布”的要求，打造包括报纸、广播、电视、微信、微博、手机报、“池州发布”等在内的立体传播体系。推进贫困地区文化建设，支持石台县申报第二批村综合文化服务中心（农民文化乐园）。深入开展池州市第四届“文化惠民消费季”活动。与池州学院旅游与历史文化学院合作，开展文化产业发展研究和文化产业工作培训，推进文化与旅游融合发展。开展文化强省资金争取工作，合理使用市级文化事业费。积极申报省“大新专”文化产业项目。积极申报省重点扶持文化产业园区（基地），国家级、省级文化产业示范园区（基地）和新闻出版广电行业文化产业园区（基地）。做好文化产业招商项目及跟踪服务工作。

黄山市文化改革发展报告

黄山市委宣传部

一、2016 年度文化改革发展的基本情况

近年来，黄山市认真学习贯彻落实党的十八大和十八届三中、四中、五中、六中全会精神，按照文化强省建设的具体要求，坚定文化自信，增强文化自觉，坚持社会主义先进文化前进方向，坚持以人民为中心的工作导向，坚持把社会效益放在首位、社会效益和经济效益相统一，全面深化文化体制机制改革，加大文化产业招商力度，加快文化产业项目建设，推动文化事业更加繁荣、文化产业更好发展、传统文化传承弘扬，不断增强黄山市的文化软实力。

(一)深化社会主义核心价值体系建设

一是扎实推进培育和践行社会主义核心价值观。近年来，我市大力培育和践行社会主义核心价值观，依托多个平台，系统构建社会主义核心价值体系。2016 年，通过广泛开展社会宣传和各类宣讲活动，举办了“美在黄山 · 圆梦中国”社科理论征文活动和以“中国梦”为主题的“大讲堂”，在农村、社区、学校、党政机关、企事业单位等演出百余场，建立道德讲堂 700 个，开展道德讲堂活动 4000 次，传播公益广告，制作平面、广播、影视以及网络、手机等各类公益广告 500 余个。去年，我市以古祠堂、古民居为载体，试点建设 7 个“村史馆”项目，打造黄山“村史馆”一期样板示范工程，并获省级文化强省资金支持，目前，休宁县祖源村史馆已对外开放。通过建设“核心价值观”主题公园、主题广场、主题社区，在中心城区主干道的宾馆、商场、机关事业单位 LED 显示屏上滚动播放宣传标语，推进核心价值观宣传阐释。开展 2016 年学雷锋志愿服务主题月活动，拓宽志愿服务平台，黟县宏潭乡村民方旺先、驻军士官俞细文入选省“月评十佳”志愿服务先进个人。通过举办“弘扬乡贤文化、传承优秀家风”现场观摩会、“传承优秀家风”故事会、“最美家庭 最美家风”巡讲等活动，推动好家风好家训传承和文明家庭建

设，构建诚信信息平台，定期向社会发布“红黑名单”，推动诚信体系建设，出台《黄山市诚信示范企业评选管理办法》，评选出黄山市诚信示范企业42家，取得良好成效。

二是加强正面典型宣传，深入开展身边好人、道德模范评选工作。我市市直新闻媒体开设了《身边人身边事》《践行社会主义核心价值观》《德耀黄山》《中国好人365》《最美军嫂》《最美乡村教师》等栏目，成功举办敬业奉献、乐于助人、爱心接力和知恩图报的优秀大学生村官徐峰先进事迹报告会，深度报道倒在扶贫路上的黟县宏潭乡塘田村原村委会主任黄忠诚等重大典型与先进事迹。印发了《黄山市帮扶礼遇道德模范及好人意见》，层层开展身边好人推选活动，2016年，全市4人当选“中国好人”，19人当选“安徽好人”，66人当选“黄山好人”，2户家庭获“全国文明家庭”荣誉称号并受到习近平总书记亲自接见，帮扶道德模范、身边好人165人。大力宣传道德模范身边好人先进事迹，全年共举办各类报告会20场次，开展好人事迹巡展20场次，受教育群众近2万人。通过选树身边好人，讲述好人故事，倡导学习好人事迹，不断为弘扬社会主义核心价值观注入新的活力和元素。

（二）深化现代公共文化服务体系建设

我市出台了繁荣发展社会主义文艺、加快构建现代公共文化服务体系、做好政府向社会力量购买公共文化服务工作等三个实施意见。全面实施县域公共图书服务一体化，全面完成县级文化馆总分馆制建设任务。开展市数字图书馆推广工程，其中市图书馆数字资源已达到30TB。制定实施贫困地区基层公共文化服务脱贫行动计划，落实“百县万村综合文化服务中心示范工程”，加快推进中心村农民文化乐园建设，截至目前，全市共有38个省级农民文化乐园试点村，占全省300个村的12.7%，数量排名第二。推进乡镇基本综合性文化服务中心建设试点工作。我市歙县深渡镇、祁门县芦溪乡列入省级乡镇综合文化服务中心试点，目前已全部建成，并配有专门的管理员和文艺队伍。休宁县陈霞乡综合文化站、黟县渔亭镇综合文化站获得省级乡镇综合文化服务中心示范点创建资格；黄山区甘棠镇甘棠社区、徽州区徽州人家社区、屯溪区昱东街道上新社区、屯溪区昱中街道柏树社区获得省级社区综合文化服务中心创建资格。

推动群众性文化活动开展，制定《传承发展地方戏曲的实施意见（征求意见稿）》，落实文化品牌扶持奖励办法。重点打造大型黄梅戏音乐剧《曙光曲》的同时，继续支持徽文化艺术长廊、《宏村阿菊》等省文化品牌建设，精心打造《黄山印象》等文化品牌。开展文化科技卫生“三下乡”活动，组织第23届青少年爱国主义读书教育活动、中小学生演讲、讲故事、征文和网上知识竞赛，组织企业参加第三届安徽省文化惠民消费季，

"竹简文化惠民行"被列入省重点活动内容。

（三）深化现代文化市场体系建设

规范传播秩序，完善新闻出版许可准入制度和年审年检制度，对达不到标准的新闻出版单位，责令限期停业整顿或由原发证机关吊销许可证，从2016年初实施，目前通过年检的印刷企业有112家、零售书店38家，报省局注销的印刷企业2家，零售书店3家。深化文化市场综合执法改革，深入开展"扫黄打非"，加强重点文化领域整治，自2016年起市"扫黄打非"办公室设在市文化委，共出动文化执法检查4932人次，检查书店、网吧、印刷厂、歌舞娱乐文化、新闻出版、广电等场所2465家次，联合检查5次，销毁违禁出版物、盗版光盘3千余本（盘），处罚网吧9家，停业整顿1家。在G20峰会、"两会"、党代会等重要时间节点期间，开展了出版物市场"扫黄打非"、广播电视安全播出专项检查等行动，确保市场整体平安有序。

推动国有文化企业把社会效益第一、社会价值优先的经营理念写入企业章程和规章制度，在对全市国有文化企业摸排的基础上，由工商部门召集所有国有文化企业集中传达文件精神，指导帮助企业依法做好企业章程的修改备案登记工作，确保国有文化企业章程载明体现"社会效益第一、社会价值优先的理念"的内容。国资部门在梳理国资监管权力、责任清单和具体工作实践中，将章程管理作为首位重大事项加强监管。在新设国有文化企业章程制定、章程修订等工作中，结合企业性质、功能定位和主业方向，明确要求体现社会效益第一、社会价值优先的经营理念，促使国有文化企业承担相应的社会责任和担当。同时，我市各个国有文化企业已将社会效益第一、社会价值优先的理念体现在各项制度、日常经营活动之中，如：黄山旅游集团有限公司有序保护开发旅游资源，把森林资源、地质遗迹、遗产保护等生态环境保护放在首位，坚持以"在开发中保护、在保护中开发"为方针，开发、保护和经营景区。严格执行游客最大承载量，严格控制日进山人数，切实维护旅游秩序；徽文化产业园有限公司将徽州竹文化博物馆免费向社会公众开放，开馆至今已接待游客近一万人次；徽黄旅游发展（集团）公司出台了具体的旅游优惠政策并落实。

坚持政府主导、市场运作，稳步推进徽州古民居产权流转，我市在全省创新开展古民居产权流转工作，通过集中收储古民居、对上申请报批、按规拍挂出让、规划公示实施"四步走"程序，目前已规范流转古民居25幢。江南林交所与黟县徽黄旅游公司签订战略协议，共同成立徽州古建筑保护开发基金，总规模1亿元，首期2000万元。该项工作被列为安徽省全面深化改革典型范例，10月27日《人民日报》以半个版刊发了

《老宅 流转 新生》介绍我市探索古民居保护新机制，并配发评论《古民居保护，避免“书生意气”》。同时央视财经频道《新闻直播间》《安徽日报》也予以专题报道，探索出徽州古建筑市场化保护利用的新思路、新方法。

（四）深化优秀传统文化传承体系建设

深入挖掘徽州文化时代价值，传承弘扬优秀基因，组织社科界专家学者编辑出版了《徽州文化大辞典》《徽州楹联精粹》，启动编撰《徽州文物谱系》，有序推进《“梦幻黄山 礼仪徽州”市民读本——徽州故事》制作，圆满完成了《“梦幻黄山 礼仪徽州”城市形象宣传与核心价值观实践研究》，开展“徽商精神”征文活动，累计征集系列文章152篇，讲好黄山故事，展现文化底蕴，全面提升“梦幻黄山 礼仪徽州”的文化内涵与时代价值。此外，《“梦幻黄山 礼仪徽州”：系统构建城市形象品牌 提升对外良好形象》还被省委宣传部评为2016年度全省创新范例。

制定了《关于讲好黄山故事 传播好黄山声音的实施意见》提交市委研究，持续延展“梦幻黄山 礼仪徽州”内涵，面向全国征集“梦幻黄山 礼仪徽州”城市LOGO，并确定了“梦幻黄山 礼仪徽州”城市形象品牌，及时发布并做好宣传推广使用工作。全力推进“梦幻黄山 礼仪徽州”城市形象宣传片摄制。完成了《黄山概览》刊印发布工作；完成《梦幻黄山 礼仪徽州——黄山经典故事100篇》《黄山诗词三百首》编撰出版工作，统筹推进《抹不去的乡愁》等读物的编撰工作。

二、我市文化改革发展的基本经验

一是注重融合发展，推动文化发展惠民生。我市将文化改革发展工作与全市中心工作有机融合，推动文化改革发展工作借力前行、借船出海。一是与创建全国文明城市相融合，将社会主义核心价值观融入全国文明城市创建中，加大社会主义核心价值观在社会层面的普及宣传力度，注重在徽州文化中发掘时代价值，用徽州故事诠释社会主义核心价值观，着力构建社会主义核心价值体系。将村史馆建设与农民文化乐园、爱国主义教育基地等有机结合，通过整合资金，将村庄村史古物陈列在村史馆中，供村民及游客参观，也让当地村民充分了解村庄的历史、文化等，同时融入农民文化乐园、爱国主义教育基地等内容，把村史馆形成融爱国教育、村史展览、景点游览、农民乐园为一体的农村文化综合体。加大传统媒体与新媒体融合发展，《黄山日报》先后上线运营了黄山日报数字报刊、黄山手机报、黄山在线网站、黄山日报官方微博、i黄山手机移动客户端、黄山日报微信公众号等网络新兴媒体，初步建立起门类较为齐全的新媒体矩阵。黄山广播电视台于 2015 年 11 月完成黄山新闻网（网络广播电视）平台的升级改造，实现黄山广播电视节目的在线直播和点播；“掌上黄山”客户端实现了手机移动端的黄山广播电视节目全覆盖。同时，各区县也进行了一些探索和尝试，其中歙县广播电视台与山东电视台“轻快手机台 App”平台合作创建了“歙县手机台”。

二是注重产业支撑，激发文化发展新活力。2016 年，我市实施 1000 万元以上重点项目 105 个，全年完成投资 81 亿元，占年计划的 101.2%。22 个项目列入省“大新专”项目库，32 家企业列入省文化直接融资后备企业项目库，6 家企业入选 2016 年安徽省民营文化企业 100 强，10 家企业被评为第五届安徽省文化产业示范基地，现代服务业产业园获批省战略性新兴产业发展集聚基地，新增黄山文化旅游专版挂牌企业 2 家。命名第三批市级文化产业示范基地 22 家。会同经开区扎实推进非遗产业园建设，落实有意向入园的非遗传承人、文化名人 60 余人，意向建设用地 200 余亩。组织文化企业赴台考察文化创意产业工作，在中央文化管理干部学院举办以文创产业发展、文化遗产保护利用为主要内容的培训班。

三是注重精品创作，丰富文化发展新内容。深入贯彻落实习近平总书记在文艺工作座谈会上的重要讲话精神，深入基层、紧贴一线开展采风创作，出版发行《徽州文化大辞典》《中国民间故事大全·黄山市全卷》《徽之黄山》大型外宣画册、《黄山市志》《阅读徽州》，推出电影《邓小平登黄山》《火红青春》，电视剧《女祠》，纪录片《大黄山》《黄山》《挑山女人》《美在黄山》《清清新安江》《徽韵》《徽州魂》等一大批优秀文艺作品。《雕刻徽州》等 2 个项目获国家艺术基金资助，《十绣鞋》《挑山》两个节目进入第十七届全国群星奖初赛，少儿舞蹈《小小板凳龙》获省“六一”调演一等奖，原创歌曲《新安江，我的乡愁》《童话黄山》获“美好安徽”全国征歌活动银奖、优秀奖，并参加 2016 省新年音乐会获省领导好评。舞蹈《挑山》、音乐《雕刻徽州》等 4 个节目进入安徽省第十一届艺术节舞蹈、音乐的优秀作品展演单元，名列各市前茅。大型黄梅戏音乐剧《曙光曲》参加省第十一届艺术节广受好评并对外公演，填补了我市近二十年无戏曲大戏的空白。

三、特色品牌工作

（一）黄山市百佳村史馆一期样板示范工程

黄山市百佳村史馆建设为“黄山市创建国家级中华优秀传统文化教育基地”的核

心项目，充分利用闲置的古民居，采取改扩建的方式，在黄山市建成100个村史馆。一期投入500万元，建成首批7个样板示范工程，形成经验在全市予以推广。目前规划选址完成，分别为：屯光镇篁墩村（程朱阙里）、仙源镇水东村（古村落）、西溪南镇琶村（新四军二支队驻扎地）、雄村镇卖花渔村（“盆景村”）、溪口镇祖源村（“好人村”）、宏村镇雉山卢村（木雕楼为“中华一绝”）、闪里镇桃源村（一村七祠堂）。该项目是我市践行社会主义核心价值观的重要举措，项目建成后，将成为弘扬社会主义核心价值观的宣传阵地，不断融入群众生产生活，将抽象的道理、生硬的说教转化为老百姓喜闻乐见的生动事例，用看得见的载体实现了“看不见的宣传”，用身边人影响身边人，使社会主义核心价值观融入人们的日常生产生活，形成崇德向善、见贤思齐的良好氛围。

（二）徽州古民居产权流转改革工作

结合黄山市古民居保护实际，制订了《江南林业产权交易所古民居流转实施方案》，设计了统一的古民居流转交易流程，制订相关交易规则及制度、相关交易合同文本。收集市内古民居拟流转项目信息以及古构件资料，初步搭建徽州古建筑及古构件流转数据库。配合古民居以及古构件交易系统的采购、设计工作，制定交易系统。古构件交易首批次上线交易的古构件共计203件，评估价值3500多万元。

四、发展面临的主要问题

（一）部分改革还需进一步加大机制创新和工作创新

如：古民居流转工作被列为2016年安徽省全面深化改革典型案例，在部分区县取得成功范例，但因其古民居点多分散、确权登记涉及部门多、政策瓶颈等复杂性，难以形成有效经验予以推广。

（二）文化改革发展工作还需进一步加强融合发展力度

如：文化建设与我市“特色小镇”试点、全域旅游建设等重点工作深度融合不够，特色亮点工作不多。

（三）有“文化”没“变化”

黄山是徽州文化的发源地，文化资源丰富，文化的传承发展多数是由政府推动，民营文化企业及民间资本对徽州文化的传承发展投入有限，文化建设未取得长足发展，未能行为产业集聚和辐射带动效应。

（四）传统媒体深化改革面临困难

由于其“事业单位、企业化运作”的二元结构体制，造成在推动传统媒体与新媒体融合发展中存在企业化管理和对外融资方面的困难。

（五）文化产业发展不平衡

在 2016 年度全市文化产业考核中，区县文化产业发展不平衡，部分区县在文化产业园区建设和文化产业结构优化升级等方面没有突出成绩，徽州文化还未成为文化产业发展的内生力。

五、2017 年文化发展改革思路

2017 年，黄山市文化改革发展工作将在思想上、政治上、行动上与以习近平同志为核心的党中央保持高度一致，始终坚持社会主义先进文化前进方向，保持改革韧性，增强创新意识，大力推进十三项重点工作，确保文化改革发展取得新的更大成绩。

一是按照《安徽省文化体制改革 2017 年工作要点》精神，制定我市工作要点，并细化工作任务和责任单位。

二是提请市人大出台徽州古建筑保护利用条例，提请市两办出台我市加强非遗传承发展、支持戏曲传承发展两个实施意见，由市委宣传部、市文化委共同出台加快文化产业发展的实施意见。

三是依托故宫博物院驻安徽黄山市徽派传统工艺工作站，申请举办第三届中国非遗大展和传统工艺大赛。组织开展好故宫徽派工艺回故乡展和黄山市国家级非遗项目赴故宫精品展。组织传承人赴故宫学习，研究馆徽文物。依托歙砚、徽墨、漆器、茶叶等传统工艺项目，组织研发团队开展生产性保护。

四是继续实施徽州古建筑保护利用工程，初步摸排项目 162 个，投资 6 亿元。打造 2017 年古建筑保护利用示范点项目，推荐评选十佳乡贤好人馆（古祠堂）、十佳精品户外（古道）、十佳名人故居和十佳精品民宿（古民居）、十佳精品古桥、古塔等。

五是依托江南林交所展示开展古民居产权流转，争取更多政策、金融扶持，出台《徽州古建筑产权流转保护办法》，全市流转古民居不少于 30 幢。

六是加大对年久失修古民居的摸底调查、保护抢修等工作，新公布市级文物保护单位。全面完成全市可移动文物普查工作。挖掘徽州名人故事，出版发行《徽州文物谱系》《名人与徽州》。

七是贯彻实施《公共文化服务保障法》，推动黄山文化艺术中心开工建设，力争市图书馆跻身国家一级馆。继续推进省级乡镇综合文化服务中心、省级农民文化乐园建设。积极拓展城市数字影院建设,科学规划影院建设布局。

八是全力实施公共文化场馆免费开放、农村文化建设专项补助等文化惠民工程,组织实施农村公益电影放映提质工程、中央广播电视节目无线数字化覆盖工程,规范实施送戏、送书下乡工作,推动公共文化服务向社区和农村基层延伸。

九是打磨大型黄梅音乐剧《曙光曲》,组织巡演并制作光盘。组织申报2017年国家艺术基金,争取1—2个项目入选。

十是加快文化产业发展,初步摸排重点项目100个以上、年投资75亿元。力争全市文化产业增加值增速达到12%以上,规上文化企业达56家,20个项目进入“大新专”项目库,5家以上文化企业评为省级文化产业示范基地。

十一是继续加大黄山非遗创意产业园优惠政策宣传力度,做好后续入园的跟踪服务,积极争取第三届中国非遗大展和传统工艺大赛、首届全市文化创意产品大赛在园区举办。

十二是全力做好创城期间文化市场综合执法工作,继续加大“扫黄打非”工作力度,坚决打击侵权盗版等非法出版物活动。不断规范电子游戏、歌舞娱乐场所、演出市场,开展境外节目清理整顿、非法接受卫星信号地面设施清理,净化银屏,营造风清气正的文化市场环境。

十三是进一步做好黄山市“村史馆”一期样板示范工程,确保全市示范点如期建成开馆,继续摸排各地有条件的村建设村史馆。

个案研究

扬帆起航　奋力前行　开拓演艺发展新天地

合肥演艺股份有限公司

2011 年 1 月 26 日成立的合肥演艺股份有限公司整合了合肥市庐剧院、歌舞团和曲艺团的优势文化资源，是隶属合肥市文广集团的国有独资文化企业。多年来，公司勇于担当、开拓进取，在深化公司统一管理的同时深挖院团特色、打造文化品牌，在主动提供公益文化服务的同时加大市场化运作，积极谋求经济效益，在传承保护文化遗产的同时大胆进行艺术创新，取得了可喜的成绩。2016 年 10 月 13 日，合肥演艺股份有限公司新三板挂牌敲钟仪式在全国中小企业股份转让系统中心举行。这标志着合肥演艺股份有限公司正式进军资本市场，成为安徽省首家成功登陆新三板的国有文化企业。

一、坚持正确方向，创作文艺精品

合肥演艺公司在文艺作品创作生产、演艺活动策划宣传上牢牢贯彻执行党的文艺工作方针政策，始终与党和政府保持一致，立场坚定，旗帜鲜明。在戏曲、曲艺、歌舞类节目的内容创作上，大力宣传党的主张，充分反映人民意愿。用广大人民群众喜闻乐见的艺术表现形式，大力弘扬社会主义核心价值观，促进社会和谐发展。公司紧紧围绕中国特色社会主义和“中国梦”、“四个全面”、社会主义核心价值观等重大主题创排剧（节）目，始终把文艺作品创作的社会效益放在首位。

近年来，公司创作的舞蹈《水欢鱼跃》荣获中国舞蹈“荷花奖”银奖，取得了安徽省在全国舞蹈大赛中重大里程碑式的突破；数来宝《第三者》荣获第九届中国曲艺牡丹奖文学奖；相声《快乐微信群》和小品《送礼》、快板书《杨志卖刀》分别荣获全国曲艺专业奖项“牡丹奖”新人奖和创作奖、新人奖提名。有巢网微信公众号对经典庐剧《江姐》公演首次实现全程手机直播，创下了来自世界各地观众 58819 人次同时观演庐剧整场演出的先河；庐剧《秦雪梅观画》选段作为安徽省唯一入选戏曲剧种参加了由中宣部、文化部共同主办的中央电视台 2016 年新年戏曲晚会演出。

二、服务政府和面向市场有机结合

公司将服务政府与面向市场有机结合，精心策划、组织、承办曲艺、戏曲、演唱会、音乐会等形式多样、内容丰富的精品文化活动。坚持“深入生活，扎根人民”的演出宗旨，注重节目公益性和艺术性的有效结合，不断创作接地气的演出节目，精心打造惠民演出品牌，实现惠民巡演常态化。其中，“走向文明”、“庐州放歌”、“炫动的音符”“大湖名城，创新高地——我心中的歌”等下基层巡演和进校园活动，为市民送上一场场丰盛的文化盛宴，满足了市民群众对文化艺术的追求，让大家在家门口享受到了精神文明建设带来的成果。

在积极做好各类政府性演艺活动的同时，还积极拓展市场业务。2016 年承接完成了安徽万都云雅制冷设备有限公司的的企业年会及《皖籍明星演唱会》《富德生命人寿安徽分公司新春音乐会》《2016 包公戏曲文化节》《人民日报社数字安徽的“2015 合肥影响力”颁奖晚会》《上海凯舟文化的气球泡泡秀》、17 期《徽谐剧社》节目制作、《2016 合肥市蜀山区教师节表彰大会》《劳动成就梦想——合肥市总工会的第五届职工文化艺术节》《 两岸一家亲、包公故里行——包公文化传承交流活动》等商业演出项目。

三、加强制度建设，完善企业管理

合肥演艺公司坚持以“传播时代主旋律，实现战略合作共赢”为经营方针，以“重搜选、谨训习、公赏罚、明号令、严纪律、同甘苦”为企业管理主旨，强化文化企业体制机制建设。在重大演出活动及各项演出工作中，紧抓安全生产工作不放松，成立了公司《安全生产领导工作小组》，建立了《演艺公司安全生产台账》，制定了《排练场所管理规定》《安全生产应急预案》《集体宿舍管理规定》等安全管理制度。为实现公司的规范化管理，升级出台了 2.0 版的《演艺公司管理制度汇编》，并严格执行。努力把演艺公司打造成集演出、创作、策划、经营、资本运作为一体，主业突出、多元发展、管理规范、运行高效的文化企业。

四、重视人才培育，充实创新力量

为构筑人才新高地，创作丰硕艺术成果，演艺公司高度重视人才队伍建设工作。与文化部政策法规司联合举办《2016 年第三期全国演艺企业经营管理人才培训班》，并分 5 批选送骨干人员参加中央文化管理干部学院举办的“全国演艺企业经营管理人才培训班”，提高管理人员的业务管理水平，以适应现代化文化企业的管理发展需要；与安庆黄梅戏艺术职业学院联合招生，定向委培 45 名非遗庐剧戏曲表演人才，进一步把非遗戏曲庐剧的传承保护工作落到实处。引进著名黄梅戏艺术家黄新德老师担任艺术总监，著名剧作家王小马老师担任剧本总监，知名编曲、配器老师徐兴民担任配器编曲；从全国著名专业院校优秀毕业生中引进作曲秦纪元、舞美设计；在公司的鼓励和支持下，1 人考上武汉音乐学院作曲系研究生，1 人考取了中国戏曲学院导演专业。

未来，公司将以打造提升优秀传统精品剧目和新创剧目作为重中之重，继续推进文化体制改革、重点艺术创作、目标任务完成、演艺市场拓展，加大下基层演出场次，打造惠民“演出季”和“演出院线”，解决精品剧目没有固定演出场地的局面，有计划地安排各艺术品种的演出，提升改制院团的生命力和竞争力。

利用两个市场　提升市场占有率

淮北市莱博特相框制造有限公司

一、企业发展基本情况

淮北市莱博特相框制造有限公司系淮北市濉溪县经济技术开发区入驻企业，于2011 年 2 月注册成立，占地 5 万平方米，主营相框、画框、木材、木制品、家具、纸箱、陶瓷工艺品、金属工艺品、玻璃工艺品、塑料、塑料制品、装饰材料的生产、加工和销售，自营和代理各类商品和技术进出口业务，是一家集设计、开发、制作、深加工、海外销售为一体的专业生产各类文化艺术品，即高档工艺画、艺术相框、画框等的民营股份制生产型出口企业。公司下辖淮北市北郎贸易有限公司。企业法定代表人为张得全，1972 年出生于淮北市，中山大学经贸管理系毕业，自工作以来，一直在贸易企业供职，具有较强的外贸专业基础，与客商沟通能力强，贸易经营技术娴熟，国外宾朋较多。总经理梁永坚，财务出身，曾任国企、私企高管，有二十多年企业管理经验。

该公司年生产各类文化艺术品能力 1200 万件，其中：木制工艺画，相框、画框 800 万件；PVC 及 PS 工艺画及各类相框、画框 400 万件。现有职工近 400 人，其中大专以上学历 200 余人，管理人员 30 人，中级以上职称 10 人。

二、企业经营创利情况

截至 2016 年 12 月底，公司资产总额 12973.93 万元，负债总额 2920.97 万元，资产负债率 23%，实现净利润 1406.52 万元。2016 年实现销售收入 12116.82 万元，其中出口 1403.55 万美元，实现出口收汇 1213.97 万美元。2016 年上缴税款 569.65 万元，其中：国税 483.64 万元(含免抵税额)，地税 86.01 万元，实现出口退税 710.38 万元。

三、企业技术生产条件

公司现有高科技 PS 发泡生产线 4 条，包装生产线 8 条，PVC 注塑冷挤生产线 18 条，MDF 高密度切割生产线 2 条，包覆生产线 4 条，凹凸烫金发泡生产线 3 条，雕刻生产线 2 条，喷涂生产线 3 条，造粒生产线 1 条，自动化玻璃划割生产平台 3 套，切角订角制作平台 20 套，喷绘设备 10 台，高频组框机 10 台，高档 UV 彩色印刷机 10 台等。

四、企业成长发展历程

2011 年被批准成为具备自营进、出口权企业。2013 年 4 月首次通过 ISO9001.2008 质量管理体系认证。2014 年被批准成为具备安全生产标准化三级企业。2014 年被批准成为具备出境竹木草制品一类生产企业。2015 年取得出境竹木草制品生产企业注册等级证书，相继获得中国信用协会 AAA 级信用等级，中国信用协会 AAA 级质量、服务诚信单位，中国信用协会 AAA 级重合同、守信用企业等称号。2015 年、2016 年连续两年被中共安徽省委宣传部、安徽省文化厅、安徽省新闻出版广电局授予“安徽省民营文化企业 100 强”。2016 年被中国出入境检验检疫协会评为中国质量诚信企业，“莱博特”商标被评为濉溪县首届“十大驰名商标”之一。2017 年 4 月通过 ISO9001.2014 质量管理体系新版认证。

2011 年于淮北投资建厂以来，在国际大环境出口市场低迷的形势下，逆势增长，出口成长一年一台阶：2013 年度出口增速排名淮北市第二位，2014 年出口总额排名淮北市出口企业 10 强，2015 年出口总额排名淮北市出口企业 7 强，2016 年出口总额排名淮北市出口企业 6 强。

五、国际市场开拓情况

2013 年 10 月通过世界连锁营销机构澳大利亚 K－Mart 公司验厂，被定为 K－Mart 公司生产加工基地、供应商。2014 年 8 月，公司通过美国 FAMILY DOLLAR 公司的验厂，成为其供应商。公司常年为澳洲大型折扣连锁超市 THE REJECT SHOP、新西兰 THE WAREHOUSE LTD 大型连锁超市、丹麦的 JYSK 等大型连锁超市供货。2016 年底在美国加利福尼亚州注册了国外销售公司。2017 年 4 月公司接受美国 MCS 公司验厂,洽谈合作事宜,5 月公司与澳洲 UR1 公司达成合作协议。

六、企业下步发展规划

随着国际市场的不断开拓,公司规模逐渐扩大,将陆续在国外开辟新的销售渠道。下一步,公司将着重把握市场脉搏,在科学技术日新月异、市场竞争日益激烈的环境下,不断更新换代产品,适应商品畅销周期变化。本企业因为厂区占地面积相对较小,产量满足不了订单量,致使大部分订单需转到广州、浙江公司生产。鉴于此,2016 年下旬至 2017 年上半年公司先后租用凯强力闲置厂房 10000 多平方米,华滔管业闲置厂房 6000 多平方米用于生产;根据濉溪县委、县政府及开发区的建议,与濉溪县经济开发区管理委员会洽谈厂区扩建事宜,2017 年 3 月底公司与县政府达成新的用地协议 56. 56 亩,折面积 37706. 19 平方米,待全部建成,公司总建筑面积将达到 70000 多平方米,公司将被打造成安徽省高档工艺画饰生产加工出口基地,为我市乃至我省文化产业发展做出贡献。

打造一流创梦游戏产业园

宿州市高新区阿尔法游戏产业有限公司

一、企业概况

阿尔法游戏创立于2004年，总部设在合肥，是全球领先的互联网软件服务提供商，游戏软件制作商。2006年获得著名风险投资IDGVC投资500万美元，三年时间成为全球游戏虚拟金币和装备交易行业前三名，后转型成为国内第一批游戏内容提供商和服务商。与欧美日韩等国三十多个游戏和动漫公司进行合作，为其游戏软件外包，游戏美术外包，游戏美术培训，手机游戏开发，手机游戏发行，移动互联网分发等，公司为多家海外游戏运营公司提供BPO服务的同时，围绕游戏运营、虚拟交易、网游在线服务领域自主开发支撑类软件，提高游戏运营服务管理水平。

阿尔法布局移动互联网，在致力于手机游戏的研发的同时，联合了国内其他游戏开发商开展联合运营，以阿尔法为平台，把国内产品经过本地化包装，向全球进行推广，并为其提供服务和支持，为中国移动互联网的业务发展开辟了巨大价值的新道路，2014年公司营收超过8亿元人民币。

阿尔法在合肥、上海、北京现有员工500余人，在美国加州设办事处，控股或投资上海慕游信息技术有限公司，上海大事科技有限公司，安徽放轻松网络技术有限公司等十余家游戏产业公司。

阿尔法旗下页游平台和移动应用分发平台为完美国际、百度游戏、中华网等国内外知名游戏公司提供产品和配套，AppStore排名前50的应用中，超过三分之一的游戏开发商曾用阿尔法提供的移动分发服务。阿尔法开发或代理运营的游戏，端游有新天上碑《永恒都市3》；页游有《校花的贴身高手》《霸者归来》《英雄之战》《热血三国3》《传奇荣耀》《锦衣夜行》；手游有《海盗法典》《开心捕鱼》《萌龙战记》《地心游记》《热血三国复刻版》等游戏，在全球拥有超过1200万用户，月营收超过1500万人民币。

二、部分游戏介绍

（一）校花的贴身高手

动作类角色扮演游戏（ARPG）。该款游戏改编自著名网络小说家鱼人二代同名小说。伴随着网络同名热播电视剧吸引了大量的用户，技能华丽，画面丰富，于2015年6月上线，目前有35个服务器在运作。《校花的贴身高手》在“第四届安徽省动漫大赛”中荣获金喜鹊奖。

（二）糖果爱消除2016

休闲类消除游戏，该款游戏画面精美，上手简单，轻松有趣之余，又充满惊喜与挑战，目前版本有335个精心设计的关卡，是休闲娱乐、打发时间的最佳选择，于2016年4月上线。

（三）霸者归来

经典国战类策略型游戏（SLG）。该款游戏以穿越为题材，囊括了中国历代名将，玩家可以招募自己喜好的名将，还可以进行城池建设，扩充军队，发动国战，2016年2月上线，目前有12个服务器在运。

（四）御天下

动作类角色扮演游戏（ARPG）。该游戏为仙侠题材游戏，主打斩妖屠魔，求仙问道，万人竞技，副本冒险。有着绚丽的职业特色技能，强大的任务系统，丰富的游戏玩法，于2017年2月上线，目前有16个服务器在运作，目前处于稳定期。

（五）街机开心捕鱼

休闲类射击游戏，该款游戏轻松愉快，操作简单，趣味性强。以深海为背景，通过真实的画面效果和丰富的剧情任务，增加了游戏的挑战性，于2017年4月底上线。

三、发展概况

阿尔法公司2014年入驻宿州市高新区，依托宿州高新区优质云计算资源，规划建设“创梦游戏产业园”，是高新区云计算产业链重要的一部分。产业园总占地180亩，规划建筑面积20万平方米，总投资人民币25亿。将在宿州高新区建设一个面向游戏产业和互联网科技企业开放的孵化园区，产业园以一站式的企业配套服务，打造游戏产业集群新样板，构建“创业苗圃 + 孵化器 + 加速器”的全程孵化链条，预计全部建成后可实现年均新增利润3981 万元。

产业园以一站式的企业服务为特色，吸收国内外知名游戏公司及上下游企业，打通人才、创意、产品、推广、服务等整个游戏产业链，打造出具有游戏产品研发、企业孵化、人才培训等为一体的多功能复合型游戏产业园。

园区位于宿州市高新区拂晓大道以西、星泉路以南、拱辰路以北，地处城乡接合部，地理位置优越。产业园定位为安徽省内最大、华东地区一流的高科技文化游戏产业中心，计划引入 100 家以上游戏及互联网科技企业，项目建成可实现营业收入 20 亿元，带动产值 100 亿元、税收 10 亿元。

建设内容主要包括游戏研发组团、美术外包组团、教学培训组团、精品 LOFT 办公区及综合配套组团等，具体建设规模为：

（一）孵化中心总建筑面积（6F）：4406.4 平方米

（二）商务中心总建筑面积（12F）：10617.74 平方米

（三）服务中心总建筑面积（6F）：5874.84 平方米

（四）办公楼总建筑面积（4F）：16748.19 平方米

（五）商务中心与孵化中心地下车库总建筑面积：2077.49 平方米

（六）办公楼半地下车库总建筑面积：9667.46 平方米

2016 年 8 月 8 日开工建设，目前孵化中心大楼 6 层封顶，人防地下室主体结构完成，商务中心大楼已建设 9 层，2017 年 3 月底完成商务中心大楼建设封顶，并启动服务中心大楼及办公楼的建设。整体竣工时间是 2017 年 12 月 30 日。

游戏产业蒸蒸日上，截至 2016 年年底，这 40 余家企业共计营收 7.3 亿多元，共计纳税 6000 多万元。其中阿尔法公司控股的 3 家企业（宿州昕悦网络技术股份有限公司、宿州鹏翔网络技术有限公司、宿州迅游移动信息技术服务有限公司），总产值 6 亿多元，共计纳税 5800 万元。

目前已签约入驻产业园的企业四十余家，其中龙头企业有：

宿州环视网络科技有限公司，主营业务：黑客帝国 VR 体验中心，公司自成立半年多以来，共计销售 40 台设备，销售额近百万，产品销往全国各地，采用代理商模式，市场份额未统计；

深圳魅色网络传媒有限公司（安徽）分公司，主营业务：主播平台、动漫直播等；

宿州乐游网络技术有限公司，通过百家号平台为内容创造者提供广告分成、原生广告和用户赞赏等多种变现机制。

阿尔法旗下控股公司宿州昕悦网络在 2016 年底在安徽省四板挂牌成功，2017 年 4 月荣获宿州市“先进集体”称号。这三家公司在 2017 年初荣获 2016 年度“安徽省民营文化百强企业”。

宿州鹏翔网络技术有限公司主营业务：动漫电竞赛事、游戏美术、研发、服务外包等。其中宿州鹏翔网络技术有限公司的“移动互联网广告平台”获得 2016 年安徽省第四批信息消费创新产品。

宿州光环互动科技有限公司、宿州鑫和网络技术有限公司等，以服务外包进出口业务为主；

产业园中有多家获得“双软企业认证”的公司：宿州光环互动科技有限公司、宿州亿儒网络科技有限公司、宿州纵游信息技术有限公司、宿州营盈信息技术有限公司、宿州优服网络有限公司、宿州手游互联网络技术有限公司等。

下一步洽谈签约的十余家企业中已确定入驻的龙头企业有：腾讯呼叫中心、中清龙图、网宿科技、杭州妙聚等。

目前阿尔法公司已和腾讯游戏达成战略合作，正式成为华东地区腾讯棋牌类游戏的代理商。

四、主要荣誉

2016 年 5 月参加“深圳文博会”，以青年喜爱的方式组织了一场 cosplay 表演秀，是宿州高新区唯一一家代表参展公司；2017 年 5 月，再次代表宿州高新区参加“深圳文博会”。

2016 年 10 月，在“中国国际徽商大会—宿州市云计算大数据对接会”上，宿州市给阿尔法公司颁发“突出贡献奖”。

2016 年 8 月，在宿州市委共青团和宿州市文明办联合举办的希望工程 2016“爱心圆梦大学”活动中，阿尔法公司捐款 20 万元，帮助 100 多名大学生完成上学梦，创本届爱心捐赠最高纪录，被授予“爱心企业”称号；

2017 年初，阿尔法“创梦游戏产业园”入选“安徽省省级文化强省建设专项资金”项目。

2017 年初，获得宿州市“十佳纳税企业”称号。

2017年五四青年节，被宿州市共青团授予“青年文明号”荣誉称号。

阿尔法公司同时也是“安徽省高校毕业生就业见习基地”“宿州工会会员单位”“关心下一代工作委员会”“两新组织妇女之家”等。

阿尔法“创梦游戏产业园”的目标是：以阿尔法为核心打造游戏产业园框架，并带动其他相关产业的发展。我们将与入驻企业携手发展，打造一个环境优越、功能齐备、高端的示范产业园区，以服务企业客户为起点，为入园企业提供全方位增值服务，助推企业发展壮大，实现多方共赢。

传承地方特色文化　培育壮大文化市场

安徽凯尊文化集团

一、公司简介

安徽凯尊文化集团成立于2011年5月，注册资金3000万元，是一家以文化创意产业为主要拓展方向，集文化宣传、文化活动策划、媒体整合、文化运营等相关产业为一体的综合型文化企业。集团下属子公司有：安徽凯尊文化传播有限公司、创意工艺品公司、大剧院演艺公司、凯尊聋人杂技团、博满堂策划运营公司、合肥中隐于市文化传播公司等。2012—2016年连续5年被省委宣传部、省文化厅等部门命名为安徽省“民营文化企业100强”单位。

二、公司发展历程

2011年5月，安徽凯尊文化集团注册成立，注册资本3000万元，以文化创意为主营业务。

2012年6月，蒙城印象文化创意产业园入选安徽省“861”重点工程项目。蒙城印象文化创意产业园建设是凯尊集团重心所在，总投资3亿元以上，目前进驻园区签订入住合同的商户共有20多家，社会效益和经济效益已见成效。

2013年1月，凯尊大剧院正式试营业。凯尊大剧院位于蒙城印象文化创意产业园内，建筑面积12030平方米，土建投资4000万元，内部装修及舞台、音响、灯光等投入资金4000多万元。剧院通过现代的演艺元素与地方文化元素相结合，以蒙城历史名人故事为情节，编排《庄周梦蝶》主题歌舞小剧，打造古典与现代完美结合的艺术精品，带给游客与地方观众具有艺术性、文化娱乐性的视听盛宴。

2013年3月，筹建合肥“中隐于市”项目。该项目以休闲、娱乐、创意餐饮、创意百货为主,是合肥首席城市怀旧人文休闲街区。

2015 年 7 月,建设十里庙文化旅游创意街区。该项目位于合肥怀宁路与长江路交口,占地面积 8 万平方米左右,2015 年 7 月,与合肥市蜀山区政府签订了十里庙文化旅游创意街区意向协议。

三、工作做法

(一)稳步推进园区建设,实现规范经营

蒙城印象文化创意产业园是凯尊集团重金打造的项目。演艺中心作为蒙城·印象文化创意产业园中的核心,它的建设完成是公司发展壮大的标志。综合体项目在 2014 年 10 月完工,目前部分业态已进驻。凯尊大剧院于 2013 年元月初竣工并投入使用,通过运营,从不成熟、不规范,逐步走向规范化、合理化运作模式。

(二)引领群众文化建设,打造娱乐品牌

传承庄子文化,积极组织民间民俗文化活动,不断促进三县一区文化交流合作。几年来,成功举办了高进、高安、杨小曼、慕容晓晓等歌友会。组织开展地方老年文化艺术团、送戏下乡演出交流等系列活动。歌漫蒙城、舞动凯尊。以“我们节日”为载体,在新的营销思路和绩效上下功夫,在舞台节目形式和质量上下功夫,在场内动态服务和管理上下功夫。结合劳动节、中秋节、圣诞节、元旦等节日,开展民俗性、娱乐性的文化主题活动。大大提升“凯尊大剧院”文化娱乐品牌,丰富品牌内涵的表现方式。

(三)丰富经营业态,创新服务方式

公司以凯尊大剧院为中心,引进科技馆、钢琴馆、歌舞培训中心、休闲养生中心、电玩中心等多业态进驻,大大提升凯尊文化传媒服务社会的能力,满足社会不同人群的文化生活需求。公司成立了蒙城凯尊杂技团,与安徽省杂技团签订了战略合作协议,共同培训学员,使销声 30 余年的蒙城杂技重放异彩;以聋哑人为主题的凯尊杂技团,在公司领导的重视和全体员工的支持下,学员队伍基本稳定,教师的教学思路清晰。编排的《车技》《手技》《绸吊》《杂耍》《集体草帽》《吊环》《哑剧》《转碟》《晃板》《扛杆》等十多个节目,受到观众一致好评。另外,公司还建立了蒙城凯尊老年文化艺术活动中心和凯尊老年艺术团,并成功举办了“夕阳花枝俏”蒙城首届老年文体展演,全县 200 多位老年文体爱好者参加演出,在蒙城历史舞台上,阵容之大、品味之高,前所未有。

(四)积极“走出去”,开辟新市场

公司采取“走出去”战略,着力开辟新市场,不断注入新活力。建设合肥“中隐于

市”文化创意街区项目。该项目位于合肥市曙光北路 55 号，安徽省人大会议中心东侧。根据曙光路老建筑的原有布局，外立面改造采取了古代建筑理念，融入了“新徽派”创意元素，展现了合肥的文艺气息。这里曾经聚集着众多废品收购站，环境卫生状况差，被戏称为“破烂一条街”。2012 年底，公司对其进行升级改造，将其打造成“中隐于市·赤阑桥文化创意特色街区”，使以往破败不堪、污水横流的城中村因文化助力，华丽转身为“文艺村”，被评为合肥最具人文气息的街区，成为合肥市的一张亮丽的文化名片。该项目的成功实施，不仅为公司带来可观收入，还极大地提升了公司的知名度。

四、取得的经验

（一）突出本地特色，传承优秀传统文化

公司创作的庄子舞台剧《庄周梦蝶》，以庄子梦蝶寓言为主要内容，通过舞蹈、对白等多种舞台表演形式，集中反映庄子博大精深的哲学思想、奇幻瑰丽的浪漫主义情怀。该剧实现了思想性、艺术性、观赏性的完美统一，观众反应良好，演出受到广泛好评。

公司非遗保护传承项目——宣纸烙画，传承人是民间工艺美术大师葛文科，其烙画作品在国内外多次获得大奖，2012 年获国家文化部纪念中德建交 40 周年艺术展银奖，作品曾在德国展出。

（二）满足文化需求，奉献文化大餐

凯尊大剧院自 2013 年 1 月进入试营业以来，每晚为数百位观众奉上精彩的文艺演出，为丰富当地人民精神文化生活做出巨大贡献。

蒙城县凯尊聋人杂技团开展送文化到社区活动，蒙城凯尊老年艺术团配合地方政府举行“党的群众路线教育实践活动”，到庄周桂堰社区宣传演出，大力宣传党的方针政策以及身边的好人好事，赢得广大群众的赞扬。

（三）积极主动作为，做强文化产业

政府政策支持对企业的发展具有重要意义，它能为企业的成长壮大提供强力保障。蒙城印象文化创意产业园是中国首座庄子主题文化创意产业园，该项目已入选 2012 年安徽省“861”行动计划重点项目。安徽凯尊文化传播有限公司积极响应国家“文化大发展大繁荣”“建设文化强国”的号召，各项事业稳步、健康、快速发展。2012—2016 年连续 5 年被省委宣传部命名为安徽“民营文化企业 100 强”企业，并多次获得省级和市级财政资金的支持。

凯尊集团自觉承担社会责任，与牛群特殊教育学校合作，组建了以聋哑儿童为主的杂技团，招收了20多名杂技学员，并对他们免费培训，取得良好效果。2014年1月14日中央电视台7套为聋人杂技拍摄了部分节目并播放；2014年4月23日中央电视台CCTV10套《美丽中国行》来蒙城县为聋人杂技拍摄了部分节目；2014年5月8日，全国第24次助残日期间亳州市残联、亳州市文化旅游局、亳州市教育局在蒙城举办《中国梦·我梦最美》演出活动。

五、凯尊模式及影响

凯尊集团与时俱进，摒弃过去落后的公司经营管理模式，更新企业经营管理思想观念，树立以市场为中心和依托的现代管理理念，合理使用管理公司的人、财、物，做到人尽其才、财尽其效、物尽其用。建立了高水平、高效率的决策机构，加强企业发展的战略研究和制定，实施明确的企业发展战略、市场营销战略。企业组织管理现代化，建立了市场适应能力强的组织命令系统。在企业管理、员工管理、上岗晋升、薪酬福利、劳动保护、财务后勤等各项管理工作中充分借鉴其他企业先进经验，建立健全集团公司各项制度，彻底改变无章可循、有章不依、违章不究的现象。借助这一模式，企业实现了由小到大、由弱到强的华丽转身，取得了丰硕成果，为其他民营文化企业树立了成功典范。

“画佛第一村”的文化产业崛起之路

界首市翰墨文化艺术传媒有限公司

著名红鹰绘画创始人云晶子先生，集毕生积蓄，致富不忘乡梓，在阜阳界首市陶庙镇司营村西创办了翰墨文化艺术传媒有限公司。秉持着“建一座园区，富一方百姓”的理念，现已建成宝像庄园、中华园、民俗文化展示园、居饰创意文化展示区、佛文化创作展示区、民俗展示区、书画创作展示区、古玩玉器展示区、影视拍摄制作区等三园六区，并建成仿秦长城、状元楼、万佛坛、正德楼、文慧门、文昌塔、秦王宫、传统文化展示厅等数十处景点建筑。司营村因翰墨文化产业园的入驻，吸引了草根农民画家70余人从事书画创作，形成了书画特色村“画佛第一村”，获得“安徽省影视拍摄基地”“国家AAA级景区”“市级文化产业示范园区（基地）”“森林旅游人家”“四星级农家乐”等荣誉称号。

一、企业发展历程

界首市翰墨文化艺术传媒有限公司由书画名家云晶子先生投资创办，成立于2013年6月，注册资本1.68亿元，占地7.85公顷，旗下拥有界首市收藏家协会、鸿程家庭农场、北京云晶子书画创作室、翰墨食府、翰墨文化园影视基地五家子单位。主营书画创作、古玩字画、雕刻展览、文化活动服务、观光农业、旅游景点开发、生态种植等。在各级党委政府的关心、支持下，经过四年的建设和发展，公司发展迅速，不断壮大。已成功举办翰墨文化节4届、大型文艺演出8次、大型书画展览多次，受到业界同仁的一致好评。2014年9月云晶子书画创作室的书画作品“药师佛”在安徽省民间非遗作品邀请展上获金奖并创下年绘书画作品3万件的佳绩，其绘画《佛家流源图》软浮塑作品，独创皮革装裱技法且获得国家发明专利，引领文化产业入住农村继承和发掘传统文化，打造特色经济带动村民30余户，草根农民画家70余人，从事书画创作并形成了书画特色村“画佛第一村”等称号，为公司的发展及美好乡村的建设夯实了基础。

二、基本模式和做法

(一)影视旅游+农业发展规划

规划做到多规合一,不断优化旅游综合环境,根据当地的资源条件,突出特色,建成别具风格的乡村旅游新景区。以翰墨文化影视基地为依托对周边土地进行流转,建设田园风光影视基地二期工程,在不影响农作物种植的条件下,以世界知名田园风光为模板,因地制宜进行影视景观创意建设,增加田园风光影视文化生活体验区,突出主题建筑宏伟壮观的影视魔方工程,同时对田地内的沟塘进行改造,以形建立景点、景观带及垂钓园,以供人们观赏、体验垂钓的乐趣,沿田间大道建设循环跑马场,以满足人们健身锻炼的需求。同时,以各种芳香观赏和经济花卉为底色形成七彩浪漫童话花海,打造婚纱摄影、婚礼举办的主题公园,延伸花卉养生、保健、美容、情侣、亲子、运动、游乐等旅游项目,形成整合发展的效果。另在影视基地的中华园后开辟出一片养鹿坊和孔雀园为游客提供新的游乐场所。切实做到农业与影视拍摄、休闲旅游的合理渗透和交融,科学打造成公园式影视文化旅游观光农业,从而达到生态效益、社会效益、经济效益的有机统一。

(二)影视旅游+文化发展规划

注重发掘和整理司营村的佛文化遗产,改造后全面提升了区域内民俗文化、农业文化、书画文化内涵,成为乡村观光旅游的热点景区,为司营村的智慧脱贫、带动当地经济发展夯实了基础。每年举办一次唱响界首翰墨文化杯歌舞戏曲大赛,每年在春节期间举办文化古会,计划发展摊位300个,600多人投入经济运营中,日营业额500万元,提高了当地民众的经济收入,对当地民众的脱贫起到积极推进作用。

(三)休闲文化旅游+农业发展规划

打造农业休闲旅游新模式,在适宜时期进一步完善农耕文化展示馆的设施,激发人们勤俭节约的激情。每年举办一次农业新技术对接交流会,让农业新技术更快更好的转化为生产力。筹建高架农田轻轨项目给影视旅游业增加新的内涵。拟建轻轨总长1万米(10公里),总站台1个,农业旅游观光站点10个,农田轻轨超市3个,总投资1500万元,进一步扩大乡村农业旅游规模,延伸农业产业链条,带动周边农业大发展,满足周边城区人民的乡村旅游需求,为全市的旅游发展提供新的模式。进一步深化旅游业供给侧结构型改革,努力把旅游业打造成主持未来发展的重要战略性产业,深入

推进旅游 + 农业 + 文化融合发展，狠抓品牌打造，推进旅游风情村庄建设。

三、取得的经验和影响

发展经验：要更加注重文化传承创新，提升文化内涵和附加值，培育体现地方特色的旅游品牌。要发掘集聚民族文化、宗教文化、历史名人文化、红色文化、生态文化和自然遗产底蕴深厚的文化资源。使其文化与旅游融合发展，充分依托当地经济条件和人文地理环境，因地制宜，走出一条文化和旅游融合发展之路。对文化资源进行创意开发，凸显旅游的文化性和体验性，丰富旅游业态。

取得影响：公司获得“2016 年度安徽民营文化企业 100 强”称号，园区接待数十名画家长期作画，月完成 3000 幅作品，收入超过 700 万元，年创收 9000 万元；旅游收入年可创收 4500 万元，另有文化交易广场、古玩玉器雕刻、绿色餐饮、无公害种植年收入达 400 万元，以及影视拍摄收入，预计年创收 1.4 亿元左右。

打文化立项牌　创休闲农业精品

安徽禾泉农庄生态农业有限公司

国家 AAAA 级旅游风景区——禾泉农庄，位于安徽省蚌埠市涂山风景区内，占地面积 1500 亩，依山傍水，景色秀丽，坐拥得天独厚的自然资源和人文资源优势，历史上大禹治水三过家门而不入、创建丰功伟绩的地方正位于此。禾泉农庄于 2001 年投入施工建设，经过十几年的发展，已成为安徽乃至长三角区域具有广泛影响力的休闲农庄，以坚固的运营基础，良好的社会声誉以及成熟稳定的客源市场而成为安徽省推动文化产业和经济发展的成功典范。

禾泉农庄先后被评为全国农业旅游示范点、全国休闲农业与乡村旅游示范点、安徽十大休闲度假基地、安徽省文化产业示范基地、安徽名牌企业，并成功入选 2016 年度安徽省民营文化产业百强。

回眸禾泉农庄这十六年的发展历程，最成功之处是将文化建设作为最大的发展资源，可以说，禾泉农庄因文化而兴，也将因文化而壮大。

一、以文化立项，做文化的企业

禾泉农庄由安徽禾泉农庄生态农业有限公司投资建设和运营管理。农庄的始创源于蒋保安先生一个美好的梦想。“小时候每逢寒暑假，我都会回到农村的老家，当时的我有个梦想，让所有对我好的人，都能够吃上最好的菜和肉。”正是抱着这样的梦想，2001 年，蒋保安来到大禹治水的涂山脚下，租了块地。种菜、种粮、养猪、养鸡，辛勤耕作，艰苦创业。可以说创业之初，禾泉农庄就立志：做文化企业，不做简单的企业文化。也就是以文化贯穿企业的发展，以文化引领企业的发展。

发展生态农业和乡村旅游可以说是全国众多农庄的共同之路，但同样的发展模式，禾泉农庄在立项上强调的是“文化”的内涵，走一条不同一般的“兴业”之路。比如，作为休闲性农庄，供游客欣赏、游玩的项目必不可少，禾泉却致力传统文化的挖掘，着力展示皖北民俗风情、弘扬大禹文化、倡导和谐自然的农耕文化。使这些传统文化元素渗透在农庄生活的各个方面，可以说，游客们走到哪，哪里就有文化的影子，所有的游乐项目都与文化有关，从而构成禾泉农庄文化旅游的资源主体。不仅使得优秀的传统文化得以发展和保护，传统文化的精华得以提炼和弘扬。更重要的是，有了文化这一主体的支撑，禾泉农庄就不再是一般意义的做休闲、旅游了，而是经历了一次次洗礼的文化再造。

二、强化文化含量，实现文化消费

作为休闲之地，禾泉农庄是周边地区及当地市民节假日首选之地。为了服务游客，农庄内各种设施丰富多彩，和其他农庄的消费项目不同，禾泉农庄侧重的是从文化意义上开设项目，实现文化消费。

为此，禾泉农庄开辟了许多颇有文化意味的休闲娱乐场所：创意咖啡车、遇见咖啡酒吧、草坪婚礼项目、露营烧烤、农夫市集、跑马道、动物园、户外拓展和越野车体验基地等，禾泉农庄已搭建了皖北乃至安徽及长三角地区中国传统民俗文化和项目的展示、交流、合作的平台，吸引了国内外大批游客的观摩和参与。

除此以外，禾泉农庄还创办了安徽省最大的专业石榴盆景园、锦鲤观赏塘、特色石榴园、葡萄园、垂钓塘，展示农耕文化的香油坊、豆饼粉丝坊等。遍布农庄的上百种植物也无不体现着禾泉人在一草一木、一处一景设计上的匠心独运。

提到农耕文化、餐饮文化、生态文化，不得不提著名的“小黑猪”。同样是养猪，禾泉的“小黑猪”从一开始就没有单从自给自足上考虑，而且将之视为一个文化项目。让“小黑猪”每天在音乐声中跑步、让“小黑猪”坚持高台跳水、游泳，把一个养猪场办成了一个供游人欣赏、观光的热门景点，真正是别开生面！在这个过程中，禾泉农庄崇尚的生态文化、餐饮文化等，更加深入人心！这个“小黑猪”多次在央视一套《新闻早参考》，二套《经济半小时》，七套《致富经》《每日农经》和《乡村大剧场》等栏目中荣登亮相。

现在禾泉农庄的生态黑毛猪养殖示范场占地约一百亩，实行猪沼果的生态循环有机饲养模式，种植有葡萄、南瓜、各种绿化树种，环境优美，形成了完整的生态链条。好食材、好味道，自然能卖出好价钱，为餐饮文化增色。

三、营造浓郁的文化氛围

为了强化禾泉农庄的文化氛围，重点打造“诗书的气质”，营造读书的环境和氛围，使每一个走进农庄的人，都感到被浓浓的书卷气包围，从而给游人留下一种印象：禾泉农庄，是文化人的心灵栖息地。

（一）让文化变得好玩、温暖、有吸引力

在禾泉农庄，由年轻的博士和教授创设的 6 个手工创意坊特别吸引游人。扎染坊、纸苫坊、陶艺坊、烘焙坊等每间作坊都包括展示和体验两个部分，用“匠人精神”传承传统手工艺，将天然质朴的生活方式和创意文化展示给更多人。作坊吸引了南来北往的游客，传承着中国传统的文化精髓，也让禾泉农庄变得更有趣、更好玩、更温暖，也更有吸引力。

（二）校企合作，强强联手

中国科技大学、安徽大学、安徽财经大学、安徽科技学院、蚌埠医学院和蚌埠学院等高等院校先后在禾泉农庄设立了产学研教学基地，年轻教师的研究场地和经费问题解决了，越来越多的人保护和传承传统文化的积极性被调动起来了，禾泉农庄的旅游资源和文化资源更丰富了。

（三）成立了禾泉文化公社

2015 年，禾泉农庄公社创始社员是一群热爱生活、崇尚自然的朋友，其中有大学教授、艺术家、企业家、医生、大学生等，目的是让有同样梦想和生活方式的人经常在一起分享生活的乐趣。他们弘扬正能量，倡导慢生活，以抱朴守拙的态度寻找生命的本真，以文化艺术的滋养提高生命的质量。凡是热爱生活、热爱自然、充满正能量的朋友都可以成为禾泉公社的社员。

（四）建立安徽作家村

2015 年，安徽作家村落户禾泉农庄，省作协主席许辉亲临挂牌。从此，蚌埠市乃至全省文学爱好者们有了自己的心灵栖息地。作家们因此有了活动的场所，作家村不定期举办读书会、新书发布会、文艺座谈会，文学大咖、资深作家们传经送宝，文学爱好者们活动有场地、创作有平台，创作热情高涨，佳作频繁亮相，收获累累硕果。

（五）推出众多微信公众号

为了适应文化的需要，近几年禾泉农庄先后推出了一系列公众号：“禾泉慢生活”

“禾泉微刊”“禾泉农庄安徽作家村民群”“禾泉农庄地主群”等近十个微信公众号，特别是创办于去年 9 月的《禾泉》文学微刊，本着“文人舞台、文学星空、文化担当”的宗旨，每月两期刊发优秀的文学作品，吸引了全国各地作家的关注，这为宣传企业文化，丰富文化内涵，提升企业形象，扩大影响力起到巨大的推动作用。

（六）设立“作家书屋”

为了让禾泉农庄真正成为文化人的乐园、读书人的世界，禾泉农庄在前年还专门将一间位于绿林中的，原先为贵宾接待客房，改造为“作家书屋”，购置上万册文学艺术类书籍，免费供游人阅读、欣赏。同时，为了丰富禾泉农庄文化的内容，还开办了耕读书屋、乐学书院、拓展训练基地为孩子们研习书法、古琴文化、提升综合素质提供了场地。

与此同时，禾泉农庄还开办了“休闲农业众创基地”，汇聚了数十个适合休闲农庄开展的文创项目在农庄孵化、筛选、运营，并向全国的休闲农庄推广。就在不久前，禾泉农庄还决定将明朝开国皇帝朱元璋故里的非物质文化遗产——凤阳凤画引入，为农庄文化再添一抹亮色。农庄自行开发、设计、制作、销售的艺术衍生品鬲（he）即将上市。

用心做人、做事、做企业，禾泉农庄人坚守匠人精神，立志做百年老店，力求把更好的产品和休闲方式奉献给消费者，已创造出农业休闲向综合性文化企业开拓发展的先进模式和良好范例，引领带动以旅游、商贸、文化、服务为主的第三产业快速发展，为本地及安徽省旅游和文化产业的发展做出了积极贡献。

四、让文化引领未来发展方向

2016 年 10 月，预计投资 30 亿元、依托禾泉农庄基础创建的禾泉小镇已经开始运作，并将遵循特色性、保护性、参与性、文化性、乡土性的原则，按照国家 5A 级旅游景区标准建造。小镇将以“众创”为特色，以“文化”“农业”“休闲”为支撑点，由“农业众创空间”“创意创客领地”“旅居聚集中心”“淮河文化风情街”和“特色农业主题园区”五大板块组成。

小镇的建设依旧突出文化建设，秉承尊重自然，保护原生态的理念，坚持生态优先、环境友好、因地制宜地配置景观农业和旅游项目。建成后的小镇，预计年收入 5 亿人民币，解决 1500 人就业问题，年接待量达到 200 万人次。

未来几年，禾泉小镇将建设成一个优质农特产品展示、交易、加工的产业融合发展的聚集区，一个有产业支撑、有淮河流域风情的乡村旅游目的地，打造一个以文化为龙头，将旅游、生态农业、文化创意、地产开发、服务业相连接的全新产业链，满足更多人多样化的精神文化需求，让更多的人享受文化旅游发展的成果，实现经济效益和社会效益双丰收。

弘扬紫金文化　打造特色文化产品

淮南市鑫海紫金石工艺品有限公司

淮南市鑫海紫金石工艺品有限公司，成立于 2012 年 3 月，法人代表陈多海。公司以地方传统文化和资源为依托，开发生产工艺品和旅游纪念品。主要生产经营的产品是：紫金石砚、紫金石印、寿州窑陶瓷、工艺美术瓷、石雕、砖雕等系列工艺品。

紫金石，得名于一个传说：女娲补天在淮南八公山上，练出五彩石补天。因其石体呈紫红色间现金色条纹而得名。紫金石分布在八公山东麓刘老碑、郝家圩、龙茅冲和八公山西麓闪家冲一带及寿县东套、西套和黄口坝等地。小石手可把玩，大型的有数十吨。紫金石中那蜿蜒多变的紫金带，黄金带、勾画出的绚丽多彩的山水人物画面，不论是具体还是抽象，都会给观赏者带来一种景出自然、丹青天成的美好享受。

随着观赏石办展和赏石文化交流的逐步推进，以及积极参加全国各地举办的石展活动，淮南紫金石渐渐地被赏石界所认知和青睐，公推为素石，即从山上挖出或寻到，用水一洗一冲既可配座上架供人观赏。这种保持原有的山土气息能给人一种来自大自然的原生态美和雨凿雪雕的风骨。

随着人民生活水平的提高，人民对文化精神的需求呈现快速增长的趋势，奇石作为一种文化，将逐步进入人民的消费需求，拉动当地的经济增长，而且能形成持续、稳定的新的经济增长点。淮南市鑫海紫金石工艺品有限公司紧抓人们的需求，筹资 2200 万元于 2012 年 12 月在安成大市场内建成安徽最大的奇石馆：装修装潢展览馆总面积 10000 平方米，配套消防及安全监控系统、信息网络系统、有线广播系统、多媒体显示系统、空调通风系统等。建设的 6000 平方米奇石紫金石雕件销售展厅和 3000 平方米古玩书画艺术品销售展厅，为省内最大室内奇石古玩生产销售展示厅。目前已成功举办了两场大规模赏石和古玩艺术品展会。

2015 年以来，鑫海紫金石工艺品有限公司以“创新推进、融合发展”为发展战略，以“团结、规范、诚信、品牌”为指导方针，以“政府引导、专业联盟、规范诚信、共生共赢、资源融合”为遵循原则，以城市次中心建设为契机，以安成建材大市场为集聚承载主体，积极开展安成特色文化集群建设，推进文化艺术项目集聚，延伸产业链，搭建文化和经济融合服务平台，促进我市文化创意和设计服务、工艺美术品生产和销售持续深入发展。

已建成的中国·淮南设计装饰文化园是安徽文化强省建设专项资金重点扶持项目。由淮南市委宣传部策划扶持，鑫海集团倾力打造的设计装饰集聚区，是淮南文化创意设计与相关产业融合发展的典范，开创了淮南首个以设计装饰为主题的文化创意园区。园区总面积6000多平方米，遴选交换空间、君诚装饰、陶艺装饰等50家装饰设计企业，其中既有知名度高、影响力大的家装企业，又有通过政策引导，成长性好，发展势头强劲的新注册企业，着力打造“淮南设计”特色文化品牌。目前，园区发展势头良好，达到了预期的社会效益和经济效益。

正在建设中的40000平方米文化休闲区，将集聚高端花鸟鱼虫销售展区，建成后将成为皖北较有影响的文化产业特色集群。项目的建设，是落实安徽省实现文化强省的重要体现，是发扬淮南奇石文化的重要补充，是建设文化强省、提升淮南城市形象的需要，是满足淮南市旅游产业和收藏市场的需要，有利于繁荣市场，培育消费热点。

淮南鑫海紫金石工艺品有限公司积极响应政府文化强省文化强市的战略号召，努力加强公司全方位建设，创造更加舒适的文化交流平台和满意的文化生活服务大餐。鑫海是安徽省文化专项资金重点扶持单位，科技创新性企业，是2014、2015、2016年度安徽民营文化企业100强。是第二届、第三届安徽文化惠民消费季活动指定承办单位。

随着淮南经济的复苏及好转，淮南市鑫海紫金石工艺品有限公司的发展之路将愈来愈好！

文化改革发展之“创新求变　破茧化蝶”

滁州市图书馆

滁州市图书馆隶属滁州市文化广电新闻出版局，为正科级财政全额拨款事业单位，核定编制11人，实有在编在岗10人。图书馆作为政府为市民提供公共文化服务的设施，承担文献的搜集、整理、传播的功能，是保障公民基本文化权益的重要机构。

滁州市图书馆老馆，兴建于20世纪80年代，在当时服务水平、接待读者量均为于全省前列。随着城市发展重心南移，加之投入不足，服务手段仍停留在20世纪80年代的手工操作，读者量逐渐减少，图书馆渐渐淡出人们视线。由于设施与服务手段的落后，老馆连续五次在全国公共图书馆评估定级中处全省末位，系等级外馆。为改变滁州市图书馆的落后面貌，补齐滁州市公共文化建设的短板，2013年，在认真研究的基础上，市图书馆提出了“追赶、跨越、腾飞”三步走发展战略，全体职工发扬求真务实的工作作风，开拓创新、奋力突破，开创图书馆工作新局面，取得了一系列新的突破。

一、主要成绩

（一）2014年分馆开放大获成功，接待量创历史新高

2013年，图书馆力排众难，将人民广场闲置书库改建为滁州市图书馆分馆。新馆布置精心，加之便利的位置，受到了市民热烈欢迎，点燃了市民的阅读热情。开馆首日办证突破300张，夏季高峰期日接待量达600人次，平均每平方米接待1人，单位接待密度创全省新高，读者接待量由年不足一万突破到十五万。同时，引进自动化管理系统、RFID自助借还书系统，完成了从手工借阅到现代化服务手段的突破，成功追赶上同行。

（二）2016年两座24小时图书馆亮丽开放，领先全省

为推动全民阅读、营造良好的阅读氛围，实施“书香亭城”工程，经过精心筹划，2016年5月1日，24小时自助图书馆面向市民开放。落地玻璃窗、舒适的空调、优美的

阅读环境，使图书馆受到市民和媒体的关注，日均接待量达300人次，从开放至今已接待读者30万人次。《中国文化报》曾做专题报道，滁州市图书馆在行业内获得好评，成功实现了部分跨越。

（三）2017年新馆建设，全馆型服务外包，全国创新

虽然图书馆分馆各项工作相较于之前，取得了一个质的飞跃，但由于馆舍面积等原因仍无法满足市民的阅读需求。为了彻底改变图书馆落后的局面，从2009年开始筹划新馆建设，经过不懈努力，新馆几经易址，最后新馆建设被列入2015年市政府为民办十件实事之一，定址于市政务中心核心区域（龙蟠河公园，中都大道和南谯路之间），建筑面积约2.5万平方米。新馆建筑主体由大蝴蝶、小蝴蝶及蚕茧三部分组成。“破茧化蝶”的主题寓意读者在图书馆的陪伴下实现自我提升，化茧成蝶。

由于滁州市图书馆人员数量较少，专业技术力量薄弱，新馆的设计和建设及后期运营很难达到预期水平。根据《国务院办公厅转发文化部等部门关于做好政府向社会力量购买公共文化服务工作意见的通知》文件精神，我市大胆尝试，决定以政府购买公共服务的方式，把新馆的管理、运营外包给文化服务公司，让专业公司提供优质服务。

为完成新馆社会化服务外包工作，滁州市文广新局牵头，会同人事、财政等部门，在调研考察国内先进图书馆及省内其他市级图书馆的建设、管理、运营经验后，多次组织省图书馆界的优秀专家对项目进行论证完善，配合招投标公司，按照国家地市级一级馆的运营建设标准，制定了招投标文件。2017年1月5日，新馆服务外包项目完成招标工作，滁州图书馆成为全国首家市级全馆型服务外包的图书馆。

根据标书约定，中标的服务运营公司在建设阶段负责对空间规划、后期运营管理等方面提出合理化建议，建成后负责业务运行与管理，通过多种途径做好宣传，扩大品牌影响力。在满足公共图书馆基本服务的基础上，突出读者文化活动，创新服务模式，力争将市图书馆打造成具有引领性、示范性和创新性的一流地市级公共图书馆，构建滁州市多层次、多方式的公共文化服务供给体系。

目前中标单位已经按标书的要求委派相关专业人员入驻工地，并与同济大学设计院进行了对接，针对新馆的智能化、综合布线、功能区布局及室内装修设计等方案提出了合理化的建议。

全馆型服务外包的运营模式是滁州市政府对中央提出“全民阅读”的积极作为，也是滁州市从“办文化”到“管文化”的新尝试。全馆型服务外包模式让图书馆实现了两大创新：一是建设阶段，提前引入专业公司对图书馆进行技术支持，弥补图书馆建设经验及专业人员不足问题，避免后期运营的二次改造浪费；二是运营阶段，外包公司全面参与图书馆运营，解决了新馆扩建后人员编制不足、运营困难的问题，可为市民提供更高效的服务。2017 年 3 月 10 日《中国文化报》以“全馆型服务外包模式让滁州市图书馆破茧成蝶”为题进行了专题报道。

二、主要经验做法

（一）定目标，凝聚共识

2013 年，滁州市图书馆仍偏居一隅，馆舍面积约 900 平方米，工作人员 6 名，文献资源为纸质书籍，服务手段停留在手工借还。此时其他地市图书馆已经走向了现代化、智能化、数字化，普及了自助设备。面对市图书馆的落后局面，市图书馆决定强化队伍建设，凝聚发展共识，制定发展目标，齐心协力，推进图书馆快速发展。一是加强班子建设。从增进团结入手，增强班子成员之间的凝聚力和向心力，加强协作，形成合力，带好队伍，以促进整个图书馆事业的发展。二是强化政治学习。认真学习党的十八大会议精神，落实中央八项规定，积极作为，努力克服故步自封、自以为是或无所作为、甘为末流的极端思想，树立争创一流和跨越式发展的观念。三是重视职工业务和培训工作，努力营造业务研讨氛围。积极参加图书馆行业会议及省馆组织的各项学习活动，重视与兄弟馆的合作与交流，先后多次组织业务骨干参加图书馆年会，到上海、广州、苏州、无锡、南京等图书馆参观学习，了解当前图书馆的发展趋势，积累发展经验。既要面对现实承认落后，又要不甘落后、振奋精神、开拓创新，迎头追赶。

为有序推进图书馆事业的发展，补齐滁州市公共文化建设的短板，市图书馆制定了“追赶、跨越、腾飞”三步走发展战略（两年追赶、三年部分超越、五年新馆开放全面发展实现腾飞）。全体馆员坚持“不甘落后、开拓创新，奋发有为”的发展理念，积极推进市图书馆快速发展，促进滁州市公共文化服务均等化、标准化发展。

（二）理思路，强化引领

按照“追赶、跨越、腾飞”三步走的发展计划，市图书馆理清发展思路、抓住关键和突破点，稳扎稳打有序推进。

一是改进服务手段。2014 年完成滁州市图书馆分馆改建工作，分馆设立成人部、少儿部、低幼阅览室、盲人阅览室、自习室等功能室，实施开架阅览，环境更舒适，读者更方便；改变传统手工借阅的方式，升级服务手段，全馆各工作环节实现信息化管理，并实现内部联网,变手动作业为自动化管理;建立开放电子阅览室和网络控制中心,各服务窗口安装电子监控设备。这一步现已基本实现,缩小了与先进图书馆的差距,实现追赶目标。

二是延伸服务触角。筹建24小时自助图书馆,规划滁州市图书馆服务体系建设,进一步完善总分馆及阅读点建设。开展图书馆进企业、进学校、进社区、进军营活动,让图书馆贴近市民身边,让市民走进图书馆,为市民创造了便利的阅读条件。

三是促成新馆建设。为了彻底改变图书馆落后的局面,从2009年开始筹划新馆建设,经过不懈努力,新馆几经易址,最后新馆建设被列入2015年市政府为民办十件实事之一,定址于市政务中心核心区域(龙蟠河公园,中都大道和南谯路之间),建筑面积约2.5万平方米,建筑主体由大蝴蝶、小蝴蝶及蚕茧三部分组成。“破茧化蝶”的主题寓意读者在图书馆的陪伴下实现自我提升,化茧成蝶。新馆设计藏书100万册,设有阅览座席1200个,分为少儿馆和成人馆,设有综合借阅室、休闲借阅室、3D体验区、创客空间、亲子阅览室、家庭阅览室、青少年借阅区等功能区。新馆功能更齐全、布局更合理。新馆将进一步加强图书馆的现代化服务功能,加大各类纸质图书和电子文献的建设,加快图书馆网络化、数字化、自动化建设速度,新馆不仅仅具有借阅图书的功能,更具有了听讲座、看展览、交流等多重功能。新馆引进了绿色、生态与节能环保理念,中央空调采用地源热泵、低温送风相结合的方式,网络中心机房、特藏书库等采用独立恒温恒湿机组,建筑顶部采用可种植绿化植物的保温屋顶,并设计有群组集热太阳能提供生活用水,环境更优雅更舒适。建成后的新馆将是开放自由、智慧便捷、独具特色的大型综合性图书馆,成为市民休闲、阅读、交流的第三空间。

(三)抓管理,提高水平

一是狠抓政治和业务学习。采用集中学习同分散自学相结合,重点辅导同座谈讨论相结合,“请进来”与“走出去”相结合的方式,全面提高全馆职工的思想觉悟和业务水平。

二是实行馆长负责制。不断修订完善各项图书馆管理制度,管理责任层层分解。从馆长到馆员人人都是管理者,形成馆内无小事,事事有人管的良好局面。实行首问负责制,耐心解答读者咨询。

三是实行挂牌上岗。坚持以人为本,读者至上,服务第一的原则,倡导热心、真情服务和个性化服务,开展争创文明服务岗活动,带出一支业务精、素质高的图书馆专业队伍。

四是完善读者意见投诉和反馈渠道。设立读者意见箱、意见簿，建立滁州市图书馆读者交流群，通过微信公众号和微博等平台，实现与读者的及时互动，及时解答读者反映的问题。

（四）出新招，提升服务

滁州市图书馆始终坚持“服务第一、读者至上”的宗旨，不断完善服务标准，创新服务方式，拓展服务范围，得到了市民的好评。

一是认真谋划，科学划分馆内功能布局。在2014年分馆改建时，科学布局馆区，对标读者需求，设立了成人部、少儿部、电子阅览室、低幼阅览室、盲人阅览室等功能区，馆内做到动静分开，互不干扰，读者各取所需，为读者提供安静舒适的阅读环境，特别是低幼阅览室受到了年轻家长和幼儿的欢迎。

二是紧跟时代，积极开展智能化服务。引进自动化管理系统、RFID自助借还书系统，完成了从手工借阅到现代化服务手段的突破；2015年引进了自助借还系统，节约了人力成本，提高了工作效率，还提升了服务层次，加强了读者的参与度。2016年推出了微信公众号，方便了市民查询、续借图书、参与图书馆活动，拉近了图书馆与读者的距离，受到读者的喜爱，目前图书馆的微信关注度越来越高。

三是设立阅读点，推动“书香亭城全民阅读”活动。积极开展图书馆进企业、进军营、进学校等活动，先后成立了滁州市图书馆琅琊路小学分馆、滁州一中阅读点，向东营房、南营房、武警驻滁部队、老年大学、鑫森工贸等企事业单位赠书并成立阅读点，与小红花幼儿园、市二幼等幼儿园合作，举行幼儿园走进图书馆讲故事活动。2016年，两座24小时自助图书馆走进市民的视野，成为市民休闲、阅读的好去处。

四是大胆创新，探索整馆型服务外包模式。借助专业的服务外包公司为给市民提供更丰富、更高效、更优质的服务。滁州市图书馆成为全国首家整馆型服务外包的地市级图书馆，这不仅是滁州市政府对中央提出的“全民阅读”的积极作为，也是滁州市从“办文化”到“管文化”的新尝试。

（五）谋发展，争取支持

图书馆分馆各项工作相较于之前，取得了一个较大的飞跃，这些成绩的取得都离不开市委、市政府和相关部门的支持。

2014年进行分馆改建，由于历史原因分馆的场所被老年艺术学校和私人培训学校占用，为解决图书馆改建场所问题，通过政府出面协调、法院诉讼等方式，于2013年收回被占用的一、二层，改建为成人部、少儿部、电子阅览室、低幼阅览室、盲人阅览室等；

2016 年收回三、四层，改建为自习室、会议室、地方文献室等功能室。

为推动 24 小时自助图书馆建设，市图书馆专门去张家港等先进地区进行了充分的调研考察，认真撰写了可行性报告，对自助图书馆的每一项参数进行了严谨的论证，精心制定了标书。在资料完备的基础上，抓住机遇向领导汇报争取立项支持。立项之后，争分夺秒与相关单位协调解决 24 小时图书馆选址、用电、用水等问题，与设计院反复沟通不断优化设计。2016 年 5 月 1 日，首座 24 小时图书馆对市民开放，成为当时省内最先进、最漂亮的 24 小时图书馆。

为了彻底改变图书馆落后的局面，从 2009 年开始筹划新馆建设，经过不懈努力，新馆几经易址，最终成为滁州市政府重点工程，由滁州市重点工程建设局代建，得到了国土局、规划委、供电局等单位的大力支持。为保证工程质量，市重点局、市图书馆、市城投公司等单位不辞辛劳前往苏州对中标的施工单位进行考察，了解中标单位的实力。为打造一个现代化、智能化的图书馆，市文广新局、市重点局、市图书馆与上海同济大学设计院、中亿丰建设股份有限公司多次对接就新馆功能设计、室内外装修方案、智能化设计及材料的选择等问题进行深入讨论，精益求精不断完善，确保给滁州市民交上一份满意的答卷。

在共同努力下，2014 年分馆完成改建工作，成功实现追赶；2015 年丰富了服务内容，从单一的图书借阅到各项活动的开展，完善了数字图书馆、服务网络建设；2016 年 24 小时图书馆对市民开放，实现了部分超越；2016 年开始新馆建设工作；2017 年完成新馆服务外包工作，成为全国首家全馆型服务外包的地市级图书馆。滁州市图书馆经历了跨越式的发展，即将“破茧化蝶”，实现图书馆发展“腾飞”的目标。

转型创新　体验欢乐

——记马仁奇峰文旅股份公司发展之路

芜湖马仁奇峰文旅股份公司

马仁奇峰旅游度假区位于长江南岸的铜陵、南陵、繁昌三县交界处，居皖南旅游带中部，是安徽省芜湖市唯一的国家级森林公园。风景奇特，文化底蕴深厚，素有“皖南张家界，江滨小黄山”之称。园区面积 7.12 平方公里，最高海拔 316 米，属亚热带气候，全年气候温和，年平均气温 15°C，冬夏长、春秋短，光照充足，四季分明，鸟语花香。现为国家 AAAA 级旅游区，国家级森林公园，国家级地质公园，全国农业旅游示范点。

一、植入多元文化，推动景区上档升级

马仁奇峰景区重视特色文化的挖掘和表达，完善景区服务功能，配套搞好服务，打造知名旅游品牌。

景区内自然风光以奇峰、奇壁、奇柱、奇洞、奇屋、奇树为代表，奇峰异石、灵泉秀水、嘉木修竹，更兼山间珍禽翔集，时见水滨异兽出没，呈现出幽、险、秀、奇的特色。近几年来，景区以“远古文化、历史名人文化、自然生态文化、佛教文化和红色文化”这五大文化进行宣传推广，先后修建了“天下第一福鼎”“人祖山文化园”“远古部落文化村”“红色收藏馆”“文化长廊”等旅游景点。投资建设了集住宿、美食、会务等多功能为一体的马仁山庄度假村，拥有客房 160 间/套，独立式别墅 16 幢，餐饮包厢宴会厅 12 个，可同时接待 500 人用餐，设有会议中心，有大小会议室、洽谈室 9 个，服务条件不断改善，景区配套功能得到进一步完善。

为传播远古文化，公司编纂发行了《安徽名山——马仁山》，先后举办了五届“祈福文化旅游节”，使得游客对欧亚人祖山——马仁奇峰的品牌有一定认知，成为推动公司文化旅游业加快发展的重要载体。同时，景区还坚持举办马仁篝火节，并成功举办马仁山花节以及纪念抗战胜利 60 周年暨毛主席画像揭幕等活动。2015 年新开放集餐饮

娱乐采摘于一体的项目“马仁·蒙古大营”广受欢迎。

经过几年的努力,马仁山已由名不见经传的小山,成为省内外知名的国家 AAAA 级旅游区、国家森林公园、国家地质公园、全国农业旅游示范点。

二、转型定位准确,促进公司提质进位

马仁奇峰公司未股改前的全称为“安徽芜湖马仁奇峰森林旅游有限公司”,为了迎合新三板的需要,突出体现企业发展的主脉络,经过股份制改制,更名为“安徽马仁奇峰文化旅游股份有限公司”,以文化为核心来发展旅游业。

在全体员工的努力下,公司先后获得“全国青年文明号”“全国工人先锋号”“全国生态文化示范企业”“省级休闲农业旅游示范点”等荣誉称号。公司以构建规范的服务文化作为文化建设的重中之重,继 2011 年 12 月通过 ISO9001 服务质量体系认证后,2014 年 10 月获得“安徽省服务业标准化示范企业”,2015 年获得“安徽省著名商标”和“全国巾帼建功先进集体”荣誉称号。通过创建工作,员工服务意识不断强化,服务行为进一步规范,服务质量得到了全面提升。

2016 年,公司引入卓越绩效管理体系,进一步提高企业的凝聚力,优化企业文化。公司加强团队培养和企业文化建设,提高员工素质、展示企业形象。每年,公司都会组织中层干部和员工参加义务献血活动,组织员工参加市、县各类比赛和活动。2016 年,与国内快乐旅游第一品牌、景区连锁运营专家、拓展训练行业龙头企业进行深度合作,组织员工进行培训,培养团队的凝聚力和向心力,增加员工的归属感。通过企业文化建设,公司员工的精神面貌得到较大改观,公司发展目标、价值观更加明确,员工的凝聚力和向心力明显增强。

三、创新文旅项目,突出特色铸精品

2016 年是景区大建设和大转变的一年,除了在培养团队上面下功夫,还充分利用新三板这一资本市场,积极融资,高起点策划项目,推动马仁奇峰文化旅游产业快速发展。

在文化旅游产业项目选择上,突出“广”字,最大限度满足各类游客需求;突出“奇”字,人有我优,人优我奇;突出“乐”字,实现在马仁吃、住、行、游、购、娱一体化。在景区

内开发建设具有震撼力的旅游景点，如“飞龙在天”空中玻璃桥、玻璃栈道、索道和楠木林休闲区等，吸引游客上百万。围绕着景区自然资源的楠木系列旅游纪念品、山泉水、野茶等产品正在开发中。体验式小项目“丛林穿越”和“五福魔宫”已经对外开放运营。此外，公司还积极筹备集全息投影技术、文化艺术和奇峰实景为一体的大型实景演出，充分展现景区丰富的文化内涵。

未来，公司将进一步研究和探索新形势下文化产业建设工作的新思路和新途径，进一步优化旅游产品，提升服务质量，做大做强旅游产业，将马仁奇峰景区打造成现代生态文化旅游精品，使马仁奇峰的发展迈上新的台阶。

利用“互联网+”　走多元发展之路

——马鞍山百助网络科技有限公司发展案例

马鞍山百助网络科技有限公司

一、企业概况

马鞍山百助网络科技有限公司于2012年正式在马鞍山注册成立。五年来，百助取得了营收、利润、缴税年均300%的增长。2016年营收突破2亿元，缴税超1000万元。预计2017年将实现营收5亿元，缴税3000万元。百助计划将于2020年在主板上市，现在已进入辅导期。

由于业务的不断拓展，百助也得到了业界的广泛认可，积累了雄厚的资质力量。目前公司已获得国家级高新技术企业、安徽省文化产业示范基地，连续三年安徽省民营文化企业100强等多项荣誉资质；与南京大学、南京理工大学、南京农业大学、安徽工业大学等省内外高校签订产学研协议，建立了长期合作关系；承担省级以上重大项目两项，拥有自主知识产权：发明专利3件，科技成果10件，高新技术产品6件，软件产品9件，软件著作权110件。

目前，百助团队已有40余人，平均年龄26周岁，平均年薪10万元，平均学历本科以上，党员比例达30%。百助计划2017年将团队扩充至80人，已从北上广深引进国内领先互联网企业（腾讯、小米等）人才数名，平均年薪20万元。

二、发展历程

2005年，程磊从马鞍山考入南京农业大学，父亲因癌症于当年去世，母亲没有读过书，没有工作，只能走街串巷地卖水果，靠一点微薄的收入供他和弟弟两人读书。多亏马鞍山慈善总会当时给程磊送来了2000元善款，在多方的支援下，程磊才顺利地步入校园。

大二时，一次偶然的机会，程磊听说一位同学在互联网上一次赚了二百美金，这让他眼前一亮，这位从小学就开始接触并钟情于计算机的电脑迷，决定要在网络世界里，走出一条适合自己的勤工俭学之路。从此程磊利用课余时间，开始学习做网站，没有电脑他就借用学校的计算机室和校外的网吧，从写博客开始，一步一步朝前走。功夫不负有心人，很快就有了收获，大二暑假里，谷歌公司一次给他汇来两万元酬金。从开始的想赚钱维持学业和生活一直做到今天，程磊已经有十年的互联网创业经验。

三、商业模式

目前公司主营业务为智能推荐云下载器、云开放平台、桔梗导航、游戏魔盒等，与百度、腾讯、360 等国内大型互联网企业建立了密切的合作关系。核心产品智能推荐云下载器融合了云计算、大数据、智能推荐、DSP 四大核心技术，自主开发、国内首创、填补行业空白，经过百余次的产品迭代，一天可以帮助百度、腾讯、阿里等国内顶尖互联网企业提供 300 万的有效安装，软件线上分发能力全国第一；基于海量用户资源，百助大数据营销联盟在互联网行业内同样有非常大的影响力；同时桔梗导航、游戏魔盒两款新产品经过专业产品研发流程，也已于今年正式上线。

四、核心产品

百助与中关村在线、天空下载等国内 100 多家软件下载类网站合作，购买网站的下载位，把自研产品“智能推荐云下载器”嵌入到下载链接中。用户每次点击下载都会启动云下载器，百助因此成为每日覆盖 5000 万用户的大流量入口。有了这些流量，百助就可以为国内几乎所有大型互联网公司的软件产品提供数字营销服务，每月可以给百度、腾讯、360 提供 300 万的提高安装量，每一次的成功营销都会给公司带来收益。

可以说，百助既是“流量加油站”，又是“软件百货商店”。每一款软件产品诞生后都需要用户，百助这个“流量加油站”有智能推荐云下载器、云开放平台、桔梗导航、游戏魔盒等多个用户载体，掌握着大量用户，并通过大数据分析挖掘为产品找到最匹配的精准用户。作为“软件百货商店”，百助与百度、阿里巴巴、腾讯、360 等数百家互联网公司建立了紧密的合作关系，拥有上千款软件商品，在 pc 和移动两个终端都能为每一款软件商品提供营销服务。

智能推荐云下载器的技术为互联网产品分发行业首创,技术实现后,填补了国内技术空白,该项目将实现在该行业细分领域领先的地位,起到行业带头作用;使资源推送的变现能力进一步提高约20%,带动行业整体进步,为广大资源下载网站带来实在的价值,与合作站点之间的关系也更紧密,使整个产业链价值乃至全行业的水平全面提升,真正为合作网站提供了优质服务。

五、特色做法

百助改变了传统的管理方式,采取以下创新:1. 扁平化管理模式,围绕公司主营业务组成五个项目组,形成协同创新、内部竞争的工作氛围,百助俨然成为“小型孵化器”、“众创空间”;2. 全员持股,所有人都是公司股东;3. 996 创业模式,现在有至少三分之二的伙伴9点以后还在公司奋斗,百助是马鞍山最拼的互联网公司。

六、社会影响

自2014年起,百助紧跟世界互联网大会的步伐,在省经信委的指导下,百助作为发起单位,连续举办了三届的中国(马鞍山)互联网大会。

每届大会都邀请了来自包括百度、阿里巴巴、腾讯、360等国内200多家顶尖互联网公司的近500位领导者及高端人才齐聚马鞍山,分享最前沿的行业动态,传播互联网思维;大会共吸引安徽省内以马鞍山为代表的企业高管、高校师生、互联网爱好者超过2000人次前来参加,打造了开放、领先、多样的互联网行业盛会。

大会在以下三方面取得了显著的效果:

(一)本地互联网企业发展

三届大会期间,国内互联网行业的顶尖专家带来了50多场精彩的主题演讲,开拓了本地互联网企业的发展思路。近年来,马鞍山市互联网产业稳步增长,整体实力进一步增强。以移动互联网、电子商务、网络游戏开发等产业为主打方向的马鞍山软件园,自投用以来已迎来了一大批互联网企业,软件园累计入驻企业近300家,仅2016年一年,软件园总产值就达80亿元,税收超4200万元。

百助作为三届大会的主办单位,在大会期间与诸多企业达成合作,实现营收、利润、缴税近 300% 的增长，已成为安徽省互联网企业的中坚力量。

(二) 招商引资

大会招商成效显著，三届大会共签约项目近 200 个，新产生项目合作线索近千条。其中百助通过与 360 的紧密合作，为马鞍山市引入了 30 亿的 360 投资基金。第三届大会期间，马鞍山市长左俊会见了 360 金控董事长刘威，就基金项目进行了深入洽谈。目前该项目正在稳步推进中，相信 2017 年将会取得实质性的进展。

(三) 传统企业互联网 + 转型

大会注重本地传统企业与互联网思维的融合，共邀请了 500 多位安徽省内优秀的本地企业家参与。三届大会期间，企业家和互联网专家们就"'四新'(新产业、新业态、新技术和新模式)经济助推新常态""信息经济与转型升级""微社区 · 大互联""1 + X · 裂变""工业 4.0 时代的互联互通"等议题进行了深入解析和探讨；百度、阿里巴巴、360 等公司的高管将在"互联网 + 工业" "互联网 + 医疗""互联网 + 安全"等领域中探索出的宝贵经验与大家分享。会后，数十家本地传统企业都和与会的互联网企业达成合作，实现转型升级、协同发展。大会为传统行业连接互联网提供了交流合作渠道，彰显包容共享的互联网精神。

连续三届中国(马鞍山)互联网大会的举办进一步培育和壮大了马鞍山互联网产业，提升了马鞍山在互联网产业的知名度和影响力。

创新“艺术＋产业”发展模式

安徽再芬黄梅文化艺术股份有限公司

2011年始，由传统国有院团改制而成的安徽再芬黄梅文化艺术股份有限公司步入了新的发展轨道。六年来，在中央宏观政策的引导与呵护下，在省委、省政府的强力支持下，在安庆市委、市政府的坚强领导下，再芬黄梅迎难而上，砥砺前行，千帆竞发，万木争春，圆满完成了艺术发展的主要目标任务。同时，再芬黄梅在坚持文化传承、艺术品质毫不动摇的基础上，不断探索演艺产业多样化、文化产品市场化的发展新路径，逐步建立健全现代企业化运作机制和产业发展模式，为传统戏曲演艺企业在新时期、新环境下的转型发展趟出了一条新路。再芬黄梅的舞台，因所有再芬黄梅人的共同努力，百花盛开，格外艳丽。这些绽放的鲜花，既象征着黄梅之花，更象征着新时代再吐芬芳的艺术之花。

现将安徽再芬黄梅文化艺术股份有限公司（以下简称“再芬黄梅”）2011年改制以来的工作情况以及未来发展谋划报告如下。

一、2011年改制以来的工作情况报告

（一）改革取得实质性突破，再芬黄梅股份公司成立

2011年4月13日，安徽再芬黄梅文化艺术股份有限公司在安庆揭牌成立，标志着安徽省文化体制改革迈出新的步伐，取得新的进展。

在2010年，安徽全面完成国有文化院团转企改制攻坚后，在第二轮文化体制改革中，安庆市在对其余11家黄梅戏剧团成功转企改制的基础上，经过慎重调研、论证，决定对再芬剧院实行股份制改造。组建的安徽再芬黄梅文化艺术股份有限公司，由省市共建，着力打造引领黄梅戏事业发展的文化龙头企业。

再芬剧院转企改制和股份公司设立，任务重，时间紧，再芬黄梅分门别类组织相关人员，积极参与工作，先后完成土地、房产确权过户，经审计、评估后，将资产注入股份

公司；同时，通过追加投资和增资扩股，全面落实改制方案对股份公司注册资金及资本要求。截至2012年12月，股份公司设立健全所有手续，资金到位，产权明晰。

新成立的安徽再芬黄梅文化艺术股份有限公司，严格按照国家相关规定，建设公司治理结构，规范股东大会、董事会、监事会运作，建立科学的管理、决策以及监督机制；确立公司管理架构，完善机构设置，合理分工，增强团队执行力；制定了《股东大会议事规则》《董事会议事规则》《监事会议事规则》《财务决策和签批制度》《财务内控制度》等一批重要管理制度，规范行为，有序运作。

作为全国第一家转企改制、股份制改造的国有文艺演出院团，安徽再芬黄梅文化艺术股份有限公司的挂牌成立是安徽省深化文化体制改革的积极成果，是文艺演出院团改革发展的有益尝试和探索。至此，安徽再芬黄梅文化艺术股份有限公司成为我国两轮文化体制改革的标志性样本。

（二）艺术创作生产步入轨道

自2011年起，再芬黄梅加大对原创剧目的经费投入，五年来，先后创作生产了《徽州往事》《寂寞汉卿》等大型黄梅戏；改编生产了《浮生六记》《靠善升官》《仲夏夜之梦》等大型黄梅戏；重新加工复排了《五女拜寿》《春江月》《罗帕记》《女驸马》《天仙配》《桃李无言》《泪洒相思地》等大型黄梅戏。

从2016年开始，再芬黄梅在市委宣传部的直接领导下，策划了两部原创大戏：《许诺》与《倾宁夫人》。这两部作品都是安庆本土题材。《许诺》是以著名核物理学家邓稼先为主人公，以其夫人许鹿希的视角进行原创的一部大戏；《倾宁夫人》，还原的是六尺巷的故事。目前两大戏进展的情况是：《许诺》排练已近尾声，并已进行了专家现场论证会，目前正在修改排练；《倾宁夫人》已经建组，即将投入排练。

与此同时，再芬黄梅还移植、整理开发了《访鼠》《双下山》《活捉》等一批小型精品剧目，在一定程度上丰富了再芬黄梅公馆的演出。2015年12月，再芬黄梅领衔出品了新媒体电视剧《后台很火》。该剧是戏曲艺术与网络影视延伸性嫁接的一次有益尝试。《后台很火》是黄梅戏曲传承和延伸之火，体现了再芬黄梅的与时俱进和对艺术追求的兼容并蓄。

这些剧目的生产，改变了近年来黄梅戏演出基本是“老三篇”（《天仙配》《女驸马》《徽州女人》）的单一局面，极大丰富了黄梅戏演出市场。

六年来，再芬黄梅在大型剧目生产方面，不断加大投入，扣除部分原创剧目的项目支持经费，总额已经超过3100万元。除此之外，中型剧目、折子戏等生产费用，接近

530 万元。

（三）紧贴市场，探索戏曲商演新路

六年来，再芬黄梅累计在全国巡演 681 场，承担“高雅艺术进校园”等公益演出活动 126 场；黄梅戏艺术中心、再芬黄梅公馆每年演出超过 300 场。再芬黄梅的市场化演出日趋成熟。

商业演出一直是再芬黄梅产业化发展的基础和主要抓手。2017 年，农历大年初四，当人们都沉浸在节日的欢乐之中时，再芬黄梅的演员们已经远赴江西开始了新的一年的演出。之后，2 月份赴台湾演出五场，3 月份在国家大剧院演出五场，四月份又去了宁夏、甘肃等地演出。

自 2011 年起，再芬黄梅创造了驻场演出的模式，改变了原来在一个剧院只能上演一至两场的状况，先后在合肥、北京、南京、苏州、广州等城市驻场连续演出 8 场甚至 16 场，产生了巨大的社会效益和一定的经济效益。再芬黄梅的商业巡演和公馆演出已经成为国内戏曲演出的重要知名品牌。

（四）基础设施建设显著改进和加强

再芬黄梅投入大量资金推进基础设施转型升级，为再芬黄梅的未来发展打下了坚实的基础。

六年来，再芬黄梅利用专项资金先后新建了占地 2000 平方米的再芬黄梅公馆、750 平方米的再芬黄梅青年团实训场等演艺场所、1000 多平方米的黄梅戏传承基地、排练场、录音棚、舞台制作间等。为进一步完善场馆建设，除专项资金外，再芬黄梅再度为再芬黄梅公馆、再芬黄梅青年团实训场等场馆的后续软装、相关设备投资，款项多达 2000 余万。黄梅戏艺术中心交由再芬黄梅运营和维护后，投入数百万元进行了整体改造升级，不仅从根本上解决了再芬黄梅必需的演出场所，同时还为再芬黄梅提供了艺术中心商业运营的基础，一举两得。

与此同时，再芬黄梅还购置了房产，解决了员工宿舍问题。与其配套的员工食堂也在积极筹建之中。

多年来，再芬黄梅诸多设备已经严重老化与落后，为解决历史欠账，更新基础设施，再芬黄梅先后在灯光、音响、道具等方面投入重金，全面提升了基础设施水平。

（五）企业管理迈上新台阶

再芬黄梅在艺术上与时俱进，在管理上也敢于突破旧有模式。

六年来，再芬黄梅围绕生产管理、物资管理、质量管理、成本管理、财务管理、劳动人事管理等,建立了一系列规章制度。在考勤、请假、排练、演出、奖惩、安全生产、财务、财产、采购、车辆使用、剧场管理、宣传等方面建立了管理规范。再芬黄梅通过管理灵活调配岗位,一专多能,盘活了人力资源。

艺术院团不同于一般企业,有其自身的特殊性。一场演出,涉及多个部门和个人,如果不能将部门与个人的活动同步,就无法保证演出质量。更重要的是,主要角色几乎有着不可替代性。对此,再芬黄梅结合自身实际,从法、理、情,到情、理、法,建立了一整套适合剧院的管理办法。

六年来,再芬黄梅始终严格计划职能。制定目标后,围绕目标制订方案和实施步骤;在实现目标的过程中,分级授权,建立良好的沟通渠道,确保目标的实现。

六年来,再芬黄梅在实践中,建立了一套激励机制的数值。包括年终奖励在内,再芬黄梅都是通过数值计算,对员工进行分门别类的奖励。这种激励机制,不仅赏罚分明,使每个员工都充分发挥他们的潜能,而且对人才的保护,起到了至关重要的作用。

六年来,再芬黄梅通过实践,不断修正,企业管理迈上了新的台阶。

(六)圆满完成国家、省、市重要活动演出和政治接待演出任务

2011年至今,再芬黄梅数次参加了国家、省、市的重要演出和政治接待,圆满完成了各级政府交予的任务。

六年来,从合肥市的“游安徽、看黄梅”,到安徽省第十三届运动会;从安徽历届“国际徽商大会”到北京的外交部安徽全球推介活动;从安庆的国内外记者团采访接待,到省城军营的八一献演;从跨市跨省的双边互动,到国际的经贸文化交流,都有再芬黄梅人的积极参与。

六年来,再芬黄梅在购买公共文化服务方面,积极参加“百千万工程”“送戏下乡”“戏曲进校园”等文化惠民演出活动,受到观众的热烈欢迎。

作为安徽的文化形象和名片,韩再芬个人多次参与接待了中央部委办、中央文化机构、全国各地重要单位负责人,积极参与安徽的推介招商活动。韩再芬利用其自身的影响,极力宣传安徽和安庆,最大限度地为安徽和安庆的社会经济发展做出自己的贡献。

再芬黄梅以其不可替代的方式,创造了显著的社会效益。

(七)老艺术家无私传承,新人茁壮成长

戏曲艺术的传承,人才是根本。再芬黄梅以加强戏曲保护与传承为出发点,不断完善戏曲艺术表演团体青年演员人才培养机制。

再芬黄梅青年团从 2011 年正式起步。五年来，在老艺术家们的无私传帮带下，青年团演员不负重托，破茧成蝶，美丽蜕变，逐步成为各大黄梅戏比赛的佼佼者，张敏、王泽熙、江敏获得第三届“黄梅之星”称号；第六届黄梅戏艺术节剧目展演中，青年团的《五女拜寿》在 20 多部参演剧目中脱颖而出获得剧目奖，张敏和钱霖也凭着出色的唱腔和表演获得表演奖；在 2012 首届全国黄梅戏广播大赛中，张敏获得“十佳演员奖”，余平获得“最佳新人奖”。

从 2015 年 7 月 31 日到 8 月 10 日，青年团考核汇报演出 11 场，获得圆满成功。此次成果展示活动，不仅检阅了青年演员的水平，同时催生了一批新剧目。

为了培养青年演员，再芬黄梅的艺术家，在帮助青年演员成长的同时，让出了舞台。2014 年在合肥演出季中，包括韩再芬在内的一批台柱子都“退”了下来，他们在舞台上的中心位置，被再芬黄梅剧院的一批优秀中青年演员取代。这些举措，加快了青年演员成长的步伐。

戏剧传承，只有不断为青年演员搭建平台，让他们一个个脱颖而出，黄梅戏才能有更好的发展前景。培养青年演员，在众多实践平台，坚持训练和演出同时进行，是再芬黄梅艺术传承与人才培养一直贯彻的宗旨。为激励优秀青年演员尽早成才、成名、成家，再芬黄梅从 2016 年起，以“今日头牌”的方式不断推出新人。

“今日头牌”是再芬黄梅谋划已久的一项培养后继人才的重大举措。在老一辈艺术家的帮助下，以王泽熙、余平、张恒为代表的青年演员，各自以其别具一格的表演风格脱颖而出，令人瞩目。从 2016 年 10 月至 2017 年 5 月，再芬黄梅先后推出了“今日头牌”文武小生王泽熙专场、文武花旦余平专场、“今日头牌” 魅力“丑”角张恒专场，观众反响热烈，给予高度赞扬。此举不仅活跃了演出市场，更激励再芬黄梅的青年演员积极向上。再芬黄梅将在此基础上，为“今日头牌”建立艺术标准，成熟一名推出一名。

六年来，再芬黄梅摸索出一套“一体两翼”“三维互动”的人才培养模式。“一体”就是再芬剧院，“两翼”是指以培养专业人才为主的高校和省级人文社科重点研究基地“黄梅戏艺术发展研究中心”，“三维互动”则是学校、政府和专业演出团体之间的密切合作。在此发展思路指引下，再芬剧院与安庆师范大学合作，先后设立了黄梅戏表演本科专业和黄梅戏编导本科专业，借助高校厚重的文化和教育资源，充分利用剧团丰富的艺术资源，共同培养高水平高素质的实践人才。同时，剧院又与安徽省黄梅戏职业学院合作，成立了再芬黄梅实验班；与潜山县天柱山中心小学合作成立了再芬黄梅娃娃班。实验班的成立，旨在通过“面对面，手把手”的技艺传授和舞台实践培养人才，确保学生的培养质量和成材率，并为学生提供就业岗位，解除他们的后顾之忧。娃娃班的成立，旨在从小培养学生对黄梅戏的兴趣，为传统戏曲教学寻找样本。

为更好传承黄梅戏艺术，2013 年 12 月 8 日，再芬黄梅成立了“黄梅戏艺术传承委员会”。著名戏曲音乐家时白林等 12 位资深艺术家担任委员。再芬黄梅每月向传承委员会委员发放津贴。再芬黄梅还以项目合作的方式，在北京、合肥两地聘任了文化、戏剧、艺术等领域里的专家参与相关工作，以提升项目水平。

2011 年至 2015 年间，再芬黄梅先后整理、发掘出版了一系列书籍。《程学勤唱腔选集》《徐代泉黄梅戏唱腔精选》出版后，受到业内专家一致好评。这类图书由于受众面窄，出版社从经济效益考虑，往往不愿意出版。再芬黄梅响应国家关于保护和扶持地方戏曲剧种的要求，投入相应的人力物力，使这类图书得以顺利出版。

从 2012 年起，再芬黄梅每年都编辑出版《再芬黄梅年度报告》，已经出版的大型年度报告，字数已经达到 142 万字。年度报告的出版，对于再芬黄梅总结经验，留存资料，交流文化等诸多方面都具有重要的意义。

六年来，再芬黄梅还出版了《再芬黄梅公馆》《再芬黄梅 · 美国纪行》《再芬黄梅 · 十年拾级》《戏在民间——韩再芬戏曲表演评论集》等图书，在文化传承和黄梅戏的宣传上，起到了重要的作用。

（七）再芬黄梅品牌效应初步显现

再芬黄梅深化改革迈出重大步伐，还体现在对戏剧品牌的建设上。在中国戏剧界，韩再芬第一个提出了“品牌戏剧”的概念。再芬黄梅艺术剧院，是改革开放以来，中国戏剧界第一家以个人命名的剧院。

在“省市共建”的强力支持下，韩再芬不断加大对品牌建设的投入，“再芬黄梅，品牌戏剧”的广告语，不断深入人心。再芬黄梅是品牌戏剧，已成为戏迷的和观众的共同认知，形成了良好的口碑。再芬黄梅在省城合肥、在首都北京以及在境外台湾等地的演出，都出现过一票难求的盛况。在合肥和北京的演出，甚至出现了黄牛倒票的情况。

六年来，包括中央电视台在内的许多重要媒体，都与再芬黄梅开展了合作。中央电视台的《春节联欢晚会》《元宵晚会》《快乐戏苑》《叮咯咙咚呛》《青春戏苑》，湖南卫视“偶像来了”等知名栏目的节目中，都出现了除韩再芬之外的再芬黄梅的青年演员形象，这对推广黄梅戏，宣传安徽、宣传安庆和培养新人，都起到了重要作用。

与省城相比，安庆在人才的竞争中不占优势。再芬黄梅品牌以其非凡的影响力，不断召唤优秀青年演员加盟。品牌的力量，不仅吸引人才，更在一定程度上留住了人才，使再芬黄梅在人才市场的竞争中立于不败之地。

再芬黄梅品牌的影响力日益扩大，在国家层面，再芬黄梅已经成为不可或缺的代表。2014 年 11 月刘云山在北京主持召开的文艺专家座谈会，2017 年 3 月刘奇葆在北京主持召开的中华优秀传统文化传承发展工作座谈会，韩再芬都应邀出席了会议。国家大剧院在剧场档期紧张的情况下，每年都预留剧场，邀请再芬黄梅赴京演出 6 至 8 场。由教育部、文化部、财政部组织的国家级艺术院团和优秀地方艺术院团的高雅艺术进校园活动，安徽仅有再芬黄梅一家入选。

再芬黄梅品牌的影响，已经不止于中国。2010 年 11 月，韩再芬的表演艺术史和她所代表的黄梅戏艺术形式，作为世界不同文化的经典被美国国会图书馆记录和永久收藏，韩再芬成为新中国成立以来第一位入选该项目的中国戏剧艺术家。

六年来，再芬黄梅荣获了全国文化体制改革工作先进单位、安徽文化产业十大影响力品牌、安徽省文化产业示范基地等 10 余项省级以上荣誉；再芬黄梅艺术剧院获得安徽省政府颁发的“黄梅戏传承创新基地”称号；韩再芬凭借原创大戏《徽州往事》荣获了中国戏剧最高奖梅花奖，这也是安徽省及黄梅戏界首个“二度梅”。“再芬黄梅”不仅是安庆市、安徽省的文化品牌，还成长为全国戏剧界的知名品牌之一。

二、未来五年的发展谋划

改制六年来再芬黄梅人经过不懈努力，在文化传承、艺术创作、人才培养、基本建设和市场化开拓等方面取得了可喜的成绩，为今后五年企业进一步创新发展、成长壮大奠定了坚实的基础。自 2017 年开始，再芬黄梅依照自己的发展规划，有条不紊地开展了一系列工作。

（一）加紧艺术创作生产，扩大商业演出范围

未来五年，再芬黄梅的工作着力点是：抓原创重点剧目；不断扩大包括海外市场在内的商业演出范围。

再芬黄梅已经着手邀请全国知名编剧，策划创作一系列彰显具有地域文化特征的黄梅戏舞台剧，不断丰富黄梅戏储备库，进一步提升黄梅戏艺术影响力。徽州三部曲收官之作的《走出徽州》和《鼠牛之辈》《优孟歌》等一批重点开发剧目进入创作前期准备阶段；计划改编一批莎士比亚等世界著名剧作家的经典剧目，创排新概念的戏曲舞台剧；同时，结合当前市场需求和艺术传播特点，再芬黄梅将借助最新艺术呈现技术手

段，谋划和创作新型舞台剧目和实景演出。

2017 年开始，再芬黄梅将践行“文化走出去”战略，启动“戏飞扬——再芬黄梅全球巡回演出季”项目。这是再芬黄梅倾力推行实施的一个长期的文化战略项目：一是总结过去境外成功演出经验，在演出形式和剧目创新的基础上，逐步建立、完善境外商演的平台网络和市场网络；二是依托国内戏曲演出市场较为发达和活跃的中心城市，安排、规划重点片区成体系的商业巡演；三是通过全新创作内容、升级演艺形式和系统化传播、推广平台的建立，打造具有核心竞争力和市场影响力的“再芬黄梅”演艺品牌。

再芬黄梅将以“演出季＋”的形式每年在固定的时间段及地点演出黄梅戏剧目，旨在面向全球，开拓文化市场，在推介中国优秀传统文化的同时，培养一批固定的海内外观众，将黄梅戏文化脉络深深地植根于当地。该项目不仅针对内地及港澳台的文化市场，还会把触角延伸至俄罗斯、加拿大、德国、美国等国家。

（二）基础设施建设再上新台阶

基础设施建设是企业生产经营工作的物质基础，是企业长期持续稳定发展的重要前提。未来五年，再芬黄梅将利用高新科技，搭建黄梅戏数字博物馆，引导黄梅戏进入公众可参与交互式的新时代，达到普及黄梅戏文化的目的；建设“安庆市黄梅戏非遗传习基地二期”工程，打造具有浓厚戏曲色彩的黄梅戏茶楼、艺术沙龙、艺术手作坊等文化娱乐设施；实施“幻声魅影”声光电改造工程，对黄梅戏艺术中心的艺术呈现效果进行全面升级；建设“黄梅戏艺术基础数据库”，挖掘、整理和数字化处理黄梅戏历史文献、影像资料和全行业基础数据；建设再芬黄梅网上票务平台。

再芬黄梅还将根据实际，进一步加大基础建设投资，解决部分历史欠账，为大发展打下坚实基础。

（三）加大培养新人力度，修订教材，普及《黄梅戏》

在再芬黄梅青年团、再芬黄梅戏大讲堂、今日头牌等现有平台的基础上，实施“星计划”戏曲人才集中传承培养工程。

未来五年，再芬黄梅将分批选送有潜力和基础的青年演员和创作人员，到中央戏剧学院、上海戏剧学院等高校进一步深造，以不断提升水平；同时，定期邀请国内顶尖专家、学者、老艺术家等为演职员工进行授课和专项培训。通过制度和资金保障，实现黄梅戏人才的香火永续、黄梅戏艺术的传承发展。

把传统文化教育贯穿于国民教育始终，是中央所倡导的。刘奇葆在 2017 年 3 月 17 日的讲话中指出，要把传统文化教育贯穿于启蒙教育、基础教育等领域，进入课堂教学和教材体系，提升青少年的传统文化涵养。再芬黄梅未来将完成安庆市中小学地方教材《黄梅戏》的修订工作。由安徽韩再芬黄梅艺术基金会编印的《黄梅戏》，一经推出，就受到安庆市相关的领导的高度重视，同时也受到了广大师生的欢迎。目前修订工作已经启动。2017 年 5 月，将完成第一次修订工作。新修订的《黄梅戏》教材，将极大地助力“戏曲进校园”活动开展，对于安庆的黄梅戏普及与传承、对黄梅戏文化的建设，都将起到重要的作用。

（四）品牌延展，多元化产业开发

再芬黄梅经过六年来的发展，逐步创建、完善产业化发展路径，初步奠定产业化基础，尤其是近年来不断强化与市场接轨意识，摸索出了适合自身特点和适应市场需求的文化产品创新与经营思路。在商业巡演、公馆演出、艺术衍生品开发等方面不断取得突破的基础上，再芬黄梅未来五年将坚定不移地推进产业化、市场化发展，在产业项目的广度、深度寻求更大的突破。作为全国第一家股份制改造的戏曲院团，再芬黄梅将通过多维度的项目拓展逐步改变目前一业独大的经营业务格局，逐步形成以传统演艺为主线、多条艺术产品线起飞，更为科学和贴近广泛受众的公司经营构架。

艺术衍生品开发：再芬黄梅将针对黄梅戏艺术进行系列文创开发，加大艺术衍生品策划、研发、设计、制作。为创新特色文化产业，再芬黄梅将加强黄梅戏与互联网、动漫、游戏等优秀数字文化的创新性结合与转化，研发具有中国特色及黄梅戏元素的文创产品。在此基础上，逐步建立艺术授权的商业模式，组建衍生品开发运营平台，构建线上、线下销售传播网络；

筹建戏剧研发基地：为吸引国内外戏剧人才、演艺团体和相关产业从事戏剧创作、人才培训、服装设计、舞美制作、产品交易等戏剧产业相关活动，再芬黄梅将筹建戏剧研发基地，加快把安庆打造成为中国戏剧演出集聚地；

再芬黄梅公馆模式复制：安庆再芬黄梅公馆历经三年多摸索，总结出一套完善的市场运作模式和成功的演出形态，已经具备完整模式移植的条件。未来五年计划在合肥、黄山、潜山三地，和京、沪等发达城市，结合当地旅游、商务客人的文化消费需求，规划落地再芬公馆项目。

建设黄梅戏数字博物馆（体验馆）：依托安庆市非遗传习基地二期工程，与世界顶级 VR、AR 技术提供商及内容制作团队合作，建设黄梅戏数字博物馆（体验馆）。该项目对于黄梅戏文化的传播推广具有划时代的意义，同时也是对传统戏曲表现形式的大升级。

筹建戏剧影剧院：结合旧城改造、历史文化街区的建设，选址老旧建筑投资改建戏剧影剧院。采取 NT Live 模式，传播国内外经典戏剧演出现场。

开发建设“黄梅在线”数字化多媒体直播平台。融合黄梅戏现场演出、排练、教学、后台场景在线互动直播（含演员、主持个人直播及 VR 技术采播），及传统经典戏曲文化视频采集、整理、制作及在线点播的软硬件集成平台；相关在线商城、支付系统、社交互动等功能的 APP 平台开发。

（五）计划打造安庆戏剧城核心区

中国城市千篇一律，缺乏个性与特色。打造安庆戏剧城，使安庆变成别具一格的有魅力的城市，是安庆从中国城市千城一面的窠臼中脱颖而出的最便捷、最见效的最好方式。安庆戏剧文化底蕴深厚，具备打造特色城市——戏剧之都的雄厚基础。

——有广泛的群众基础。唱着过的市民；民间班社众多。

——有巨大的影响。安庆举办过七届戏剧节。有蜚声中外的著名演员严凤英和韩再芬。

——有上下一致的需求。中央层面：刘奇葆 4 月 8 日在安徽考察时指出：要发挥文化对精神文明建设的滋养涵育作用，用建筑风格提升城市品位，用人文精神增添城市魅力，用文化生活打造城市气质。省市层面：石牌戏曲文化特色小镇项目得到省、市高度重视和全力支持，项目将以戏曲产业化为核心打造戏曲特色小镇，把石牌镇建设成为全国戏曲工作者的文化体验地和世界戏曲爱好者的旅游目的地。

建设“安庆戏剧城 · 核心区”，是打造安庆戏剧城的先声，不仅对保护、传承和发展黄梅戏曲文化，推进文化事业和产业共同繁荣发展具有意义，同时在满足人民群众日益增长的精神文化需求，让老百姓有更多获得感方面，也具有重要的意义。

2016 至 2020 年间，再芬黄梅将积极利用自身资源，倾力打造“安庆戏剧城 · 核心区”。再芬黄梅界定的核心区范围是：以湖心中路为中轴线，以菱湖北路、菱湖南路为两端，东至龙眠山路，西至安庆师范大学。这个区域内，已经建有黄梅戏博物馆、黄梅戏艺术中心、黄梅山庄、严凤英纪念馆、再芬黄梅公馆、黄梅戏传习基地。这一系列具有黄梅戏元素的建筑与设施，自然构成了“安庆戏剧城 · 核心区”的范畴与基础，在无须更改城市规划、增加开发用地和扩大建设前提下，按照戏剧城概念，进行切实可行的、科学的、艺术的、符合现代旅游观光需求的改造、改建与完善，即可在较短时间内初见成效。

再芬黄梅将积极争取安庆市委、市政府的政策与资金的扶持，延请国际一流的规划团队精心规划,围绕黄梅戏历史、文化、经典作品、标志性艺术家,利用美术、音乐、多媒体、新媒体等方式,开展广场、剧场等演艺、表演,辅以长廊、露台、水榭、画舫、步道等环境渲染,加之黄梅戏主题的餐饮与民宿等配套服务,打造一个独一无二的戏曲主题公园(园区),进而为规划、建设"安庆戏剧城"先期试水,积累经验。

"安庆戏剧城·核心区"的构想,与石牌戏曲文化特色小镇的立项,以及潜山戏剧特色小镇的发轫,是"安庆戏剧城"的破题之举。安庆戏剧城已呈呼之欲出之势。

再芬黄梅的发现与创新精神,是再芬黄梅发展的前提。面对未来,再芬黄梅将为戏曲文化的传承与发展,为传统戏曲产业化的深入拓展,倾尽所有的力量。

发扬工匠精神　注重品牌打造

安徽强邦印刷材料有限公司

一、企业基本情况

安徽强邦印刷材料有限公司成立于2010年11月，注册资本3500万元，主营印刷器材CTP版、CTCP以及PS版生产、销售，是目前国内规模最大的印刷板材提供商之一，并为全球40多个国家和地区提供服务。公司发展势头强劲，2016年企业产值为1.62亿元，同比增长80.3%，截至2016年年底净资产达到9008万元。企业公司尊崇“踏实、拼搏、责任”的企业精神，恪守“诚信求实、致力服务、唯求满意”的经营理念，为新老客户提供及时周到的解决方案，在印刷材料行业中形成了良好的品牌优势。

二、企业经营模式

安徽强邦印刷材料有限公司为广德县政府招商引资企业，公司总部位于上海，总公司成立于2003年，属香港独资企业。2004年强邦版材一面世，就深受国内外广大印刷用户的喜爱，公司也是中国最具成长的印刷版材专业提供商。目前，公司已发展成为包括上海总部和安徽基地两部分的集团化公司。

强邦上海总部创立于2003年，坐落于国家级开发区—上海嘉定北开发区，紧邻江苏、浙江，交通十分便利。强邦上海总部现有连续化生产线3条，其中14米/分生产线2条，16米/分生产线1条，产能为2000万平方米每年。其中两条线专门生产CTP版，年产CTP版1200万平方米，一条生产线专门生产PS版和CTcP版，年产800万平方米。

安徽强邦印刷材料有限公司于2010年5月签约落户广德经济开发区，项目总投资7000万元，占地面积65亩，现有员工305人。该项目于2010年11月开工建设，总建筑面积25721平方米。公司稳步发展,2011年投入第一条生产线,设计车速40米/分,年生产能力1400万平方米;2013年10月投入第二条生产线,设计车速40米/分,年生产能力1800万平方米;2014年安徽强邦生产基地具备3200万平方米/年的生产能力;2016年公司现有连续现代化生产线4条,现年生产能力4000万平方米/每年。

三、企业经验做法

注重工匠精神,强邦安徽生产基地继承与发扬了上海强邦的优良品质,专注生产的规模化、集约化、科学化管理,力图达到产品均一化、产能最大化、成本最小化,通过在全厂举办专业能手大比拼活动,大力营造人人重视产品质量、人人创造精细质量的浓厚氛围,用心打磨好每一个印刷板材产品,提高印刷板材的高档次、高科技含量、高附加值。

注重科技创新,科技创新是第一生产力,特别是针对强邦这样技术含量相对较高的企业更是如此。企业投入大量的人力物力进行科技研发,经统计,安徽强邦自成立至今已经荣获各项专利24项,2014年被授予“安徽省民营科技企业”称号,2015年申报“含氟丙烯酸树脂的制造方法及其在印刷板材涂层中的应用”发明专利,现已进入发明专利实质性审查阶段。

注重人才培养,公司人力资源部门制订了《员工手册》,作为规范员工行为准则的指南,为员工所必知。公司在员工手册中,明确了对员工道德修养和专业胜任能力的要求,并将其作为选拔和聘用的重要标准,通过对员工不间断的培训来提高其素质,公司还定期组织员工到上海总部进行专业培训,力求做到企业文化认同感和知识技能的提升。

注重安全生产,安徽强邦印刷材料有限公司作为产品的生产基地,在日常管理中特别重视安全生产,成立了以董事长、法人代表为组长,副总经理为副组长的企业安全领导小组,完善安全管理组织结构;制定并严格落实消防安全责任制、车间系统安全责任制、岗位安全警示制等多项安全制度。公司日常作业坚持督导助平安,经营班子和安全工作人员坚持深入生产一线,深入关键环节,对安全工作实施经常性的检查督促,消除安全隐患,确保了安全生产、平稳顺利。

企业注重环境保护,公司始终紧紧围绕环保生产原则,在公司成立之日起即按照国家标准添置环保机器,做到保护环境从我做起。公司成立至今未发生过环境污染事件，积极努力创建“资源节约型、环境友好型”企业。

企业注重市场营销，公司总部成立专门的市场营销部门，积极组织参加各种行业内的展销会，经过多年的工作积累，公司现已具备完善的销售网络，在欧洲和迪拜有自己的服务分支机构，产品远销欧洲、南美洲、非洲、亚洲等区域国家，具有较好的市场竞争力和占有率。

企业注重品牌打造，现如今品牌竞争已成为市场竞争的焦点，谁拥有卓越的品牌，谁就拥有顾客、市场和未来。强邦印刷在成立之初，便高标准投入建设，公司拥有国内一流的现代化全自动、全封闭连续卷筒式 PS 版生产线，其自控系统全套进口，能生产宽度为 1300mm 以下、厚度为 0.15—0.3mm 的各种规格版，生产“强邦”牌 PS 版产品通过了 IS09001:2000 国际质量体系的认证。由于企业生产的产品质量过硬、企业信用良好，公司先后获得上海著名商标、中国著名品牌的殊荣。

企业注重文化建设，企业在发展的过程中，逐渐形成了务实勤勉、诚实守信、努力拼搏的企业文化氛围，公司及时凝结提炼出了“踏实、拼搏、责任”的企业精神，在公司的日常管理中，通过将企业精神观转化为企业文化规范，梳理并完善相关管理制度，对员工日常行为和工作行为进行细化，逐步形成企业文化规范，以理念引导员工的思维，以制度规范员工的行为，使得员工增强主人翁意识，做到与企业同呼吸、共命运。

四、企业影响

企业在发展的过程中为广德发展做出了积极贡献，据统计，公司在 2016 利润总额 1236 万元，纳税 853 万元。另一方面公司在抓生产的同时，非常重视企业的社会效益，据统计公司成立至今，共为广德县提供就业岗位 305 个，坚持做到“三不三满意”，即困难时期不停产、不裁员、不减薪，实现社会满意、企业满意、员工满意。同时积极帮助员工解决困难，按期为员工购买养老、医疗、工伤保险，按时发放薪资，建设图书室、休闲活动室等场所，让员工能够轻松愉快的工作生活，2016 年全年为公司优秀员工发放奖励资金 50 万元。2016 年，公司积极响应扶贫工作部署，主动联系帮扶广德县邱村镇困难党员群众 2 人，累计捐助扶贫资金物质 12000 元，并为本公司困难职工申请助困资金 5000 元。在 2016 年“6.20”洪灾捐助、关爱环卫工人等活动中，积极捐款捐物 5 万元。

五、企业获得荣誉

公司在2015年、2016年连续两年被评为“广德县优秀工会先进单位”，2016年被评选为“宣城市优秀文化企业”“广德县非公有企业先进党支部”“县级文明单位”“安徽省民营文化企业100强”。

坚持文化引领　实现跨越发展

——黄山徽州竹艺轩雕刻有限公司发展纪实

黄山徽州竹艺轩雕刻有限公司

安徽省黄山市是徽文化的发源地，这里有着浓厚的非物质文化历史底蕴，凝聚了一批有特色的非物质文化遗产项目，其中就有徽州三雕和徽州竹雕。黄山徽州竹艺轩雕刻有限公司就是从事徽州三雕和徽州竹雕业务的一家民营企业。公司由朱泓、朱伟兄弟二人创办于21世纪初，并于2006年正式注册，凭着十余年的摸爬滚打和转型升级，公司已由最初的十几人家庭作坊，转变为我市具有一定规模的文化产品生产企业，其业务涵盖文化及旅游产品设计、生产、销售、宣传各领域，下设两家规模性企业，直营品牌专卖店六家，生产基地总占地面积近六万平方米，总员工人数150余人。连续三年被评为安徽省民营文化企业100强，从2009年至2014年连续获得国家文化出口重点企业称号，属于国家级非物质文化生产性保护示范基地。

从艰苦创业到摸索发展，徽州竹艺轩时刻秉承着“传承徽雕技艺、弘扬民族文化”的企业宗旨，走出了一条独特的文化传承和产业兴企之路。

一、创业期：从个人兴趣到兄弟创业，从工作室到竹木雕刻厂

黄山徽州竹艺轩雕刻有限公司最初仅是个作坊式工作室，工作室由现在的黄山徽州竹艺轩雕刻有限公司董事长朱泓建立。在20世纪末21世纪初，黄山市工业尚处萌芽，各类产业相继悄然发展。随着黄山市旅游市场的逐渐升温，在市场经济的大形势下，徽州竹木雕刻这一民间手工技艺开始发展起来。起初，竹木雕刻工艺品生产大多以家庭作坊为承载，完全由民间雕刻巧匠纯手工雕刻完成。朱泓接触竹木雕刻完全始于自己的兴趣，从最初的木工学徒，慢慢全身心投入于竹木雕刻中，并创立了自己的工作室——竹艺轩雕刻工作室。

工作室创办以后，产品的销售和工作室的生存还存在困难。在行业氛围和市场发

展中，竹艺轩工作室开始逐步扩充，并招收学徒，学徒也从两三人发展到十几人。2000年，朱伟大学毕业和朱泓一起专研起了徽州竹木雕刻。并借助电脑知识和网络平台，以工作室的名称建立了“竹艺轩”网站，并把其所雕刻的各类工艺品上传到网站，逐步引起了客户的关注，网络销售获得了一次次市场青睐，效果不错。

成长期：以文化传承树立品牌，以产业发展迎合市场

2005年，黄山徽州竹艺轩雕刻厂入驻徽州区城北工业园，并引进专业的生产辅助设备，企业一边扩大生产规模，一边将传授技艺融于生产实践当中，使学员能在生产实践中快速掌握技能，同时也能快速将雕刻技艺转化为经济效益。2006年9月，朱泓正式注册成立黄山徽州竹艺轩雕刻有限公司，按照产业化和产能提升的思路，进行工艺改良，细化工序分工，建立了几条竹木雕刻专业化生产线，从竹木原材采购加工到成品管理，完善了从产品品质到管理革新等各方面的大幅提升。

2008年，竹艺轩通过ISO9001质量管理体系认证，企业管理有序提升的同时，促进了企业效益的显著增长。规模从小到大，产品由单一到多元，逐渐发展成为集室内装饰、商务礼品、旅游纪念、文化产品包装为一体的文化产品生产企业。竹艺轩先后获得全国工业旅游示范点、安徽省文化产业示范基地、安徽省林业龙头企业、安徽省农业产业化龙头企业等称号，2010年成功入选“世博会特许产品生产商和零售商”。

多年来，竹艺轩致力于徽州竹木雕刻的有效传承和保护，分别在徽雕技术研究、产品开发、工艺生产、徽雕精品保护和传承上吸纳和培养了一批专业的徽雕技术专业人才。

在市场需求不断扩大，企业生产规模亟待扩大的同时，专业化徽雕人才出现匮乏。为了解决人才续接和技艺的有效传承，竹艺轩公司还举办了徽雕技艺传习班，通过生产实践有效推进学员的技艺水平，培养了一批又一批的徽雕巧匠，先后培养省级非遗传承人两名，省级工艺美术大师及名人三名，市级非遗代表性传承人不下八名。

以产业促进发展、以发展吸引人才、以人才传承技艺，使企业得以长足发展，使徽雕技艺得以有效传承。多年来，竹艺轩竹木雕刻精品获得各类殊荣，2015年荣获金奖八项，其中《栖霞仙馆》《年年有余》荣获中国工艺美术最高奖“百花奖”。其他代表作如：《人间百态》《兰亭雅集》《商旅图》等均屡屡获奖，其中，《兰亭雅集图》木雕香筒于2011年被收入中国国家博物馆。

二、转型升级期：努力整合资源，坚持全面创新，凝聚品牌价值，弘扬文化核心

2012 年，竹艺轩筹资在黄山经济开发区注册成立黄山徽字号徽雕文化有限公司，形成集生产、销售、旅游、文化、展览等综合一体化文化融合性企业，使得年生产能力大大提升。

通过产业升华，从对单一的竹木雕刻的研究，发展到对砖雕、石雕、根雕等雕刻综合领域的研究，切实将产业与文化紧密整合，力求实现更大的社会影响力，并逐步形成产业带动效益。目前，竹艺轩已取得发明、实用新型及外观专利 30 余项；2013 年，主导编制的“徽州四雕”系列地方标准，2014—2015 年，主持编制的《竹简工艺品》行业标准，均于 2015 年 9 月被工信部公示发布。

竹艺轩还注重产业融合发展，在 2012 年到 2014 年，陆续和中国邮政公司合作，成功开发了“金铜佛邮票”“马年邮票”等木雕邮票项目。2014 年 11 月，承接并完成 APEC 非领导人正式会议午餐菜单的开发、设计制作项目；同月，第八届国际竹文化节在徽字号博物馆圆满落幕。

目前“竹艺轩”已被认定为安徽省著名商标、安徽知名旅游商品，竹艺轩公司冠名国家文化重点出口企业、国家工业旅游示范基地、安徽省民营文化企业 100 强、安徽省文化产业示范基地等多项荣誉。2014 年 5 月，黄山徽州竹艺轩雕刻有限公司被录入“第二批国家级非物质文化遗产生产性保护基地”名录，是黄山市唯一一处国家级非遗保护基地。

着力提升文化旅游融合发展
打造九华山转型升级新引擎

池州市九华山大愿文化园

九华山抢抓皖南国际文化旅游示范区建设重大机遇,围绕全域旅游理念,按照市委、市政府的决策部署,创新发展理念、转变发展方式,苦练内功抓管理、强化营销增效益,着力推进大愿文化园又好又快发展。2016 年,接待国内外旅客 88.6 万人次;旅游收入 9711.60 万元。

一、以打造核心品牌为基础,着力强化精品意识

一是明确景区定位。按照皖南国际文化旅游示范区的统一规划,认真落实省、市党委和政府的决策部署,九华山进一步放大佛教文化品牌,弘扬大愿文化精神,着力将大愿文化园打造成国内一流、举世瞩目的精品工程,建设皖南国际文化旅游示范区的优秀项目、首选景区、核心品牌。二是推进融合发展。按照全市旅游"一盘棋"的要求,发挥九华山旅游的龙头带动作用,坚持山上山下互动、景区城区联动,不断拓展旅游新业态,将大愿文化园作为九华山和主城区的重要节点。三是深化发展思路。根据全市旅游营销策划的部署要求,九华山党工委、管委会及旅游集团公司科学谋划、全面部署景区运营管理工作,明确坚持以营销为核心,以市场为导向,以政策为抓手,以服务为保障,全力抓好景区运营管理,着力创建全国 5A 级景区和皖南核心景区,进一步放大九华山佛教文化和地藏王大愿精神的品牌效应,加快推进世界佛教文化建设。

二、以创新营销理念为抓手,努力争创首选景区

一是精简组织机构,完善政策体系。集团公司以目标为导向,建立精简、高效的营

销组织机构，细化、完善各项管理规章制度，制定出台《地藏圣像景区 2016 年度门票政策及奖励管理办法》。二是丰富佛文化体验产品，提高宣传针对性。从佛文化、传统文化、法定假日三个层面策划推出特色活动，提升游客体验值。如"千人祈福法会""一日禅修""自驾车辆开光""放生祈福""佛教音乐盛典"等活动。紧扣地藏孝道文化，在春节、清明节、端午节、中秋节、重阳节、母亲节、父亲节等节日推出系列活动，传承中华文明。在三八妇女节、五一劳动节、十一国庆节等法定假日推行门票优惠政策，通过演出、祈福法会等节目烘托节日氛围。同时，适时举办书画展、摄影展、灵璧石艺术展等展览活动。三是积极参加上海、南京、山东、泉州、香港、杭州等旅游交流活动，结合产品落地选择性投放广告，使广告宣传效果最大化。四是加大市场开发，深挖九华山二级市场。规范市场管理，整合周边旅游资源，拓展二级市场销售渠道。五是继续巩固长三角成熟市场，并积极尝试挖掘山东、河南、江西、湖北等潜在市场。已与江西春秋旅业等三家旅行社签订江西市场合作协议，与山东、河南、湖北等相关省旅游协会、旅行社代表达成意向协议。六是创新区域市场线路产品。2016 年推出"自驾车辆开光"、暑期学生游、养生康体祈福游等特色线路，市场反应良好。七是升级"大愿如愿"演出节目。大型户外实景剧目"大愿如愿 · 祈愿篇"已成为大愿文化园标志性产品，2016 年节目在剧情、动作、演员阵容等方面已全面升级，节目皆在挖掘九华山深厚的佛教文化底蕴、突显地藏文化的根本精神。八是丰富园区旅游商品。近年来，旅游产业蓬勃发展，园区内旅游商品、纪念品日益丰富，最具地方特色的商品、纪念品达几十万种，满足了不同群体的购物需求。九是抢抓互"联网 + "时代的机遇，积极建设智慧旅游平台，开发手机客户端。目前已与上海萃泽合作，实现微信嗨摇平台产品上线，可微信平台购票。通过对方"嗨游商导通"手机 App 平台，开展"299 联票"网络售票。同时，与同程、携程、驴妈妈、去哪儿等近 20 家电商平台合作，搭建分销平台，扩大景区产品覆盖面。

三、以文化产业融合为契机，逐步增强核心动力

一是完成省影视产业园区（基地）申报工作。为带动九华山文化产业又好又快发展，进一步挖掘九华山文化产业的创意与活力，立足自身资源优势，深入挖掘和弘扬优秀文化，成功完成省影视产业园区（基地）申报工作，并顺利通过。根据《国家艺术基金章程》《国家艺术基金项目资助管理办法》及《国家艺术基金财务管理办法》要求，完成

了国家艺术基金2017年度舞台艺术创作资助项目申报工作。完成省研学旅行基地申报工作，推进佛教文化与旅游深度结合，加快“旅游+教育”的转型，增强旅游综合竞争力，立足自身资源优势，经过策划、考察学习，顺利完成了省研学旅行基地申报工作。二是启动对台交流基地活动，成立佛教论坛促交流，以做好两岸文化交流为主线，以强化对台宣传为抓手，加强组织领导，创新方法机制，狠抓措施落实，了解对台工作呈现的特点和变化，牢牢把握正确的政治方向，积极发挥对台交流资源优势，拓展两岸交流合作平台，全面启动交流基地活动。台湾彰化地藏寺同修会朝山团一行于2016年8月来九华山地藏圣像景区参观。台湾生命电视台台长海涛法师一行70余人于2016年10月受邀参访地藏圣像景区。三是充分利用地藏圣像景区作为第五届安徽省文化产业示范基地、对台交流基地的文化平台作用，加强两岸佛教文化交流互鉴。精心准备、策划、酝酿了一系列对台文化交流项目，着力打造世界地藏文化研究与交流中心，并倡议以地藏菩萨道场——九华山为依托，联合佛光山总本山、国际佛光会、宜兴大觉寺、九华山佛教协会共同发起成立“地藏信仰与人间佛教”论坛；四是组织开展台湾佛光山摄影展，通过真实生动的两岸风光摄影，使两岸同胞充分领略祖国大好山川美景，引起强烈爱国共鸣；策划实施九华山——佛光山文物交流活动。五是着手启动筹备成立九华山地藏文化研究院。六是积极开展地方戏入园活动，举办以九华山为题材、形式多样的演出节目，内容包括：黄梅戏、九华民歌、佛乐演奏、佛乐歌伴舞等，更好地传承了文化精髓。七是认真做好佛教艺术展览及展示工作，进一步提升了地藏圣像景区的文化品位，加强了文化园文化积累与沉淀。八是积极做好九华山历史文化资料的收集与整理工作，全面启动九华山历代重要记事碑刻及重点摩崖石刻拓制工作。

四、以旅游+教育为切入口，加速景区提档升级

九华山旅游集团公司抢抓研学旅行契机，成果丰硕。所属大愿文化园被安徽省旅游局命名为“生态禅修文化”类研学旅行基地，所属秋浦胜境大王洞风景区也乘势而上。两景区已成功接待黄山新教育学校、池州城西小学、青阳望华公学及周边地区等多批次学生团队。

一是挖掘研学旅行资源，充分发挥生态旅游、禅修体验、佛教文化三位一体的教育功能，大力开发培育研学旅行产品。二是加强与教育部门合作，扎实推进研学旅行基地建设工作，真正让景区成为学生课外实践、文化体验的实景课堂。三是积极利用得

天独厚的佛文化资源禀赋，主动迎合市场需求变革，策划推出一系列融教育性、趣味性、参与性于一体的研学主题活动。四是针对研学旅行团队，编制了佛教文化、孝道文化、地质学、景观植物、建筑样式、传统工艺等研学课程。

大愿文化园作为研学旅行基地，找准了研学旅行工作的切入点，深挖园区亮点，在知识普及和认知提升方面做足文章，以游为载体，着重体现研和学，真正把研学旅行工作落实到位。

五、以加强团队管理为重点，不断提高核心竞争力

一是强化员工队伍和管理制度建设。结合机构调整、岗位设置及工作实际，各重要岗位采用“内外招聘、择优录取”的方式，储备优秀营销人才，全面加强营销队伍建设，实现管理的科学化、制度化、规范化。二是建立健全薪酬管理、绩效考核制度等各项管理制度，根据散客、团队等不同群体，制定相应的门票销售目标任务、营销策略和激励机制，强化责任意识，充分激发市场工作人员积极性和创造性。三是严明工作纪律，提升执行力。通过开展日常工作督察，加强作风建设，全面提升团队形象。

大事记

安徽省2016年文化体制改革发展大事记[1]

1月27日　全省宣传工作会议在合肥召开。省委副书记李国英出席会议并讲话。省委常委、省委秘书长唐承沛主持会议，副省长谢广祥出席会议。

2月25日　2015安徽省文化信息消费创新应用示范项目和互联网文化产业年度人物评选活动结果公布，共评出文化信息消费创新应用十大示范项目与互联网文化产业十大年度人物。

3月5日　由省委宣传部主办，安徽新媒体集团承办的我省移动端综合宣传文化平台——“必闻”客户端正式上线运行。省委常委、宣传部部长曹征海出席上线仪式。

3月12日　省委书记王学军、省长李锦斌到北京时代华文书局有限公司调研。省委常委、省委秘书长唐承沛，省委常委、宣传部部长曹征海，省人大常委会党组副书记、副主任詹夏来，省人大常委会秘书长朱读稳参加调研。

3月14日—16日　中宣部完善国有文化企业内部运行机制研讨班在合肥举行。中宣部文改办负责人出席，部分省(区、市)党委宣传部文化体制改革部门负责人、部分全国文化企业30强企业负责人参加。

3月18日　中国记协在北京召开座谈会，授予我省阜阳市广播电视台记者高思杰“全国优秀新闻工作者”荣誉称号。

3月22日　省委宣传部、省文化厅、省新闻出版广电局、省体育局联合印发《安徽省贫困地区基层公共文化服务脱贫行动计划方案》。

4月11日　2016年安徽文化产业重点招商项目暨2015年度安徽民营文化企业100强正式公布。

4月13日　由省委宣传部与安庆市联合打造的新创黄梅戏舞台剧《大清名相》在北京梅兰芳大剧院精彩上演。文化部党组书记、部长雒树刚，中国文联党组副书记、副主席李屹，中国作协副主席廖奔，省委常委、宣传部部长曹征海，省委宣传部常务副部长虞爱华等观看演出。

4月22日　2016年“书香安徽阅读季”启动仪式暨第七届“省直机关读书月”游园

① 整理人:朱雅娴。

活动在安徽大剧院举行。省人大常委会副主任梁卫国,副省长谢广祥出席启动仪式。

4 月 29 日　商务部、中宣部、财政部等 5 部门公布 2015—2016 年度国家文化出口重点企业和重点项目,我省 26 家企业和 10 个项目入选,居全国第三、中部地区第一。

5 月 12 日　光明日报社和经济日报社联合发布第八届“文化企业 30 强”名单,安徽出版集团、安徽新华发行集团和科大讯飞股份有限公司入选。我省入选企业数量与浙江、江苏并列全国第一。

5 月 12 日—17 日　第十二届中国(深圳)国际文化产业博览交易会在深圳会展中心开幕。中共中央政治局委员、中央书记处书记、中宣部部长刘奇葆,广东省省长朱小丹,中宣部副部长孙志军、庹震,中央网信办副主任徐麟,文化部副部长项兆伦,国家新闻出版广电总局副局长阎晓宏等参观安徽展区。

5 月 24 日　第四届“包公杯”全国反腐倡廉曲艺作品征集活动优秀节目展演在合肥大剧院举行。

5 月 27 日　全国第一个以历史文化为主题,以 VR(虚拟现实)、AR(增强现实)为主要表现形式的“中国历史文化沉浸穿越之旅——穿越三国”主题公园一期项目,落户合肥市逍遥津公园。

5 月 30 日　安徽出版集团与太湖县政府签订战略合作协议,共建安徽五千年文博园。省委常委、组织部部长邓向阳等出席签约仪式。

5 月 31 日　全省民营艺术院团“百佳院团”“优秀新创戏曲剧目”“优秀展演项目”评选结果正式公布。

5 月 31 日　由安徽新华传媒股份有限公司投资拍摄的电视剧《女不强大天不容》正式开播。

6 月 8 日　2016 年中国文化遗产日安徽省主场活动在黟县西递村举行。

6 月 13 日　由安徽工程大学和美国布里奇波特大学联合主办的“设计 + ”2016 国际设计创新论坛中美设计作品展,在芜湖国家级广告产业园隆重举办。

6 月 14 日　省政协举办“推进我省文学原创繁荣发展”重点提案办理专题协商会。

6 月 28 日　“中国特色社会主义新闻传播理论的构建”课题推进会在北京举行。省委常委、宣传部部长曹征海出席会议并讲话。

6 月 29 日　在 2016 年全国文化产业工作会议上,合肥被确定为第一批国家文化消费试点城市。

6 月 30 日　由省委宣传部、省直机关工委和安徽演艺集团共同主办,安徽乐团和安徽省歌舞剧院承办的《把一切献给党——安徽省庆祝中国共产党成立95周年音乐会》在安徽大剧院举行。省党政军领导与担任全国人大、全国政协专门委员会领导职务的在皖省级干部，担任过副省级以上领导职务的老同志，省直单位、中央驻皖单位负责同志，驻皖部队和武警官兵代表，全省优秀共产党员、优秀党务工作者和先进基层党组织代表以及社会各界群众代表等共1600余人一起观看了演出。

7月7日　宣城市政府与鲁信文化集团、山东领锐股权投资基金管理有限公司签订合作协议，共同发起设立中国文房四宝文化产业投资基金，总规模5亿元。

7月14日　由安徽广播电视台、安徽广电传媒产业集团出品的6集4K纪录片《中国文房四宝》首映式暨新闻发布会在合肥市天鹅湖万达影城举行。

7月18日　“学习安徽”App开始上线试运行。

7月22日　在莫斯科举行的中俄企业合作项目签约仪式上，安徽出版集团与俄罗斯依利姆集团签署合作协议。副省长刘莉出席签约仪式并讲话。

7月29日　安徽新华发行(集团)控股有限公司发行的可交换公司债券在上海证券交易所正式交易。这是我省企业在可交换公司债券融资上的首次尝试，也是国内文化上市企业发行的第一单可交换公司债券。

8月8日　省委常委、宣传部部长曹征海主持召开座谈会，专题研究“十三五”时期我省文化改革发展专项规划。

8月19日　全省传统戏曲剧种的信息采集工作完成。

8月19日　合肥市包河经开区创意文化产业基地被评为省第二批战略性新兴产业集聚发展基地并授牌。

8月20日　全省文化改革发展工作座谈会在泾县召开。

8月26日　由省委宣传部牵头组织的“文化进万家共筑中国梦”第三届安徽文化惠民消费季活动在合肥启动。

8月27日　中国企业联合会、中国企业家协会发布2016中国企业500强排行榜。安徽新华发行(集团)控股有限公司首次进入中国企业500强，为全国唯一一家进入中国企业500强的出版发行企业。

8月30日　由著名舞蹈艺术家杨丽萍担任艺术总监、总制作，中德艺术家联袂主创、制作的新媒体情景剧——《黄山映象之“天仙配”》在黄山市黄山区汤口镇黄山国际大舞台上演。

9月5日　安徽省参加第五届全国少数民族文艺会演剧目——现代泗州戏《绿皮

火车》在北京长安大剧院正式上演。副省长刘莉等观看演出。

9 月 10 日—11 日　由省委宣传部、合肥市人民政府、省文化厅、省新闻出版广电局、省教育厅、省文联、安徽新华发行集团、安徽出版集团联合举办的“2016 中国黄山书会”在合肥举办。

9 月 21 日　省委宣传部、省文化厅、省教育厅、省财政厅联合印发《安徽省“戏曲进校园”活动工作方案(试行)》。

9 月 22 日—25 日　第十届合肥国际文化博览会在合肥滨湖国际会展中心举行。

9 月 28 日　2016 年“十一”黄梅戏展演周开幕式在安庆市黄梅戏艺术中心隆重举行。全国人大农业与农村委员会副主任、安徽省委原书记王金山,全国政协外事委员会副主任、安徽省政协第十届主席杨多良等出席开幕式。

9 月 28 日　由省委宣传部、省文化厅、省教育厅、省财政厅、安庆市共同举办的安徽省“戏曲进校园”活动启动仪式暨安庆市黄梅戏进校园教学成果汇报展演在安庆举行。

9 月 28 日　第十一届安徽省艺术节暨“第三届安徽文化惠民消费季·好戏大家看”系列展演展示活动拉开帷幕。

10 月 13 日　内蒙古自治区党委常委、宣传部部长乌兰来皖考察,省委常委、宣传部部长曹征海陪同。

10 月 23 日　文化部公示第十七届群星奖获奖作品。阜南县文化馆演出的淮河琴书《轧狗风波》获奖。

10 月 26 日　由文化部指导,中国图书馆学会和铜陵市人民政府主办的 2016 年中国图书馆年会在铜陵市揭幕。

10 月 31 日　安徽时代漫游文化传媒股份有限公司“豚宝宝”品牌成功入选文化部“2016 年动漫品牌建设和保护计划”,这是安徽省唯一一家入选此项计划的动漫品牌。

11 月 4 日　由安徽广电集团联合国家质检总局、安徽广播电视台联合出品、制作,首部反映质检题材电视剧《国家底线》在央视电视剧频道全国首播。

11 月 4 日—6 日　由光明日报社、省委宣传部、省社会科学院主办的“第二届君子文化论坛”在合肥成功举行。

11 月 7 日　“2016 东盟 10 国主流媒体暨中央重点外宣媒体安徽行”在合肥举行启动仪式。省委常委、宣传部常务副部长虞爱华出席仪式并宣布活动启动。

11 月 8 日　第二届中国传统工艺标准化论坛宣布 5 家中国传统工艺示范基地获

选单位，中国宣纸股份有限公司入选。

11 月 9 日　故宫博物院驻安徽黄山徽州传统工艺工作站建站座谈会在故宫博物院举行。文化部副部长项兆伦主持会议，文化部党组成员、故宫博物院院长单霁翔等参加座谈会。

11 月 12 日　由省社会科学院、安徽财经大学、蚌埠市委党校主办的第四届安徽文化论坛在蚌埠举行。

11 月 15 日　由省徽京剧院创排的大型原创徽剧《徽班进京》在合肥大剧院演出。省委常委、宣传部部长虞爱华等观看演出。

11 月 22 日　省政协举行“推进农村基本公共文化服务标准化均等化”对口协商会。省委常委、宣传部部长虞爱华，省政协副主席徐立全出席会议并讲话。省政协副主席李修松主持会议。

11 月 26 日　全省宣传部长会议在合肥召开。省委常委、宣传部部长虞爱华出席会议并讲话。

11 月 26 日　安徽省第三届“江淮杯”工业设计大赛颁奖仪式在蚌埠市举行。

11 月 26 日　第三届安徽文化惠民消费季活动圆满结束。据不完全统计，活动期间，直接参与省 56 项重点活动达 6553.77 万人次，直接带动文化消费 54.04 亿元，较上届增长 15.8%。

12 月 2 日　省文化体制改革和发展工作领导小组召开会议，研究推进“十三五”时期文化改革发展工作，审议《关于进一步深化文化市场综合执法改革的实施意见》《安徽省加快培育发展志愿服务组织的实施意见》。省委常委、宣传部部长虞爱华，副省长谢广祥出席会议并讲话。

12 月 5 日　由世界知识产权组织和国家版权局联合主办的“2016 中国版权金奖”颁奖典礼在广州举行，时代出版传媒股份有限公司荣获“中国版权金奖”。

12 月 6 日　加快宣纸文化产业发展座谈会在泾县召开。中国文联副主席、中国美协主席刘大为，中国国家博物馆馆长吕章申，中国国家画院院长、中国美协副主席杨晓阳等出席座谈会。

12 月 13 日　由中国艺术研究院与安徽出版集团联合主办的《昆曲艺术大典》首发式在北京举行。文化部副部长项兆伦，国家新闻出版广电总局副局长吴尚之，省委常委、宣传部部长虞爱华，《昆曲艺术大典》总主编、中国艺术研究院名誉院长王文章，中国艺术研究院院长连辑等出席首发式。

12 月 19 日　全省哲学社会科学工作座谈会在合肥召开。省委书记李锦斌出席会议并讲话。省委常委、省委秘书长唐承沛，副省长谢广祥出席座谈会。省委常委、宣传部长虞爱华主持会议。